管理学通用教材
MANAGEMENT

管理学
Management

吴勤堂 吴义 编著

WUHAN UNIVERSITY PRESS
武汉大学出版社

总　序

经济全球化、新技术革命及过度竞争不仅改变了21世纪企业的生存基础，而且也给中国高等教育带来了新的发展机遇和挑战。在我国现行教育状况下，专业范围和专业训练过于狭窄，使得学生在进行综合思考和知识创新方面存在局限。虽然职能化和专业化在企业业务决策和管理中具有十分重要的作用，然而，面对日益复杂的市场竞争环境以及职业发展的更高需要，通才才是最好的专才。为此，有必要摒弃业已陈旧的人才培养模式、狭窄的课程设置和落后的教学内容，对工商管理类各专业的培养目标、培养模式、课程设置、教学内容和教学手段等进行一系列重大改革，以宽口径、厚基础、高素质、重能力为原则，把培养面向现代化、面向世界、面向未来、基础扎实、知识面宽、综合素质高、富有创新意识和开拓精神以及良好职业道德的高层次管理人才作为我们办学的重要使命。

教材建设作为本科教学的一项基本任务，体现着教学改革和教学水平的主要方面。为了将学生培养成应用型、融通性、开放式的通才型专才，我们精心挑选“国际贸易理论与实务”、“商品流通概论”、“电子商务”、“战略管理”、“人力资源管理”、“物流管理概论”、“管理科学概论”、“中国农业与农村经济”、“会计学”及“旅游学”等专业基础课作为管理类各专业通修课程，期望通过这一举措将本科教学改革和教育水平推进到一个新高度。

这套系列教材的鲜明特色主要表现在以下四个方面：

1. 系统性。这些课程选自管理类专业的专业基础课，较为全面地反映了管理类专业的知识体系与课程精华。企业——作为一个有机整体，决策的基本单元是企业本身，至于企业内部各职能部门——作为企业整体的一个不可分割的组成部分，其决策必须符合企业整体的生存与发展需要。鉴于大多数工商管理类专业属于职能性专业，故其在课程设置及课时安排上各有自己的不同侧重，其结果将不利于学生在今后职业生涯中全面发展。本套教材针对的这些课程则在很大程度上弥补了各专业在课程设置及培养目标上存在的先天性局限。

2. 专业性。基于企业的基本现实及企业管理的基本需要，一次性地将管理各主要专业的主要基础课程对管理各专业进行通识教育，不仅开阔了学生的专业视野，而且还为学生进一步学好各专业课程奠定了厚实的知识基础。这意味着，随着各个学科课程共性的进一步提高，各专业的特殊性不仅没有削弱，反而还会变得更具纵深性，各专业间的学习交流与互动变得更加切实可行。

3. 先进性。这些课程的教材编写者都是相关专业的教学科研骨干，对所选课程的体系和内容都进行了系统性更新，吸收了国内外最新理论成果。培根说“知识就是力量”，但德鲁克说得更好：“分享的知识才有力量。”在科技发展日新月异、知识更新不断加速的今天，对最新的理论知识进行系统性分享的有效途径之一就是将之编入新版教材，只有这样，才能确保新的知识能得到更大范围及更高程度的及时传播、学习、吸收与运用。

4. 成熟性。本系列教材按照国际上各专业教材的通行标准和体系，结合中国的具体实际，在结构上进行了很好的取舍和调整，使得教材体系变得更加清晰，特点也更加突出。

本系列教材适用于我国全日制本专科学生相关课程教学及理论研究。因时间紧促及能力所限，一定还存在着这样那样的漏洞和错误，故而诚心恳求各位读者批评指正。本系列教材在组稿及撰写过程中，参考了国内外同行大量的研究资料、数据、图表和理论观点，在此，向各位作者及作品出版单位表示诚挚的感谢。本套系列教材在组稿、编写及出版过程中，得到了武汉大学出版社范绪泉博士的大力支持与帮助，没有他的辛勤劳动与汗水，这套系列教材很难这么快地问世。在此，我代表作者对他的敬业精神表示最真诚的敬意与谢意。

张新国

2008 年 3 月于武汉

前　言

群体活动是人类的基本特征之一，人类一产生便有了管理活动。管理活动作为人类社会最基本的活动之一，无时不有，无处不在。科技进步、经济繁荣和社会发展，都与管理密切相关。管理的目的是通过计划、组织、领导、控制等一系列管理职能，对社会资源进行优化配置、理顺关系，合理利用，顺利实现组织的目标。管理追求经营过程的低成本、高质量和高效率，有其内在的规律性。

管理学是一门系统研究管理活动普遍规律和揭示其基本原理及一般方法的科学，是帮助人们解决立场、观点和方法问题的基础性理论，它是各专业管理的基础。各专业管理是管理学在这些相关领域的具体运用和进一步的延伸与深化。管理学博大精深，学科内容十分丰富，不仅涉及计划、组织、领导和控制等基本内容，而且涵盖管理原理、管理职能、组织理论、管理者、管理史、管理效果、管理方法等。在这些领域，既有人类丰富的实践经验和理论研究成果，又有更多的“黑匣子”等待人们去开启，还有无限的“荒原”等待人们去开拓。

本书以新颖的体例全面系统地介绍管理的基本原理和方法。全书主要内容涉及管理学概述、管理原理（管理模式、管理方法）、管理发展简史、管理的文化基础、管理道德、决策支持系统、计划管理、战略管理、组织管理（机构设置和职能配置）、团队动力、领导职能、激励理论（管理心理与行为理论）、管理沟通、控制理论等。

本书在编写过程中，强调理论与实践的结合，传统与创新的结合，全面与重点的结合，国外先进经验与中国实际的结合，尽力使本教材符合高校教学规律，适应高校教育改革的需要。与同类教材相比，本书具有以下特点：

1. 理论性强。本书紧紧围绕高校教学改革的需要，从实际出发，重构体系，精选内容。现代管理理论知识以必需、够用为度，重点突出了基本理论的实际应用。

2. 实用性强。以应知、应会为切入点，以实际应用为重点，以基本理论和基本方法的实际运用为落脚点。

3. 时代性强。本书注重吸收国内外管理的新思想、新理论和新经验，加强了对当代管理前沿知识的介绍，使学习者能及时把握管理的发展方向。

本书旨在拓宽学生的知识视野，使其掌握现代管理的基本概念、基本原理、基本方法，建立科学的管理理念，提升管理能力，提高综合素质，能从繁杂事务中把握其内在本质，掌握主动，从容运筹，做到长袖善舞，能在扑朔迷离的管理实践中把握正确的方向，提高效率、驾驭效能，创造效益。

全书由吴勤堂与吴义（澳门大学）合作完成，其中吴义编写第5、6、7、8、9章。吴勤堂负责全书的策划和统纂及其余部分的编写。

管理学是一门涉及范围广、理论性强、发展较快的学科，本书在编写过程中参考、借鉴了大量的国内外有关研究成果，在此对所涉及的专家、学者表示最诚挚的谢意。管理学是一门发展十分迅速的现代科学，由于作者学术水平有限，书中存在疏漏或不妥之处在所难免，敬请各位同行专家和广大读者不吝赐教。

本书可以作为高等学校经济管理类专业或相关专业企业管理方面课程的教材，也可供各类成人教育，企业管理培训使用，亦可供从事企业管理工作的管理人员和对企业管理感兴趣的有关人士参考。

吴勤堂

2010年5月

目　录

第一章　管理、管理者和管理学

【目的和要求】

学完本章，应达到的要求：

1. 对什么是管理以及管理的要素、管理的实质、管理的性质、管理的任务、管理的职能、管理的内容、管理的重要性等基本概念和问题有较清晰的认识与理解。

2. 在认识管理者的基础上，学会从不同的视角对管理者进行分类。

3. 掌握管理者在管理中的主要角色和应具备的技能，成功的管理者必须具备哪些条件。

4. 清楚管理学有哪些研究方法，各种方法的适用条件。

第一节　管　　理

一、何谓管理

研究管理首先必须要清楚这一研究对象的内涵是什么，并以此来统一我们的思想，避免产生异义，防止各自讨论的对象根本就不是同一对象或事物。

要给管理下定义是一件十分困难的事。其一，人们很难对表示概念、行为含义的名词加以标准化，因为有很多阻碍使之困难重重：各人在名词、通用语与思想习惯上的差异；事物的迅速发展与变化；人们有意识地努力创造和使用专门名词来为他们的组织和自己谋求利益。其二，因为管理涉及的内容太多、太广，是很难用几十个字把它概括得了的。其三，人类对世界本源探索的欲求，驱使人们从不同的角度去对各种问题做深刻的研究。这些情况直接造成基本概念在意义上的差别，这种差别不仅使人们在一起解决问题时因为概念的混淆影响了人们的相互沟通与交流，思想难以统一，而且会造成研究的混乱。所以，任何一门广为传播的学科，必须确定并阐明作为该学科存在基础的那些普遍适用的基本概念，同时必须对关键单词和词组加以发展和标准化。

究竟何谓管理，至今众说不一。

管理，从字义上理解：就是管辖、制约、梳理或处理。管，即主其事；理，即治其事。管辖，指权限；制约，指对制度的执行，不许出现偏差的监督、检查；梳理，指按照人的价值取向、情感及思路等对人和事进行判断治理；处理，指在权限内行使其职能。管理亦即管人与理事。

泰勒认为，管理就是确切地知道你要别人去干什么，并使他用最好的方法去干①。

孔茨认为，管理是设计和维护一种环境，使处身其间的人们能在集体内一道工作，以完成预定的使命和目标。

德鲁克认为，管理是引导人力和物质资源进入动态的组织以达到这些组织的目标，亦即使服务对象获得满意，并且使服务的提供者亦获得一种成就感。②

管理是一种工作，它有自己的技巧、工具和方法；管理是一种器官，是赋予组织以生命的、能动的、动态的器官；管理是一门科学，一种系统化的并到处适用的知识；同时管理也是一种文化。③

上述种种说法，皆是从不同的角度去认识管理。虽然结论不同，但无疑都从不同的侧面给这一概念作了不同的揭示，启示人们对管理的内涵作全面的认识。我们认为：管理是人们通过自觉的协调和控制人及组织的行为，以期使所从事的工作（活动）和谐、持续高效的社会活动（行为）。该定义说明了以下 4 个方面的问题：

①管理是人们进行的一项社会实践活动；

②管理是人类自觉的行为，这种自觉性源于人们要使自己的行为符合事物的客观运行规律；

③管理的目的是为了使人们所从事的工作（活动）能够和谐④、协调地进行；能够使其活动的效率不断提高；

④管理的对象是人及其组织以及他们所从事的工作和事务。

此处，人身兼二任，即管理者是人，被管理者亦是人。在管理活动中，凡是工作包含对他人进行控制等内容的人就是管理者，反之就是被管理者。在现代社会，人人都参与管理，人人又都被管理，可谓上至国家元首，下至黎民百姓，无一例外。所以，在管理活动中，人始终居主导地位。

---

① 弗雷德里克·泰勒：《科学管理原理》，中国社会科学出版社 1980 年版，第 157 页。

② 约崧夫·M. 普蒂，海茵茨·韦里奇，哈罗德·孔茨：《管理学精要》（亚洲篇），机械工业出版社 2000 年第 27 页。

③ 彼得·F. 德鲁克：《管理——任务、责任、实践》，中国社会科学出版社 1987 年版，第 2～5 页。

④ 和谐是一个美学概念，它反映和表现内容诸方面的协调一致，以使诸因素相互依存的内在联系达到完美的统一。和谐是形式美和内容美的统一。

二、管理的要素

管理的目的决定着管理的要素。然而管理的最终目的何在？可以认为管理的目的是在特定的问题和环境下，通过组织和协调等活动，以较小的资源消耗，最大限度地实现组织的目标。

无论什么行业、职位、岗位，尽管其所做的具体工作各异，但基本目标却是相同的。相同的目标决定了管理活动具有相同的要素。

1. 管理主体

管理主体是指掌握管理权力，承担管理责任，决定管理方向和进程的有关组织和人员。管理主体在整个管理活动中处于主导地位，并通过对管理客体的控制来确立和实现自己的主体地位，他们是管理活动的组织者、执行者。管理主体通过对管理客体的认识，揭示事物的性质和规律，并据此洞悉事物的未来，预测事物发展的趋势，这种能动性贯穿在管理活动的全过程中，集中表现在确定管理目标、制订管理计划和采取管理行动的各个环节中。其他管理要素对管理行为只有影响的作用，真正决定管理行为的是管理主体。

2. 管理客体（问题）

这是一个广义的概念。它是管理过程中组织所面临的问题、所能预测、协调和控制的对象。它们既包括物质与非物质要素，又涉及发展的机会，还包含面临的危机，亦涵盖管理主体自身。任何组织在其运行、发展中总会存在各种各样需要解决的问题，它们都是管理的对象，因此，管理活动的内容是由管理客体决定的。从这个意义上讲，管理就是一个不断发现问题，分析问题和解决问题的过程。

任何管理活动都是在管理主体与管理客体相互联系、相互作用的过程中进行的。在管理活动中，管理主体的积极性和能动性必须表现在对管理客体的认识和作用上。因此，正确地了解管理客体及其特性，是管理主体发挥积极、能动的作用的重要前提。

3. 环境

各种管理问题都有其特定的背景和根源，任何管理问题都需要与环境相协调。根据系统理论，任何组织都是由若干要素所构成的动态、开放的①非平衡系统，并在特定的环境中运行；组织所处的环境同样也不断变化，这种变化必然会对组织内部的活动要素、活动内容、活动形式产生不同程度的影响。这种系统内、外部要素不断变化的客观实际，要求系统务必及时根据内外条件的变化，适时进行局部或全局的调整，否则，可能会从有序走向无序，从而被变化的环境所淘汰，或为改变了

---

① 所谓动态，指系统内部的各要素处在不断变化之中，并造成系统整体的变化；所谓开放，指系统与它所处的外部环境要不断发生物质、能量和信息的交换。

的内部要素所不容。

4. 目标（目的）

目标（目的）（objective）是解决问题的方向和预期效果。组织目标（目的）是决定组织行动的先决条件而贯穿于整个管理活动中，渗透于各项具体组织活动之内。它指导着各项组织活动的方向和各种资源的配置；决定着组织活动的方针、任务与内容；规定着组织活动的原则；决定着组织的体制、结构以及各项管理制度；激励着组织体系内各组成部分和人员自觉地发挥潜能；决定着组织人员的选用、管理方法的选用和管理艺术技巧的运用；衡量着组织活动的效率和成果等。对于相同的管理问题，其目标不同，解决的方式、方法、途径、策略也会不一样。如新产品的销售，若追求高利润，则采用高价策略；若追求占领市场，则采用低价策略。

5. 资源

资源是指在一定的时空条件下，一切可被组织开发利用的，能够产生经济价值，增加组织财富的因素和条件。任何组织都要通过资源的利用与组合，实现自身的成就与辉煌。经济学的一个基本出发点，是资源的稀缺性。一个组织拥有的资源决定它可以做什么，而它对资源的整合利用能力决定它最终成为什么。对资源的组织与运用（协调）是管理的功能之一。管理中要客观地评价资源，在尽可能大的范围内组织和调配资源，提高资源的综合利用效果。

被整合运用的资源包括物质资源和非物质资源，如物理性资源、金融性资源、人力资源、组织资源、信息资源、技术资源和文化资源等。

6. 过程和策略

过程（process）是指事情进行或事物发展所经过的程序，或指系统从一个状态变成另一个状态。它有自发过程与非自发过程之分，自发过程是自然界自然而然地发生的过程，顺其自然，就会发生；非自发过程则是不会自然发生的过程，它是系统在接受外力（外部资源）的作用下发生转变的过程。一过程的输出，会直接形成下一过程的输入，活动要素多时则形成内部相互关联或交互作用活动的组合系统，为使组织有效运作，管理者须能鉴别及管理内部交互联结的过程与系统。

策略（strategy）是根据形势发展而谋划的行动方针和竞争方法。策略是处理问题、解决问题与实现目标的方案、方法或手段集合。它具有计划、竞争、有意识地操控等方面的特征。

基于不同的目标，在不同的环境下，利用不同的资源来解决不同的问题，其过程和策略肯定会不一样。即使目标相同，环境一样，运用相同的资源来解决相同的问题，其过程和策略也可能因管理者的不同而不同。

三、管理的实质

管理的实质就是放大或缩小系统的功效。系统论认为，大系统的功能，相对于各子系统功能的总和是不守恒的。因此，集体劳动的生产能力，有可能超过个人劳动生产能力的总和，亦有可能小于个人劳动生产能力的总和。原因何在？我们认为主要取决于管理。管理得好，能协调各方面的力量，为了一个共同的目标而通力协作；管理得不好，各种力量彼此抵消，使其合力为零，① 甚至为负（内乱便是此类）。力的合成理论足以说明这一道理。力的合成示意图如图 1-1 所示。

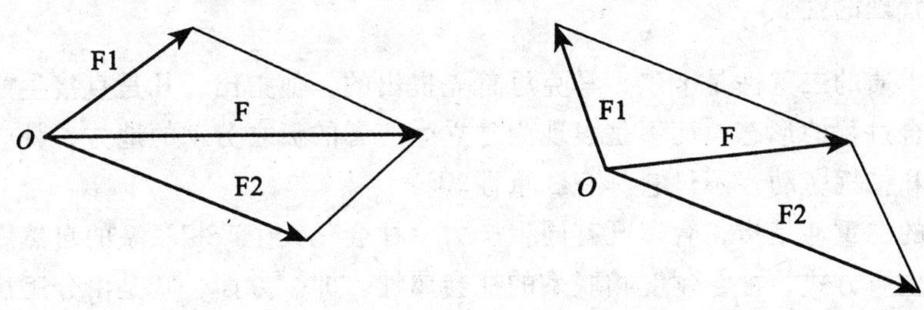

图 1-1　力的合成示意图

因而有人赋予生产力这样一个公式：

生产力=（劳动力+劳动工具+劳动对象）×科学技术×科学管理

此处，管理起着乘数的作用，它能放大或缩小管理系统的整体功能。正是由于管理具有这种功能，便可解释如下三种现象：

①人之所以能以有限的生命和微小的个体力量与无限的大自然抗衡。主要是基于人类集体力量的无限性。而集体力量的发挥和发展，有赖于分工与合作，即有赖于管理。

②人类的生存和发展有赖于管理。社会是一个复杂的巨型系统，其构成要素就是人与物。而各类人在不同的目的的作用下，各单个的要素相互影响、相互联系，进而进化为群体，构成系统。这些群体、系统，之所以能存在、发展，均有赖于管理。管理是维系这些系统的纽带。

③管理何以能对社会劳动生产力起放大和创新作用呢？系统论认为：系统中的联系和发展是通过信息促使物质和能量进行流通。社会系统中，唯有管理能够通过信息，促使物质和能量进行合理流通。而合理的流通构成能够使系统的要素功效集聚，并在整体上予以裂变而放大系统功效。流通构成、流通的种类、数量、方向、速度、效率、准确性的最佳配合若无有效的管理是不可能的。

管理根据一定的目的，通过其各种功能，可以将整体中的每个个体活动的力量激活并凝聚成一个整体活动的力量。所以，管理具有一种化无为有，化小为大的神

---

① 当两个力共线、等值、反向时，它们相互抵消，合力为零。

奇功力。

以上分析又说明，由于有许多人在一起，为了一个共同的目标进行协作劳动，因而就产生了管理，不论是哪种社会生产方式，只要是一种分工协作从事集体劳动的大生产，都必须有管理。共同劳动的规模越大，劳动的社会化程度越高管理工作就越复杂，越重要。

四、管理的性质

管理本质的二重性是卡尔·马克思首先提出的，他指出，凡是直接生产过程具有社会结合过程的形态，而不是表现为独立生产者的孤立劳动的地方，都必然产生监督劳动和指挥劳动。不过它具有二重性。①

管理的二重性是指，管理既有同生产力、社会化大生产相联系的自然属性，又有同社会生产方式、社会制度相联系的社会属性。即一方面，它是由分工协作的集体劳动所引起的，是社会劳动过程的一般要求，属于指挥劳动，表现为劳动过程的普遍形态，由此形成管理的自然属性。就此而言，它主要取决于生产力发展水平和劳动社会化程度，与生产关系、社会制度没有直接的关系。另一方面，管理又是一定生产关系的要求，是一种监督劳动，执行着维护和巩固生产关系，实现特定生产目的的职能，由此形成其社会属性。它主要取决于社会生产关系的性质，劳动的结合方式。

管理二重性的理论告诉人们以下六个基本观点：

①管理作为一种独立的社会职能，它的产生源于社会生产力的发展和社会分工的结果。即只要有分工协作和共同劳动，就必须有管理，管理是进行社会化生产所必要和共有的，这是一种自然属性。

②这种自然属性，主要取决于生产力的发展水平和劳动社会化程度，而不是取决于生产关系的性质。

③在管理中，有关合理组织生产力的一些形式和方法，所有的社会化大生产都可以应用。即科学管理的方法是人类共有的财富。

④管理总是同生产关系、社会制度相联系，因为，任何生产都是在特定的社会制度下进行的。不同的社会形态，决定着不同的生产目的和管理方式。

⑤管理作为一定生产关系的要求，是一种监督劳动。它执行着维护和巩固生产关系、实现特定生产目的的职能。

⑥管理的社会属性主要取决于社会生产关系的性质以及劳动同社会结合的方式。

管理二重性的本源在于什么？在于它所管理的社会生产过程本身就是一个二重

① 《马克思恩格斯全集》，第25卷，人民出版社1975年版，第431页。

的，即生产力和生产关系的统一体。

由此可得出如下结论，管理具有两个方面的基本职能：一是合理组织生产力的指挥职能；二是维护生产关系的监督职能。管理过程正是这两个基本职能共同发生作用的过程。通过学习管理二重性理论，我们可以明白以下两点：

①管理的社会功能的最终归宿是，解放生产力和发展生产力。其共性体现于手段，其个性体现于目的。因此，管理科学既要讲社会属性，又要讲自然属性。从改革管理体制调整生产关系着手，去增强管理组织生产力的科学性，把充分发挥管理的一般职能和充分利用管理的特殊职能紧密结合起来，提高我们的管理水平。

②在吸收和借鉴国外管理理论和方法时，不能只讲共性。而应在讲共性的同时，重视个性。一律照搬，全盘否定的观念都是违背管理二重性原理的。

五、管理的任务

1. 为组织设定使命、宗旨和目标

任何组织都是为了某种特殊的使命和目的而存在的。管理的首要任务就在于为组织设定使命、明确宗旨并确定具体的运行目标。使命作为组织的重大责任或任务是组织生存的基础，组织的使命决定了这个组织的性质。宗旨作为组织的主旨或意图是组织行为的指导思想，是各项活动的目的和落脚点。要使全体组织成员忠实地履行宗旨，就必须把这个相对抽象的概念，转化为组织不同时期的具体目标。组织目标是完成使命和体现组织宗旨的载体，它是随着环境、时间以及条件变化不断调整的一组任务书。

2. 处理好组织与环境（大系统）的关系

管理谋求长远持续发展和高效，不是短期的行为，故处理好与大系统、大环境的关系尤为重要。如此，遵守社会行为规范，对社会负责，遵纪守法，妥善处理集体利益同社会利益的关系，短期利益同长远利益的关系，事关组织的形象等。

亦有人认为管理要兑现组织对社会的责任，处理好组织与社会的关系。①

3. 建章立制，确定活动（游戏）规则

管理制度是组织成员在生产经营活动中务必共同遵守的规定和准则的总称。构建管理制度是明确各项业务的活动规范和各类成员的行为准则，实现权利、责任、义务的统一，使组织成员的行为能够全体一致的前提和基础。组织管理制度的组成包括组织机构设计、职能部门划分及职能分工、岗位工作说明、专业管理制度、工作或流程、管理表单等管理制度类文件。

4. 明确管理模式，选择管理方法

---

① 席酉民：《经济管理基础》，高等教育出版社 2007 年版。

管理模式指管理所采用的基本思想和方式。它是一种成型的、可供人们直接参考运用的完整的管理体系，通过这套体系来发现和解决管理过程中的问题，完善管理机制，规范管理手段，实现既定目标。尽管在管理界有“管理无定式”之说，但是，管理根植于不同的文化、社会、传统、风俗、信念及各种制度之中，从文化的视角考察，管理的模式是十分明显的。例如，存在强调社会治理主体的自觉性、能动性和权变性，以一套严格的道德制度去规范和约束人们的行为，从而产生社会秩序的人治管理模式和强调社会治理规则的普适性、稳定性和权威性，依照法律和准则来规范和约束人们行为的法治管理模式；以及金字塔式集权型管理模式和扁平式的分权管理模式。管理模式的设计是管理的基本问题之一。

管理方法是人们为达到管理目的所采用的手段、途径和方式。人们从来没有间断过在管理活动和社会实践中摸索、寻找正确的、合乎需要的管理方式与管理方法。提出问题虽然是基础，但是如何解决困扰人们的问题却是最终的归宿。管理方法有确定的目的性。管理目的相同，方法可能相同，也可能不同；管理目的不同，方法可能不同；不同的管理方法会达到不同的管理目的，但也可能殊途同归，达到同一目的。管理方法本身是一个复杂的体系。层次上它有个别方法、特殊方法和一般方法之分；手段上有法律方法、经济方法、行政方法、文化方法、技术方法之别；技术上有分析方法、综合方法、数学方法、系统方法、经验方法及比较方法的不同。所以，选择科学、理性、行之有效的管理方法是现代管理的重要任务。

5. 使组织富有活力并使员工有成就感

在各种资源中人力资源是最重要的。因而管理的任务就是要充分调动人的积极性，使组织工作富有活力，使员工的工作有所成就。为此，管理者必须设计和维护良好的组织环境，处理好组织内部的各种关系，使其成员在合作共事过程中做出成绩，保证有效地达成组织的目标。

此五项基本任务是相互联系的，在管理过程中同时体现。组织目标和使命是组织存在和发展的前提，是第一性的；处理好同环境的关系，履行社会义务，承担社会责任是维持良好的社会关系和组织成功的保证；建章立制是行使职权和防止越权的保障；成员的积极性和组织活力是实现使命和达到目标的根本。

六、管理的职能

1. 为何要讨论管理的职能

研究它的实际意义在于，它是管理理论的重要范畴之一，它决定着管理结构的形式。它从总体上解决“干什么、怎么干、为什么干”等一系列问题。讨论管理职能的理论意义在于，通过管理职能的划分，为管理学科提供一个研究框架，使管理的各种观点、理论、原则、方法等都可以归纳为各项管理职能而得到系统的论述，从而有利于建立管理科学的理论体系。

2. 管理职能的含义

管理职能（功能）是指管理所具有的管理本质的外在根本属性及其所应发挥的基本效能。管理职能规定着管理者在管理活动中应具备的职责与功能，它表示管理者对管理对象产生影响的能力与程度。

由管理的二重性理论可知，管理有两个基本职能：合理组织生产力的一般职能和维护生产关系的特殊职能。当这两个基本职能结合作用于社会生产过程时就表现为管理的具体职能，即管理的基本职能是通过一系列的具体职能来实现的。

3. 管理的具体职能

不同的历史时期，不同的管理学派对管理过程中实施的管理职能有不同的看法。例如，20 世纪初，监督曾被视为管理的最重要职能；20 世纪 30 年代以后，人际关系学派兴起，激励则被认为是最重要的管理职能；20 世纪 60 年代，人们提出了管理就是决策的观点。20 世纪 80 年代，人们又特别突出组织职能、创新职能的作用。因此，管理界出现过所谓的三职能派，四职能派，五职能派，六职能派，七职能派。各种说法不一，都有其独到之处。

近 20 年来，在美国管理界较为认同的四项基本职能对人们的影响比较突出，即计划、组织、领导和控制。

（1）计划

计划（Planning）是对未来活动的具体运筹谋划。有效的计划不仅可为组织指明发展的目标和方向，统一组织的思想，同时也为组织制定行动步骤提供了衡量的基点。作为行动纲领，计划是名副其实的管理第一职能。计划的本质是把握未来，计划的核心是确定目标和达到目标的手段，计划的重点是正确的预测和科学的决策。决策是管理者为了取得预期的结果，在认识管理规律和对管理对象相关信息分析、预测的基础上，对未来实践的方向、目标、原则和方法，所做出的选择性决定。决策是管理的起点，是现代化管理的核心，也是当代管理者的最基本职责和首要工作，它贯穿于管理全过程的始终。计划又将决策具体化，所以管理的绩效，在很大程度上取决于计划工作。

（2）组织

组织（Organizing）的基本含义是“有序”。组织就是通过确定各要素的相互关系，从而使之有序化的过程。组织是使事物从无序到有序，或从旧序到新序的过程。所以，组织的基本含义是使系统有序化。组织作为动词是使事物从无序到有序，或从旧序到新序的过程。组织作为名词是指一个有序的系统实体。组织作为一项管理职能应着重从动词角度去理解。使组织有序的办法是建立结构，规定行为。因此，管理中组织职能表现为，围绕共同目标建立机构，确定职责、职位和职权，明确相互关系和信息交流的办法，在实现既定目标中协调工作，以获得最大的效率。结合管理活动，组织则可表述为人们为实现某种目标而合理安排各种要素，使之结合成具有特定功能系统的活动。

组织结构指从系统的生产经营特点出发，服从于系统的经营方针和决策，围绕系统目标而建立起来的系统管理体制（包括领导制度和管理机构等）。组织行为是指科学地组织生产过程和经营活动、正确地配备人力等。这样组织工作的主要内容包括：选定合理的，适合该组织系统发展所需要的组织结构；通过组织系统图，明确整个系统的管理层次、各部门的管理幅度及各个职位的相互关系；规定各级子系统与部门的职权和职责，以及各部门间的协调形式和方法。值得注意的是，组织是为其目的服务的，因此，组织并非是一成不变的，它必须随环境和目的的变化而改变，但组织通常具有相对的稳定性。

（3）领导

领导（Leading）是在一定的社会组织或群体内，领导者运用其法定权力和自身影响力，影响、引导、指挥①和督促被领导者的行为，使其顺利通向共同目标的过程。由于领导总是伴随着服从，而下属一般是愿意服从于那些他们认为可以使自己的需要、愿望和要求得到满足的领导者，所以，领导工作需要运用影响力、激励、沟通等手段，才有可能指导自己的下属。

（4）控制

控制（Controlling）是为了实现目标对所进行的活动进行纠偏矫正的行为。控制的目的在于保证其实际活动结果能同预期的目标相一致。控制的基本程序是：确定控制标准；衡量检测系统运行的情况；针对偏差，查明原则，采取措施，予以纠正。控制为组织提供了一种有效的机制，在工作偏离到不可接受的范围时调整行进的路线，确保高效、高速地到达终点。管理的四种职能如图 1-2 所示。

七、管理的内容

管理的要素和任务决定了以下管理的基本内容。

①环境分析。

②目标和战略的制定。

③资源运用（人力、投资、金融、信息、技术、物资等）。

④管理机制的确定（含组织设计、工作设计、管理规范、条例的设计等）。

⑤日常活动的管理（含规划、计划的制订，各类活动的组织和实施等）。

八、管理的重要性

管理自古有之，源远流长。管理作为一种社会行为，可以说与人类群体俱生，

① 指挥是借助权威的力量来使下级人员执行和服从调遣。

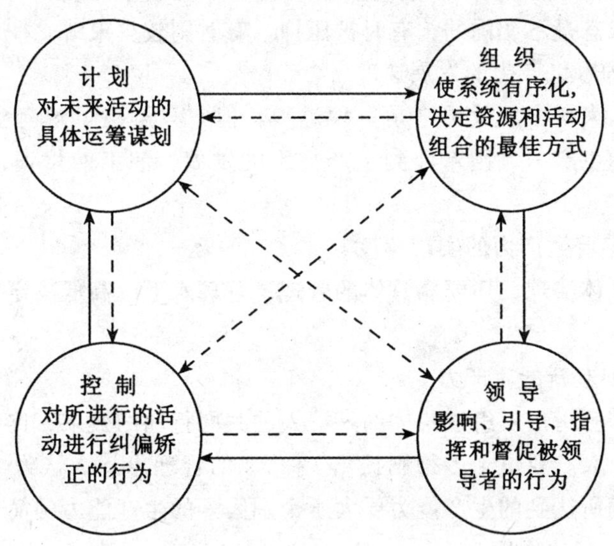

图 1-2　管理的四种职能

与人类文明历史一样悠久。在当代，管理渗透到一切领域，大至国家、社会、世界，小至企业、家庭和个人，都与管理息息相关，人人参与管理，人人被管理。所以有人认为管理之于社会，不可一日一时或缺，社会的发展与进步，国家的繁荣与昌盛富强，企业的兴旺与发达，都与管理密切相关；管理是一种资源，是一种生产力；管理与科学和技术是现代文明的三大支柱；管理与科学是经济发展的两个轮子，是经济腾飞的金色翅膀。

美国人三分靠技术，七分靠管理，使之成为世界第一强国。日本人不甘落后，20 世纪 50 年代末期在总结经验的基础上，结合自己的国情，在全国掀起了学习科学管理的高潮，20 世纪 60 年代，他们终于靠科学与管理使经济腾飞而成为世界第二经济强国。他们在总结自己的经验中说：管理与设备相比，管理更重要，管理出效率，管理出质量，管理可以提高经济效益，管理为采用更先进的技术准备了条件。

我们对管理的重要性可做以下小结：

1. 管理是第一生产力的范畴

相互隔绝、孤立的生产要素并不能形成现实的生产力，只有把各种要素在生产过程中结合起来，才能进行实际的生产活动，实现这种结合，靠的就是管理。自然科学技术和管理两者在生产力内部起作用的方式虽各不相同，但都起乘数效应，同处第一生产力的地位。

2. 管理影响着生产力的存在状态

一定的社会发展阶段有一定水平的生产力，一定水平的生产力在不同的管理条件下，其存在状态是不相同的，有时被压抑，有时则较少束缚。

3. 管理制约着生产力的发展速度

把生产力从束缚中解放出来是一种进步，但它只解决了现有生产力的利用问题。要产生新的生产力，则牵涉到生产技术的发展、职工的培训，管理制度的改革。

4. 管理规定着生产力的实现程度

生产力的具体实现，还要靠具体的管理，管理水平的高低决定着生产力的实现程度。

5. 管理能创造新的生产力

亚当·斯密曾指出：组成集体的一群人的共同行动的效果，比每个人单独行动时的总计效果要大。亚里士多德则提出 1+1>2 的管理思想，认为个别因素通过合理的组织和管理所达到的生产能力要大于个别因素的生产能力的简单相加。

6. 管理的有序化作用

秩序、有序化是组织生命的根本，有序化程度愈高，该组织的生命力愈强。近代物理学、化学、生物性、社会科学的研究不约而同地对准了秩序。系统论、信息论、协同论（Synergetics）、耗散结构理论（Dissipative structure theory）分别从不同的角度研究系统的“有序化”运动。正如普利高津（I. Prigogine）所言：“在时间和功能两个方面的有序，乃是生命的基本特征。”热力学第二定律指出，系统的自发过程总是“熵增”和“无序”的。即在没有外力作用的前提下，系统自发过程的结果——只能是熵值的增加，混乱程度的加剧和系统生命力的衰减。系统的维持和趋向“有序”，都离不开管理。换言之，有效管理可以促使系统“熵减”和“有序”，是维持和增强系统生命力的根本。通过有效的管理，实现人、物、精神和行为等多方面的有序。应该强调的是，管理的有序化作用还表现为不断改革和创新，以克服组织的惰性，从而增强组织的生存和发展能力。

总之，通过管理可以使潜在的生产力变为现实的生产力系统；劳动要素的组合只有通过管理才能使单个要素发挥作用；管理是当代人类社会加速进步的杠杆；管理会使科学技术得到充分的发挥；管理决定着生产力总体能力的发挥。

第二节 管 理 者

一、管理者的定义

根据在组织中的地位和作用的不同，组织成员可以大致分为两类：管理者和专业人员。管理者是那些在组织中行使管理职能，从事管理工作并负有领导和指挥下属去完成任务的职责的组织成员，如公司的经理、政府机关的厅长、商店的店长、学校的校长、博物馆的馆长、列车的列车长等。专业人员是指在组织中直接从事具体的业务，且不承担对他人的工作进行监督的职责的人。专业人员包括：工程师、理财专家、电脑专家、自然科学家、咨询顾问、律师等。

管理者在管理过程中的基本作用可概括如下：

①处理好人际关系。其一是建立一支优秀队伍；其二代表该组织的意志和利益；其三是在组织内外进行有效的沟通；其四是认真做好激励工作和指挥工作。

②信息运用与沟通。面对信息大爆炸的时代，有效地搜集信息、加工信息和充分地运用信息是现代管理者的基本任务和基本职责。

③科学决策。管理过程中会有大量的问题有待管理者处理和决策。所以科学决策是赋予管理者的一项经常性的工作。

二、管理者的类型

管理者的类型有很多划分方式，目前人们普遍接受的划分方式有两种，即按业务内容和管理层次来划分。

1. 按业务内容（性质）的不同将管理者划分为如下几类

首席行政执行官（Chief Executive Officer，CEO）；信息首席执行官（Chief Information Officer，CIO）；财务首席执行官（Chief Finance Officer，CFO）；首席知识长官（Chief Knowledge Officer，CKO），这“4C”构成管理的四大金刚。

2. 按管理层次分为高层、中层、基层三类

高层管理者（top managers）是掌握着管理机构，对整个组织的管理负有全面责任，并侧重于负责制定总体规划、目标和大政方针，沟通组织与外界的交往联系的首脑级管理者。他们职权的运用是否得当、决策是否正确，直接关系到整个组织的成败。

中层管理者（middle managers）的职责是规划、发动和贯彻执行由高层管理者所制定的重大决策，并监督和协调基层管理者的工作。他们在组织中起承上启下的作用，对上下信息沟通、政令通行等均负有重要责任。

基层管理者（first-line managers）是直接指挥和监督现场作业人员，保证完成上级下达的各项计划和任务的管理人员。他们是整个管理系统的基础。

操作者是指在组织中直接从事具体的业务，且不承担对他人的工作进行监督的职责的组织成员。

三、管理者的角色和应具备的技能

（一）德鲁克的管理者角色理论

“管理者的角色”（The role of the manager）这一概念，最早是由美国管理学家彼得·F. 德鲁克在1955年提出的。

管理者所扮演的角色，大体上可分为以下三类：

1. 从管理研究对象的视角看——管理一个组织（managing a business）

具体内容如下：

①明确组织目标。确定该组织是干什么的？应该有什么样的目标，如何采取积极措施实现目标。

②求得组织的最大效益。

③“为社会服务”和“创造顾客”。

组织的上、中、下三个层次中，人人都是管理者，又都是被管理者。即建立一种自我约束、自我管制的机制，使管理者自身有章可循。

2. 从管理者的视角看——管理管理者（managing manager）

具体内容如下：

①确保下级的设想、意愿、努力等能朝着共同的目标前进；

②培养团队合作精神；

③培训下级；

④建立健全组织机构。

3. 从被管理者的视角看——管理工人和工作（managing workers & work）

主要是激励、约束，控制组织成员的行为，使其与企业目标相一致。

（二）明茨伯格的管理者角色理论

20世纪60年代末，亨利·明茨伯格（Henry Mintzberg）对五位CEO的活动进行了观察和研究。这五个人分别来自大型咨询公司、教学医院、学校、高科技公司和日用消费品制造商。明茨伯格发现，在企业的管理过程中，管理者很少花时间做长远的考虑，他们总是被这样或那样的事务和人物牵引，而无暇顾及长远的目标或计划。一个显而易见的事实是，他们用于考虑一个问题的平均时间仅仅几分钟。管理者若想固定做一件事，那这样的努力注定要失败，因为他会不断地被其他人打断，总会需要他去处理其他事务。所以，明茨伯格认为，那种从管理职能出发，认为管理是计划、组织、指挥、协调、控制的说法，未免太学究气了。你随便找一个经理，问他所做的工作中哪些是协调而哪些不是协调，协调能占多大比例，恐怕谁也答不上来。所以，明茨伯格主张不应从管理的各种职能来分析管理，而应把管理者看成各种角色的结合体。明茨伯格将经理们的工作分为10种角色。这10种角色又分为3类，即人际关系方面的角色，信息传递方面的角色和决策方面的角色（如表1-1所示），从而创建了被广为引用的管理者角色理论。

表1-1　**10种基本的管理者角色**

类别	角　色	描　　述	典型活动
人际关系方面	挂名首脑	代表本企业履行许多法律性和社会性的例行义务，应付某些出头露面的事情	签署法律文件，接待参观来访的事务，迎接上级的检查、视察等
	领导者	负责全面指导和组织工作，促使下属满怀热情地去完成组织的任务，对内实行有效的指挥和控制	从事所有的有下级参与的活动
	联络者	负责上下、左右和内外协调，加强同各方面的联系	参加外部的各种会议，参加各种公共活动和社会事业
信息传递方面	监控者	寻求和获取各种特定的信息，审视自己所处的环境	阅读期刊和报告，保持私人接触
	传播者	分配作为监控者所获取的信息，保证员工具有必要的信息，以便切实有效地完成工作	举行信息发布会、经验交流会、用打电话的方式传达信息
	发言人	把角色传递给单位或组织以外的个人，让利益相关者了解并感到满意	举行董事会议，向媒体发布信息
决策方面	企业家	介入所发现的有机会的市场进行投资、经营活动	加强生产经营管理，推行创新与变革。制定战略，检查会议决议的执行情况，开发新项目
	资源分配者	决定组织的人力、财力、物力、时间、信息等资源用于哪些项目	调度、询问、授权，从事涉及预算的各种活动和安排下级的工作
	危机处理者	对付或处理组织运行过程中遇到的干扰与问题，提出快速的应对措施	制定战略，解决组织的内外矛盾和冲突
	谈判者	与员工、供应商、客户和其他利益相关者进行必要的谈判，以达成共识	参与工会进行合同谈判

1. 人际关系方面角色

①挂名首脑角色。这是管理者所担任的最基本的角色。由于管理者是正式的权威，是一个组织的象征，因此要履行这方面的职责。作为组织的首脑，每位管理者有责任主持一些仪式，比如接待重要的访客、参加各类庆典、与重要客户会谈等。很多职责有时可能是日常事务，然而，它们对组织能否顺利运转非常重要，不能被忽视。

②领导者角色。领导者角色就是负责全面指导和组织工作的角色。扮演这种角色的人，其职能就是对内实行有效的指挥和控制，对员工进行激励或者引导，促使其满怀热情地去完成任务，以适当方式使他们的个人需求与组织目的达到和谐。

③联络者角色。联络者角色是负责纵横向、内外部协调的角色。扮演这种角色的人，其职能在于加强同各方面的联系，以有利于内外信息的沟通，使得上下协调，左右默契，从而促进企业的发展。

2. 信息传递方面的角色

所谓管理者的信息传递方面角色，就是负责对各种信息的收集、整理、接收和传播。其中主要包括监控者的角色，传播者的角色，发言人的角色等。

①监控者的角色。其职能主要是主动收集、接受外部的各种信息而不断审视自己所处的环境，制定出必要的贯彻、执行或交涉、干预的对策。

②传播者的角色。其职能主要是负责传达有关的信息、命令以及上级领导部门的各种指示，保证上情下达，令行禁止。另外，管理者必须分享并分配信息，把外部信息传递到企业内部，把内部信息传给更多的人。

③发言人的角色。其职能主要是代表本组织或本部门，以权威人士的身份，发表公开的演说或声明，表达本组织或本部门的观点和态度，以维护组织和部门的利益。

3. 决策方面的角色

所谓决策方面的角色，就是以个人拥有的某些权力，对有关方面的决策做出最后决定。这种角色主要包括企业家角色、危机处理者角色、资源分配者角色和谈判者角色。

①企业家角色。其职能主要是统一思想，明确思路，完善制度，加强工作，介入所发现的有机会的市场进行投资、经营活动；全面推进企业的组织建设、文化建设、制度建设、团队建设和加强生产经营管理，推行创新与变革。为此，必须进行必要的自上而下的宣传和教育工作，从而形成组织内某种积极的社会心理氛围。

②危机处理者角色。其职能主要是代表企业解决组织的内外矛盾和冲突。对于员工和企业部门之间的矛盾，有权召集双方进行协商、调解、仲裁以至实行铁腕政策。没有哪个组织能够事先考虑到每个偶发事件，但管理者必须有对付突发事件的心理准备。

③资源分配者角色。其职能主要是代表企业处理好各种资源的分配。例如决定

分工和协调工作关系，分配下属的工作；决定工资、奖金和各种额外的物质报酬等，在分配时要力求做到公平合理，使员工没有怨言。

④谈判者角色。其职能是代表组织与有关方面举行对等的谈判或协商。作为组织的全权代表，为达成某些协议，有权进行必要的妥协、让步甚至做出某些利益上的牺牲，最后代表组织签字。

明茨伯格的管理角色理论，目前已经成为管理科学中的一个重要学派，它对改进现代企业管理有不可忽视的作用，这里结合我们的理解粗略地对其进行了介绍，目的在于引起研究和使用者的兴趣，从而促进我国管理学的发展。

（三）对管理者的技能要求

美国著名的管理学学者罗伯特·卡茨（Katz，1974）提出，作为一名管理者应该具备技术技能、人际技能、概念技能这三种基本的技能。① 处于较低层次的管理者需要的是技术技能与人际技能；处于较高层次的管理者，更多地需要人际技能与概念技能；而处于最高层次的管理者，则尤其需要具备较强的概念技能。

1. 技术技能

技术技能是指使用某一专业领域内有关的工作程序、惯例、工具、技术和知识完成组织任务的能力。分管某方面的工作，必须对这一领域的基本技能有一定程度的了解甚至是精通，外行是难以领导内行的。例如，工程师、审计师、广告设计师、营销人员等都掌握有各自相应领域的技术技能，他们被称做专业技术人员。对于管理者来说，虽然没有必要使自己成为精通某一领域的技能的专家，但他还是需要了解并初步掌握与其管理的专业领域相关的基本技能，否则将很难与其所主管的组织内的专业技术人员进行有效的沟通，从而也就无法对他所管辖的业务范围内的各项管理工作进行具体的指导。不同层次的管理者，对于技术技能要求的程度是不相同的。相对来说，基层管理者需要技术技能的程度较深，而高层管理者就只需要有些粗浅了解即可。

2. 人际技能

人际技能是指成功地与他人打交道并与他人沟通的能力。它首先包括领导能力，因为领导者必须学会同下属人员沟通并影响下属人员的行为。但人际技能的内涵远比领导技能广泛，因为管理者除了领导下属人员外，还得与上级领导和同级同事打交道，得学会说服上级领导，学会同其他部门的同事紧密合作。可以说，这种能力是管理者必须具备的技能中最重要的一种，没有良好的人际关系，一个孤家寡人，何谈什么管理。因为各层次的管理者都必须在与上下左右进行有效沟通的基础上，相互合作地共同完成组织的目标。

---

① 《高效管理者的三个技能》这篇哈佛经典文章首次发表于1955年，是作者针对当时美国企业界涌起的一股寻找“理想经理人”的狂潮而撰写的个人研究成果。

3. 概念技能

概念技能是指把观点设想出来并加以处理以及将关系抽象化的精神能力。具体而言，概念技能包括理解事物的相互关联性从而判断出关键影响因素的能力，确定和协调各方面关系的能力以及权衡不同方案优劣和内在风险，迅速作出正确决断的能力等。任何管理者都会面临一些混乱而复杂的环境，需要认清各种因素之间的相互联系，以便抓住问题的实质，根据形势和问题果断地作出正确的决策。因此，管理者所处的层次越高，其面临的问题越复杂、越无先例可循，对概念技能的水平要求也越高。

四、成功管理者的必备条件

对大量成功者的分析研究表明，要想成为成功者必须具备以下四个基本素质。

1. 品德优秀

要有正确的世界观、人生观、价值观，要常存善念，乐于奉献。世界观是人们对整个世界的看法和态度。它是一定立场、观点和方法的统一。人生观是人们对人生的看法和态度，是人们对人生目的、价值和道路等重大问题的根本看法和态度。价值观是一个人对周围事物的是非善恶和重要性的评判。价值观最能体现人们对人生目的和人生意义的态度和看法。管理者唯有具备优秀的品德方可锻造出志存高远、视野开阔、奋发进取、追求卓越、爱岗敬业、忠于职守、勤于学习、甘于奉献、严于律己、诚实守信、豁达宽容、积极探索、刻苦钻研、勇于创新、自尊自信、自立自强的时代精神。

2. 较高的智商

作为管理者，没有较高的智商是不可能做到优秀的。因管理所涉及的领域实在太宽，与之相关联的学科太多。要想从容驾驭若无较高的智商其面临的困难是可想而知的。智商（intelligence quotient，IQ）是用以表示智力水平的工具，也是测量智力水平常用的方法，智商的高低反映着智力水平的高低。智商主要反映人的认知能力、思维能力、语言能力、观察能力、计算能力等，也就是说，它主要表现人的理性能力。

3. 良好的情商

管理特别是大系统的管理因面临众多的不确定因素所以往往困难重重和充满风险。作为一个优秀的管理者要有良好的情商，做到胜不骄，败不馁，锲而不舍。情商（emotional quotient，EQ）是表示认识、控制和调节自身情感的能力。情商的高低反映着情感品质的差异，它主要反映一个人感受、理解、运用、表达、控制和调节自己情感的能力以及处理自己与他人之间的情感关系的能力。

可见，智商更多地反映了个体的生物学特性，而情商更多地反映了个体的社会学特性。情商对于人的成功往往起着比智商更加重要的作用。

4. 勇于实践，善于实践

实践出真知，实践出才干，实践提升能力，实践是检验真理的唯一标准。实践，尤其是创造性的实践，是提高能力、走向成功的最佳途径。实践是认识的基本前提，实践深化探索，且是实现知识向能力转化的唯一途径。在管理实践中，管理者在实际任务的牵引下，不断学习、不断探索、不断积累、不断培养创新精神、增强创新思维、提高创新能力，而逐步成长起来。成功管理者的实践也表明，渊博的学识、卓越的才能、闪光的智慧，无不是在勤奋刻苦的实践中体现出来的，实践效应是人才素质最具潜力的增长极，是管理人才成长的必由之路。

第三节　管理学的研究任务与研究方法

一、管理学及其任务

管理学是一门系统研究管理活动的普遍规律并揭示其基本原理及一般方法的科学。管理学是在总结管理发展的历史经验的基础上，综合运用现代社会科学、自然科学及先进科学技术的理论和方法，研究管理规律和方法的一门综合性学科。管理学在研究对象和研究方法等方面与经济学、社会学、政治学等有明显的差异。因此，学习和研究管理理论必须首先了解和把握管理学科的特征，在此基础上，理解和运用管理学科的一些常用研究方法。

由于管理的对象各异，所以，在不同的领域、不同的范围、不同的组织、不同的层次其管理的方式可能大不一样，这样便有各种不同的专业管理。这些专业管理各具特色，各有其研究的不同侧重面，是管理学的分支，属管理的子系统。而管理学则是研究管理中一些带有普遍意义的基本原理和基本规律，它是各专业管理的基础。各专业管理是管理学在这些相关领域的具体运用和进一步的延伸与深化。

管理学的任务可大体归结为以下三个基本方面：

1. 要按生产力发展规律来研究管理

①社会化大生产使得劳动分工越来越细，专业化、协作化水平越来越高，联合越来越普遍，竞争越来越激烈。企业是生产经营的中心、人才的中心、技术的中心、资金及物资运动的中心，同时也是变革的中心。任何企业的生产经营活动都必须按照市场的要求通过资源的合理整合配置，使企业的核心价值和比较优势得到扩展和延伸。

②在组织的生产过程中，必须全面认识生产力各要素的构成，相互作用及其发展趋势。企业的各项价值创造活动是相互联系的，只有它们互相协调，步调一致，才能使成本不断降低，创新不断出现，使企业长期处于竞争优势。作为管理者，我们既要看到资源要素在生产发展中的强大作用，又要认识到生产力各要素之间的相

互作用及其演变，预见生产力发展的一般趋势，才能适应科学技术不断进步的要求，从而合理组织企业的生产过程。科学技术的进步，使生产要素的性质发生了巨大的变化，这种变化必然导致企业内部组织的变化和生产过程的重构。

③由于各企业生产经营的产品不同，结构不同，加工工艺方法各异，生产的特点和生产的类型也不尽一样，企业生产过程必须根据不同的生产类型和特点，采取不同的空间和时间的组织方法，以保证企业生产的正常进行。

④企业进行技术改造，改建、扩建、新建项目以及采取重大的技术措施时，必须根据合理配置生产力的要求，全面考虑资源条件以及企业发展战略的需要，进行科学的技术经济分析，才能合理、高效地组织企业生产。

2. 要按生产关系的运动规律来研究管理

管理学主要研究如何正确处理组织中人与人之间的关系；研究如何建立和完善组织机构以及各种管理体制等问题；研究如何激励组织成员，从而最大限度地调动各方面的积极性和创造性，为实现组织目标而服务。

①研究按生产关系一定要适应生产力的性质的规律来进行管理，及时地调整、改革和完善生产关系，为生产力的发展开辟道路。

②研究如何按社会经济发展水平的客观实际及基本经济规律的要求进行管理。这要求在现代的物质技术条件下，高速发展社会生产，创造社会财富，满足市场需求和社会需要。为此，企业必须依靠技术进步，使生产不断发展，把企业不断做强、做大。

③研究企业生产如何服从于市场，组织好人财物、供产销、储运调，市场信息沟通等方面的平衡和协调，充分挖掘内部潜能，以实现高效率、高效益的管理。

④研究怎样建立一种能够激发员工工作热情的企业文化，在组织层面上尽快地建立一整套现代化的识别、招聘、挖掘、培养、激励人才的人力资源开发、管理机制和激励体系；完善治理结构，充分挖掘企业内在的动力和活力，调动各个方面的积极性。

⑤研究市场经济中人们因为经济利益而忽视的社会责任、道德责任，理顺利益相关者的关系。研究如何将舆论、道德等外在的制度约束，内化为企业经营的道德伦理观念，规范和调整人与社会、人与自然的关系，提高企业的责任素质。

3. 要按上层建筑方面的规律性来研究管理

管理学主要研究如何使组织内部环境与其外部环境相适应的问题；研究如何使组织规章制度与社会的政治、经济、法律、道德等上层建筑保持一致的问题；研究制定管理的各项政策、法令、方针、原则、要求、方法等，使它们有利于现实的管理，从而维持正常的生产关系，促进生产力的发展以适应不断变革的需要。

二、管理学的研究内容

管理学的研究内容十分丰富，涉及面较宽，其主要研究内容可概括为管理原理、管理的职能、管理者、管理史、管理效果、管理的方法、技术和手段等。

1. 管理原理

管理原理主要研究管理的基本规律，即研究适于一切社会制度和个别社会形态的各种基本管理规律。如管理的对象、过程、核心、目的，管理的实质与内容。

2. 管理的职能

管理的各种职能既体现管理的基本任务，亦反映管理的全过程。管理的各原理、原则都需要通过管理的职能来发挥作用。

3. 管理者

管理者是管理活动的主体。能否实施有效的管理，管理者起着关键的作用。管理者个体的素质，管理者群体的优化结构以及他们之间的联系，是管理学的中心课题。

4. 管理史

进行这一研究是为了更好地继承和发展现代管理学。

5. 管理的方法、技术和手段

管理职能的执行和完成是靠各种管理方法、管理技术及管理手段来实现的。

6. 管理效果

管理必须有效。有效的标志是产生管理效果，因此，管理效果是实现管理目的的度量，是管理学的重要内容。

三、管理学的特点

管理学作为一门学科，与其他学科相比有其鲜明的特色，了解这些特点，将有助于更好地掌握管理学。

1. 管理学是一门综合性较强的学科

由于管理所涉及的内容极其宽泛，所面对的对象十分的繁杂，所研究的问题往往又错综复杂，因而也往往需要引入各方面的知识来为其所用，方可解决管理活动中的问题。例如，解决对人的管理问题需要用到社会学、政治学、人类学、组织行为学、心理学、伦理学等多种学科；涉及物的管理问题往往需要用到数学、统计学、信息学、工业工程学、计算机科学和其他学科的相关知识；若要解决经济问题则涉及的学科就更多了，如经济学、预测学、决策科学、会计学以及法律等学科。因此，管理活动的复杂性、多样性决定了管理学内容的综合性。

2. 管理是一门实践性很强的学科

同任何理论一样，它们源于实践又指导实践。管理学的实践性主要体现在以下两个方面：其一，管理学较之一些其他学科则更为抽象、更为概括，这些理论若离开了实践就难以准确理解和真正掌握；其二，管理学的实践领域和实践条件极为便利，我们可以十分方便地将所学的管理学知识用来解释发生在我们周围的各种管理现象和问题。这是很多学科所无法比拟的。

3. 管理学的欠精确性

一方面，同一些方法类或工具类学科相比较而言，管理学所研究的许多问题或因素其边界很难准确划分，很难用数学模型将其抽象出来，所以往往难以量化和进行精确的计算。许多概念的内涵和外延都不是特别的明确，例如，过去、现在、未来，美人、丑人，高矮之间，都并不存在一条鸿沟。这一切，连精确数学也是一筹莫展。因此管理的许多因素是欠精确的和难以量化的。

另一方面，管理对象中的一些因素之间的关系难以用精确的数学模型予以描述或反映。这又直接影响着管理学的精确性。用不着烦琐的举例，我们已能看到模糊并非罪过，恰恰相反，它正是人类思维得天独厚的巧妙之处。人类认识世界从模糊发展到精确，而今又突破了精确数学的框架，发展到了模糊数学。模糊—精确—模糊，这是螺旋式上升。

管理要处理的尽是一些两难问题，是悖论，如分工与协作、奖励与惩罚、投入与产出、集权与分权、民主与独裁等。这些问题没有永恒的答案，没有终极的答案，如果在实践中照搬答案肯定要出问题。这也是个悖论，既容易又困难，容易是管理学一学就懂，难的是为什么管理学看上去这么浅显简单，却难倒了这么多出色的企业家、政治家。

4. 管理学既是一门科学，又是一门艺术

管理学是对管理实践及管理规律的科学总结和高度抽象，因此，作为反映管理本质及其基本运行规律的管理学，具有其科学性。基于管理者个人的知识结构和管理风格以及社会阅历的不同，使之在管理的实践中对管理基本原理的理解和认识有较大的差异，从而反映在管理实践中，同样的管理问题其管理方式和方法可能迥然不同，这导致管理富于较强的艺术性。

管理既是科学又富于艺术性，人们正在寻求两者的完美结合，在现实条件下，将两者对立起来或者否定任何一方都是错误的。

5. 管理学属于软科学的范畴

管理学的价值是难以自我表现的，它必须通过有形的资源来体现和发挥其作用。所以它类似于计算机系统中的操作系统和应用软件，故而称其为软科学。

四、管理学的研究方法

在管理学领域内，人们对管理问题的认识过程是：猜想、假设、理论——经验、论证、反驳——新的猜想、新假设、新理论……管理学有自己独特的研究方法，但并不存在证明规律的方法，管理理论只能被证伪，不能被确证；管理理论只具备可证伪性，而不具备可证实性，这是作为经验科学的管理学的基本特征；大胆创造、严格批判，可以导致管理学的进步，在管理学认识领域中，存在着从无到有的突变。从严格意义上讲，管理学只符合艺术模式而非科学模式。

同很多社会学科一样，管理学常用的研究方法有：基本研究同具体研究相结合；定性分析和定量分析相结合；理论与实践相结合。具体研究方法如下：

1. 历史研究法

对管理理论和实践进行纵向的历史考察，以寻求并继承规律性的东西。管理、管理学具有历史的特征，前人的管理思想、管理经验、管理理论，不仅是人类管理活动的历史见证，而且是研究管理规律的重要内容和出发点。若无对前人管理历史遗产继承的基础，管理科学的产生和发展是不可思议的。所以，学习管理原理，要先做历史考察，明了各种管理思想、理论与管理实践相结合的历史过程，作为深刻理解现代管理科学建立的依据，把握它的思想内容。此乃古为今用，推陈出新。

2. 系统科学的方法

系统科学作为并列于自然科学和社会科学的新型基础性学科，是一种被广为应用的研究手段。系统科学主要包括：系统论、信息论、控制论，这三门学科正在形成一门更高层次的基础性学科——系统科学原理。该原理中，系统是基础，信息是系统运用的方式、内容，控制则着重于系统中原因与结果的目的性联系，是较为特殊情形的系统信息理论。

以信息的观点看，系统是载体，控制是信息的效应。系统科学原理由于其横断性使它在各学科中具有与数学相似的地位；它在自然界的普适性以及系统科学本身就是脱胎于哲学，使得系统科学原理自然地带有很强的哲理性和类似于哲学的概括性。

系统的基本特性，系统的状态和系综①，结构与功能，物质运动的有序性、熵，信息，物质能量信息之间的关系，控制系统与控制信息等都是系统科学原理的主要内容。系统观成为顺应当今信息时代科学技术发展水平的崭新自然观，可谓是人类科学认识史上对传统观念的又一次重大突破。它不仅导致人们用全新的系统观念重新认识以往的认识对象，而且在系统演化、生命本质、人和自然、未来科学技术展望等重大论题上产生一系列科学史上未曾有过的新认识、新观点、新理论，导致一种全新的世界观。

3. 比较研究法

① 系综就是对应于一定条件的系统的所有可能状态的集合。系综不是系统之和，它仍然是一个系统，这个系统所包含的元素与各个可能状态相同，这个系统的状态表现为以一定概率出现的一系列可能状态。

这是通过横向比较研究来揭示不同国家、地区、组织、行业，在不同社会制度、环境、历史文化条件下，其不同的管理思想、理论、方法、效果，从而寻求管理的规律。此乃洋为中用，批判地吸收，取人之长，补己之短。

4. 观察研究法

观察要客观，顺乎自然，要不动声色和不露声色。要有目的，有重点，对典型的经验加以总结，予以借鉴。

5. 调查研究法

可以调查过去，调查现状。从调查中总结经验，发现问题，予以警示、参考和解决问题。调查要有程序，根据系统论和控制论的观点，管理过程是一个输入——处理（转换）——输出的过程。其中：输入是对各种情况、数字、资料、资源、信息、能量等原材料的输入；处理，就是怎样决策、怎样计划、怎样指挥；输出，就是决策、计划、指挥所追求的结果。而这些原材料并非人们头脑中固有的，亦不是天上掉下来的，而只能来自实践。但是，个人（管理者）不可能，也无需事事都亲自实践，亲自体会。所以，调查研究就是收集第一手资料的好办法，就是了解认识事物的有效途径。

搞调查研究一定要深入。忌马马虎虎、走马观花、道听途说；忌形式主义、官僚主义，老爷作风，需全面调查与典型调查相结合，多点调查同定点调查相结合，系统调查和抽样调查相结合，亲自调查和深入调查相结合。只有这样才能收到兼听则明的效果。否则，原材料不真实、不全面，在虚假的成分上进行操作处理，其结果只能得到一堆无用之物，只会成事不足，败事有余，损人害己。

6. 试验研究法

在一定的约束条件下，有目的通过实验来揭示管理规律的方法。科学实验是自然科学研究普遍的适用方法。科学的东西来不得半点虚假。所有的发明、发现，都只有经过反复实验证明无误，才能推广。那种想当然，或简单推理就得出结论的做法，在研究活动中是可笑的、无知的，甚至是荒唐的。因各方面的缘故，社会科学在科学实验方面显得十分薄弱，因而，也曾得出过一些唯心的结论，或在实践中为错误做法涂脂抹粉，为瞎指挥推波助澜。诚然，社会科学的实验的确存在着局限性和重重困难，盲目进行，稍不小心就可能造成乱子。

社会学科的实验研究应慎之又慎，万不可将面铺得太宽、太大，实验应是对某一部分进行的实验。

所以，在进行管理实验时应注意以下两点：

①选几个具有代表性的单位先走一步，在实验中摸索经验，发现问题；

②总结出有指导性的经验、方案，然后再扩大试点，待有把握后再推广普及。

7. 案例分析法

这是通过典型的案例分析，总结出一般性规律以指导管理。经验学派认为：管理并无固定的理论，成功的管理值得管理者去分析、研究和借鉴。

8. 综合研究法

若干种研究方法综合并用，以有效地揭示管理的规律。

9. 逻辑抽象法

管理的问题形式多样、错综复杂，故要善于从现象入手，运用各种方法进行分析、计算，并在此基础上，再用逻辑抽象的方法进行综合、类比、归纳，从中抽象出规律性的东西，升华为理论，以反作用于实践。

五、学习本门课程的目的

①掌握现代管理的基本概念、基本原理、基本方法，为今后的学习和工作打下良好的基础。学习理论的目的在于：善于着眼大势、大局，从长计议，长于高瞻远瞩；主要解决立场、观点和方法问题。这些问题解决了，就能在实践中站得高、看得远，就能在扑朔迷离中把握正确的方向；就能从繁杂的事务中看到其内在本质，而掌握主动；就可以从容运筹，决胜千里。

②管理是一门科学和艺术，也是一门技术。管理是任何一个有事业心的人，任何一位管理者都必须具备的专门性知识。

六、学习管理学的方法

学习中提倡用系统的观点、发展的观念和辩证的观念来学习与思考，特别提倡用批判的观念来学习这些知识。要善于分析、比较、注意吸纳，同时力求创新。即使是肯定的东西，也要加以完善和发展。读书贵多贵细，学问贵广贵实，所以对待管理学，精读和博览两者不可偏废，应注意，要以自己的专业为主线而定点扩张，一专多能，防止广而不聚，博而不均。要善于提出问题；要多读名著，沿着大师的思路去思考，多思、多想、多议、多讨论一些热点问题；要利用可能的机会实践。现在较普遍的问题是：书读得不够，限于报纸杂志讨论的热点问题，其实这些问题都是很浅的；深入实际不够，思考得少。

思考题

1. 结合社会实践分析管理的实质是什么？
2. 试分析管理者的角色和应具备的技能。
3. 成功的管理者必备的条件有哪些？
4. 管理学的主要研究方法有哪些？它们各有何特征？

第二章　管理理论的探索与发展

【目的和要求】

通过对管理基本原理的学习，进一步理解管理的科学性，为进入管理岗位做好理论准备。学完本章，应达到的要求：

1. 正确理解各管理原理的客观性、独立性与相关性；
2. 初步理解各管理原理对管理工作的普遍指导意义；
3. 初步了解各管理原理在实际工作中的具体应用。

自然科学和社会科学的结合，是当代科学发展的一大潮流。综合地运用科学、技术、经济、管理和教育等方面的知识和力量，来解决当代社会、经济、管理问题是每一个管理工作者的重要使命。由此，对管理者，特别是高级管理者的基本要求是：明晰经济发展的趋势，把握经济运动的脉搏；开阔视野，活跃思想，钻研专业，富有创造；熟悉自然科学的总貌，学习和借鉴自然科学的一些基本思想和方法，这可给工作增添新的活力，以便用敏锐的目光洞察社会实际，从而攀登理想的高峰。

第一节　管理原理概述

管理是一门应用性的交叉科学，它有特定的研究对象和自己的理论体系。理论是认识的高级形式，是系统化了的理性认识。理论的任务是将一些重要的知识结合成一个体系，来深刻地说明事物的本质。理论应当是具有内在联系的各项基本原理的系统组合。基本原理的意义在于：掌握了它，可以举一反三，结合不同的国度、不同的社会制度、不同的文化传统、不同的发展阶段以及各地区、各部门、各单位的具体特点，创造性地进行管理。

一、基本原理内涵的讨论

究竟什么是基本原理，基本原理有哪些特征？这是在研究本问题前应该弄清楚的问题。所谓基本原理是指：这些原理是为了保证实现管理的基本目标，具有更普遍指导意义的理论体系。管理的基本目的是使系统高效、低耗、可靠而又持续地输出高功能。但环境条件在不断变化，怎样才能持久地维持高效、低耗、可靠地输出高功能呢？因此，管理的目标还必须能灵敏地自我适应，具有不断再生的创造能力。管理的基本目标能灵敏地自我适应，具有不断再生的创造能力，高效、低耗、可靠、持续地输出高功能。

原理应具有普遍性的指导意义，即对各行各业、各项管理活动都有理论意义。

这些原理是研究管理的基本要素及其相互之间的辩证关系的。管理有八大基本要素，根据作用与内容的不同可作如下划分：

三个管理手段：组织、法、人；五个管理要素：人、财、物、时间、信息。此处，人是身兼二任，管理者是人，被管理者也是人。因此，现代管理如何调动人的积极性，协调人与人之间的关系，培育人的团队意识等都是十分重要的课题。此处的时间，不是无方向的绝对的“牛顿时间”（时间间段）而是控制论所定义的、持续的不可逆的“柏格森时间”。管理有时效问题，例如，根据市场需求确定开发某项新产品，则应及时成功推出，否则，市场需求变化了，或其他竞争者捷足先登比你先生产出来，即使你研究生产开发出来了，也不会有预期的效益，甚至没有效益。所以，对于管理而言，永远是机不可失，时不再来。每一个管理者，面对竞争的世界，应该有最大的时间急迫感，落伍就会被淘汰的危机感，赶超世界先进的强烈的使命感和对人类、对社会的责任感。所以，人们常说世界上最富有者就是青年，青年拥有最大的一笔财富——时间。

管理的基本原理就是如何正确而又有效地处理这些要素及其相互关系以达到管理的基本目标。管理原理是人们经过长期管理实践而总结出来的基本原理，是对各项管理制度、方法的综合与概括，对全部管理活动具有普遍的意义，这便是基本原理的特征之所在。

二、管理原理的主要特征

1. 管理原理是对客观规律的总结

管理原理是人们在认识管理工作的客观规律的基础上建立的。管理原理有别于管理原则。原则是人们规定的行动准则。原则固然以客观真理为依据，但为了加强其约束作用，一般具有规范性、指令性、法定性、约束性，违反原则就会受到相应的制裁。原理则是对管理工作客观必然性的刻画，原理具有外延性大的特征。它对人们的管理活动具有指导性与规范性，违背原理就会受到客观规律的惩罚，承受严重的后果。原则与原理又有联系。原则的确定应以原理为依据，应避免主观和官僚主义，同时又要以指令或法令的形式来强化原则的约束作用，加强管理原理对人们活动的指导作用，克服放任自流的无政府状态。

2. 管理原理的普遍性

管理原理所反映的事物很广泛，涉及自然界与社会的许多领域，包括人与物的关系，物与物的关系，人与人的关系。它们是由许多变量所组成的，而各个变量之间的关系又十分错综复杂。例如，国民经济包括许多门类，每个门类又分成许多部门，每个部门又有许多行业，各个行业又包括许多企业，每个企业又有其自身的特点，即使同一类型的企业，它们的企业规模、产品品种、技术装备水平、人员构成、建厂历史、厂址的地理位置与自然环境、社会环境等相互之间也不可能完全一样。因此，管理原理是对包含各种复杂因素和复杂关系的生产经营活动的客观规律的描述。或者说是在总结大量社会实践活动经验的基础上，舍弃了各企业之间的差别，经过高度综合和概括而得出的具有普遍性、规律性的结论。所以，管理原理不是一时一地的局部经验，而是经大量的管理实践所证明能行之有效的普遍真理。当然，普遍性是寓于特殊性之中的，两者呈辩证关系。就是说，管理原理具有普遍意义，是任何组织进行管理时都应遵循的。这告诉人们：各个组织在运用各项原理时，要从自身的实际出发，因时、因地、因事、因人制宜，结合具体条件进行创造性的发挥，不得生搬硬套别人的管理方式和方法，否则，就会把管理原理当做僵死的教条，犯教条主义错误。

3. 管理原理的局限性

管理原理并非是一成不变的教条，它是随着社会经济和科学技术的发展而不断发展的。它是人们根据当时的资料，凭借当时的分析手段和认识事物的能力归纳出来的，是否完全无误，需在实践中接受检验，发现不足，加以补充和完善；客观世界总是在不断变化前进的，随时都可能出现前所未有的新情况，若新情况下原有的理论显得不够，需根据新的事实加以补充订正。因此，只有把管理原理同具体实践相结合，坚持一切以时间、地点、条件为转移，坚持具体问题具体分析，才能充分发挥管理原理的指导作用，找出解决具体问题的具体方法，达到人们认识事物、提高管理效率的目的。

三、研究管理原理的意义

管理原理是大量管理经验的升华，对做好各项管理工作具有普遍的指导意义。

①掌握了管理原理就有助于提高管理工作的科学性，减少盲目性。掌握管理原理之后，进行管理就有了指南，建立各种管理组织、管理计划、规章制度就有了科学的依据。当发现某工作、某环节出现问题时，运用它就可以分析问题，检查问题。

②掌握了管理原理就有利于根据实践中的实际情况，建立科学合理的管理组织、制度、方式与方法，使管理工作制度化、规范化，使管理的许多常规性工作有章可循，有规可依。这样，领导就可以从各种具体的事务中摆脱出来，集中精力进行例外事项的管理。即使换了领导，企业的生产经营活动仍可照常运行。

总之，掌握管理原理有助于强化企业的管理工作，提高管理工作效率与效益，更好地发挥组织的功能。

由于管理的对象具有社会性的一面，而管理科学又处于不断的发展中，所以人们对管理原理的认识正处于百家争鸣阶段，在众多的管理专著中，常把管理原理贯穿在管理职能中论述。为了突出原理的地位，集中起来加以研究极为必要，这些原理主要是：系统原理、整分合原理、反馈原理、封闭原理、能级原理、弹性原理、动力原理、结构—功能原理、人本能动原理、和谐原理等。

第二节　系统原理

一、系统原理的形成

介绍系统原理之前，需弄清几个基本概念。

系统是指按照一定的功能目的组成的有机整体。系统分析就是研究怎样使系统达到最优化。系统分析应用的一些科学技术就是系统工程。现代管理不再是以往的小生产管理，它总是处在各个层次的系统之中。

任何一个单位，任何一种管理方法，任何一个人都不可能是孤立存在的，它既在自己的系统之内，又与其他系统发生各种形式的“输入”和“输出”（交换，交流），同时还处于一个更大的系统的统一范畴之内，且自己又包含若干个子系统。系统套系统，一层一层，层出不穷；系统连系统，一环一环，环环相扣。因此，为了实现最优化的管理，必须进行充分的系统分析，这就是管理的系统原理。

企业就是一个系统，它有一个统一的功能目的——出产品（创造财富）、出效益、出经验（信息）、出人才，以促进经济的发展和社会的进步。为达此目的，企业内部有一系列的子系统。例如各种类型的员工，各式各样的装备，大量的器材、资金，千头万绪的信息，这些要素在空间和时间上有机地组织在一起，形成一个有机的体系。在这个体系下的各种要素组成纵横的网络，形成错综复杂的联系；同时又与外部存在着大量而又频繁的信息、物质、能量、人员的交流和交换。因此，要使系统发挥最大功能，建立一个最佳的内部体系是头等重要的事，同时使系统在所处的大系统中找到最恰当的位置。在人们的认识中，系统原理似乎只是一种常识。其实不然，在实践中忽视这一常识，违背这一原理的事屡见不鲜，时有发生，这实质上是对管理原理缺乏足够认识的后果。例如企业的经营权、管理权、监督权究竟各归属哪一系统，至今仍存在着争议。

系统位置的颠倒也会带来一系列的问题。如本该由企业按市场的供求关系决定产品的价格，却是由政府说了算（近年中石油、中石化的成品油价格与市场倒挂在一定程度上反映了这一状况），企业只能执行、照办，这样盈亏经营者无责任，职工无干劲，投资人无奈。类似的例子很多，凡因界限不清引起的问题，大多数是由于没有把握住系统的准确位置，混淆了母子系统的关系。此外，还有如何划分系统的问题也必须很好解决。有些系统，上下关系、左右关系十分明确，但有些系统则不易分清它属于何系统，此时应根据其主要功能加以区分并将其归入相应的母体系统。如，艺术、美工人员在不同的企业、不同的单位归属的系统不一。管理人员不了解管理的系统原理，没有建立起合乎系统原理的生产经营管理体系，不能不说是一个重要的原因。

二、准确贯彻系统原理，抓住三个基本环节

1. 始终牢记系统的目的性

不同的系统有不同的目的性，混淆了目的，必然是混乱的管理。一些地方战略目的不清，产业结构趋同严重，根本不顾及本省本地的资源条件、经济发展水平，均搞高、精、尖，并驾齐驱，都一拥而上生产轿车、耐用消费品，搞高科技开发区，使各地同类企业林立，把有限的人力、财力、物力高度分散，搞低水平重复，长期形不成特色，浪费严重，效益低下。因此，不按系统原理改革，不按市场经济的特点组织社会化大生产，进步无望。总而言之，一个单位，一个企业也是一个系统，也应该有自己的系统目的。企业的目的是出产品、出效益、出经验、出人才，若非要它办社会，就是目的的混淆。企业出产品是主要目的，要它像学校一样出人才，则也是欠妥的。细而言之，一个生产过程，一个项目都是一个系统，应始终抓住其目的。如产品研发，由于立项不严，立项开始目的不明确，中途随风多变，最后形成“胡子项目”、“半截子工程”的情况，也并非个别现象。应指出：一个系统通常只有一个主要的目的，若有多个并列的目的，必然在人、财、物、时间、信息各方面产生相互干扰，而达不到最优。同时作为管理手段的人，在时间，精力和智力方面都是有限的，“一心无二用”，现代科学研究已证明：对于绝大多数人来说，同时思考两个以上问题时，思维效率就大大下降。所以，一个单位方向、任务过多，一个人的工作过多、兼职太多，都是不合理的管理。要做到目的明确，有主有次，防止喧宾夺主，集中力量，确保重点，坚持不懈。

2. 牢牢把握系统的全局性（整体性）

小生产时，全局的联系较少，局部有利大致上就是全局有利；在现代大生产条件下，局部与全局有着复杂的关系和交叉效应，局部与全局的利益并不总是一致的。从局部看有利的事，对全局并不一定总是好的，甚至从全局权衡却有可能是十分有害的。

例如一些地区大搞地方保护主义，地方性垄断、行业性垄断，一时间确实保护了自己的利益，但在保护自己的同时是以牺牲全局利益为代价的。它限制的是竞争，抵御生产要素的自由流动与高效配置。其结果必然是不图进取，故步自封。

又如，生产系统不配套，先进的过于先进，落后的依然是“短板”，使大量的

人、财、物得不到充分的发挥，从局部讲，某些技术可能达到世界先进水平，工效提高了数十倍，结果效益却并不高。可见，不顾全局地追求局部先进的做法往往适得其反。

此外，在进行企业战略规划时，更要从全局出发。一个单位、一个系统的发展规划是一个全局性很强的问题，从某个局部看，每一个项目都会有十分动人的道理，但是任何取舍，有机组合都要符合系统全局的目的，这样才符合规划的本质。

企业投资追求的是总的经济效益，而不是某一项目的先进或闻名，提高企业素质是要提高其综合的素质，并非只搞一两项指标的达标。

一个单位的规划，必须了解该系统在整个社会大系统中所处的地位，了解自身的功能目的在社会生产中所占的位置。然后定位本系统的功能目的的时间序列，即远期、中期、近期的目标。据此来规划项目，安排人、财、物，乃至机构、建制等，组成一个有机的整体。规划应该是从全局到局部，而非相反。有些规划，先由各局部提出方案，然后简单地汇总，最后不能不沦为一场“舌战”，以不欢而散告终。

系统原理要求科学化的管理：

一是清晰的全局观念。必须有一个系统的运筹规划，必须有一个考虑了尽可能多的因素的模式，即统筹规划全局，防止头痛医头，脚痛医脚，挖东墙补西墙，手忙脚乱，顾此失彼。

二是局部服从全局，顾全大局。切实分清系统的层次性。系统之间的有效运动决定于什么？系统原理告诉我们是系统的层次性。同一层次的各系统横向的功能联系，应由系统之间全权“输入”和“输出”，只有不协调或矛盾时，才提交上一层次系统解决。各子系统之间必须职责分明，各司其职、各负其责，才能正确发挥各自的功能。

按照目标管理的要求，上一层次系统的主要任务如下：根据系统的功能目标向下一层次发出指令信息，最后考核指令执行的结果；解决下一层次各子系统之间运行中出现的不协调；根据总体要求适当监督下一层次系统在执行指令中是否违章和违法。据此，一个组织的管理如何进行呢？给各子系统下达计划任务时，只要交代清楚目的、要求，给足必要的条件就行了，最后考核结果。至于下面如何去完成这一任务，这是下属单位发挥自己才干的天地，上级系统不要过多地干预，干预就是干扰。各单位接受任务后，结合自己的下属单位进一步分解任务并下达任务，同样，各下属单位如何完成任务，可以各显神通，需要同一层次相应单位的必要协作，应由它们之间横向联系解决，不应事事上交。只有各基层单位发生不协调或矛盾时，才由上一级协调，而这种情况下，该级领导必须及时决断，做出安排和仲裁，不得推卸责任。无需赘言，班组把任务下达给作业组或个人时也是如此。

但是，现在有些企业管理层次混乱，你做我的，我做你的，打乱仗的情况是常见的事。例如上级分配任务时，要求马马虎虎，最后又不严格考核和评议，却忙于具体组织工作，指定谁干，应该怎么干，干的过程中还要随时发出具体指示……这种干扰下一系统，甚至下下系统工作的做法，久而久之，使下级没有责任（也无责可负）失去主动性，一切问题上交，最后领导天天忙于应付具体事务，也失去自己指挥的功能。总之，必须明确，领导做领导的事，各职能层做各职能层的事，才能提高整个系统管理的有效性。

下一层次系统的主要任务有：执行上一级系统的指令；反馈指令执行的结果。

系统的层次性原理告诉我们：应职责分明，各司其职，各负其责；要上令下行，下情上达；反对越级指挥，架空中间；反对越级请示，事事上交。

3. 管理系统应满足的条件

①该系统是一个人造的有人的系统。目的明确，人的能动作用对系统的构成和发展有决定性的影响；

②该系统是一个开放系统。开放的系统才具有活力，系统为自身的生存和发展须建立体内的动态平衡。遵循摄取→能量与物质转换→新的能量、物质输出的运作过程。要求产出大于投入，即盈利是系统生存发展的必要条件。

③该系统是一个动态系统。为适应外部环境变化，系统应持续不断地完善和改进自己的功能，在持续改进中求生存与发展。

④该系统是一个非线性系统。内部各要素之间的关系是非线性的，各要素之间产生协同作用和相关效应，使系统从无序变为有序。

⑤该系统应是一个耗散结构系统。系统除有集合性、层次性、相关性、整体性和环境适应性外，还具有不平衡性，这是耗散结构系统的根本特点。不平衡是绝对的、永恒的、普遍的，平衡只是相对的、暂时的。绝对的平衡使系统失去活力，成为一潭死水，只有不平衡才是系统走向新的稳定和有序之源。

第三节 整分合原理

现代高效率的管理必须在整体规划下明确分工，在分工的基础上进行有效的综合，这就是整分合原理。该原理的大前提是整体观念。同时必须了解整体及其运动规律，否则分工必然是混乱而又盲目。分工是整分合原理的关键，没有分工的整体只是混沌的原始，构成不了现代有序的系统；没有分工的协作是吃大锅饭，只能是每况愈下的低效率。问题是按什么原则进行分工（分解）。

一、按社会功能进行专业化功能分工

传统的按行政权力进行分工是实行中央集权制，统管一切，各地、各级、各层，实质上都是一个小小的诸侯国，掌权者都是“父母官”。现代社会打破了这种

统一堡垒，而是按照事物的社会功能及其固有规律来进行分工和组织的。不仅政治和经济，立法和司法，工农兵学商等各成体系，而且各体系内部的构成也是有分工的，并且日益精细。试想，每个单位都像一个“小小共和国”还有多少精力去从事本应承担的社会分工的职能呢？厂长、经理们实际上不是管理专家，而只能是全能政治家。在这种情况下，不仅外行难变成内行，就是管理专家干几年或许也要变成外行。同时，为了应付众多的工作，必然机构臃肿，精兵简政只能是一句空话，而必然是正副首长众多，协调领导矛盾就要耗费大量的时间与精力，又如何加强管理呢？正确的出路必须是管理的社会化。

二、按自然资源特点进行专业化区域分工

自然资源是劳动对象，是生产力的重要组成部分。自然资源的分布并非是遂人愿的，现代管理必须顺从自然规律，才能充分有效地利用它，创造出更大的生产力。如美国的农业结构，就是根据资源特点进行区域分工的，分为牧草、乳酪，玉米、棉花，亚热带作物，小麦等14个专业化农业区，小麦又分：冬小麦、春小麦、高原小麦等好几个区。这样就最佳地利用了资源，各区作物单一，有利于机械化，这是美国农业高产的原因之一。又如瑞士的工业：上帝对瑞士特别苛刻，除了太阳和水外，什么资源也没有。因此它在山地和水力资源上拼命做文章，水流到半山腰，一次、二次地被拦下来发电。瑞士98%的水力已被利用，保证了足够的能源。同时他们选择了手表工业、精密机床工业，因为这些产品价值高，而耗能低、耗材料最少。但我们的企业设置，并不充分考虑这一分工原则。物资大循环，南部的材料拖到东部加工，又运回到西部去消费等。

三、按产品（科学）及其构成进行专业化生产分工

随着现代科学技术的迅猛发展，新产品以惊人的速度增加。据统计，发展空间技术领域就引发出数以万计的新产品、新工艺，由此可见一斑。这些新产品不可能由一个部门、企业，甚至一个国家来研究和生产，必须实行专业化生产，以达到技术上精益求精。这种专业化产品已不再是成套机组，甚至也不是整机，而更多的是零部件。企业即使生产同一种产品，也各具特色，各自有所侧重。如机床生产：东北地区生产数控车床、重型机床和锻压设备、量刃具；东部地区以生产数控磨床为主；西部地区重点发展齿轮加工机床；中部地区以生产重型机床为主；环渤海地区主要发展加工中心和生产液压压力机；珠江三角洲地区则是数控系统等的生产基地。

但在很多地方，专业化生产没有认真实行，我国不少企业，动不动大搞“机电一体化”，“光电技术”，“纳米技术应用”等。这表明系统的目的性完全混乱了，使有限的人、财、物进一步高度分散，大家都是低水平的重复，这是我们落后，出

成果、出人才慢而差的根本原因之一。按照作业程序进行专业化作业分工，这类分工日益在生产的不同层次内深入进行。就现代企业而言，它不再是传统意义上的工厂了，而是包括市场预测系统、研究发展部、生产工厂、技术服务部和销售系统的现代组织系统。随着生产自动化，工厂的比重日益趋于下降。国外，一些先进企业内科技人员与生产工人已各占1/3了。就生产作业而言，毛坯、铸造、锻压、金属加工和装配也日益分工专业化。在产品研制方面又分为设计、样机制造、调试、考核实验等。而现代设计也不再像以往的传统设计由一批设计师一包到底，它有目标决策、设计调查、总体设计、结构设计、绘图设计等分工。目标决策由市场预测、技术预测、规划人员参与决定。

第一，设计调查由少数几个高级工程师、销售人员以及高级管理人员进行“考察性研究”，提出一个新的设计的“概念”。

第二，总体设计由具有特殊才能的高级设计师提出，创造性地考虑总体方案，并对方案的主要部分作材料和工艺方面的审核。

第三，细节设计由有经验的设计师进行，运用各种合理的结构来保证总体设计的要求。

第四，设计完毕前交由懂美术工艺的美工设计师进行美术加工并进行线条、色彩、造型布局等方面的设计。

第五，绘图设计师绘出工作图。

目前，计算机辅助设计正是根据这一套思路进行模拟设计。就管理而言，应有科研领导、研究人员、技术后勤和辅助后勤等分工。然而，在我国作业分工也是十分不清的。一方面习惯于许多工作包干到底。如：设计还是传统设计，直接工作人员也兼搞搬运、领料、工艺等，辅助工种数量很少，使直接设备操作人员得花费很多的时间干分外的工作，使设备空闲，发挥不了应有的效率。

上述三类分工有机地排列组合，构成了现代社会生产繁荣与绚烂的景象。不同层次的分工还在继续进行，新学科、新行业正在不断涌现。分工可以先在一个系统内进行，当壮大到一定程度时，就分化出去作为一个独立的社会功能单独存在。因此，没有永恒不变的分工，优秀的管理者就要善于抓住时机进行必要的业务流程重组和合理的组织分工。应该说明的是：分工并不是现代管理的终结，分工也不是万能的，它也会带来许多新的问题。

分工特别容易在时间和空间，数量和质量等方面产生脱节。因此，必须有强有力的组织管理，使各方面同步协调，有计划、按比例、综合平衡地发展，才能创造出真正高效的生产力，这就是分而后合。合理的分工若没有强有力的组织管理，其效能还可能不如一个自给自足的“小而全”的组织。例如，企业不自行生产一些标准件固然是好，可是若没有保证和及时供应，企业将不能发挥其工作效率。这说明组织管理十分重要。

如何在纵的分工之间建立起紧密的横向联系是现代管理的重大课题。在科学上不仅有许多边缘学科，如控制论、信息论、系统论等横向科学，还有材料、能源、生态、环保等综合科学。在组织方式上有事业部制、矩阵式组织结构、扁平式组织形式，实行纵分横联；还有战略联盟之类的控制手段，都是有效的途径。现代管理强调分工，但是管理本身的功能是不能分解的。分工以后，它就必须具有完全的管理功能。管理的内容是不能分解的，必须在一条管理线上，集中于一个独立的功能单位内。对于一个独立的功能单位，输入管理线的是人、财、物，在管理线上进行加工处理的是人、财、物，最后从管理线上输出的还是人、财、物。整个过程只是时空上的变化，数量上的增加和质量上的提高。对于一个独立的功能单位，若对自己的人、财、物没有完全的管理权，那么管理就只剩下了形式上的外壳，而失去调节运筹的力量，也就不能构成有活力的运动。作为领导，可以取缔下级的权力；作为下级若缺少上述权力，可以提出质疑、辞职。这种现象在我国企业的经营过程中亦是如此。而产、供、销是人、财、物运动的必然流程，理所当然不可分解，否则就无从考核人、财、物运动的效果。管理者除了被动地、机械地完成上级下达的任务，又怎能发挥他们自己的积极性和创造性呢？因此，必须按现代管理的整分合原理，改革现在不适应经济和科技发展的管理体制。确保基层独立功能单位充分的自主权。

第四节　反馈原理

一、反馈的基本含义

反馈是控制论的一个极其重要的概念。管理就是一种控制，必然存在着反馈问题。

什么是反馈？先举一例，航船的航向取决于一系列内部和外部因素包括内部因素包括仪表误差，机器的可靠性等；外部因素包括风向、风速、水向、水速等，如何保证正确的航向而准确地到达目的地？船长们采用了一种科学而又巧妙的方法，就是撇开一切变化的干扰不管，关键是测准各种因素作用的总结果——实际航向同预定航向之间的“目标差”，从而及时地调整舵轮，这种控制方法就是反馈。

反馈就是控制系统把信息输送出去，又把其作用结果返送回来，并根据作用结果对信息的再输出进行调整，起到控制的作用，以达到预定的目的的过程（活动)。凡使作用的结果越来越大的反馈叫正反馈；凡使作用的结果越来越小的反馈叫负反馈。

二、反馈在现实生活中的意义

①反馈在原因和结果之间架起了桥梁。辩证法告诉我们，原因产生结果，结果又构成新的原因、新的结果……反馈在原因和结果之间架起了桥梁。这种因果关系的相互作用，不是各有目的，而是为了完成一个共同的功能目的，所以反馈在因果性和目的性之间建立了紧密的联系。

②反馈使事物本体与周围环境统一在动态之中，构成新陈代谢的活力运动。

③无生命的物质本是没有反馈的，反馈是生命现象的重要标志之一。大自然经过成百上千亿年，才完成反馈的创举。而生命经过了35亿年，人类经过三四百万年才反思到生命过程的反馈机制，这是人类在20世纪一项了不起的发现。从此，大自然不自觉的创举变成了人类自觉运用的一个原理。不仅航船如此，同时也为自动化奠定了基础，而且日益指导现代管理。现代管理比航船之类的技术要复杂得多，正因如此，反馈的意义就更加突出。

现代管理有许多正反馈：两个生产小组的竞赛就是一例，你追我赶，你快我要比你更快，你高我要比你更高，你强我要比你更强。但大量的还是类似航船那样，是按照一定的工作路线达到预期的目标，管理就是控制“目标差”，不断缩小“目标差”。由此反馈可概括为对客观变化做出应有的反应。

三、应用反馈原理须把握的要点

面对永远不断变化的客观实际，管理是否有效关键在于是否有灵敏、准确、有力的反馈，这就是现代管理的反馈原理。

1. 灵敏、准确和有力的反馈是一个管理制度

一个管理功能单位是否具有充沛的生命力的标志就是能否遵循现代化管理的反馈原理。实际上，它就是一切从实际出发，就是“实践是检验真理的唯一标准”这一马克思主义基本原理在现代管理中的贯彻和体现。

现代管理中所推行的PDCA（P表示plan，D表示do ，C表示check，A表示act）循环工作法，周而复始，不断循环地前进，实际上是反馈原理的一种应用。重要的问题是如何使反馈信息灵敏、准确和有力。

2. 要灵敏就必须有灵敏的“感受器”

灵敏的“感受器”可以及时发现管理与客观实际之间的矛盾和变化的信息。

3. 要“准确”就必须有高效能的分析系统

高效能的分析系统可以过滤和加工感受到的各种信息，“去伪存真，去粗取精，由此及彼，由表及里”。这个步骤在信息论中称为信息的变换过程。

4. 要有力就必须把分析了的信息化为指挥中心强有力的行动

强有力的行动可以修正原来的管理动作，使之更符合实际情况，获得更大的效

益。由此可知，反馈包括三个过程：感受—分析—决断。在小生产的时候，这三个过程由一个指挥中心即可完成。

在世界经济一体化的大背景下，现代化生产已发展为包罗世界市场的社会化大生产，此时的管理已是纵横交织，瞬息万变的动态网络。没有一个人再可以洞察一切，包揽一切了，即使是天才的领导也无法靠自己掌握一切信息，去构思一切政策、计划和措施了。于是，反馈从指挥中心分化出来，成了一项独立的活动。科学预测机构、咨询公司、外脑工厂、思想库、参谋部等应运而生，这些都是以反馈为职能的系统。管理者的本领只是善于在反馈系统提供的信息和可供选择的方案中做出正确的决断。

麻省理工学院、斯隆管理学院曾经在对美国6大公司的150多个企业进行了系统的调查研究后得出结论，技术发展必须从市场需求出发；成功的技术革新或新产品的60%～80%是来自用户的建议，或吸收了用户在使用中的改革。因此，用户的反馈是技术发展管理上的首要环节。

四、现实管理实践中有悖反馈原理的突出问题

不少管理体制的重大弊端恰恰是反馈不良，突出的表现如下：

1. 信息来源少

民主不健全，言路阻塞，结果不明下情，不明真情。现代管理是与民主不可分离的，唯有民主，才有各种信息以供决策。工作中，管理者不能很好地倾听专家、民众、职员的意见；此领导与彼领导不能互通信息；老领导（老专家）压制中青年的创见，使许多信息从一开始就窒息了。

2. 信息感受器少而不灵

情报资讯系统往往被严重忽视，许多企业无相关机构，就是有了，在人才的数量和质量上大多很差。不少人不学无术，凭关系、走后门到此来享清福。学术刊物是一个有效的感受器，但不受重视或被名人、熟人所垄断。

3. 信息感受设施落后

各企业、各单位、各人都各自为政，全面出击，信息采集量小、速度慢，处理筛选更慢，一条信息到手是新闻，往往采用时则已过时成了古董。应设立大量的信息机构公开对外，有偿服务。

4. 信息传递损失大

管理机构层次多，层层有损失，层次之间扯皮多，层次之内摩擦多。信息在扯皮和摩擦中失真湮灭。多头领导，“上面千条线，下面一根针”，必然使各种信息互相干扰，结果“上面多头多脑，下面昏头昏脑”。地区壁垒，部门壁垒造成了巨大的横向阻力，使信息无法传递，使许多跨部门、跨行业的产品中的问题始终得不到解决。

5. 没有一个高效的信息分析系统

许多机构的班子，多少年来只是给领导写总结，写发言稿，吹吹打打、说说闹闹还行，若动真格分析、处理问题，则没头没脑。分析问题，鉴定成果则成了吃酒席的宴会。

6. 决断无力

权力过于集中，各层领导只起一个中转作用，一切反馈信息要反馈到最高层才有人决断。权力又过于分散，上一个项目，搞一项协作，购一台设备，调动一个人，要上下左右各个部门盖几十个公章，才能决定，一个部门卡壳，前功尽弃。

例如某省某县机关效能办 2009 年 5 月 18 日发布的《关于我市经济发展环境状况调查情况通报》指出，据落户三元区的某公司统计，房产证所有手续办齐需盖 80 多个公章。一个功能单位内指挥中心庞大，龙多不管水，七个人八个主意，空议多，而难决断。

造成反馈阻塞的一个重要原因是习惯于“以静制动”，“以不变应万变”。现代化管理恰恰相反，其信条是：“善于找事”，“积小变为大变，不断完善，持续改进”。事物发展无止境，始终存在改进的余地。有效的管理要及时反馈，及时做出相应的变革。把矛盾和问题解决于萌芽之中，使希望在摇篮时便得到扶植、培育。决策—执行—反馈—再决策—再执行—再反馈……如此无穷的螺旋上升，使管理不断进步和完善。

第五节 封闭原理

一、封闭原理的实质

封闭原理指任一系统内的管理手段必须构成一个连续封闭的回路，才能形成有效的管理运动，才能自如地吸收、加工。不封闭的管理等于不成回路的电路，组成网也输不出电；不封闭的管理等于数学上没有解的联立方程组再多亦无用。

二、管理系统的基本封闭回路模式

就管理手段的组织机构而言，执行机构必须确切无误地贯彻执行指挥中心的指令；为保证这一点，务必有监督机构，没有准确的执行，就不可能有正确的输出，也就无从有正确的反馈，反馈原理也就无法实现，管理就失去了活力；反馈机构根据执行结果，提出修正指令的建议和可供决策的方案，这就形成了一个完整的回路。管理系统的基本封闭回路模式如图 2-1 所示。

就管理法而言，也应该符合这个回路加以封闭，不仅要有一个尽可能全面的执行法，而且应有监督这个法执行的监督法。还必须有反馈法，它包括：在执行过程

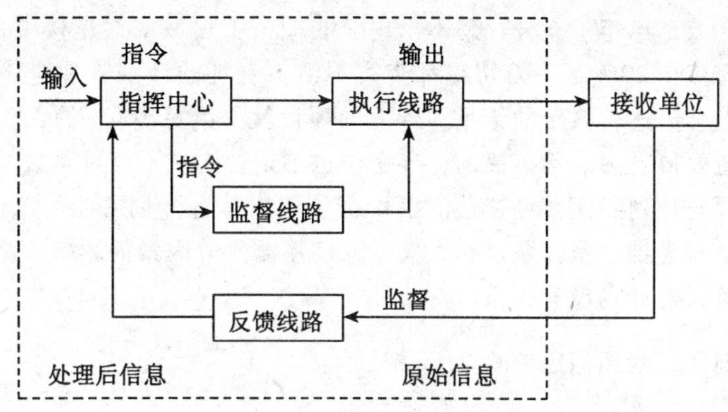

图 2-1　管理系统的基本封闭回路模式

注：虚线内为本系统；虚线外为外部环境

中产生矛盾的仲裁法；执行错误的处理法。法不封闭等于无法。因为，有法也无法执行，有空子可钻，只有构成一个封闭的法网，才能法网恢恢，疏而不漏。法不成网，纵密亦漏。例如，建立岗位责任制是一个管理法，但若不监督执行，执行得好与不好又没有明确的赏罚，这个法就不封闭，所以，虽然墙上文字写得明明白白，也不过徒具形式而已。

立法应该通过反馈系统进行，必须执法如山。因此，作为一个指挥中心，要允许反馈系统和自己唱反调，以收兼听则明之效；但不能允许执行系统和自己唱反调，否则就无从管理。执行机构自己立法行不行？确切地说——不行！自己立法，自己执行就是不封闭。我国许多行业技术和产品系列化、标准化、通用化研究很多，成效不大，根本原因就在于此。"三化"工作要执行"三化"的企业自己去通过，谁肯作法自毙？法的管理也要封闭，有法可依，执法如山，违法必究。

作为管理手段的人也应该是封闭的，但目前管理不封闭的情况比比皆是。例如：管理系统的机构是不封闭的。一般只有执行机构，或是其他机构又细又小又弱，比例失调，信息反馈通常是通过执行系统进行的。因关系到执行者的切身利害关系，难免报喜不报忧，所以反馈信息的假象多。管理的许多方法是不封闭的，如机构没有封闭的组织法。每一个机构必须是一个高功能的单位，要达到高功能必须要有高水平，要有高水平必须高投资，高投资不出成果怎么办？必须高考核。唯有高功能、高水平、高投资、高考核，这"四高"具备，才是一个封闭的机构组织法。可现状不是如此，仅就人才而言就可以说明：机构人员是上级委任，而不是择优选拔，许多管理者不称职，没有高水平。能不能把人才调来？回答往往是不行！一些企业的人员基本上不能流动，或很少流动，这样当然无法高考核，考核不合格，你也送不走，干部能上不能下。管理手段也是不封闭的。如生产计划是不封闭的，上级只下达计划，但人、财、物是不配套的，技术改造、基本建设是今年给一点，明年给一点，年年不充分，怎不出现“长胡子工程”、“烂尾楼项目”？今年经费不够，大家减少 20%，一刀切得都半死不活。合理的计划管理应该是：任务与人、财、物综合下达，该给的给足，要上的项目就要给足 100% 的人、财、物。钱不够，借钱也要搞上去。不该搞的，半个子也不给。人，不仅仅是数量问题，更重要的是质量要与计划封闭。创造性的工作应该选拔具有开创才能的工作人员去干。可是这些又常常受到论资排辈、私人关系或门系派别等因素的影响。至于物，另有一套分配制度，与计划没有关系。

三、如何实行封闭原理

1. 从后果评估出发

“评”就是对后果的质的评议；“估”就是对后果尽可能有数的估计。采用任何一项管理措施都得考虑它可能产生的后果。评价后果的标准是什么？是目的，是目标！看后果能否达到预期的目的。一般来说，后果与目的总会不太一致，这就要采取对策，加以封闭，堵塞偏离目的的后果，使管理可以尽可能地达到目的。但事物总是一分为二的，同时总有某些副作用需要采取对策，使副作用尽量减少，这也是封闭。所以，评估后果是贯彻封闭原理的起点。如，有些单位搞民主选举、民主测评，作为民主改革，运用媒体加以宣传是冲破僵化的干部制度，具有一定意义，在特定情况下也许有效果。暂且不谈派性流毒，徇私舞弊等，仅就后果来评估一下就存在至少如下三个现实问题：其一，在对选民没有切身利益的制约下，容易选老好人，而选不出人才。其二，在没有统一的干部政策来封闭的情况下，落选的干部怎么办？你还得按他的级别“安排”；目前年龄上的一刀切，不给任何出路，让这部分人承担改革的痛苦，做改革的牺牲者也是欠妥的；其三，选出来的干部将如何工作？是执行上级的指令？还是执行选民的意图？陷入两难，若不折不扣地执行上级的指令，就可能得罪选民，下次选举就要落选；若以选民为后盾对抗上级的指令，那么该单位又如何正常运转呢？

2. 从各种后果中寻踪追迹，特别注意选择可以反馈控制的主导线加以封闭

例如，企业管理混乱原因很多，最主要的原因找到了，反馈上来，可能因职能部门无权解决不了。封闭的办法就是扩权，但扩权后又要寻踪追迹。从内部讲至少要扩大选人、用人权，这样才能保持高效率；从外部讲，要解决劳动力市场，物资市场、金融市场、技术市场、定价权等。这样才能构成封闭的管理回路，才能进行真正有效的运动。否则即使试点单位有效，全面推广就会打架，纵然一时有效，也不可能持久。

四、封闭的基本方法

后果评估了，如何封闭呢？基本方法如下：从后果中找出管理手段各环节的原因，加以封闭；不论原因只对后果采取措施加以封闭。例如，专家顾问团，倾听专家意见，然而，专家的素质良莠不齐，既有直言敢说者，又有见风使舵者；即使是直言敢说的专家的主意，亦有对有错。怎样才能保证正确意见被采纳而又防止轻信偏见与错误意见，是一项十分重要的管理。错误的专家建议多的是：推广围湖造田，大办钢铁，推广烧煤矸石等，因此必须针对原因加以封闭。专家顾问团不应是荣誉安排，必须真正聘请人才，数年一任。科学吸收意见的德尔菲法是见意见不见人，以消除私人偏见。要赏罚分明，从后果上加以封闭。建议成功者赏；事实证明提供了错误建议并造成重大损失者罚。罚了也不要一棍子打死，下次提对了再论功行赏。当时敢于直言，提了反对意见，以后证明对了，应加倍赏。对那些从来没有明确态度，长期不提意见、建议者，则应撤。如此等等，才是一套封闭的管理法，使专家真正起智囊作用。

封闭是相对的，一劳永逸的封闭是没有的。有效的管理要求动态地、不断地进行封闭。管理改革，可有各式各样的方案，但都应是考虑了各种可能涉及的因素，权衡了各种可能预见的后果的利弊的“封闭模式”。一句话：你要自圆其说，才能去执行，才能对实践的效果进行合理的评价。当然，任何封闭模式都不可能天衣无缝、十全十美，这就要靠反馈原理，不断反馈使之日益完善封闭起来。

第六节 能级原理

一、能级原理的含义

能是做功的本领。机构、法、人，都有能量问题。能量有大小之别，故可以分级。能量大，干事本领大。分级就是建立一定的次序，一定的规范，一定的标准。小生产时，能具有首要的意义。能挑 100 斤的人，比能挑 80 斤的能量大，效率也高。社会化大生产则不同，“级”具有更重要的意义。大量的任务是由团队、集体去干，这就要根据能的大小进行分级，使各“能”适应相应的任务。这样，一个总能量低，而具备有效分级组织的集体，完全可能比一个总能量高而组织混乱的集体做出更大的事情来。

管理的能级原理就是要建立一个有一定次序、有一定层次的合理的能级结构，使各种不同才能的人员，都处于既与自己能力相适应又符合集体要求的岗位上，以获得集体的最佳效率和功能，发挥其整体效能。

管理的能级是不以人们的意志为转移的客观存在，而且正是它构成了管理的

“场”和“势”，使得管理得以有规律地运动，以获得最佳的管理效率和效益。

在管理中能形成“势”，级构成“场”。现代管理的任务，就是要建立一个合理的能级，使管理的内容动态地处于相应的能级中去，这就是现代科学化管理的能级原理。

二、能级原理运用的基本思路

现代管理不能随便分级，各级也不是可以随便组合的。怎样运用能级原理呢？根据这一原理要求，在系统的管理中应做到以下几点：

1. 管理能级必须具有稳定的组织形态，建立起稳定的、有层次的组织结构

稳定、最佳的管理结构应为“正三角”模式，管理结构的若干模式如图 2-2 所示。它既有宽厚的基础，又有尖锐的锋芒，故能产生最好的能级效应。倒三角模式，菱形模式之类是不稳态。梯形模式表面上看是稳态，但它实质上可以分解成若干个三角形，其中必然包含一个或几个倒三角形这样的不稳态，所以，虽然它是稳态但效率低。也许水平直线更稳定，但这种最稳态的管理形态不过是绝对平均主义，没有能级也就没有运动的“势”，是管理的灭亡。竖直线虽有“势”，但却无“场”，其运动最不稳定，光杆司令一个。遗憾的是，我们管理的许多形态是不稳定形态。

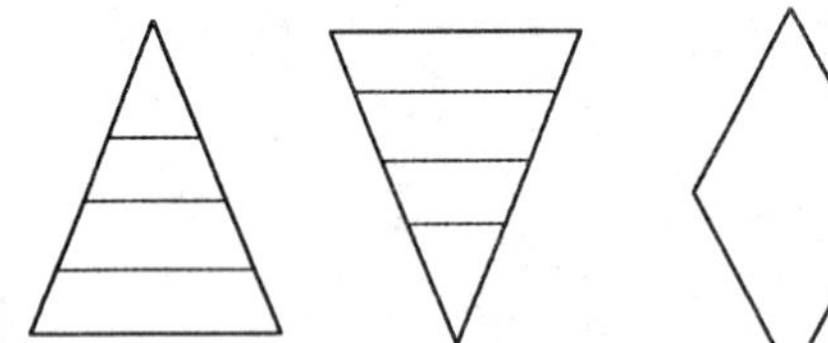
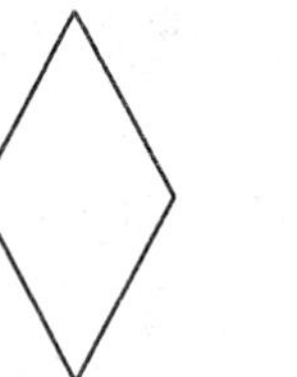
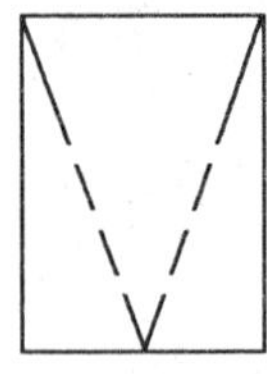
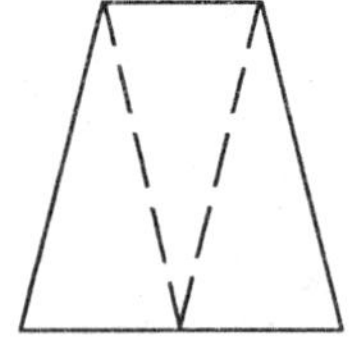

图 2-2 管理结构的若干模式图

①人员结构高级少，中级多，初级少。高级人员无助手，只得抽中级，而中级人员处在出成果的辉煌时期，被当做助手用了。同级中级人员在一起，无高级匹配，结果矛盾重重，给管理带来困难。

②职务结构官多兵少。七个处长，两个办事员；五个科长，两个办事员的现象比比皆是。九个副职配在一起，无正职挂帅，搞所谓主持工作的副职（副局、副处、副科）。搞什么集体负责，实为无人负责，龙多不管水。事情在一个单位只可托于一人，搞多中心实为无中心。一般的模式为“三角四层”，各层次能级不同，其使命也就不同。一层为经营层，它是确定该系统大政方针的。其根本任务是：要把该系统经营成什么模式。二层为指挥管理层，它是运用各种技术来执行决策和经营方针的，其根本任务是执行若干职能措施，如计划、控制、监督等。三层为执行

层，它执行管理指令，其根本任务是调动和组织人、财、物等管理内容。四层为操作层，它是从事实际操作和完成一项项具体任务的。四个层次不仅使命不同，而且标志着四大能级差异，不能混淆。

而有些管理，这些层次全不细分，经营、管理、执行等界限不清，笼而统之为管理，即所谓的一竿子到底。对于小公司、小企业，这种方式固然有效，对于“航母”级的企业，即使强调“扁平化”也是有条件的。

2. 各类能级必须动态对应，使每个人能够处于相应的能级岗位上

这是发挥每个人的才能和特点的基本要求。各种岗位有不同的能级，人也有各种不同的才能。现代管理必须使有相应才能的人，得到相应能级之位——人尽其才、各尽所用。这种管理体制才能形成稳态，才能持续而高效地运转。

①必须解决人的才能差异问题。人是否存在差异？有观点认为：很难说清楚，因为人太深奥了！世间一切事物千差万别，作为思维器官的“大脑”也不例外，思维能力即有差异。的确，天赋是物质基础，是先天的差异（优生），但是，天才的发挥，取决于后天。狼孩虽具有人的大脑，但无人的思维，就是佐证。因此，后天实践的重要性是不可否认的，实践出真知、实践出智慧。

由此导出一条管理原则：必须使高一级管理人员比他的下级具有更大的才能（能量），唯领导是人才，必能（才能）选拔人才（爱才），发挥人才的作用（善于用才）。平庸的领导必然压抑人才，使管理混乱。此处，提出了一个问题，即每个人都应该使自己的潜能得到应有的发挥，使潜能显化。

②人各有不同的才能，多系专才。认识能级时还应注意，专才勿乱用。进而引出下一个问题——慧眼识才。

3. 要善于识别各种人才

现代管理必须知人善任，用人如用器，不能强人所难。张顺是浪里白条；李逵是陆上旋风。一个战场上能指挥千军万马的骁将，未必可以管理好一个行政机构，驾驭得了一个企业；一位令人尊敬的劳动模范，完全可能是一个不称职的领导人；一个卓越的科学家，不一定就是一个好的科研管理人才。众所周知，著名的曼哈顿计划，并没有推选诺贝尔物理奖获得者爱因斯坦、康普顿、费米等人来领导这一工作，而是选择了当时只是一位二流的理论物理学家奥本海默来主持工作。因为他知识面广，善于团结各种类型的科学家，具有非凡的组织才能，实践证明该选择是正确的。他的才能与曼哈顿计划的管理能级对应，从而及时地造出了原子弹，被誉为“原子弹之父”。

现代管理必须善于识别不同才能和素质的人，不要用错。因为只有混乱的管理，没有无用的人才。垃圾是未被利用的财富，被放错能级的人不如垃圾。放错位置的人，他们必然忧忧然、愤愤然，不是有很多人在不得志时大声呼喊：知我者谁也？不是也有很多人为报知遇之恩而一生鞠躬尽瘁，死而后已？

如何实现各类管理能级的对应呢？绝对的对应是不可能的，这一点应明确，靠主观愿望和计划也是不能实现的，必须保证人才在各个能级中不断地运动，通过他们在各个能级的实践、锻炼来检验他们的才能，使各得其位，岗位能级随客观情况不断变化。

4. 能级管理必须是动态的

每一个人的能力不是永久不变的，不同的能级，不同层次的人员要根据需要，进行经常性的、必要的变动，能上能下，合理流动。学习曲线理论告诉我们，通过学习、实践，才能可以提高。而老年、体弱、智衰，能量下降，这也是不争的事实。总之，必须动态地实行能级对应，才能发挥最佳的管理效能，今日你能量高，登上高能级，明天能量下降或有更高能量的人才涌现了，你就应转移到与你相应的能级中去。即使人才与能级相应，也应不断运动，因为人才合理流动于人于己皆有利：一方面，通过各种实践可获得“杂交优势”，使自己能量提高；另一方面，人皆一分为二，老在一个岗位，其优点固然可以得到充分发挥，但其缺点所带来的管理损失将永远无法克服。如凭经验处事既有利又有弊。而很多的人事管理则是执行一条“一配定终身”的制度，这是受小生产习惯影响的表现。

垄断和特权是封建的等级制度，是现代管理的大敌。管理的生命在于运动，凝固使管理窒息。现代管理的岗位能级必须是合理且有序；而人才的运动必须允许一定的无序，才是合理的管理。按部就班，则难以使人才脱颖而出；唯有引入竞争机制，破格提拔，方可使组织充满生气、活力。

5. 不同的能级应表现出不同的权力、物质利益和精神荣誉

这不仅是能量的一种外在体现，而且只有与能级相对应，才符合封闭原理。在其位，谋其政，行其权，尽其责，取其值，获其荣，然后才有惩其误。有效的管理并非是拉平或消灭权力、利益和荣誉的差别，而是对应合理的能级，给予适当的权力和报酬。

岗位能级必须合理而又有序，保证机会均等的竞争和能级“跃迁”的无序向有序的过渡是能级原理给我们指出的方向。

第七节 弹性原理

一、管理中为什么要体现弹性原理的理念

企业经营管理是一项复杂的社会活动。在管理过程中，不仅涉及的因素多，而且各种因素都在不断地运动和变化。因此，管理必须保持充分的弹性，留有余地。

弹性原理是指管理必须保持充分的弹性和灵活性，以便及时适应客观事物可能出现的各种变化，有效地实现动态管理。理解弹性原理，必须先理解管理科学与其

他科学相比所具有的以下若干特征。

1. 管理对象涉及的因素多，且具有不确定性

管理学科所考查的问题，从来不是单因素，也不是少数因素，而总是众多因素在起作用，它们千丝万缕地有机联系在一起，可谓剪不断，理还乱。管理的决策总是合力的结果，人们要掌握所有因素是不可能的。管理因素多，变化大，一个细节的疏忽都可能带来巨大影响，实可谓差之毫厘，谬以千里；一失足成千古恨。

现代管理告诫人们，仅仅依靠谨慎是不行的，而应该在开始就保持可调节的弹性。所以，与其处处谨慎，不如留有余地，这样即使出现差错，也可以及时应对，应付自如。

2. 管理的对象是人，不能采用僵化的模式

管理是人的社会活动。管理者是人，被管理者亦是人，这样上有政策，下有对策的现象便时有发生。如，用考勤办法来克服无政府主义，就有人想出办法来出勤不出力；这时你得想出新办法采用考核成果来应对，这不，马上又会有弄虚作假或只求数量、不顾质量的对付新招；为了克服这种情况，管理者采取同行评议，严格质量管理的新措施，这又怎能难倒大家，纵然卡壳了，他又会找恩师好友、托人情来帮忙、开导；你还得动脑筋……如此可以无穷。因而，管理工作必须与思想沟通相结合，才能取得较好的效果。而思想沟通根本难以同时解决每个人的问题，为防疏漏造成工作中的损失，管理时应留有余地。

3. 百分之百地反映客观情况的管理不存在

一个好的管理人员决不能认为自己的决策，绝对正确，完全正确，一贯正确。而必须如实地承认：反映客观情况永远有缺口，因此管理必须富有弹性。

4. 管理问题的独特性往往不能用试验来解决

众所周知，自然科学的研究方法是排除次要因素，抓住主要矛盾即可。做实验，总是将一些因素固定或视做常量，以探求可能的规律；创理论，往往先给出假定条件、边界条件，才能得出相应的结论。先从个别，再到一般；先孤立考察，再向动态推进，联系地考证。即使用简单、粗糙的手段以及割裂之术、实验之方来探求、模拟“现实”，来测量、想象、表达和描述运动。

管理问题则不同，它永远处在活生生的普遍联系之中，纵使可以孤立地加以研究，研究结果到头来还要回到活生生的普遍联系之中去。所以，此时要做到，正面要看，反面亦要看；左邻右舍不可忘；前因后果要记在心；不仅要抓主要矛盾，而且不可忽视细节。

5. 抓主要因素亦须注意细节，但百分之百地抓细节是不可能的

管理必须考虑尽可能多的因素，综合平衡，以求得最佳效益。一个因素的忽视可造成全局的失败，所谓“棋输一着”是管理活动中常常碰到的事。事实上，百分之百地抓细节，既不可能，也不必要。

6. 管理问题的时间性强

管理是行动学科，时间性强，对现实世界直接产生影响，它有后果问题。

二、管理弹性的种类

1. 局部弹性

局部弹性是指管理必须在一系列管理环节中保持可调节的弹性，特别是重要的关键环节要保持足够的余地。如计划应留有余地，计划不能搞得太满，大计划要有小自由。以往，人们有长线平衡、短线平衡计划，计划时满打满算，执行起来一旦出点问题，就得修改计划，计划全盘被打乱，使管理处于混乱的无序之中。计划时应留有让下属超额的可能，否则积极性老调动不起来。弗莱明偶尔发明青霉素，正是他处于自由研究之时，有机会追踪。

管理的具体活动措施应该搞多方案，弹性大，可供选择，一旦出现故障，有几种方案供你选择，否则，一将就死。长期以来，有的人总认为，多方案是一种浪费，速度也太慢。如，试制开发新产品，一台样机试制到底，要么成功，要么失败，一个失败周期几年，结果，欲速则不达，反而花费了更多的人、财、物，关键是失去了几年时间。特别是有些人，一旦失去了最具创造性的时光，出成果的机会陡降。即使由不同单位研究，但大家都是一个方案，纵使稍有不同，但也很快“交流”、“学习”成了一个样子，结果，大家都在同一个低水平上重复。

2. 整体弹性

每个层次的管理系统都有整体弹性问题，它标志着系统的可塑性或适应能力。人的弹性体现于思想觉悟高，智力水平高，知识渊博，基础好，适应能力就强，就容易干什么都能出成果。若专业知识面窄，基础又不厚实，就使整体弹性下降，出成果的可能性就小。

优秀的管理人才必须通过不断学习、终身学习来提高自己的整体弹性，以适应上述变化，即以变应变。因此，应重视教育，百年大计，教育为本，把再学习作为提高人的整体弹性的大事抓紧抓好。各单位不应再把教育看成是多余的事。必须把职员的再学习、再培训，看成是提高组织整体弹性的大事。

很多企业则不如此。人员进单位无培训便上岗，干部到岗就位只是掏老本，新学科、新动向、新技术，也很难有机会接触，难以提高。纵使运用新技术，动辄有人评头论足：“赶时髦，想标新立异，不老实，出风头，赶热闹”等。若稍出点纰漏则冷嘲热讽都来了，什么成事不足、败事有余。

对于一个机构来讲，整体弹性有许多方面。组建机构就应有弹性，机构建成若有成果就扩大、补充，否则就撤或并。不能机构一旦成立就万事大吉，干好干坏，几十年不变。机构的方向任务应有弹性，机构应划分必须坚持的方向和完成的任务以及可以放宽的弹性方向和任务，否则机构难以活起来，相反会挤死在胡同里。项目管理的矩阵式组织结构就是一种柔性管理机制，它们为了一个目标，各方面如此组织起来，项目完成，各奔前程。

机构的智力水平、智力结构是机构的关键，应具有整体弹性。智力水平就是机构要具有与其任务水平相应的人才。它包括两方面的内容：各类学科人才、各级专门人员要有合理的比例；所有人员的年龄、志趣、气质、性格和思想方法等是否协调。智力水平高，智力结构合理，该机构的整体弹性就大，就禁得起风吹雨打，容易出效益。

在先进企业，智力水平和智力结构是通过人才的自由运动，相互选择而完成的。在落后企业，人员完全依靠组织分配和私人关系、个人感情调动，完全没有一点机动余地，结果，从领导到基层都不协调，派系严重，内耗丛生，任何创见，任何改革都会在内耗之中消失。

3. 消极弹性

消极弹性的根本特点是把留有余地当做“留一手”。如，计划定得松些，指标搞得低点，预算费用是“头顶三尺帽，准备砍一刀”。人员过剩，设备闲置、材料积压，不能发挥作用也不放，怕放走了一时要不到。这种消极平衡，在特定条件下也可有限运用，但现代化管理主要着眼于积极弹性。

4. 积极弹性

其特点是，凡事“多一手”，而非“留一手”。充分发挥人的智慧，进行科学预测，不仅在关键环节保持可调节性，而且事先预备好可供选择的多种调节方案。管理者则应大力加强管理的积极弹性。生产是今天，科研是明天，教育是后天。我们应该积极地考虑明天、后天。“临渴掘井”是落后的管理且十分脆弱，是绝对禁不起现代社会化大生产掀起的技术进步的巨大风浪的。

三、实践中怎么应用弹性原理

管理涉及的所有领域，必须在一系列的管理环节中，保持可以调节的弹性。特别是在关键环节上保留足够的余地。

①各种计划要留有余地，不要把职工（特别是科技工作人员）管得过死，许多业务的具体步骤不能做硬性规定，这样只能扼杀人们的积极性、创造性。

②要允许争鸣和自由讨论。

③要使系统具有较强的适应能力和较大的可塑性及自我调节能力。

④在业务方向上，应建立区域性目标，不应把业务方向定得太死太窄，毫无机动性。

⑤集体弹性的关键在于它的智力水平和智力结构。系统应始终积极地适应客观需要，同时在客观条件发生变化而系统能力也随之提高的状态中创造奇迹。

⑥区别消极弹性和积极弹性。消极弹性处理问题时往往留一手；积极弹性处理

问题时往往多一手。必须指出的是此处的弹性应弹而不软。

⑦强调整体弹性和局部弹性的统一。整体弹性指整个管理系统的可塑性或适应能力。如，机构的智力水平和智力结构是最关键的整体弹性。局部弹性指任何一类管理必须在一系列管理环节中保持可以调节的弹性，特别是关键环节必须保持足够的弹性。

第八节 动力原理

动力原理是关于物体在介质中运动和变化的因果关系的机理。管理必须有强大的动力，且要正确地运用动力才能使管理运动持续而有效地进行下去。管理动力的意义在于，它使管理运动，且非如此运动不可。因而，管理动力是一种制约因素，没有它管理就不能有序运动。管理的动力原理是指在管理活动中通过对动力源泉的认识和清理，正确地发掘和合理地使用动力，以更好地服务于管理，推动系统的高效运行和持续的高输出。

一、动力的分类

在现代管理中将动力分为以下三大类：

1. 物质动力

物质动力包括生产经营活动的经济效果、物质保证及物质鼓励几个方面。物质动力不仅是物质刺激，更重要的是讲经济效益。效益是检验管理活动的标准，是现代管理的灵魂。企业必须有物质动力，否则干好干坏一个样，企业管理者何苦钻研管理业务呢？又何苦去运用科学技术力量不断创新和开发新产品呢？目前，不少企业普遍物质动力不足，从而产生严重的反科学，反革新倾向。企业行为短期化极其严重。企业只顾眼前物质利益，不要科学技术，而拼设备、拼人力，打疲劳战。科学技术不能尽快地转变为现实的生产力，这样劳动生产力的提高极其缓慢。如何把企业的长期利益同眼前利益结合起来已成为改革的当务之急，势必在行。

物质动力对个人同样如此，必要的奖金，及时提级加薪是现代管理的有效杠杆。知识经济时代，知识是推动经济增长最主要的原因和最宝贵的资源。知识劳动者将逐步取代体力劳动者，成为社会劳动力的主体。这是一个国家国力强弱和经济发达与否的标志，是社会发展的必然。据推测，美国 2010 年蓝领工人将降至 10% 以下，2020 年进一步降到 2% 。因此，如何调动知识型员工的积极性则成了现代管理日益重要的命题。脑力劳动具有创造性、连续性、复杂性的特点。这里的物质不仅是动力，而且是巨大的制约因素。每天让脑力劳动者干没完没了的杂事，如何搞创造性劳动，但无物质保证，还得自己干。这种高级劳动的巨大浪费又是反能级原理的。可见，运用物质刺激本身也有一个效益问题。在资源有限的情况下，尤为重要。当然，物质动力不是万能的，它也有副作用。例如，把物质动力简单地理解为工资和奖金就可能出现金钱拜物教，引导部分人“一切向钱看”，热衷于灰色收入，高价收费，倒扣销售，捆绑销售等。解决上述问题的方法是采用合理的管理办法加以封闭；用物质的办法克服物质的问题；充分发挥其他两种动力的作用。

2. 精神动力

它既包括信仰、价值取向、精神刺激，也包括日常思想、情感沟通。精神动力不仅可以补偿物质动力的缺陷，而且本身就有巨大的威力，它可以使人们满足心理上的需要，有了精神支柱，才能增进员工的事业心、责任感。精神动力支配着人的意志，使人坚定信念，不懈努力。精神动力最关键的是员工对事业的热爱与执著追求。精神动力是客观存在的。因为，管理是人的活动，人是社会的人，人有精神，必须有精神动力。在特定情况下，它也可以成为决定性动力，人们甚至可以在某种精神作用下舍弃物质利益乃至生命。例如，2008 年 5 月 12 日下午 2 时 28 分四川汶川发生 8 级强烈地震，不少中小学校的校舍顷刻之间被夷为平地，在此危难之际，有的老师用自己的身躯来保护学生的安全，把生的希望留给别人。这些英雄的壮举，是无法用物质动力解释的。

因此，重视发挥精神动力的作用，就是要善于沟通员工感情，注重情感投入，关心人，关爱人，让员工始终处在一个充满人情味的环境中，同时，企业要积极创造条件，为员工提供施展才华的舞台，让他们有展现自我的机会，并以多种形式肯定他们的劳动价值，给他们以精神上的鼓励，激发工作动力。

3. 信息动力

在信息时代，新的信息，新的动态，将给人们带来种种新的启示，它是一种激发工作欲的动力，一种增强创新意识的动力。谁的信息新，谁就超前，谁的信息传播快，渠道多，谁的行动就快。管理者获得的信息多，不仅有利于增长知识，使自己从中受到启发，而且有利于加快工作的进展。相反，对于任何一个人，如果没有与外界的信息交流，就没有前进的方向和动力。作为精神动力的一种信息动力有其特殊的意义，应单独予以研究和特别的关注。

信息动力主要通过使员工了解所从事工作的新发展、新动态以及社会发展需要等信息，使他们受到启发和鼓舞，从而加快自己的工作。多数工作是存在竞争性的，开展竞争是推动事业前进的一种动力。信息是竞争的一个基础，不了解别人的工作进展，不了解社会需求就无法开展竞争。热火朝天的劳动竞赛就是典型的信息动力实践的运用。但是，运用信息动力一是要把握好“度”，信息过多，就会使人无法适从；二是要掌握好“刺激量”的大小，过大的刺激量不能持久，过小的刺激量缺乏动力。

二、科学运用动力的刺激量

有了驱使人们行为的各种动力，还必须施以科学的刺激量才能启动动力，刺激量不同，刺激内容与方式不同，所激发出来的动力大小也就不同。例如，刺激量过小，不疼不痒，难以起到刺激的作用，刺激量过大又很难维持其长久性且容易产生麻木感；刺激量没有差异，像撒胡椒面，大家彼此彼此，形不成刺激；刺激量差异太大，又容易诱发不公平和极端行为、冒险行为。管理者要清楚地知道自己的刺激行为本身具有很大的主观性和引导示范作用，如果处理不好，可能会产生相反的作用。所以，管理者必须以员工的客观行为为依据，以企业目标为标准进行科学的刺激，要对刺激量的大小、刺激的时效性及刺激方法的多样性和科学性有充分的认识并熟练地运用。

第九节 结构—功能原理

一、结构—功能原理的基本意义

任何系统都是以一定的结构存在的，系统有什么样的结构就会发挥什么样的功能。结构是系统内部各组成要素之间在时空方面的有机联系与相互作用的方式或排列组合的顺序。它是系统保持整体性及具有特定功能的内在根据。在一个系统内，要素之间的个别联系不能形成系统的结构，只有要素之间有机连接与相互作用的总和才形成系统的结构。功能是指系统所具有的作用和功效。它可分为外部功能和内部功能。内部功能是指系统整体对要素的作用和功效。外部功能是系统整体与外部系统相互作用时所具有的适应环境、改变环境或影响环境的作用和功效。如果说结构是系统内部有机联系与相互作用的秩序，那么功能就是系统外部有机联系与相互作用的秩序。系统功能的发挥，既受外部环境变化的制约，也受系统内部结构的制约，这正体现了功能对于结构的相对独立性和绝对依赖性的两重关系。

因此，结构与功能是两个相互依存、相互制约又不可分割的范畴。结构决定功能，系统的稳定结构规定并制约着系统功能的性质和水平，限制着系统功能的范围和大小。例如，火箭的结构使其具有运载的功能，卫星的结构使其具有接发信号的功能。功能亦具有相对独立性，可以反作用于结构。功能在各种外在因素的影响下，经常不断地发生着变化，这种变化可以反过来影响结构。

二、结构—功能原理给管理的启示

结构—功能原理给管理的启示如下：

①系统首先要有一个科学合理的结构。

②功能是相对活跃的因素，在一定外部环境的影响下，也能够反作用于结构。

③结构和功能相互作用，在一定的条件下，二者可以相互转化。

在管理中管理人员应该注意的是：首先，在运筹系统内的人力、物力、财力、时间等时，尤其在设计组织结构，配备领导班子时，务必充分注意其结构设计和子系统功能的积极发挥，杜绝或消除消极功能的有害作用。其次，组织结构是管理系统所赖以存在的方式，要使管理系统发挥应有的功能，必须设计好组织结构。最后，领导班子的配备亦应注意结构功能问题，领导成员同样存在着一个排列组合方式及其所产生的系统功能问题。所以，领导班子的智能结构、知识结构、专业结构、年龄结构等均需细心组合，以使其产生出巨大的集体力量，发挥出最优的整体效能。

第十节 人本能动原理

一、人本能动原理的基本含义

古人云："凡举大事者，必以人为本。"人是管理系统内最活跃的因素，一切管理活动首先是基于对人的认识和管理。人是有思想、有感情、有主动性、有创造力的一种复合体。人与动物的根本区别在于具有主观能动性。人在与自然、社会相适应的情况下，对自然和社会进行改造，同时也不断改造自己，不断提高自身的创造力，推动人类的发展。人的这种积极性、主动性不是天然生成的，需要管理者通过有效的管理将其激发出来并长期维持。人本能动原理的实质就在于充分肯定人在管理中的主体作用，通过研究人的需要、动机和行为，并据此激发人的主观能动性和创造性，实现管理的高效益。

实践证明，人的能动性是人所特有的本性，这种能动性能否充分发挥，在于人是否与社会环境、管理环境相适应。因此，创造一个良好的社会环境、管理环境，以最大限度地发挥人的积极性、能动性；认识人的活动规律，研究人的心理特征，发挥人的内在潜能就成了管理的首要任务。人本能动原理体现了现代社会对人的认识和对人性的深刻理解，它既是现代管理科学的核心内容，又凸显了管理理论发展的新时代特征。

二、人的行为规律

历史唯物主义认为，人是生命进化的产物，具有自我调节、代谢、变异和遗传等高级生命的全部属性。人在自然和历史的进化中已经获得了无限发展的能力，具有遗传多样性和社会可塑性。人再也不是纯粹的生物个体，人的社会属性决定了人的社会需要是多方面的，因而导致人的行为的动机也是复杂的。而行为科学认为人的行为是由动机决定的；人的行为动机是由需要引起的；人的需要具有多样性、互补性（可替代性）；人的需要是受社会条件和周围环境所影响的。人的积极性、主动性不是天然生成的，需要管理者通过有效的管理将其激发出来并长期维持。

三、人本原理对管理工作的启示

在实际管理工作中，人本能动原理主要体现在能级原则和动力原则上。

①要使员工的行为与组织的目标统一起来以达到充分调动员工积极性的目的。故此，组织目标应体现出多数员工的根本利益、适时要求。通过适度分权、民主管理，员工参与，营造一种员工自由表现自己、不断创新、张扬个性的氛围；尊重人的权益，理解人的价值，关心人的生活，并且提供可靠的途径，创造优厚条件，使人在企业中得到发展，实现人的目标，将个人利益与企业利益紧密结合，使企业全体员工为了共同的目标而自觉地努力工作。

②管理者应了解和研究员工的各种不同需求，尽量满足各种正当、合理的需要。掌握行为科学理论，准确识别人的主导需要和动机，发现其未满足的需要以作为激励的起点。我们知道，同样的行为可以由完全不同的需要和动机引起，而同样的需要和动机对不同的人可能会产生差距很大的行为方式，即使是同样的需要和动机引起同样的行为也可能存在着强度上的差别。因此，只有进行深入细致、具体准确的科学分析，才能有效地把握下属的行为规律，才能通过适当的方式强化员工积极正确的行为，纠正消极错误的行为。此外，对特殊人员要照顾其需求，予以方便。

③要通过思想理论、制度设计、管理方法的各个方面、各种方式和手段来激发员工的动机，引发出积极性。

④透过选拔、培训、任用、参与、沟通、奖励等环节引导员工需求，实现人文关怀，使人真正成为企业最核心的资源和竞争力的源泉。

⑤构造一个良好的人际环境。在企业中，从每个员工到每个团队、从上级部门到下级部门、从主管到普通员工，所有作为个体的人在人格上都是平等的，尊重人性特点，即尊重人本身所具有的生理、心理、行为特点，是对人的潜力的开发与管理的出发点和终极目的。

第十一节 和谐原理

管理系统是在各要素、部分的相互配合和协调下和谐地向前发展的。若不和谐，系统内部就会紊乱，系统就会失衡而削弱其功能。所以，和谐原理是管理系统赖以生存和发展的基本规律之一。

一、管理的和谐是什么

和谐是宇宙的规律性在人类认知系统中的体现。“和谐”从字面上解释，就是指事物各个方面的配合适当、匀称、协调而不怪癖、不生涩、不别扭。和谐是一种合乎逻辑或规律的结构，不和谐就是不合乎规律，不和谐就是一种矛盾、混乱和冲突，不和谐就是难看、难听、难处、难容。和谐是一个美学概念，在《中国大百科辞典》中它被解释为，基于多样、统一的形式美学法则的高级形式，是整齐、对称、平衡、比例、虚实、节奏等法则的概括。正如交响乐是通过“高低长短、轻重快慢、强弱缓急”的配合，用和谐的旋律、和谐的配器、和谐的节奏、和谐的和声等，让人享受音乐的美妙与华丽。

和谐的基本形态是平衡和稳定。因此，和谐就是协调，和谐就是平衡，和谐就是配合，和谐就是平稳的啮合，和谐是各方目标的高度一致，并且由此产生的相互理解、相互信任、无怨无悔、同舟共济。

和谐的时空性、情景性很强，此时此处的和谐在彼时彼处就不一定和谐。例如，适当让孩子们参加劳动锻炼是和谐，工厂里使用童工就是不和谐。

管理的和谐是管理系统内部各种不同的要素在一定条件下的协调一致性，并遵循各自的规律而有机地联结成一个整体。管理的和谐以发展为前提，以制度为基础，以公平为理念，它建立在一定的制度之上又超越制度本身。和谐是组织处于健康状态的外在表现。和谐是一个社会、一个群体追求的理想状态。

二、和谐原理的要点

和谐原理的要点如下：

①系统内孤立单独的一部分、要素、因素不能构成和谐。

②系统内各个有差异或对立的要素之间在有机联系中表现为协调一致性，或对称性、有序性，而不是杂乱无章的关系。

③和谐不是“停滞”、“调和”，也不是简单地归结为相同，和谐是对立的统一，差异中的一致。

④系统内各要素之间关系和谐的集中表现是各种比例的协调，层次的有序，结构的合理。

⑤要素间质的不同、量的差异既是和谐的基础又是不和谐的根本原因之一。

三、和谐原理对管理的指导意义

和谐原理对管理的指导意义如下：

①管理者要积极地谋求整体的和谐。

②管理者要通过使要素之间的比例匀称协调，结构合理有序，达到系统和谐。

③内部和谐与外部和谐要相适应，相统一。

④要求利用矛盾制衡原理来制约某些要素，使之与系统和谐。矛盾制衡原理是系统内部各要素相互矛盾、相互制约，相互依存，以保持一种动态平衡。对系统有效控制的关键，在于设计矛盾制衡机制和结构，使要素之间相互制约。因此，管理者要根据不同的职能与任务，设置部门、岗位，使各种不同质的、对立的、有差异的要素之间，在和谐的统一体中，因发生一定的、有机的相互联系和相互作用而消除它们之间的对立，形成相互融合与渗透，具有新质的统一体。

因此，组织实现和谐主要包括以下三个方面的内容：

一是人与人之间的和谐。人与人之间的和谐主要依靠道德自觉和对组织价值观的认同。努力在组织中建立起平等、尊重、互助、友爱的人际关系，以“和而不同”的态度，求大同、存小异，讲原则，讲风格，使人际关系更趋阳光和纯洁，起到“淳化人心”的作用。使“人际和谐”在企业中形成一种群体的力度。

二是人与组织之间的和谐。这是指通过营造公平的氛围构造科学的用人制度和分配制度，使每位员工能够各尽所能，各得其所，让人们感受到公平，看到希望，得到的心安理得，得不到的心服口服，此时组织就会和谐，就会充满活力。

三是组织与社会之间的和谐。组织根植于社会，其社会性决定它必须承担自己应尽的社会责任。组织与社会之间的和谐是组织和谐理念的外在延伸，它是保持持续竞争优势的重要的社会条件。

思考题：

1. 简述管理原理的主要特征。
2. 贯彻系统原理需要把握哪些要点？
3. 整分合原理对管理的指导意义有哪些？
4. 运用反馈原理应该抓住哪几个基本环节？
5. 应该怎样实行封闭原理？
6. 试述能级原理运用的基本思路。
7. 简述管理弹性的种类和各自的特点。
8. 怎样才能保证激励的刺激量控制在较合理的范围之内？
9. 人本能动原理对管理工作有何启示？

第三章　管理的文化基础

【目的和要求】

学完本章，应达到的要求：

1. 能正确理解组织文化的内涵与特征。
2. 掌握组织文化的形成机制和组织文化的作用机制。
3. 熟悉组织应该从哪些方面去构建组织文化。

第一节　组织文化的内涵与特征

一、组织文化的含义

1. 文化的含义

文化是人类社会特有的现象，人类因为有了文化才从动物界分离出来形成社会。一般认为，文化是指一切人为的与人类生活有关的物质与非物质要素的总和。换言之，人类创造的一切都是文化。文化作为社会的基本要素之一，是通过人们的行为和创造物表现出来的人们的习俗、观念、思想、制度和科学技术知识等，这是文化的非物质要素的方面；而人类所创造的一切物质文明都是文化的结晶，属文化的物质要素方面。此外，人类通过文化这种特殊的社会活动形式，把通过遗传而获得的潜在能力纳入社会的轨道，无论是改造自然，还是改造社会，都是人们认识与利用规律的过程，人类掌握自然与社会规律的活动与这种活动的发展程度，都属于文化的范畴。文化的发展显示人类对自然的控制程度，人类自身的发展水平与社会的基本面貌，同人们在社会活动中个性的发展是一致的。

文化的概念可以从广义和狭义两个方面来理解。广义的文化是指人类在社会历史实践过程中所创造的物质财富和精神财富的总和。它包括三个方面的内容：①器物性文化，是指在人类历史长河中经过人类加工、制作和改造的一切人造物。如中国的长城、埃及的金字塔、西藏的布达拉宫、敦煌的壁画等。②制度性文化，是指人类在一定历史条件下制定的一系列行为规范，它包括两个方面的内容：一是强制性较强的行为规范，如法律、纪律、章程、规则以及方针、政策等；二是强制性较弱的行为规范，如风俗、习惯、禁忌、道德等。③观念性文化，是指作为一定社会经济、政治状况的反映的观念形态方面的内容，如哲学、法律、文学、艺术、道德、宗教等。上述三者是互相联系、密不可分的。

狭义的文化是指人类在一定物质资料基础上所创造的精神财富的总和。它包括哲学、法律、文学、艺术、科学、价值观念、各种制度以及风俗习惯等。

2. 组织文化的含义

组织文化，是指组织在经营中运用文化的力量所造就的以价值观念、行为规范为主体，具有企业特质的观念体系、制度体系。组织文化的实质是组织的伦理观，它是组织具有的共同思想、价值观念、经营理念、群体意识、行动方式、行为规范的集合，它是组织的灵魂和精神支柱。组织文化属于社会文化融入组织活动中而生成的一种社会文化的亚文化。

组织文化是伴随着商品经济特别是市场经济的发展而得以发生和发展的。组织文化这一概念源于 20 世纪 80 年代初期的美国。1980 年，威廉大内出版《Z 理论——美国企业界怎样迎接日本的挑战》，1981 年 7 月出版的美国哈佛大学的泰伦斯·狄尔和麦肯锡咨询公司的顾问爱伦·肯尼迪合著的《企业文化》，托马斯和小罗伯特·沃特曼合著的《寻求优势——美国最成功的公司的经验》等都是论述组织文化的专著。鉴于其时代意义，组织文化的理论研究和应用风靡全世界，至今方兴未艾。

组织文化是企业生产力、生命力和内在活力的核心要素之一，它正影响着整个社会生产力的发展与进步。建设什么样的组织文化，对于组织的生存和发展有着直接而深刻的影响。优秀的组织文化，能够使组织全体员工衷心认同组织的核心价值观念并具有使命感，一个能够促进员工奋发向上的心理环境，可以使组织员工得到明确的指引和激励，形成高度的默契和信任，从而更好地为实现共同目标而奋斗。先进的组织文化能够促进组织的变革和发展，从而使组织在激烈的市场竞争中长盛不衰；不良的企业文化，则往往成为组织发展的障碍。同时，组织文化的发育与发展程度已被视为组织经济活动逐步深化和成熟的标志，成为衡量一个国家或地区经济发达水平的重要内容，这已为越来越多的人所认同。要发展社会主义市场经济，建立和谐社会，就必须正视并重视组织文化的研究与应用，并积极创建具有时代气息的组织文化，以增强组织的竞争能力，服务于人类的文明和社会的进步。

二、组织文化的内容

组织文化是社会文化在组织中的缩影，是社会文化在组织中的具体反映。因此，组织文化的内容极其丰富并有着广阔的发展领域。现有的研究认为，组织文化蕴涵组织伦理与组织精神的核心软文化层、管理文化与制度文化的中介文化层和组织环境文化与组织产品文化的硬文化层，它们构成三个层级的同心圆，如图 3-1 所示。

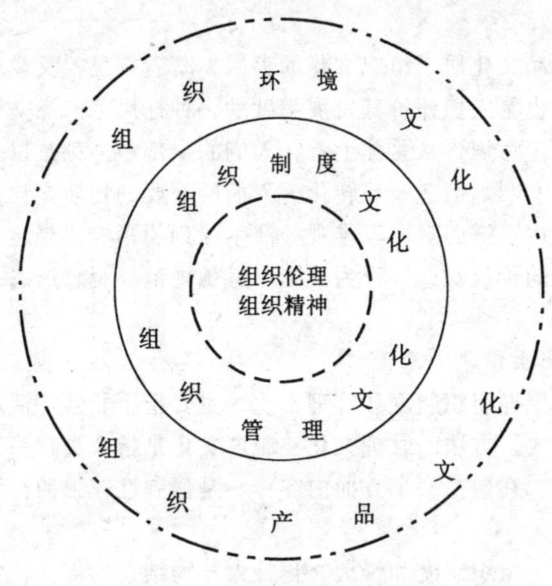

图 3-1　组织文化的三个层面

由外层到内层进行考察，组织文化具体涵盖组织环境文化、组织产品文化、组织管理文化、组织制度文化、组织伦理、组织精神等一系列的内容。其中，组织文化的核心是组织伦理和组织精神，即它的价值观念、思维方式。它是组织的精神和灵魂，对组织的运营制度和经营管理实践起着统摄作用。

(一) 硬文化层

组织硬文化层即组织的物质文化，这是组织文化的表层文化，主要由组织文化要素的环境条件、物质载体、物质设施等内容构成。比如组织的各种建筑和设施、组织信息载体、组织生产的各类产品、媒介物等，都属硬文化层。

1. 组织环境文化

组织环境文化是指直接或间接影响和制约组织经济活动的各种文化条件和文化背景。它包括组织物质条件的文化意蕴、经营的社会心理环境、城市环境文化、组织运行的秩序、组织运行的环境、工作环境、组织的技术设备和设施、文化设施以及生产经营活动中人的文化素质等。它是组织文化结构中的基础部分。

2. 组织产品文化

组织产品文化是指产品设计、生产、装潢等过程中所显示出来的文化价值。产品是组织形象的主要载体，是组织竞争优势所在，是组织巨大的无形资产。创造更多更好的名牌产品、拳头产品，取得社会承认是组织永恒的追求。组织产品文化侧重于研究产品的文化特色，是产品的时代精神、民族精神、组织精神、科学性的统一，是产品实用价值和美学价值的统一，是组织产品的市场形象和社会功能的统一。

环境文化、产品文化居于组织文化的表层，既看得见，又摸得着，是组织文化状态的综合反映，也是人们评价其发展程度的一种标尺。产品文化又是组织文化的基础文化。物质决定意识，从总体上看，人们的全部精神都是以一定的物质文化创造为基础的。各种发明、创造一旦转化为人们所需要的物质文化，就会对人们的观念形态，包括价值观、道德观、思维观等产生深刻的影响。当然，意识对物质也会产生反作用，人们的价值观念、行为准则、道德规范等观念形态，又会渗透到产品文化之中。

（二）中介文化层

组织中介文化层即组织制度和管理文化，主要指企业经济活动的管理体制、规章制度和管理的方式、方法。管理文化、制度文化是指人类在一定历史条件下制定的一系列行为规范，它包括两个方面内容：一是强制性较强的行为规范；二是强制性较弱的行为规范。

在企业文化中，组织制度和管理文化是人与物结合的部分，它既是人的意识形态与观念形态的反映，又是由一定物的形式所构成的。同时，企业制度文化的中介性，还表现在它是精神与物质的中介。组织制度和管理文化既是适应物质文化的固定形式，又是塑造精神文化的主要通道。正是由于组织制度文化的这种中介功能，所以，它对企业文化的建设具有重要的作用，它是培育企业文化的关键。然而，在企业文化结构中，这一层次的产生、发展变化最为缓慢，只有企业文化的深层观念和表层物质形态发展到一定的水平，并呈现出有规律的趋势的时候，才可能建立相应的企业组织制度和管理文化。这一特点决定了它一方面可以为企业文化的发展提供组织制度上的保证，另一方面又会成为企业文化发展的障碍。

（三）软文化层

软文化层即精神、观念文化。这是企业文化结构的深层，处于核心的地位。它是指人们在企业活动中形成的一种企业伦理、意识和文化观念。其主要内容包括企业精神、行为规范、经营道德、从业人员的职业道德等。企业伦理文化是指在生产经营活动中，调节从业人员与社会各领域、各层次消费者之间的各种利益关系的道德原则和惯例。它侧重于研究生产经营活动中的伦理价值取向、道德规范以及企业家的社会责任。

以企业价值观念、企业伦理道德、企业精神为主要内容的企业精神文化渗透于企业经营的一切活动之中，是企业进步与发展的活力源泉。在建设企业文化的过程中，通过确立企业精神、价值观念、道德规范、行为准则等并将它们全面地贯彻或体现在企业活动的各个方面的各种行为之中，进而采取多种方式加以强化，就可以逐渐地在企业内部达成共识，引发出企业员工强烈的使命感和无穷的创造力，以便他们承担起人生责任、社会责任及时代使命。企业精神文化就是这样通过意识深层的诱导，先作用于人们的心理，进而影响人们的行为和企业本身的发展。人们从成功和失败中已经越来越深刻地认识到，人的精神作用，是国之魂，民之本，行业之根。

企业文化的三个基本层次相互依存，相互渗透、融合、适应和协调，构成了企业文化的动态发展。企业文化的产生、发展、变化，首先发生在与生产力性质相适应的物质层，它积累到一定程度便转化为企业文化观念，最后派生出企业文化的组织制度，如此不断发展，变迁。企业文化的三个基本层次的特点与内容的对比如表3-1 所示。

表 3-1　　**企业文化三个基本层次的特点和内容的对比**

处于层次	对应要素	变化情况	包含内容
硬文化层	现代企业物质文化	最可变化部分	企业环境、企业器物、企业标志等
中介文化层	现代企业制度、行为文化	较小变化部分	企业领导体制、企业组织机构、企业管理制度、企业经营活动、人际关系、宣传教育、文体活动等
软文化层	现代企业精神文化	最小变化部分	企业精神、企业经营哲学、企业道德、价值观等

三、组织文化的特征

一般认为文化具有人文性、时代性、社会性、民族性、地域性、综合性、具体性、可塑性、发展性、继承性、系统性、传播性等特征。企业文化作为社会文化的一种亚文化，除有社会文化所具有的特性外，同时还具有以下六个方面的基本特征：

1. 企业文化是伴随着商品的出现而产生的，并随着商品经济的发展而逐步发育和成熟

文化现象是与人类共生的现象，而企业文化现象则是同商品生产经营活动共生的社会现象。商品经济在不发达时期，其企业文化则表现为较浅层次。只有在商品经济较发达时期，人们才会进一步认识到，作为商品，它不仅是可供人们使用的产品本身，而且必须具有时代的特征，表明这个时代的文化、科学、教育以及人类文化素质的程度。因此，企业文化必须反映社会主义市场经济、改革开放的时代精神和风貌，体现时代的要求，与时代的发展保持同步。同时，人们也加深了对经济活动的认识，不仅把企业生产经营活动视做一种经济行为，而且进一步认识到企业活

动的传播效应和媒介作用，认识到企业是社会文明的窗口，是经济发展的示波器。因此，人们视企业文化发展水平的高低为衡量经济发展程度的一个重要标志。

2. 推动企业文化进步的动力是企业文化主体寻求经济人与文化人更完美的结合

企业文化是一种经济文化，在性质上它属于企业管理的范畴。企业文化主体是生产经营活动中的人。一方面，企业在生产经营活动中创造了企业文化，另一方面，企业文化熏陶、造就着具有时代气息和时代精神的企业家。现代企业文化强调最大限度地尊重人、理解人、关心人、信任人；它培养和发挥企业及员工的创新能力，它引导企业主动适应知识经济时代经济知识化、网络化、全球化的大趋势；它不断增强企业的应变能力和竞争能力，极大地推动现代企业健康、快速、高效的发展；它促进企业立足国内，走向世界。现代企业文化产生和发展于企业自身，得到企业内部全体人员的认同与维护，并随企业的不断发展而日益强化，最终成为现代企业进步和发展取之不尽、用之不竭的精神源泉。企业文化在经济与文化的结合中促进着经济和文化双方的发展，所以，经济的发展、市场的繁荣呼唤并推动着企业文化的繁荣。

3. 企业文化对社会的感应灵敏

企业文化是社会文化在企业中的特殊形态，因此，不同的社会制度会有不同的企业文化特征。在社会生活中，人们的生活方式、消费方式、生产方式以及社会发展趋势，首先在企业活动中得到迅速的反映，亦通过企业文化得以表现。因而企业文化可谓是时代感最强的文化。另外，企业文化是企业全体职工意志、精神寄托的体现，也是大众的、社会的统一意志的体现。它是使企业行为满足社会需要，并得到社会承认的精神支柱。

4. 企业文化突出强调经营行为的公平性

企业文化一方面体现企业职工的先进思想、观念、道德和优良传统，另一方面还反映着企业的管理水平。因此，企业文化提倡的思想必须具有科学性和先进性。在生产经营活动中，不论各要素在企业文化中扮演什么角色，都普遍提倡并遵循生产经营行为的公平竞争原则、等价交换原则；反对和摒弃投机暴利行为、欺骗假冒行为，特权垄断行为和超经济因素干预。

5. 企业文化的继承性和独特性

企业文化重视传统价值观念、行为规范等精神文化范畴在企业经营中的核心作用。它一方面注意从民族文化中吸取营养，继承本企业优秀的文化传统；另一方面随着企业的成长和发展，作为企业意识形态的企业文化，会被后继者所接受而传承下去。因此，企业文化是长期培养的结果，在时间上具有前后一致的特点，对它的变革不能追求跳跃的突变，而要采取逐渐演进的方式。

每个企业的企业文化都有其区别于其他企业的独特之处。尽管有许多企业处于同一个民族文化的环境中，它们的企业文化都具有民族文化的烙印，但每个企业由于其特殊的历史、人员结构及领导风格等原因而形成了各自不同的企业文化，因此可以说没有两个企业文化完全相同的企业。

6. 企业文化的稳定性和灵活性

企业文化一旦形成，在相当长的一段时间内，其主体内容会保持相对的稳定性，使其成为全体成员共同遵循的原则，并不会因领导人的变更而变更。同时，企业文化又是在不断发展变化中补充和完善的，以新的文化观代替旧的文化观，使企业文化充满生机和活力，这是企业文化灵活性的特征所在。

除此之外，企业文化还具有客观性、层次性、超越性、潜移性、散发性、实践性、制约性、感召性、凝聚性等特征。

第二节　组织文化的形成和作用机制

文化是一个民族和国家的灵魂，它的思想有多深厚，它的想象力有多活泼、创意有多灿烂奔放，它自我挑战、自我超越的企图心有多旺盛，这些将彻底决定一个民族的兴衰、一个国家的强弱。

组织文化把企业的物质文明和精神文明有机地统一起来，综合地研究企业，协调企业内部各系统之间的内在联系，对于组织发展起着至关重要的作用。组织文化是需要一代一代人的传承、涵化、整合、构建与重塑的。任何一个成功的企业，一定都有非常优秀的企业文化。而没有企业文化的企业，一定是那些失败的企业。

一、组织文化的形成机制

组织文化是在一定的生产经营环境中，组织为适应生存发展的需要，先由少数人倡导并实践，经过长时间的传播、继承、涵化、重塑和规范管理而逐步形成的。

首先，组织文化表现为组织创办人和其他成员在组织初创阶段，由于必须面对许多客观环境的挑战，往往会对组织经营中的若干重大问题形成共同的看法，必然产生相应的价值观和行为模式，由此形成解决种种问题的思路与方法。决策者们的成功经验和所达成的共识主导着组织文化价值观、信念及规范的大方向。该共识将支配一切并逐渐在组织成员中形成完全一致的图像，为组织成员所接受与共享。创办人即使不是完全控制，也会审慎地引导共识产生的过程。因此，组织共识可视为缔造者的个人价值和偏好的反映。

其次，组织文化是由各种次级文化共同交织而成的，而共识的达成是组织内成员彼此高度互动的结果。随着组织的成长，组织成员在实践中会逐渐学习到不同的解决问题的方式，并且通过吸收集体的智慧和彼此之间的互动与沟通，而形成不同的次文化或者对原有价值观产生修正。在特定生态系统中，次级团队若要形成一种次文化，就必须在团队内或团队外建立某种互动的形式，亦即建立人际沟通网络。当团队内外成员之间的学习互动达到特定程度时，便会在成员之间产生共同的看法，这种共识是形成次文化的重要来源。

最后，当组织通过互动的学习逐渐形成稳定的文化形态时，其组织成员会形成一种共享的价值观，而这种共享的价值观的作用在于降低企业成员面对不确定情境与事件时的焦虑感，并且提供可以依循的方向和路径。也就是说当组织成员具有共享的价值观时，他们可以依循此种价值观，去思考关于目标、任务、手段等方面的问题。同时共享的价值观亦可以处理沟通、人际或团体关系、组织规范等问题。这使所形成的组织文化逐步完善、定型和深化，渐渐地被组织成员所内化。

所以，组织文化是一个多元的交合的概念，其中决策者、领导者的价值观与理念只是形成这些次文化的共识的来源之一。整个组织文化的形成和学习过程是一种个人与环境、过去经验之间的互动过程，是组织成员长期实践的结果。企业文化的形成机制如图 3-2 所示。

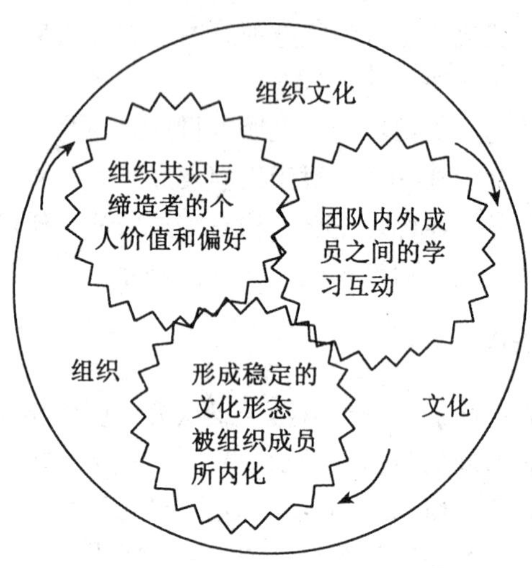

图 3-2　企业文化的形成机制

二、组织文化的作用机制

人们对企业最关心的是其创造的社会财富和绩效，是其持续高效发展的潜力。组织文化之所以重要是基于它的作用机制，是源于它体现了组织的共同价值准则和精神观念，对组织职工有着强烈的凝聚力、向心力和持久力，具有无形的导向、凝聚和约束功能；是由它的不可复制性而形成的对组织的竞争力和未来的持续发展所产生的深远的影响力。

其一，组织的核心伦理观首先作用于组织的制度和组织员工的行业习惯。组织之所以需要核心伦理观作为员工长期激励的动力，是因为只有伦理观才能提供超越时空的力量。思想观念支配和驾驭着人的行动，建立一个比较完整的观念体系，就好比为企业配备了一只导航仪，可以永不迷茫、方向正确，并牵动组织整体，迅速产生效用。人们在制定制度时，有意或无意地受其伦理观的支配。比如安稳型的人会选择等级森严的组织结构；而功名型的人会考虑扁平的组织结构；享乐型的人更容易接受俱乐部式的组织结构。

其二，组织制度对员工的行为具有强制性的约束力，组织内部已有的习惯对员工行为具有非强制性的约束力和引导作用。员工行为和习惯的形成同样受核心价值观的影响。若多数员工认为某种行为是正确的，则他们会多次实施这种行为。时间长了，就变成了习惯。新的员工会受到同化而下意识地接受这些习惯。

其三，组织的制度和员工的行为习惯进一步影响组织的形象。组织的绩效和社会形象主要取决于组织员工的行为，组织员工的行为对组织中每一项工作的效率将产生直接的作用，员工的职业操守折射出组织形象的优劣，而组织的社会形象又会直接影响顾客的购买行为，最终影响到组织的绩效。由此可见，员工的行为通过对组织形象的影响直接或间接地作用于组织的绩效。

组织文化就是通过这一链状机制对组织的竞争力和未来的持续发展发挥作用的。组织文化的作用机制也映射出组织文化的层次。核心价值观就是组织文化的核心层，即精神文化；制度和习惯对应着组织的制度文化；员工行为对应着组织的行为文化；最表层的物质层面对应着组织的物质文化。

三、组织文化的功能

（一）导向功能

组织是一个开放的系统，一个兼收并蓄的文化荟萃的场所，各种价值观念在这里碰撞，组织文化的导向作用显而易见。导向功能是指组织文化使组织具有一种文化定势能把全体职工的努力方向引导到企业所确定的目标上来。组织提倡什么、崇尚什么，员工的注意力就必然转向什么。组织文化愈是浓烈，这种导向作用愈是明显，这就是所谓的强文化问题，反之即弱文化。导向功能的有效发挥必将促使员工把实现组织的目标变为自觉的行动，从而促进企业朝着选定的目标健康发展。

发挥组织文化的导向功能应注意以下几个方面：第一，要引导员工树立组织的共同价值观。优秀的组织文化能使员工潜移默化地接受本组织共同的价值观，把追求各种具体目标上升为崇高目标，并把具体目标寓于组织的价值体系之中。第二，要引导员工正确认识自我以及自我在组织中所处的地位和作用。优秀的组织文化能使员工正确认识自我以及企业对他们的期待，使员工正确认识自己在本组织中的位置，从而充分发挥自己的聪明才智。第三，要引导组织树立良好的形象，提高组织的知名度。优秀的组织文化能使组织展示自己良好的管理风格、经营状态和精神风貌，使组织树立良好的整体形象，扩大组织在社会上的影响。

（二）育人功能

组织文化起着一种文化传递的作用，使人通过对文化价值的摄取，陶冶人格和灵魂，以充实生命的内涵。

教育是一项有目的地增进人们的知识、技能，影响人们的思想、道德，提高人的智能，增强人的体质，挖掘人的潜能的社会活动。教育作为人类一种特有的有目的、有意识的社会现象，是人类社会生存、延续和发展所不可或缺的。教育是与人类社会共存的社会现象，是一个永恒的、普遍的社会生活范畴。教育具有社会历史性特征，不同历史条件下，教育的内容、形式是有差别的。

处在不同社会条件、社会地位的人，教育的内容和形式也是不同的。组织文化教育属于广义的教育：它具有教育的共性，也存在自己的个性。其个性主要是由于教育的社会历史性及组织文化教育过程各要素的特殊性造成的。

组织文化作为以人为目的的教育，它包含多种教育内容和手段。既然组织文化是以提高人的全面素质为中心来提高组织的科学管理水平和经济效益，那么组织文化的三个层次——物质文化层、行为文化层、观念文化层就都蕴涵不同程度的育人意识。

组织文化的育人功能是指通过各种文化手段，培养员工并主要是从以下三个方面来发挥作用：一是组织内培训；二是组织外培养；三是组织开展各种文明的、健康的、有益的文化活动来潜移默化地影响人、熏陶人。

（三）凝聚功能

凝聚功能是指从组织的各个方面，将成员团结起来，形成一种集中、聚合、凝结的合力。团结才有力量，组织要生存和发展就必须增强这种凝聚力，对一个组织来说这是生命攸关的问题。优秀的组织文化能使广大员工产生对组织目标、准则、观念的认同感和作为组织员工的使命感。进而，在这种文化氛围的作用下，员工由于对本职工作的使命感，又激发出对本职工作的自豪感。这样，人皆有之的“精神家园”得到满足，自然产生出对组织的归属感。员工中“认同感”、“使命感”、“自豪感”和“归属感”的树立，便会在意识深处产生对组织的向心力，并由此形成一股强大的凝聚力，使员工的团队意识大大加强，产生一种整体效应。这种凝聚作用，还可以化解个人与集体、个人与个人之间的矛盾，创造出和谐的人际关系气氛，从而有助于消除企业的“内耗”，建立一个感情融洽的共同体，使广大员工为本组织的发展团结奋进。

为了充分发挥组织文化的凝聚功能，第一，要有目标的共同性，使员工把个人目标与组织目标有机地结合在一起。第二，要有利益的共生性，使员工把自己的命运与组织的兴衰融为一体。第三，要有价值观的共识性，使员工用正确的价值观来支配自己的行为。第四，要有情感的融合性，使员工在生产、学习和生活中自觉形成民主和谐、互相合作的人际环境。

（四）约束功能

约束功能是指运用规制、标准、人际伦理关系准则等约束和规范员工的思想和行为。组织文化的形成，不仅可以完善厂规厂纪，形成优良的厂风厂貌，还会建立起人际关系的正确准则。这些都起着约束和规范员工的思想和行为的作用。

为了发挥组织文化的约束功能，第一，要让员工了解本组织的共同价值观，懂得何种思想和行为才符合组织的共同价值观。在这样的文化氛围中，他们依照这种价值观的指导进行自我管理，并积极发挥其创造能力。第二，要将硬约束与软约束有机地结合起来。组织需要严格的、科学的管理制度。管理制度包含在组织文化之中，这是一种硬约束。按照目前中国企业的现状，它对员工思想和行为的约束、规范作用是不容忽视的。但是，硬约束并不是企业文化的主要方法，在硬约束与软约束二者之间，组织文化更侧重于软约束，即一种感情化的、注重道德准则的约束。这种软约束，实际上是一种由内心心理约束而起作用的自我管理。如果一个员工违背了厂规厂纪和人际关系准则，就会受到企业规章的约束和舆论的批评，同时，作为具有一定道德觉悟的员工，也会感到自责内疚。第三，重视员工自我管理的心理需要。员工希望自己管理自己，对通过制度进行管、卡、压的做法极不情愿。员工在企业中自己管理自己的行为，如果得到企业领导者的承认和赞许，就能获得心理上的平衡和满足，就能更充分地发挥企业文化的约束功能。相反，就可能产生挫折感和失落感。

（五）激励功能

激励功能是指运用激励机制和艺术，使员工产生一种情绪高昂、奋发进取的力量。组织文化的加强，使组织有明确的目标，各个岗位有各自的责任，又有领导的信任，同事间互相尊重。在共同文化观念形成的群体意识的驱动下，员工的事业心、责任感会逐步加强。这种良好的文化氛围，为员工积极性、主动性、创造性的发挥源源不断地提供激励的力量。在国际市场竞争日益激烈的当今和未来，这种力量，对一个现代企业来说，是生存、发展、取胜所必须具备的基础。

发挥组织文化的激励功能，最有效的途径是坚持精神激励、物质激励和信息激励相结合的原则，强化整体激励机制。对此，宝钢的企业文化建设为我们提供了宝贵的经验。他们的做法主要有：目标激励、领导示范激励、参与激励、典型激励、精神激励、物质文化激励、群众形象激励等。

（六）融合功能

融合功能是指通过各种方法和手段，使员工接受组织的共同理想、信念和价值观，从而把个人融入企业群体之中。为了发挥组织文化的融合功能，首先，要让员工爱企业。组织的凝聚力、融合力来自于员工对组织的爱。员工对组织的爱是由组织对员工的爱激发起来的。正是这种爱把员工凝聚、融合成一个坚强的集体。因此，要让员工爱组织，首先组织要爱员工，从而使组织值得员工爱。用企业家的话来说，这叫做“感情投资”。其次，要在员工中形成一种相互沟通、理解、信任的文化氛围。组织中的职工构成复杂，来自各个方面，因而他们的思想、性格、情绪、爱好等千差万别。组织文化要通过各种方法和手段，改变员工固有的思维定式和行为方式，并促使其相互沟通、理解和信任，产生融洽的情感和创造良好的氛围，使员工愉快地在各方面真正成为团队的一员。

（七）审美功能

审美功能是指根据企业的特点，对广大员工实施审美教育，以陶冶人的感情，不断提高员工和企业的素质，学会按照美的规律办好企业。组织审美文化是组织文化的重要组成部分。组织文化的审美塑造，是题中应有之义。

组织文化的审美塑造是多方面的。第一，要在员工中进行审美教育，提高员工的审美情感、审美创造力和审美观。第二，要提供优质、美的产品和服务。第三，要创造一个整洁、优美、文明的工作和生活环境。第四，要开展各种有益身心健康、多姿多彩的文化艺术和体育活动。第五，要从审美的角度，培育具有独特个性的组织精神和富有魅力的组织形象。总之，组织文化审美功能的发挥是多方面的，既有物质的，也有精神的；既有社会的，也有自然的；既有主体的，也有客体的。可以说，在企业的所有活动中，都有一个审美问题，因此，发挥组织文化的审美功能，是组织文化建设的内在要求，是衡量组织文化品位的标准之一。

（八）辐射功能

辐射功能是指组织文化的作用可以向外辐射，对组织周围的社区乃至整个社会产生积极的影响。由于组织文化的日趋成熟，必将促成组织管理工作日趋完善，使其真正走上科学化的管理轨道。组织整体素质提高，产品及时更新换代，将为其创造名优产品作出贡献。如果组织的产品在社会上享有广泛信誉，那么组织的声誉就会不胫而走。这种辐射作用，可为组织的竞争夺得公众的心理优势——信任企业的产品，羡慕并接受企业的文化。由于优秀组织文化的辐射作用能得到广泛的社会信誉，所以，它被视为办好现代企业的一笔巨大的无形资产。

为了发挥组织文化的辐射功能，第一，要提高员工的现代科学文化素质，使他们树立与市场经济相适应的思想观念。第二，要提高企业整体素质，塑造富有魅力的组织形象。第三，要强化员工的公关意识，加强组织与社会各方面的联系。第四，要回报社会，为组织所在社区的发展争作贡献。通过上述几方面的努力，就能在更大的范围发挥其辐射作用。

此外，组织文化的功能，还可以从其他方面去认识和开发，诸如娱乐功能、稳定功能等。

上述组织文化的八大功能，在组织活动中，并不是单独地发挥作用，而是综合地起着作用。这样，组织文化的整体效应就会充分地发挥出来。

组织文化是一种特殊的社会文化现象。它是一种以组织文化活动为主体，由全体员工共同创建的，以良好的企业风尚和组织精神为标志，充满时代气息和企业特点的人文氛围。组织文化氛围一旦形成，将和社会主导文化一样，产生巨大的能量，成为增强组织竞争力的强劲动力。物质资源会枯竭，但组织文化却生生不息，它会成为支撑企业可持续成长的支柱。世界上著名的长寿公司都有一个共同特征，就是它们都有一种坚持不懈的核心价值观，有其独特的组织文化。文化不直接解决企业赢利不赢利的问题，但它可以解决组织成长持续不持续的问题。从这个意义上说，中国企业能否不断壮大成为世界级企业和长寿公司与组织文化建设的成败有着密切关系。

第三节　组织文化的构建

根据组织文化的形成机制及国内外的成功经验，在组织文化建设中应抓好组织文化的继承、涵化和重塑，组织文化的伦理建设，组织文化的制度建设，组织文化的环境建设，组织特色文化的保障机制建设等主要环节。

一、组织文化的继承、涵化和重塑

（一）继承社会系统中的优秀文化

人类新体总是在旧体中求生。由于文化是人们适应环境的产物，人们在新的环境下必然吸收前人有用的文化遗产，并在实践中发扬光大。文化的继承与发展并存。人类总是在实践过程中，以旧文化为基础，不断创造新文化从而推动社会的进步和发展。时至今日，传统中的优秀文化仍以它独有的方式、模式、渠道和风格在发挥作用，影响着整个社会的进步。组织文化的构建应该积极继承、吸收人类的优秀文化成果，并且创造性地转化为有利于组织文化建设的积极因素。

（二）在对外来环境文化的具体内容上注意涵化吸收

文化是人类共同创造的，其中一部分是无国界的，因而可以照搬，以避免重复劳动。如果盲目排外是愚昧的表现，那么闭关锁国则是落后的国策。但是，文化具有本土性和民族性。我们在吸收和借鉴外来文化的过程中，应注意涵化。所谓涵化，是指根据自己的特殊情况对外来文化进行改造和利用的过程。在推进市场经济发展和促进我国经济发展的过程中，需要学习和引进西方先进的管理和技术。在学习引进的过程中，我们应根据自己的国情，有目的、有选择地进行文化借鉴和涵化，吸收有利于社会主义现代化建设的组织环境文化，摒弃不适合我国国情的文化，真正做到以我为主、博采众长、融会贯通、自成一家。

（三）不断重构和塑造适应时代需要且具有组织特色的新型文化

继承、涵化和重塑是一个递进的过程，人们在推进社会和经济发展的过程中，如何根据时代的需要创造出一个崭新的文化氛围，是摆在每一个企业家面前既光荣而又艰巨的任务。我们应该努力将静态的历史遗产和动态的时代精神结合起来，将价值观念、竞争意识、效益意识、审美意识、市场意识、科学意识与传统观念相结合，创造出具有中国特色的先进组织文化。为此，我们必须注意以社会文化为背景，以企业员工为主体创建一种以制度、环境、活动为载体，以文化的多学科、多领域广泛交流及特有的生活交往为基本形态，构建出具有时代特点和组织特色的群体文化和精神氛围。构建的组织特色文化应着力形成以下特色：

1. 组织特色文化的内涵特色

结合企业管理思路的整合、管理模式的调整，完善经济运行中的制度建设和必要的法规建设，依法治厂、以德立业，构建健康和谐的企业制度文化；结合组织发展，以组织文化的视角设计活动项目，激活组织文化活动，开发积极向上、和谐的组织精神文化；培养经营人员高尚的职业道德；挖掘组织积淀的文化底蕴，净化、绿化、美化、优化企业环境，让组织员工在健康和谐的环境文化中，感受美的氛围、接受美的熏陶、引导美的行为、得到美的升华，强化组织文化在提高员工素质中的隐性教育功能。

2. 组织特色文化的运行特色

在经营环节上力求“三个结合”：与组织使命结合，与提高组织竞争力结合，与提高员工素质结合。在组织经营中保证“三个体现”：组织精神要有措施体现，经营思想要有内容体现，社会活动要有载体体现。

3. 组织特色文化的成果特色

通过组织文化建设，形成民主型的制度文化、智能型的知识文化、素质型的心理文化、情感型的审美文化、开拓型的观念文化和体现组织底蕴的环境文化协调发展的态势。以科技周、艺术周、体育周、企业网、各种专项技术比武、技术竞赛、演讲、各种大型活动等为平台，彰显丰富多彩、充满生机的组织文化及其特色成果。着力体现以下三个方面的教育：一是思想行为教育；二是科技文化教育；三是审美情趣教育。形成体现组织精神和特色的三大识别系统：一是经营思想、组织道德、组织目标的思想识别系统；二是厂训、厂风、制度、行为指导语等行为识别系统；三是组织整体面貌、特色建筑和文化设施等形象识别系统。最终使组织文化对员工发展产生重要而深刻的影响。

4. 重视生产领域中生产场地的布局、建筑风格的多样性、特色性

在经营场所，使生产设施、生产现场设计布置、产品摆放、宣传栏的运用等形成一个和谐、高尚的物质文化环境。使员工不仅能愉快地工作，而且在其间能感受到时代文化的气息，享受到优秀环境文化的情趣。

5. 探索人造组织环境的和谐性特色

组织的特色环境文化，就是要使我们的员工进入健康艺术之乡，眼睛所看到的、耳朵所听到的都是艺术作品；使他们如沐春风，潜移默化，不知不觉之间受到熏陶，自始至终和优美、理智融为一体。

二、组织文化的伦理建设

伦理，是指在一定的社会环境中人与人相处的各种行为准则和道德规范。它是一个历史的范畴，具有较明显的历史阶段性。它的直接研究对象是人际交往中的道德关系。

伦理文化则是各类伦理关系及其演变发展的模式和惯例。组织伦理文化主要指在经营活动过程中，调节从业人员与产业价值链各环节、各层级以及利益相关者之间的各种利益关系的行为规范、道德原则和惯例。

(一) 组织伦理道德的特征

组织伦理道德具有结构性、约束性、动态性和操作性特征。

1. 结构性特征

组织伦理文化的中心是组织伦理道德问题，而组织伦理道德并非是由某一单独的方面组成的。它由社会道德、组织道德和员工个人道德三者合为一体。衡量组织伦理道德结构优劣的基本标准是组织伦理道德各项基本因素的全面发展水平。各基本因素的发展状态，决定了相应的结构状态和类型。无论哪一方面的因素出现死角，都可使结构发生劣性质变。

2. 约束性特征

道德对人们行为的约束力比习俗强，比法律更广泛。道德水准的提高，可以通过这种约束力，减少人们之间无谓的摩擦和冲突；可以增进相互之间的团结并有利于提高工作效率。实行德治，是促使企业乃至社会风气好转、维持社会秩序的一项根本性措施。

3. 动态性特征

组织伦理道德同一般社会伦理道德一样，是人们物质生活条件的反映。因此，不存在永恒不变的伦理道德规范，它总是随着时代的前进而发展变化。今天，在组织活动中所讲的守信用、讲文明、讲礼貌则是与封建社会所讲的礼、忠、信有着本质的区别。

4. 操作性特征

组织伦理文化需要有操作性，否则就不易实行和进行检查、评价和管理。所以，组织伦理文化应该是具体的，而并非是一种抽象的理念和抽象的要求。

(二) 组织伦理文化建设的基本内容

1. 确立组织价值观和公共道德关系

组织价值观是其从业人员一致赞同的对组织来说是否有价值的看法。它是各组织机构的基本观念和信仰。对于组织有价值的对象不会只有一个，而是很多。这类对象既有物质客体又有思想观念，例如，社会责任意识、竞争意识、质量意识、服务意识等。这些有价值的对象和组织本身所具有的多种多样的价值集合，构成了组织价值观体系。而组织从业者对于价值体系共同一致的看法与认识就是组织全体共享的价值观念体系。

在价值体系中的各种价值，有时并不可兼得，于是便有如何取舍的问题。有时虽可兼顾，但各种价值的重要性并不一致，或彼此有因果关系，故有对各个价值进行排序的问题，组织伦理文化在一定意义上就是对各种价值进行排序定位的理论。

组织伦理文化在价值观体系排序定位中值得注意的内容有：①人的价值高于一切。最有价值的因素不是物和制度而是人。②经营理念、经营哲学之类的理念因素的价值，高于管理、技术等技术因素的价值。③为社会服务的价值高于利润的价值。④共同协作、集体的价值高于独立单干、自我的价值。⑤企业知名度、形象的价值高于利润的价值。⑥赢得人心的价值高于赚钱的价值。⑦用户的价值高于技术的价值。

组织伦理文化中的公共道德关系主要指组织与有关政府部门、社会团体、新闻媒介、生产企业以及其他组织的关系。它的外在表现形式既有价值观念、道德观念，公共观念等精神文明，亦有公共行为、经营行为、竞争等行为文明。

2. 打造独具特色的组织精神

组织文化的建设，进入深的层次，集中到一点，就是培养、树立起自己的组织精神。组织精神，是在正确的价值观念体系的滋养之下优化出来的员工的群体意识。组织精神的价值观念体系可以包括爱祖国、爱人民、爱劳动、爱科学以及开拓、创新、团结、奉献、民主、平等、竞争、开放、效益、知识、人才、信誉、法制等观念。作为深层组织文化的企业精神，是良好的精神状态和高尚的精神境界表现出来的价值观念，是观念形态的文化。因此，深层的组织文化又可称为观念文化。

3. 营造和谐的组织内部群体关系

伦理是一种内在的管理。组织伦理文化不仅规范组织与外部的伦理关系，而且是处理内部群体关系、人际关系的规范与准则。文化的导向作用，使各个组织不再是因互相利用而聚集起来的群体，而是由具有共同的价值观念、精神状态、理想追求的人凝集起来的组织。在这个组织内部，各局部利益、个体利益和行为，都应服从于把个人目标同化了的集体目标和为多数个体所认同的价值观。这里，内部人际关系是其重要的内容。它包括上下级关系和一般人际关系。处理上下级之间伦理关系的原则，一是讲人格平等；二是讲角色职能，在现代组织里，凡从业人员，在人格上都应是平等的。但在角色职能上，上下级之间又有严格的区别。处理一般人际关系的伦理原则是相互尊重，以诚相见，互通有无，互利互惠，讲求信誉。

4. 积极培养员工的自律意识

自律是道德力量的调节，而道德力量的调节介于有形之手（规章制度、办法措施等）与无形之手（个人品德）之间。组织文化并非是表面的形式主义，而是重在解决实际问题。建设组织文化的过程，就是发现自身问题、解决问题的过程。有些问题很难通过硬性规则、制度来约束，个人的道德品质修养往往左右个人意志和决定。而此时就可以通过组织文化来净化员工心灵，从而实现自我约束、自我激励；在组织文化建设的过程中，必须形成各种组织特色的理念，这些理念是组织文化长期的积淀和凝结，它是从多年的实践中提炼出来的，是组织的精神财富、精神动力，虽无形却能动，它能时刻渗透到经营行为的各个方面，从而影响员工行为。

5. 理清经营道德关系

这主要是指组织经营人员和客户的关系，它是组织伦理文化中最基本的内容之一。组织伦理文化中的经营道德关系强调视顾客为"上帝"，视信用为经营者的第一生命。组织道德关系中最基本的内容是货真价实，反对弄虚作假、坑害消费者，这也是最起码的组织道德标准。它要求经营者与从业人员，讲求信用、遵法守时、公平销售、诚实无欺，不强买强卖，不欺行霸市。组织道德标准还体现在环境保护、社区关系等方面。

6. 培育和提升企业从业人员的道德素质

道德素质指组织从业人员自身的道德素养。道德素养的基本要求是，对社会有高度的责任心、使命感；以为他人服务、为组织服务为乐；爱岗、敬业、热情、精进、公正；胸怀坦荡、严于律己、宽以待人、谦虚谨慎、团结协作、豁达大度、诚实可靠、勇于探索、不畏艰险、锲而不舍、兢兢业业、一丝不苟、富于勇气；有忍耐性、能承受风险、对冲突宽容；不贪图名利、弄虚作假、损人利己、盗名窃誉、嫉贤妒能、骄傲自满，自以为是。

（三）组织伦理文化的继承和发展

组织伦理文化的继承和发展应注意以下六个方面的问题：

①继承现实主义传统，改变传统的竞争观念，建立共赢的竞合理念。

②吸收天人合一的思想，寻求和谐发展。

③注意人际关系，确立法制观念。

④发扬民族风格，增强竞争意识。

⑤重视民族传统，开发和吸收新的科学技术成果。

⑥重"义"也要重"利"，树立义利统一观。

三、组织文化的制度建设

组织制度文化是组织为实现其目标对员工的行为给予一定限制的文化，它具有强有力的约束组织和员工行为的规范性。这种规范性是一种来自员工自身以外的，带有强制性的约束。组织制度文化既是人的意识与观念形态的制度语言，又由一定物的形式所构成，同时，组织制度文化还表现为它是精神和物质的中介。因此，制度文化既是适应物质文化的固定形式，又是塑造精神文化的主要机制和载体。组织制度文化作为组织文化中人与物，人与运营制度的中介和结合部分，可以使组织在复杂多变、竞争激烈的环境中处于良好的状态，从而保证组织目标的实现。

（一）制度与文化的逻辑关系

1. 制度与文化属于两个不同层次的管理和两种不同的管理方式

文化管理高于制度管理，而制度是文化的一种载体。制度更多地强调外在的监督与控制，是组织倡导的“文化底限”，即要求员工必须做到的。文化则更多地强调价值观、理想信念和道德力量，强调内在的自觉与自律，是一种至高境界。

2. 文化对制度的引领和保证

一方面，先进的文化引导制度变革的方向，保证制度变革的科学性。另一方面它能够保证在新的制度条件下员工执行制度的自觉性。制度与文化相结合，文化起着引领作用，文化是制度改革的前提和基础。决定一个人的基本行为、文化素养的根本不是制度，制度永远是一个“不完全和约”，它不可能全覆盖地解决管理中的问题。改变制度的时候若不注重改变文化和文化的跟进，那么制度的改变可能会给企业造成欲速则不达的负面效果。从微观的视角，制度的制定、制度的执行，文化都是决定的因素。

3. 文化与制度相互为用

当管理者认为某种文化需要倡导时，他可以通过培养典型的形式，也可以通过开展活动的形式来推动和传播。但要把所倡导的新文化渗透到管理过程之中，变成员工的自觉行动和习惯，制度则是最好的载体之一。制度文化是精神文化的基础和载体，并对组织精神文化起反作用。一定的组织机制的建立，会影响人们选择新的价值观念，成为新的精神文化的基础。组织文化总是沿着精神文化—制度文化—新的精神文化的轨迹不断发展、丰富和提高的。

4. 文化优劣或主流文化的认同度决定着制度的成本

当组织倡导的主流文化的认同度高时，组织的制度成本就低；当组织倡导的文化适应性差且主流文化认同度低时，组织的制度成本就高。由于制度是外在约束，当制度文化尚未形成时，在没有监督的情况下，员工就可能不按要求去做，其成本自然就高；当制度文化形成以后，人们自觉地从事工作，制度成本就会相应降低，尤其当超越制度的文化形成时，制度成本就会更低。

5. 制度文化是行为文化得以贯彻的保证

该保证程度的高低取决于：与企业员工生产、学习、娱乐、生活等直接发生联系的行为文化建设的程度；组织经营作风是否具有活力、是否严谨；精神风貌是否高昂；人际关系是否和谐；员工文明程度是否得到提高等制度因素。

6. 物质文化是制度文化存在的前提

一定的物质文化产生与之相适应的制度文化。现代化的生产技术要求形成一套现代化的管理制度，制度文化必须随着物质文化的变化而变化。组织劳动环境和生产的产品发生了变化，组织的结构就必须做出相应的变革，否则就不能发挥其应有的效能。制度文化又是物质文化建设的保证，没有严格的岗位责任制和科学的操作规程等一系列制度的约束，任何组织是不可能生产出优质的产品的。

（二）组织制度文化建设的原则

组织管理制度的制定一般应坚持科学性、简明适用性、系统性的原则，要服从于组织结构和规模的原则、一般和特殊相结合的原则及与时俱进的原则。

坚持科学性原则，就是通过科学总结企业制度建设的经验，深入研究改革开放和发展社会主义市场经济条件下组织制度建设的特点和规律，有针对性地建立健全相应的制度措施。

坚持简明适用性原则，就是注意把那些经过实践检验的成功做法上升为法规制度，保证制定的法规制度简明通俗、行得通、做得到。

坚持系统性原则，就是既重视基本的规章制度，又重视具体的实施细则；既重视单项制度建设，又重视基本制度与具体制度、实体性制度与程序性制度的配套；既重视一般管理制度的建立健全，又注意与特殊技术工作制度建设的协调配合，使各项规制彼此衔接、环环相扣，真正发挥法规制度的整体合力。

服从于组织结构和规模的原则就是强调管理制度的多寡应该同组织的发展阶段相适应。一般而言，管理制度齐全细致的优点在于规定了所有的人做何事及所有的事如何做，可谓面面俱到，管理有序；缺点在于增加了管理成本。管理制度简约的优点在于简明扼要，运行成本较低；缺点在于规定的面较窄，例外情形较多，经常出现一事一议的现象，不便于控制。

加强制度文化建设，应树立改革创新的观念。制度不是一成不变的，制度建设不可能一劳永逸。随着时代的发展和形势的变化，组织的各项制度应该不断丰富、完善和发展，以实现制度建设的与时俱进。制度的改革创新是一项复杂的系统工程，改什么、怎么改、何时改，需要进行综合考虑。要研究和把握改革创新的时机，抓住改革创新的重点，掌握改革创新的节奏，确保改革创新的效果。

加强制度文化建设，应狠抓制度的贯彻落实。实践表明，许多规章制度之所以没有发挥应有的效力，一个重要的原因就是执行不力、落实不够。在实际工作中，一些员工缺乏按制度办事的观念，习惯于我行我素；一些管理者在处理问题时，没有严格按照组织的制度规定去办。这就导致许多好的制度形同虚设。加强制度文化建设，必须高度重视对企业各项制度的贯彻落实。一是加强对制度的宣传教育，维护制度的权威性。应通过宣传教育，把坚决执行组织制度文化的理念渗透到每一位员工的行为准则、价值观念、道德标准之中，不断提高员工贯彻执行制度的自觉性和坚定性。二是坚持管理者带头，任何一个管理者都不能不受制度的约束。各级管理干部要把执行和维护制度视为自己的基本职责，增强带头学习制度、模范执行制度的自觉性，以尊重和维护制度的模范行为推动形成全体员工崇尚制度、严格执行制度的良好氛围。三是抓好经常性的监督检查。采取定期检查和不定期检查相结合等方式，保证各项制度真正落到实处。加大对违反法规制度行为的查处力度，做到令行禁止、违者必究，真正使组织的规章制度成为全体员工共同遵守的行为准则。

（三）组织制度文化的构建

组织制度文化，作为管理的制度逻辑，把管理从“人治”拓展到“法治”领域。正确的制度建设，可以在全体员工的认同下，规范和约束所有员工的行为，形成一个融洽、竞争、有序的工作环境，使生产经营有条不紊地进行；同时，它弱化了管理者和被管理者的矛盾，从而大大提高了企业的管理效率、决策与实施的速度，提高了组织的生存能力与竞争能力。那么，如何构建组织的制度文化呢？

1. 明确企业宗旨

任何一个组织的存在，都有其自身的目标与宗旨，只有明确自己的目标与宗旨，确定中心主题，所有的管理制度才能紧紧围绕这个主题去制定、执行、维护，一旦与这个主题产生冲突都应该无效。

2. 成立组织制度建设管理的组织机构

应成立专门负责制度管理工作的机构，专司制定或协助各个部门制定各项制度，使各项制度的制定都建立在组织的立场上，而非从各个部门自己的角度出发。该机构同时负责宣传和推行企业的制度建设工作。

3. 宣传、沟通、教育

理解是接受的前提。在组织内部，一切制度需要下级真正接受，主动行动才能得到切实的贯彻落实。怎样才能使员工真正理解，完全接受一项制度，特别是暂时还不能理解和接受的制度呢？这就需要制度建设主管部门与各阶层管理人员反复不断地对员工进行制度宣传、教育、沟通，了解员工的心态，使员工能够理解制度建设的目的，支持组织的制度建设，实施这些制度。如果做不到这一点，上下对立，员工违心地接受这些制度，消极地执行，就不可能有积极性和创造性。

4. 拟定制度文本

文本是组织文化的载体与媒体，组织文化的思想与情结均通过文本得到凝结、升华与传播。组织制度作为一项规范性的制度逻辑必须以文本的形式予以确定，并保持稳定。在制度文本编写的时候，必须从组织的角度去思考，以组织宗旨为中心。当一项制度涉及多个部门时，制度的衔接是非常重要的，制度建设主管部门应与各个部门共同商讨，以保证制度的有效性与可操作性。当然，制度文本还要在考虑格式之美、框架之严，既充分展示感性思维之美，又体现逻辑分析之妙的同时还必须符合国家法律法规的规定，不能超越国家法律法规。

管理制度的制定一般以作业为主线，以各部门、科室、班组、员工为节点，以岗位责任制（包含岗位工作指引）、标准作业书、操作规程、技术标准和管理办法等为载体，结合组织结构和组织宗旨构成管理制度体系。在管理制度文本的拟定中要注意把握以下几点：

①图表的运用。要弄清高层和部门经理每天、每月、每年应看的图表，例如销量、产量、进货量、质量、费用等；要弄清各岗位每天、每月、每年应填、应报的图表；要弄清各控制点每天、每月、每年应填、应报的图表。

②会议制度。要弄清高层和部门经理每天、每月、每年应开的会，例如月经营检讨会、月采购委员会会议、年度员工大会、周产供销协调会、月市场分析会等。

③明确权力。要设定人权、财权、物权、事权的管理权限，编制核准权限表。在组织的管理过程中，明确各部门、各职位与整体组织之间的责权关系，使每个组织成员都明确自己应该干什么，有哪些方面的权力，归属谁直接领导，这是保持组织的稳定性和增进组织运行效果的前提条件。

④计划和预算。组织的一切工作必须围绕着年度策略、计划和预算来展开，制度的制定要为完成年度策略、计划和预算服务，要弄清各部门每天、每月、每年有哪些计划，如何执行和追踪。

5. 几个必备的组织管理制度的附件

组织结构图，包含管理层次和幅度等。组织结构是完成企业目标的基石，它把组织的一切可供利用的资源统合起来，对其进行协调分配，发挥出资源利用的整体优势，最大限度地减少它们的消耗浪费，以实现其最大价值。

职务说明书，包含职位名称、上下级汇报关系、任职条件（学历、专业、工作经验、技能要求、特殊资格要求）、主要职责及考核办法以及批准日期、任职人与上司的签字等。详细一些的，还会列出职位设置的目的、职责概述、职位升迁和转换路径、工作环境、工具设备等。

核准权限表，描述某事的运作由哪一级或由谁申请、立案、拟案、咨询、核准、决定及报备等。有了核准权限表，完成各种事务的工作流程也就建立了，同时，各岗位之间的工作接口也明确了，各岗位都按核准权限表的规定工作，企业的流程规范化就实现了。

表单流程图，包含表单的填、审、核、发生周期、送发单位等。

岗位责任制，以人为核心，描述岗位应做的事和做好该岗位工作的指引。

标准作业书，以事为核心，描述事情如何做。

操作规程，以机器为核心，描述机器如何操作。

部门和员工考核办法，实行“定性、定量、定时”督查考评。包括各部门定期上报工作计划，定期自查工作的进展情况，年终总结考评。考核办公室定期汇总刊出各部门的工作计划与完成情况的通报。

技术标准、法规、管理标准和工作标准。包括执行国家有关标准化的法律、法规，实施国家标准、行业标准和地方标准，制定和实施组织内部技术标准、管理标准和工作标准，并对标准的实施进行检查。

6. 明确各级人员的工作内容与工作权限

在制度的建立过程中必须明确各级人员的工作内容与工作权限，制定职务说明书，以杜绝有事无人管和有人无事干的现象。只有明确了各职位、各人各自的工作权限与工作内容，方可实现在其位，谋其政，行其权，尽其责的工作次序，各种表单的核准流程的方向才不至于产生偏离，作业方法与流程才可能得以合理化、畅通化，标准作业流程才能完善地建立。

7. 高层管理者的重视与参与

领导的行为非常容易成为属下效仿的榜样，如果各层级管理者对公司各项制度不予以重视，或只是敷衍了事，那么员工的心中就会形成一种印象，会觉得企业的各项制度是用来“忽悠”人的，给外人看的，没有任何实际意义，自然也就不会真正遵守各项制度，甚至还会产生破坏。各层级管理者若能以身作则，带头执行，一旦有违反行为，同样接受处罚，坚决不搞特殊化，才能形成良好的制度文化氛围，制度建设才能真正得以有效贯彻与实施。

8. 维护与控制

在制度的实施过程中，制度建设主管部门应对各项制度进行维护，并成立稽核小组，专门负责监督企业制度的执行情况，矫正不规范的行为。同时调查制度的合理性、时宜性，一旦发现制度存在缺陷，就应及时予以矫正，废除过期的制度，以保证制度的有效性、适宜性。正确的控制工作可以为制度建设确立新的目标，提出新的计划，改变组织结构，改变人员配备以及在指导和领导方法上做出重大改革，使组织制度建设得以创新和提高。

四、组织文化的环境建设

组织环境文化，指影响、制约组织经营活动的各种内部和外部环境中所渗透的文化因素。如前所述，它是一个组合系统，划分为物理环境文化（硬件）和人文环境文化（软件），是二者的统一。物理环境文化是表层的、有形的、看得见的、具体的，包括视听环境、嗅觉环境、温湿度状况、自然景色、厂容厂貌、机器设备、作业现场、交通运输工具、临时性的或动态的展销会的展台、为员工建立的固定性文化娱乐设施等，其状况如何，直接影响组织发展。人文环境文化是深层次的、无形的、内在的、抽象的，包括经营理念、领导作风、民主气氛、精神风貌、人际关系、员工言行、心理状态、观念氛围等，其状况如何，将从根本上制约着组织的发展。这里主要考虑的是组织所处的自然环境、组织规划格局以及建筑、设备设施、雕塑、绿化和文化传播工具等方面形成的文化环境。

（一）环境文化建设的必要性

1. 建立一个公平竞争的工作环境

所谓公平，在组织文化中可解释为大家的认同感。组织的各项管理方法及措施只有体现公平，才能调动员工尽职尽责的动力和积极性。创建组织的经营风格、品牌，最主要的是培育员工的认同感；没有公平，组织永远会争论不休！

2. 环境文化建设是组织凝聚力的直接体现

凝聚力，在理论上讲是一种综合的内聚力，是使全体员工在思想情感、价值取向、行为操守上都保持高度一致的力量。凝聚力一方面表现为组织对员工的吸引力，即员工对组织的向心力；另一方面表现为员工与员工之间的相互吸引力，即彼此之间的亲和力。凝聚力的强弱与环境特别是人文环境关系密切。整洁、融洽、和谐、向上、充满活力的内部环境，可使员工产生愉悦感，从而乐于在组织中工作，甘心为组织奉献。

3. 环境文化建设是组织形象的直接体现

如今的市场，由于产品种类繁多，质量和营销手段的日益趋同化，人们在选择商品时组织形象就成了左右消费者的重要因素。所谓组织形象，是社会公众对组织的综合认识和总体评价。组织形象是一个组合的系统，影响它的要素也是多方面的，而环境尤其是物理环境，是最直观、最明显的影响因素，而且有先入为主的作用。

4. 优秀的组织环境文化，是物理环境与人文环境的统一

例如现代商场，既要讲究环境条件优美，温度适宜，色彩明快，整洁典雅，布局合理，空气清新；又要求服务周到、热情，购物方便、快捷，商品货真价实、公平合理。两方面俱佳，才能刺激顾客持续购买。如果二者缺一，虽有一流的设施，敞亮的店堂，但所卖商品不少是假冒伪劣产品，售货员一个个冷若冰霜、举止粗俗；或虽有优质的服务，上乘的商品，却店堂内空气污浊，拥挤不堪，都会使顾客视而生厌、闻而起烦，最终结果是不可能激发顾客的消费欲望。

（二）环境文化建设的实施

组织的环境文化必须处处洋溢着祥和的氛围。优美的环境给人以美的享受，以它的感染力唤起人们对美的追求，陶冶人的情操，使人心旷神怡，大脑更聪慧，思维更敏锐，行为更文明，激发人的上进心和求知欲。人们按照自己的认知水平、审美观点来设计组织，这种“人化”了的物质文化反映了人们的种种思想观念；同时，组织环境将对作为这种环境审美者的员工产生持久的、潜移默化的影响。

组织环境文化建设的总体构想就是要构建独具中华文化底蕴和时代特色的组织环境，让员工领悟到传统与现代气息共存、文化积淀与时代召唤交融所带来的深厚底蕴和勃勃生机。

1. 营造浓烈的组织传统文化

历史陈列室、图书馆、文化走廊，使厂区内处处透溢出深厚的文化底蕴与辉煌的组织发展渊源，使员工真切地感受到组织的文化传统。

2. 构造科技艺术展示空间

在厂区通过雕塑、现代装饰画、油画名品、大型山水画、大型壁画、员工守则条幅，启发员工思考、想象，处处给人以温馨、高雅的感觉，而每座建筑物与组织网站相连的电脑终端，则让员工充分感受到作为新世纪主人的自豪感与责任感。

设置员工美术展区、员工书法展区、员工摄影展区，以员工自己的作品，让员工处处都能感受到成功的喜悦，激励员工“从成功走向成功”。

3. 形成宣传绿化视觉效应

厂门设立宣传墙面；厂门内侧区域以体现企业精神为主题，厂门内主干道前建体现企业精神的雕塑，周边绿化带延伸到厂区的每栋大楼；主要建筑物周围可建蕴涵组织精神的绿化小品，楼道墙面设置企业精神标语；精心制作的厂旗；代表组织精神的厂歌（五线谱图谱）；厂内雕塑、各种提示牌，从不同的角度透露出组织的经营风格；厂区绿化地带形成不同的文化小品，植物均以中英文标牌；宣传栏、阅报栏、光荣榜设置齐全，展示员工的精神风貌，增强员工的主人翁意识；身心健康宣传栏由卫生、体育、心理辅导室负责；报刊信息宣传栏由信息中心负责。会议室、礼堂、食堂内墙绘制大型壁画，安装广播、电视显示文化情境。厂区布局合理，功能分区明确，建筑物协调和谐；厂区环境宁静优美，树木花草相映成趣，道路平坦整洁或错落有致；厂区内电线、电话线等各种管线统一规划，合理铺设，确保安全美观；厂区干净、整洁、地面不见垃圾、无卫生死角；厂房窗明几净，布置整齐、典雅，给人赏心悦目之感。员工沉浸在健康和谐的文化氛围之中，呼吸清新高雅的文化气息，以达到陶冶情操的目的。

4. 发挥多媒体展示的强大功能

创建厂刊、厂报；将广播电视纳入组织内部网络体系中，充分发挥多媒体、网络在组织文化建设中的作用。努力营造组织环境中健康和谐的文化气息和团结向上的氛围。

五、组织特色文化的保障机制建设

组织文化是一项系统工程，它具有多侧面、多角度、多层次的特点，它的建设和发展既要有正确的指导思想和明确目标，又要有系统的理论观点和强有力的保障机制。

1. 设立组织特色文化建设的管理网络

成立组织特色文化建设协调指导委员会：设主任、副主任、委员若干名，负责组织特色文化活动的策划、规划、协调、管理、检查、考评。组织制度文化建设以办公室为主组织实施；组织环境文化建设以后勤部门为主组织实施；组织活动文化建设以宣传部门为主组织实施；员工活动文化项目可以工会为主组织实施。活动文化各项目组设首席指导以负责各项目组的活动管理、计划及执行；聘任指导人员若干名。

2. 设立组织特色文化建设基金

为了保障组织特色文化建设落实到位，设立“组织特色文化建设基金”。一方面由组织每年按一定比例拨出专项经费，确保基金基数；另一方面，采取自愿捐款的方式筹集资金，倡导员工为组织建设出资出力，扩大基金基数。专项经费由组织特色文化建设协调指导委员会统一管理使用。

3. 实行活动指导人员聘任制

各项目组活动指导人员实行跨部门、跨工种聘任制。首先请全体员工填写特长信息表，再根据活动需要，由项目主管实行聘任。如确有需要，亦可聘任组织外的专业人才。

4. 积极宣传倡导，认真贯彻落实

①广泛宣传，达成共识。大庆油田 1205 钻井队是“铁人”王进喜生前领导的钻井队，其后虽换过不少届领导班子，员工也不断更新，但由于坚持对工人进行艰苦创业传统的宣传，“铁人精神”一直保持并发扬光大。

②领导带头，身体力行。其一，某种文化需要往往交织在各种相互矛盾的利益之中和羁绊于根深蒂固的传统习俗之内，因而一开始总是只有少数人首先觉悟，他们提出反映客观需要的文化主张，倡导改变旧的观念及行为方式，成为组织文化的先驱者。正是由于少数领袖人物和先进分子的示范，启发和带动了组织的其他人，形成了组织新的文化模式。其二，要塑造和维护组织的共同价值观，领导者本身应成为该价值观的化身，并通过自己的行动向全体成员灌输组织的价值观。此时领导者不仅要注重对组织文化的总结塑造、宣传倡导，而且要表率示范，在每一项具体工作中都体现组织的价值观。

③完善制度，体制保证。在培育组织员工整体价值观的同时，必须建立、健全、完善必要的规章制度，使员工既有价值观的导向，又有制度化的规范。同时，在建设组织文化时，要调整好组织内部的机构，建立和形成文化建设所要求的组织体系。

④树立榜样，典型引导。把那些最能体现组织价值观的个人和集体树为典型，大张旗鼓地进行宣传、表彰，并根据客观形势的发展不断调整激励方法，以利于优秀组织文化的形成和发展。

⑤加强培训，提高素质。加强培训，不断提高员工的基本素质，是建设组织文化的根本保证。

5. 不断强化，持之以恒

组织员工的价值观、信条、口号、作风、习俗、礼仪等文化要素，是不断进行积极强化的产物。强化指的是人们的某种行为因受到一定刺激而获得继续或中断的过程。获得行为继续下去的结果的强化，叫做正强化或积极强化；使行为中断或中止的强化，叫做负强化或消极强化。积极强化的刺激使人们获得奖赏性情绪体验，而消极强化的刺激带给人们惩罚性情绪体验。趋乐避苦，趋利避害，是人类行为的基本法则，在建设企业文化时也应遵循这些法则，对员工行为给予积极强化。

6. 营造公平环境，重视人才管理

对人才的重视，是现代组织文化较深层的象征，组织的发展需要各类人才。当然对“人才”的理解也很关键，“人才”不是高文凭或能言善辩者，“人才”是具有较强综合能力和不俗工作业绩的人。优秀的组织文化总能成功地“整合”这些“人才”，让“人才”感受到其能力、水平、待遇等受到关心、重视，从而在举手投足之间都会为组织着想，其产生的凝聚力、向心力使组织形成一个无坚不摧的英雄群体。世界500强企业中，每个企业都有其独特企业文化，并为职工所认同，惟其如此，才能在工作中统一思想，从而形成企业合力，增强企业的市场竞争力。

7. 组织文化活动实行科研化管理

为保障组织文化活动规范化，应实行四定，即定时定地定计划定人员，每周用半天时间为组织文化活动时间，纳入工作管理，排出组织文化活动内容表，各项目组订出行动计划，项目组首席指导实行全程监控，指导人员积累指导材料，撰写阶段专题报告，以科研的形式来创建组织文化活动特色。

8. 注重过程管理，实行跟踪考评

组织特色文化建设的关键是过程，过程的关键是参与；过程就是氛围，参与就是效果，“关注过程，重在参与”是管理的基本原则。为此，应根据活动文化项目的特点，定期组织展评活动，对活动情况实行滚动考评，在滚动考评的基础上，对活动成果进行奖励和推荐。

9. 组织文化建设的与时俱进

组织文化建设是企业一个长期的行为。由组织的少数人创造、倡导的某种文化，首先传播到组织的每个团体，再由一个个团体传播给每一个人，最终在企业的每个角落里生根、开花、结果，这是一个长期的过程。

此外，在知识经济社会，组织的结构正发生着革命性的变化，一方面由于员工和企业内部协调机制的变化，组织管理者更多地通过授权而不是命令，通过沟通而不是控制，来协调员工的观念和行为，从而达到既实现组织目标，又培养一流员工和团队的双重目的。在控制手段上，更多地是实行思想和文化的控制，而不是行政和行为层次上的控制。也就是用柔性控制取代刚性的控制。这就需要管理者随着组织的发展，与时俱进地改进组织文化来适应新的情况。

推进组织文化的发展，不仅要长期积累新文化，而且要同旧文化的惰性作反复较量、长期斗争。学习、借鉴他人的文化，不仅要经过鉴别，以决定取舍，而且要经过长时间的加工制作、消化领会，才能把它吸收进自己的文化里。因此，推进组织特色文化建设务必长期努力，持之以恒。

思考题

1. 请根据自己对组织文化的理解，定义什么是组织文化。
2. 解释组织文化的形成和作用机制。
3. 构建组织文化应该从哪些方面着手?
4. 什么是组织文化的继承、涵化和重塑?
5. 在构建组织特色文化时为什么要强调保障机制的建设?

第四章　社会责任、管理道德

【目的和要求】

学完本章，应达到的要求：

1. 能够准确地理解道德的定义和功能，能对四种商业道德观作理性的评价。
2. 对影响管理者道德素质的因素有较全面的认识。
3. 能掌握和综合运用提高员工道德素质的途径与方法。
4. 对企业承担社会责任能形成自己的看法，能够从战略的角度把握社会责任与经营业绩的关系。
5. 熟悉并清楚从哪些方面去体现企业的社会责任。
6. 建立管理必须“绿色化”的理念。

在当今这个日趋开放和文明的社会里，既要充分肯定个体的自主性和意志自由，又要求个体承担力所能及的道德责任。因而，道德与社会责任已经成为管理学关注的热点。道德通常是指那些用来明辨是非的规则或原则。影响管理者道德素质的因素有多个方面，提高员工道德素质的途径也有多种。功利观、权利观、公平理论观和综合社会契约理论观是对管理界影响颇深的四种道德观念。社会责任是指企业除在法律和经济上的义务之外，追求对社会有利的长期目标的义务。有两种对立的社会责任观：古典观和社会经济观。大量的证据表明，企业的社会责任与其长期利润之间有着正相关性。在衡量一个企业的社会责任时，通常要看它是否真正以及在多大程度上对有关各方负起了责任。道德与社会责任属于组织文化的范畴。

第一节　道德概述

一、道德的定义

道德是在人的内心信念的指导和舆论的约束下所形成的关于善恶、是非的观念、行为习惯、人格完善以及调节人与社会、人与自然关系的规范体系。根据这一定义，道德在本质上是行为的准则和规范，这些准则和规范旨在帮助人们判断某种行为正确与否，这种行为是否为社会所接受。需要强调的是，道德只有通过个人的内心信念才能实际地起作用。否则，就不能解释，为什么在同样的舆论条件下，每个人的道德行为会有很大的差异。道德作为一种社会意识形态和人格完善程度的评估标准既是自律又是他律。当道德具体到每个人的内心时，道德是自律；而当道德作为一种社会意识和规范时，道德是他律。

道德作为一种文化现象，它具有时代性、社会性、民族性、地域性、具体性、可塑性、发展性、继承性、系统性、传播性等特征。例如，不同组织的道德标准可能不一样，即使是同一组织，也可能在不同的时期有不同的道德标准。此外，组织的道德标准要与社会的道德标准兼容，否则这个组织很难为社会所容纳。

道德的基本要素就是全人类共同的道德信仰，如仁爱、诚实、守信、礼让、宽容等。

二、道德的主要功能

道德的功能是道德作为社会意识的特殊形式对于社会发展所具有的功效与能力。道德的功能集中表现为处理人与人、人与社会之间关系的行为规范及实现自我完善的一种重要精神力量。道德的主要功能是它的认识功能和调节功能。

1. 道德的认识功能

道德的认识功能是指道德可以通过善恶观念来能动地反映社会现实，特别是反映社会经济关系的功效与能力。道德作为人们认识和反映社会现实状况以及人与人之间关系的一种方式，它主要借助于道德观念、道德准则、道德理想等形式，帮助人们正确认识社会道德生活的规律和原则，认识人生的价值和意义，认识自己对家庭、他人、社会的义务和责任，使人们的道德实践建立在明辨善恶的认识基础之上，从而正确选择自己的道德行为，指导自己的道德实践，积极塑造自身的道德人格。

2. 道德的调节功能

道德的调节功能是指通过道德评价、命令、指导、激励、惩罚等方式，来调节、规范人们的行为，调节社会关系，使道德关系逐步由实有向应有过渡。这是道德最突出也是最重要的社会功能。道德评价是道德调节的主要形式，社会舆论、传统习惯和内心信念是道德调节所赖以发挥作用的力量。如果道德反映社会发展的客观必然性，就能引导和激发人们的主动性和积极性，不断调节社会整体和个人的关系，使个人与他人、个人与社会的关系逐步完善和谐，使人们的行为逐步从“实有”向“应有”转化。

道德的认识功能和调节功能相互联系、互相依赖，共同对社会生活发挥作用。而道德的其他功能则归附于这两大功能或交织于这两大功能之中。道德功能是任何社会、任何利益集团的道德所共同具有的属性。但是由于各社会和各利益集团的道德所反映和维护的利益不同，其功能发挥的社会效果也不同。在社会生活中，道德功能的发挥与政治、法律、文艺、宗教等其他社会因素功能的发挥是密切联系、相辅相成的。

道德的功能不仅取决于社会舆论的导向作用及其能力，还依赖于每个个体的道德信念及其强弱。

鉴于社会发展的需要和当代人的道德修养实践，可考虑从以下途径来加强道德修养。其一，学思并重。即通过虚心学习，善于思索，辨别善恶，学善戒恶，以涵养良好的德性。其二，省察克治。即通过反省检验以发现和找出自己思想与行为中的不良倾向、坏的念头，并加以抑制和克服。其三，慎独自律。即在无人知晓、没有外在监督的情况下坚守自己的道德信念，自觉按道德要求行事，不因为无人监督而恣意妄为。其四，积善成德。即通过积累“善行”或“美德”，使之巩固强化，以逐渐凝结成优良的品德。其五，知行统一。即通过将提高道德认识与躬行道德实践统一起来，以促进道德要求内化为自己的道德品质，外化为实际的道德行为。人们如果按照这些方法进行道德修养，并长期坚持下去，就能使自己不断进步、不断完善，从而达到较高的道德境界，成为品德高尚的人。

在发展社会主义市场经济、构建和谐社会的过程中，特别需要大力倡导诚实守信的美德。诚实就是忠实于事物的本来面目，真实无欺，不歪曲，不篡改事实，同时也不隐瞒自己的真实思想，光明磊落，言语真切，处事实在，既不自欺，也不欺人；守信就是信守诺言，讲信誉，重信用，履行自己应承担的义务。在我国的传统道德中，诚实和守信是统一的，诚实守信被看做“立身之本”、“举政之本”、“进德修业之本”。就个人而言，诚实守信是高尚的人格力量；就组织而言，诚实守信是宝贵的无形资产；就社会而言，诚实守信是正常秩序的基本保证；就国家而言，诚实守信是良好的国际形象。

三、四种商业道德观

决策的普遍性和目的性要求管理者在制定决策时，应该考虑谁会在结果和手段方面受到影响。体现在商业道德方面有以下四种观点。

（一）功利的道德观

持这种观点的人认为，决策要完全依据其后果或结果作出。功利主义的目标是为尽可能多的人提供尽可能多的利益。大部分的管理者都愿意接受功利的道德观，这样的管理理论能够给他们带来更多的利润，又与企业的生产效率、工作业绩的目标是一致的。一方面，功利主义对效率和生产率有促进作用，并符合利润最大化的目标。另一方面，它会造成资源配置的扭曲，尤其是在那些受决策影响的人没有参与决策的情况下，同时，功利主义也会导致一些利益相关者（stakeholders）的权利被忽视。此外，这种观点缺乏对社会公平的考虑，将取得收益的成本转嫁给他人或整个社会。正是所谓的“经济人”的理性，驱使着人们选择恶化人类共同环境的行为。例如现实中，一个不愿污染环境的企业支付的成本远远高于那些不惜污染环境的同类企业，因此在市场竞争中因价格较高而丧失竞争优势是常事。对免费的资源竞相开发，对自然的灾难则以邻为壑，其结果是人类与自然的均衡被打破，丰裕的资源被耗竭，人与人之间的冲突在加剧，人类以及其他物种的生存条件在恶化。尽管市场价格体系非常有效，却不能敏锐地衡量人们对生态环境的破坏，也无法将自然资源的价格自动定到一个长期供求均衡的状态。因而市场价格不能对人们提出环境被破坏的警告。

（二）权利的道德观

持该观点的人认为，决策要在尊重和保护个人基本权利（如隐私权、言论自由和结社、集会、游行、示威自由等）的前提下作出。例如，当雇员揭发雇主违反法律时，应当对他们的言论自由加以保护。权利的道德观的积极一面是它保护了个人的自由和隐私。相对于组织而言，它也有消极的一面，即接受这种观点的管理者把对个人权利的保护看得比工作的完成更加重要，从而可能在组织中产生对生产效率不利的工作氛围。

（三）公平理论的道德观

所谓公平就是参与各方在规则和机会上的均等或相等，就是按规则办事，对组织中的每一个成员都一视同仁，按正当的秩序合理地待人处事。

公平包含机会公平、过程公平和结果分配公平。若只以结果的均等作为判断公平与否的标准，而不考虑收入的渠道和手段，其中就隐含着不公平。这种观点要求管理者公平地实施规则。按公平原则行事，也会有得有失。得的是它保护了那些未被充分代表的或缺乏权力的利益相关者的利益，失的是它可能不利于培养员工的风险意识和创新精神。

（四）综合社会契约理论的道德观

这种观点主张把实证（是什么）和规范（应该是什么）两种方法并入商业道德中，即要求决策人在决策时综合考虑实证和规范两方面的因素。这种道德观综合了两种“契约”：其一是一般社会契约，这种契约规定了商务活动的游戏规则；其二是特定人群当中的特定契约，这种契约规定了哪些行为方式是可接受或不可接受的。这种商业道德观与其他三种的区别在于它要求管理者考察各行业和各公司中的现有道德准则，以决定什么是对的、什么是错的。

研究表明，大多数生意人对道德行为持功利主义态度。因为功利主义与诸如效率、生产率和高额利润之类的目标相一致。例如，在追求利润最大化的过程中，管理者可以从容地争辩说他正在为尽可能多的人谋取尽可能多的好处。

随着个人权利和社会公平的日益被重视，功利主义遭到了越来越多的非议，因为通过利他以利己的行为是一种境界，但它仍然是功利境界。此外它在照顾多数人的利益的时候忽视了个人和少数人的利益。对个人权利和社会公平的考虑，意味着管理者要在非功利标准的基础上建立道德标准。这对当今的管理者来说无疑是一个严峻的挑战，因为使用诸如个人权利、社会公平之类的标准来进行决策要比使用诸如对效率和利润的影响之类的标准来进行决策，更让管理者感到迷惑。其结果是，管理者不断发现自己处在道德困境中。

第二节　影响管理者道德素质的因素

研究表明，影响管理者道德素质的因素一般包括：道德发展阶段、个人特征、结构变量、组织文化、问题的利害关系强度等主要问题，如图 4-1 所示。

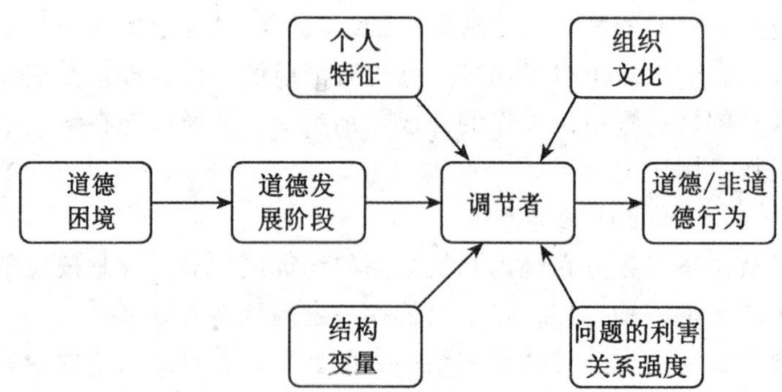

图 4-1　影响道德和非道德行为的因素

一、道德发展阶段

1958 年，美国心理学家劳伦斯·科尔伯格（Lawrence Kohlberg）在芝加哥大学攻读心理学博士学位时，受到让·皮亚杰（Jean Piaget）的著作的启发，对儿童面对伦理困境所作的反应产生了强烈的兴趣，在其写作的博士论文中，创立了道德发展阶段这一理论。

科尔伯格对皮亚杰的研究方法进行了改进，应用道德两难论的方法研究道德的发展问题。这种方法也称“两难故事法”。故事包含一个在道德价值上具有矛盾冲突的情境，让被试听完故事后对故事中的人物行为进行评论，从而了解被试进行道德判断所依据的原则及其道德发展水平。

代表性的道德两难故事是“海因茨偷药的故事”。这个故事的大意是：欧洲有一位妇女患了癌症，生命危在旦夕。医生告诉她的丈夫海因茨，只有本城一个药剂师最近发明的一种药可以救他的妻子。但该药价钱十分昂贵，要卖到成本价的十倍。海因茨四处求人，尽全力也只借到了购药所需钱数的一半。万般无奈之下，海因茨只得请求药剂师便宜一点卖给他，或允许他赊账。但药剂师坚决不答应他的请求，并说他发明这种药就是为了赚钱。海因茨在走投无路的情况下，为了挽救妻子的生命，在夜间潜入药店偷了药，治好了妻子的病。海因茨因此被警察抓了起来。

科尔伯格围绕这个故事提出了一系列问题，让被试参加讨论，如：海因茨该不该偷药？为什么该？为什么不该？海因茨犯了法，从道义上看，这种行为好不好？为什么？通过大量的研究，科尔伯格提出了三层次六阶段理论，如表 4-1 所示。三层次是指前习俗层次、习俗层次、后习俗层次。六阶段是指每个层次中又可划分为两个不同的阶段。

表 4-1　　道德发展所经历的三个层次和六个阶段

水平层次	阶　段
前习俗层次 只受个人利益的影响，决策的依据是本人利益，这种利益是由不同行为方式带来的奖赏和惩罚决定的	1. 遵守规则以避免受到物质惩罚 2. 只在符合自己的直接利益时才遵守规则
习俗层次 受他人期望的影响，包括对法律的遵守，对重要人物期望的反应以及对他人期望的一般感觉	3. 做自己周围的人所期望的事 4. 通过履行自己允诺的义务来维持平常秩序
后习俗层次 受个人用来辨别是非的道德准则的影响。这些准则可以与社会的规则或法律一致，也可以与社会的规则或法律不一致	5. 尊重他人的权利，置大多数人的意见于不顾，支持不相干的价值观和权利 6. 遵守自己选择的道德准则，即使这些准则违背了法律

道德发展的最低层次是前习俗层次。在这一层次，个人只有在其利益受到影响的情况下才会作出道德判断。道德发展的中间层次是习俗层次。在这一层次，道德判断的标准是个人是否维持平常的秩序并满足他人的期望。道德发展的最高层次是后习俗层次。在这一层次，个人试图在组织或社会的权威之外建立道德准则。

有关道德发展阶段的研究表明：第一，人们一步一步地依次通过这六个阶段，而不能跨越。第二，道德发展可能中断，可能停留在任何一个阶段上。第三，多数成年人的道德发展处在第四个阶段上。

二、个人特征

每个人在进入组织时，都有一套相对稳定的价值准则。而组织的管理者通常有着自己的处事准则。需要注意的是，尽管价值准则和道德发展阶段看起来相似，但它们其实不一样。前者牵涉面广，包括很多问题，而后者是专门用来度量独立于外部影响的程度的。

人们还发现有两个个性变量影响着个人行为，这两个个性变量是自我强度和控制中心。

自我强度是衡量个人自信心强度的一种个性度量。一个人的自我强度越高，克制冲动并遵守其信念的可能性越大，即自我强度高的人更加可能做他们认为正确的事。对于自我强度高的管理者，其道德判断和道德行为，会更加一致。

控制中心用来度量人们在多大程度上是自己命运的主宰。具有内在控制中心的人认为他们控制着自己的命运，而具有外在控制中心的人则认为他们生命中发生什么事是由运气或机会决定的，即“谋事在人，成事在天”。从道德角度看，具有外在控制中心的人不大可能对其行为后果负责，更可能依赖外部力量。相反，具有内在控制中心的人则更可能对后果负责并依赖自己内在的是非标准来指导其行为。与具有外在控制中心的管理者相比，具有内在控制中心的管理者的道德判断和道德行为可能更加一致。

三、结构变量

组织的结构设计有助于管理者道德行为的产生。一些结构提供了处事的准则和强有力的指导以及防错机制，有利于促进管理者的道德行为；而另一些结构则令管理者困惑，甚至使管理者产生道德漠视。明晰的组织建制和明确的规章制度可以降低管理模糊性，职务说明书和明文规定的道德准则，可以规范管理者的道德行为。研究表明，上级的行为对个人道德或不道德的行为有着强有力的影响和示范性作用，人们密切关注管理者在做什么并以此作为可接受的行为的标准。

绩效评估系统设计对管理者的影响同样是极为明显的，重结果还是重过程？还是过程结果兼顾？在仅根据结果来评价的地方，人们会不择手段地追求结果。与评估系统密切相关的是报酬的分配方式。当报酬的分配方式、奖赏、惩罚越依赖于特定、具体的目标成果时，管理者为实现那些目标，在道德的准则上妥协的程度就越大。在不同的结构中，管理者在时间、竞争和成本等方面的压力也不同。压力越大，越可能降低道德标准。

四、组织文化

组织文化的内容和强度更是影响道德行为的重要因素。

最有可能产生高道德标准的组织文化是那种有较强的约束能力以及风险和冲突承受能力的组织文化。一种积极的、具有较高道德标准的文化的形成，必然要求对人的行为具有很高的约束能力。因此，强组织文化对管理者的管理道德影响是强烈的，处在强组织文化中的管理者，具有进取心和创新精神，对于道德行为与不道德行为的评判能力较强，并会根据自己的判断对认为不现实或不合理的需要或期望进行自由、公开的挑战。相反，在一个弱组织文化中，即使人们具有正确的道德标准，在遇到矛盾和冲突时，也难以坚持原有的道德标准，从而导致管理者的非道德行为。

五、问题的利害关系强度

影响管理者道德行为的另一个重要因素是问题的利害关系强度，它取决于以下六个因素：

①某种道德行为导致有人受益，有人受损，其受害或受益者的数量比例及受影响程度的大小。例如，使1000人失业的行为远比使10人失业的行为伤害更大。

②看多少人认为这种行为是邪恶的（或善良的）？

③行为实际发生并造成实际伤害（或带来实际利益）的可能性有多大？例如，把枪卖给武装起来的强盗，比卖给守法的公民更有可能带来危害。

④在行为和其预期后果之间的时间间隔有多长？例如，减少目前退休人员的退休金，比减少目前年龄在40～50岁的雇员的退休金带来的直接后果更加严重。

⑤你觉得行为的受害者（或受益者）与你（在社会上、心理上或身体上）挨得多近？例如，自己工作单位的人被解雇，比远方城市的人被解雇对你内心造成的伤害更大。

⑥道德行为对有关人员的影响的集中程度如何？例如，担保政策的一种改变——拒绝给10人提供每人10000元的担保，比担保政策的另一种改变——拒绝给10000人提供每人10元的担保的影响更加集中。

综上所述，受伤害的人数越多，越多的人认为这种行为是邪恶的，行为发生并造成实际伤害的可能性越高，行为的后果出现越早，观测者感到行为的受害者与自己挨得越近，问题的利害关系强度就越大。这六个因素决定了道德问题的重要性。道德问题越重要，管理者越有可能采取道德行为。

第三节　提高员工道德素质的途径

一、挑选高道德素质的员工

首先，在源头上要把好关。每个人由于生活的环境、所接受的教育等的不同其在道德水平、价值观念和个性上存在一定的差异，这些不同的观念和准则会带人工作中去，因此会与企业的文化和价值观念有相适应或冲突的地方。企业在招聘人才时，可以挑选那些认同本企业价值观的员工，把那些不认同本企业的求职者拒之于门外。挑选过程的另一个作用是有助于管理者了解个人道德发展阶段、价值观、自我强度和控制中心。

但是仅仅通过“挑选”这一控制措施，是很难把道德标准存在问题的求职者挡在门槛之外的。所以通常要辅之以其他控制措施。

二、建立道德准则和决策规则

在一些组织中，员工对“什么是管理道德，如何去遵守管理道德”认识不清或模模糊糊，这显然于组织不利。所以要通过建立道德准则来解决这个问题。例如，20 世纪 90 年代中期，《幸福》杂志排出的前 500 名的企业中 90% 以上有成文的伦理守则，用来规范员工的行为。

道德准则是表明组织的基本价值观和组织期望员工遵守的道德规则的正式文件。道德准则既要相当具体以便让员工明白以什么样的精神来从事工作、以什么样的态度来对待工作，也要相当宽泛以便让员工有判断的自由。麦道公司的道德准则见表 4-2。

表 4-2　　麦道公司的道德准则

个人具有正直和道德的品质或根本不具有个人必须坚持的这些品质或根本不坚持。为了使正直和道德成为麦道公司的特征，作为公司成员我们必须努力做到以下几点：

- 在所有交往中要诚实可信
- 要可靠地完成所交代的任务
- 说话和书写要真实和准确
- 在所有工作中要与人合作并作出自己的贡献
- 对待同事、顾客和其他人要公平和体贴
- 在所有活动中要遵守法律
- 承诺以较好的方式完成所有任务
- 节约使用公司资源
- 为公司服务并尽力提高我们生活于其中的世界的生活质量

正直和高道德标准要求我们努力工作、具有勇气和做出艰难选择，有时，为了确定正确的行动路线，员工、高层管理人员和董事会之间进行磋商是必要的。有时正直和道德可能要求我们放弃商业机会。但是，从长远看，做正确的事比作不正确、不道德的事对我们更有利

管理者对道德准则的态度（是支持还是反对）以及对违反者的处理办法对道德准则的效果有重要影响。如果管理者认为这些准则很重要，经常宣讲其内容，并当众训斥违反者，那么道德准则就能为道德计划提供坚实的基础。

劳拉·纳什（Nash，1981）提出了使用正式文件来指导行为的另一种方法。

她提出了12个问题（见表4-3），这些问题作为决策规则，可以指导管理者处理决策中的道德问题。

表4-3　作为决策规则的12个问题

1. 你准确地确定了问题吗？
2. 如果你站在对方的立场上，你将如何确定问题？
3. 这种情形原本是如何发生的？
4. 作为一个人和公司的职员，你忠于什么人和事？
5. 在决策时你的意图何在？
6. 这一意图与可能的结果有何差距？
7. 你的决定或行动可能伤害谁？
8. 你能在决策前与有关各方讨论这一问题吗？
9. 你有信心认为你的立场不仅现在看起来正确，即使长期也正确吗？
10. 你能问心无愧地把你的决定或行动透露给你的上司、你的首席执行官、董事会、你的家庭以及整个社会吗？
11. 你的行动在被人理解的情况下有什么可能的结果？在不被人理解的情况下又如何？
12. 在什么情况下你将容忍反对意见？

三、领导在道德方面应该是表率

要使组织的管理道德准则得到员工的认同与有效的执行，高层管理人员在道德方面应起表率作用，且体现在以下两个方面：

第一，高层管理人员要在言行方面以身作则——这是因为高层领导者建立了道德准则的基调。在言行方面，他们是表率，是导向，是模范，员工的眼睛都在看着他们，因此作为组织的领导者要在道德方面起模范带头作用，要身体力行。如果高层管理人员把公司资源据为己有、虚报支出项目或优待好友，那么这无疑向员工暗示，这些行为都是可接受的，是道德的，必然导致上行下效。

第二，高层管理人员可以通过奖惩机制来影响员工的道德行为。选择不道德手段而取得惊人的业绩，从而获得晋升，这种行为本身就向所有人表明，采取不道德手段是可接受的。有鉴于此，管理人员在发现错误行为时，不仅要严惩当事人，而且要把事实公布于众，让组织中的所有人都认清后果。这就传递了这样的信息："做错事要付出代价，行为不道德不是你的利益所在。"

四、设定工作目标

员工应该有明确和现实的目标。如果目标对员工的要求不切实际，即使目标是明确的，也会产生道德问题。在不现实的目标的压力下，即使道德素质较高的员工也会感到迷惑，很难在道德和目标之间做出选择，有时为了达到目标而不得不采取不道德的行为。现在有些地方和企业提出的所谓“一票否决制”看似很严明，却不知这种制度背后可能隐藏的不道德行为隐患。这一制度只能在不得已时才能偶尔为之。

五、对员工进行道德教育

对员工进行适当的道德教育的重要性是绝大多数管理者所认可的，他们积极采取各种方式来提高员工的道德素质。例如，至 20 世纪 90 年代中期，有 30% ~ 40% 的美国企业进行了多种形式的伦理培训。美国约有 3/5、欧洲约有一半的大企业设有专门的企业伦理机构，负责企业有关的伦理工作；美国制造业和服务业前 1000 名企业中 20% 聘有伦理主管，主要任务是训练员工遵守正确的行为准则，并处理员工对可能发生的不正当经营行为提出的质疑及进行伦理培训。有研究表明：第一，向员工讲授解决道德问题的方案，可以显著改变其道德行为；第二，这种教育提升了个人的道德发展阶段；第三，道德教育至少可以增强有关人员对商业伦理问题的认识（即使没有其他作用）。当然亦有人对此持不同的观点，认为个人价值体系是在早年建立起来的，从而成年时的道德教育是徒劳无功的。

六、对绩效进行全面评价

如果仅以经济成果来衡量绩效，人们为了取得结果，就会不择手段，从而有可能产生不道德行为。如果组织想让其管理者坚持高的道德标准，它在评价过程中就必须把道德方面的要求包括进去。例如，在对管理者的年度评价中，不仅要考察其决策带来的经济成果，还要考察其决策带来的道德后果。

七、进行独立的社会审计

有不道德行为的人都有害怕被抓住的心理，被抓住的可能性越大，产生不道德行为的可能性就越小。根据组织的道德准则对决策和管理行为进行评价的独立审计，会使不道德行为被发现的可能性大大提高。

审计可以是例行的，如同财务审计，也可以是随机的，并不事先通知。有效的道德计划应该同时包括这两种形式的审计。审计员应该对公司的董事会负责，并把审计结果直接交给董事会，以确保客观、公正。

八、提供正式的保护机制

正式的保护机制可以使那些面临道德困境的员工在不用担心受到斥责的情况下自主行事。例如，组织可以任命道德顾问，当员工面临道德困境时，可以从道德顾问那里得到指导。道德顾问首先要成为那些遇到道德问题的人的诉说对象，倾听他们陈述道德问题、产生这一问题的原因以及自己的解决方法。在各种解决方法变得清晰之后，道德顾问应该积极引导员工选择正确的方法。另外，组织也可以建立专门的渠道，使员工能放心地举报道德问题或告发践踏道德准则的人。

综上所述，高层管理人员可以采取多种措施来提高员工的道德素质，这些措施包括：挑选高道德素质的员工、建立道德准则和决策规则、领导员工、设定工作目标以及对员工进行道德教育等。在这些措施中，单个措施的作用是极其有限的，但若把它们中的多数或全部结合起来，就很可能收到预期的效果。

第四节　社会责任概述

在20世纪60年代前，企业的社会责任问题很少引起人们的注意。不过那时的社会活动家只是对企业的单一经济目标提出异议。21世纪，随着人民生活水平以及教育程度的不断提高，社会进入了追求生活质量的时代，对企业承担社会责任的期望也越来越高。

科技进步、经济发展、资源紧缺、环境污染，地球不堪重负。每一次重大的科技进步，往往都意味着人类与自然关系的紧张加剧。克隆技术的发展，使我们不仅面临着资源被进一步掠夺，环境被进一步破坏的严峻局面，更面临着伦理体系的崩溃。事物都有两面性，科学技术一旦失去人文约束，缺乏人文关爱，将会留给人类同样巨大的伤害。

2002—2005年，全球第一大零售商沃尔玛在中国的采购中淘汰了40%左右的供应商，一些中国企业因此濒临倒闭。初始，沃尔玛给出的“社会责任表现不达标”的理由，让许多人不以为然。然而，人们很快意识到，沃尔玛并非小题大做。耐克、阿迪达斯、麦当劳等一些跨国公司纷纷加入企业社会责任的国际标准，它们要求产品配套企业和合作企业在工厂的劳动条件、工人权利、健康与安全及商业道德方面能够符合相关公认的企业社会责任行为守则，将企业社会责任运动迅速扩展到了作为生产制造基地的发展中国家。因此，关于企业社会责任的研究将成为21世纪管理科学的新方向。

但是，关于企业的社会责任的争论一直就存在着较大意见分歧并成为一个世界性的难题。所面临的困难有三：其一，在企业的社会责任的定义中对其内涵和外延的把握的尺度上的差异；其二，怎样划分政府与企业各自的社会责任；其三，落实企业社会责任的具体方法，解决企业社会责任的可操作性的困扰。

一、社会责任的定义

什么是企业社会责任？目前国际上对此还没有统一定义，类似的概念至少包括企业公民、企业社会响应、企业发展可持续性、企业伦理等。从内涵上把握，社会责任是指企业在承担法律上和经济上的义务（法律上的义务是指企业要遵守有关法律，经济上的义务是指企业要追求经济利益）的前提下，还承担追求对社会有利的长期目标的义务与响应。这一定义主张一个组织要遵守法律，并追求经济利益；同时将企业看做一个有道德的行为者。因此，企业社会责任至少应该包括：企业在创造利润、对股东利益负责的前提下，要承担对员工、消费者、商业伙伴、社区、自然环境等利益主体的社会责任，包括生产安全、职业健康、保护劳动者的合法权益、提供安全的产品和服务、遵守商业道德、支持慈善事业、捐助社会公益、保护自然环境等。一个具有社会责任感的组织从事有助于改善社会的事情，绝不只限于法律要求必须做的或经济上有利的事情，它之所以如此做是因为这些事情是应做的、正确的或是合乎道德的。

社会义务是指一个企业仅仅履行了经济上和法律上的责任，或达到了法律所要求的最低程度。履行社会义务是企业参与社会活动的基础。这种做法是以社会责任的古典观为基础的，亦即企业认为自己唯一的社会责任就是对股东的责任。

社会响应是指一个企业对社会压力做出反应，并用社会准则作为指导其行为的能力。一个具有社会响应能力的组织之所以采取某种行为方式是因为它希望满足某种普遍的社会需要。企业如何提高组织在动荡环境中的响应能力，在变化中不断增强自己的竞争优势；如何在多边的环境中保持清醒的头脑，不至于迷失方向，已经成为 21 世纪管理者的关注点。

与社会义务相比，社会责任和社会响应超出了基本的经济和法律标准。有社会责任的企业受道德力量的驱动，去做对社会有利的事，而不做对社会不利的事。

与社会义务相对照，社会责任和社会响应均超越了只是符合基本的经济和法律标准的限度，但二者还是有区别的，其区别见表 4-4。

表 4-4　**社会责任和社会响应的主要区别**

	社会责任	社会响应
主要考虑	道德的	实际的
焦　点	结　果	手　段
强　调	义　务	响　应
决策框架	长　期	中、短期

二、两种社会责任观

在社会责任上，有两种截然相反的观点，即“古典观”和“社会经济观”。

（一）古典观（或纯经济观）

古典观的代表人物当首推米尔顿·弗里德曼（Milton Friedman）。他认为当今的大多数管理者是职业管理者，这意味着他们并不拥有他们所经营的企业。他们是员工，仅向股东负责，从而他们的主要责任就是最大限度地满足股东的利益。那么，股东的利益是什么呢？弗里德曼认为股东只关心一件事，那就是财务收益。

在弗里德曼看来，当管理者自行决定将公司的资源用于社会目的时，他们是在削弱市场机制的作用。有人必然为此付出代价。具体来说，如果社会责任行动使利润和股利下降，则它损害了股东的利益。如果社会责任行动使工资和福利下降，则它损害了员工的利益。如果社会责任行动使价格上升，则它损害了顾客的利益。如果顾客不愿支付或支付不起较高的价格，销售额就会下降，从而企业很难维持下去，在这种情况下，企业的所有利益相关者都会遭受或多或少的损失。除此之外，弗里德曼还认为，当职业管理者追求利润以外的其他目标时，他们其实是在扮演非选举产生的政策制定者的角色。他怀疑企业管理者是否具有决定"社会应该怎样"的专长，至于"社会应该怎样"，据弗里德曼说，应该由我们选举出来的政治代表来决定。

（二）社会经济观

持社会经济观的人则认为，时代发生了变化，社会对企业的期望也发生了变化。公司的法律形式可以很好地说明这一点。公司的设立和经营要经过政府的许可，政府也可以撤销许可。因此，公司不是一个仅对股东负责的独立实体，同时要对产生和支持它的社会负责。

在社会经济观的支持者们看来，古典观的主要缺陷在于其时间框架。社会经济观的支持者们认为，管理者应该关心长期财务收益的最大化。为此，他们必须承担一些必要的社会义务及相应的成本。他们必须以不污染、不歧视、不发布欺骗性广告等方式来维护社会利益。他们还必须在增进社会利益方面发挥积极的作用，如参与所在社区的一些活动和捐钱给慈善组织等。

三、赞成和反对企业承担社会责任的理由

在"企业应不应该承担社会责任"这一问题上，由于存在上述两种截然相反的观点，导致实践中两种不同的处事态度，一种意见认为企业应该承担社会责任，另一种意见则认为企业不应该承担社会责任。每种意见都有很多理由。

（一）赞成企业承担社会责任的理由

1. 满足公众期望

自20世纪60年代以来，社会对企业的期望越来越多，现在有很多人支持企业追求经济和社会双重目标。

2. 增加长期利润

有社会责任的企业能可靠地获取较多的长期利润，这在很大程度上归因于企业行为所带来的良好社区关系和企业形象。

3. 承担道德义务

企业能够而且应该具有社会意识。企业承担社会责任不仅是道义上的要求，还符合自身的利益。

4. 塑造良好的公众形象

企业在公众心目中的良好形象对企业的好处是多方面的，如使销售额上升、雇用到更多更好的员工、将更容易筹集到资金等。由于公众通常认为社会目标是重要的，企业通过追求社会目标就能够产生一个良好的公众形象。

5. 创造良好的环境

参与社会活动有助于解决比较棘手的社会问题，有助于提高生活质量和改善所在社区的状况，这种良好的环境适合企业的生存和发展。

6. 阻止政府的进一步管制

政府管制使经济成本上升并使管理者的决策缺乏一定的灵活性。企业承担社会责任可以减少政府管制。

7. 责任和权利相称

企业在社会中拥有很多权利，根据权利和责任对等的原则，企业必须承担同样多的责任。

8. 符合股东利益

从长期看，社会责任会使企业的股票价格上涨。在股票市场上，有社会责任的企业通常被看做风险较低和透明度较高，从而持有该企业的股票会带来较高的收益。

9. 拥有资源

企业拥有财力资源、技术专家和管理才能，可以为那些需要援助的公共工程和慈善事业提供支持。

10. 预防胜于治疗

社会问题必须提早预防，不能等到问题已变得相当严重、处理起来较困难时才采取行动。

（二）反对企业承担社会责任的理由

1. 违反利润最大化原则

这是古典观的精髓所在。企业只参加那些可带来经济利益的活动，而把其他活动让给其他机构去做，就是有社会责任的。

2. 冲淡目标

追求社会目标冲淡了企业的基本目标——提高生产率。

3. 不能补偿成本

许多社会责任活动不能补偿成本，必须有人为它们支付成本。

4. 权利过大

企业在当今社会中权利已经很大了，如果让它追求社会目标，则其权利就更大了。

5. 缺乏技能

企业领导者的视角和能力基本上是经济方面的，不适合处理社会问题。

6. 缺乏责任

政治代表追求社会目标并对其行为负责。但对企业领导者来说，情况却不是这样。企业对公众没有直接的社会责任。

7. 缺乏广泛的公众支持

社会上对企业处理社会问题的呼声不是很高。公众在社会责任问题上意见不一。实际上，这是一个极易引起激烈争论的话题。在缺乏一致支持的情况下采取行动，很可能会失败。

四、社会责任与经营业绩

社会上有一些人担心企业承担社会责任会有损于其经营业绩。这种担心乍看起来似乎有点道理，因为在大多数情况下，承担社会责任确实不能补偿成本，这意味着有关企业要额外支付成本，从而损害了其短期利益。但应该看到，企业在力所能及的范围内进行一些承担社会责任的活动相当于投资。虽然短期内这种投资或许牺牲了企业的经营业绩，但从长期看，这种投资由于改善了企业在公众心目中的形象、赢得全社会的交口称赞，吸引了大量人才等，可以增加收益，并且所增加的收益足以抵补企业当初所额外支付的成本。相反，那些社会责任感淡漠、甚至利欲熏心、不惜冒天下之大不韪、大发不义之财的企业，就会招致全社会的谴责、道德和法律上的制裁，就会自绝于客户和消费者，就会饱尝企业门庭冷落鞍马稀的苦果。从这种意义上讲，企业在利他的同时也在利己。这一判断已基本上为实证研究所证实，尽管在社会责任和经营业绩的度量方面存在着一些困难。大多数研究表明，在公司的社会参与与经营业绩之间有着正的相关关系。从而最有意义的结论是，“没有确凿的证据表明，公司的社会责任行动会显著损害其长期经营业绩”（Robbins and Coulter，1996）。

企业作为社会的成员不仅需要充分利用并有效地配置组织内外的各种资源，提高企业的经济效益，高效率地为社会提供所需要的产品和服务，同时还要尊重所有参与者和相关者的权利并遵循按贡献分配的原则，公平地对待企业的所有利益相关者，尽可能地满足各个利益相关者的需要。为了适应社会这一新的要求，现代企业必须主动承担社会责任，履行社会义务，形成积极的伦理观念，妥善协调内部成员之间以及本企业和合作企业、消费者、社区和公众利益集团等利益相关者之间的关系，树立积极的企业公民形象，处理好人与环境的关系。通过正当手段提高经济效率，实现赢利性和道德性的统一将成为企业保持竞争力的重要环节。

全社会对社会责任问题的普遍关注是社会进步的象征，也是社会进步的必然。

第五节 社会责任的具体体现

一、企业对环境的责任

企业既受环境的影响又影响着环境。从自身的生存和发展角度看，企业有承担保护环境的责任。企业对环境的责任主要体现在以下几个方面：

1. 企业要在保护环境方面发挥主导作用

有社会责任的企业有着强烈的环境保护意识，在生产经营活动中应该结合建设“两型社会”的要求，积极采用生态生产技术。生态生产技术是指利用生态系统的物质循环和能量流动原理，以闭路循环的形式，在生态过程中实现资源合理而充分的利用，使整个生产过程保持较高的生态效率和环境的零污染。因此，企业应紧密跟踪生态生产技术的研究进展，在条件许可的情况下，将最新的生态生产技术应用到生产中去，使研究出来的生态生产技术能尽快转化为生产力，在推动环保技术的应用方面担负起积极的责任。

2. 企业要坚持以“绿色产品”作为研究和开发的主要对象

企业研制并生产绿色产品既体现了企业的社会责任，推动了“绿色市场”的发育，也推动了环保宣传教育，提高了整个社会的生态意识。

3. 企业要治理环境

污染环境的企业要采取切实有效的措施来治理环境，要做到谁污染谁治理，不能推诿，更不能采取转嫁生态危机的不道德行为。

二、企业对员工的责任

员工是企业最宝贵的财富。企业对员工的责任主要体现在以下几个方面：

1. 不歧视员工

现代企业的一个显著特征是员工队伍的多元化。为了调动各方面的积极性，企业要同等对待所有员工，不搞三六九等。

2. 定期或不定期培训员工

决定员工尤其是高素质员工去留的一个关键因素是员工能否在本企业中得到锻炼和发展的机会。有社会责任的企业不仅要根据员工的综合素质，把他们安排在合适的工作岗位上，做到人尽其才，才尽其用，而且在工作过程中，要根据情况的需要，对他们进行培训，如送他们到学校、科研机构和兄弟单位学习深造。这样做既满足了员工自身的需要，也满足了企业的需要，因为通常情况下，经过培训后的员工能胜任更具挑战性的工作。

3. 营造一个良好的工作环境

工作环境的好坏直接影响到员工的身心健康和工作效率。企业不仅要为员工营造一个安全、关系融洽、压力适中的工作环境，而且要根据本单位的实际情况为员工配备必要的设施。

4. 善待员工的其他举措

例如，推行民主管理，提高员工的物质待遇，对工作表现好的员工予以奖励，等等。

三、企业对顾客的责任

"顾客是上帝"，忠诚顾客的数量以及顾客的忠诚程度往往决定着企业的成败。企业对顾客的责任主要体现在以下几个方面：

1. 提供安全的产品

安全的权利是顾客的一项基本权利，企业不仅要让顾客得到所需的产品，还要让他们得到安全的产品。

产品的安全越来越受到企业（尤其是知名企业）的重视。2006 年 8 月，戴尔在全球召回 410 万块笔记本问题电池；2007 年 3 月，联想召回 20 万块问题电池；德国奔驰、日本日产、日本丰田等汽车公司都曾在全球对其问题车进行整车召回；2004 年我国实施汽车召回制度，据国家质检总局缺陷产品管理中心提供的资料，截至 2007 年 11 月，汽车召回制度实施 3 年来，国内已累计召回缺陷汽车 130 万余辆，涉及 45 家国内外企业的 107 种车型。由此可见，各行业、各知名公司对顾客的负责态度。

2. 提供正确的产品信息

企业要想赢得顾客的信赖，就必须尊重顾客知悉有关产品和服务的真实情况的权利，在提供的产品信息方面不能弄虚作假，误导、欺骗顾客。

3. 提供售后服务

企业要重视售后服务，要把售后服务看做对顾客的承诺和责任，要建立与顾客沟通的有效渠道，如设立意见箱、热线电话等，及时解决顾客在使用本企业产品时遇到的问题和困难。

4. 提供必要的指导

在使用产品前或使用产品的过程中，企业要尽可能为顾客提供培训或指导，帮助他们正确使用本企业的产品和了解应该注意的事项。

5. 赋予顾客自主选择的权利

在市场经济下，顾客拥有自主选择产品的权利。企业不能限制竞争，以防止垄断或限制的出现给顾客带来的不利影响。

四、企业对竞争对手的责任

在市场经济下，竞争是一种有序竞争。企业不能压制竞争，也不能搞恶意竞争。企业要处理好与竞争对手的关系，在竞争中合作，在合作中竞争。有社会责任的企业不会为了暂时的利益，通过不正当手段挤垮对手。须知，对手是自己的砝码，对手强才能激发自己的斗志，才会有危机感和紧迫感。我们在欣赏对手的同时做大自己，这样面对竞争才会更加积极主动，所以无论是强者，还是弱者，一定不要让对手离开你的视线。

五、企业对投资者的责任

企业首先要为投资者带来有吸引力的投资报酬。那种只想从投资者手中获取资金，却不愿或无力给投资者以合理报酬的企业是对投资者极不负责的企业，这种企业注定要被投资者抛弃。

此外，企业还要将其财务状况及时、准确地报告给投资者。企业错报或假报财务状况，是对投资者的欺骗。

六、企业对所在社区的责任

企业不仅要为所在社区提供就业机会和创造财富，还要尽可能为所在社区作出贡献。有社会责任的企业意识到通过适当的方式把利润中的一部分回报给所在社区是其应尽的义务。它们积极寻找途径参与各种社会行动，通过此类活动，不仅回报了社区和社会，还为企业树立了良好的公众形象。

第六节　管理的“绿色化”

绿色管理是建立人与自然、发展与环境之间的和谐关系，实现企业和社会都可持续发展的有效途径，绿色管理已成为企业管理的一种新理念。在当今，绿色经济浪潮席卷全球并影响和改变着传统的企业经营思想，绿色管理是全球管理的新趋势。面对绿色管理的新浪潮，部分企业已经开始注重绿色管理并制订了绿色战略。绿色管理是一项系统工程，也是一种创造性活动。

人类社会正面临一系列日益严重的环境问题。如臭氧层损耗的加剧、大片水土流失、森林面积锐减、地球沙漠化扩大、物种迅速消逝、全球气候变暖等。

1999 年联合国环境规划署（UNEP）发表的一份题为《2000 年全球环境展望》（*Global Environment Outlook*-2000）的报告，在综合了全世界 850 多位科学家和 30 所著名环境研究机构的意见后指出：联合国环境与发展会议召开 7 年后，在体制建设、国际共识的建立、有关公约的实施、公众参与和私营部门的行动方面已取得一些进展，一些国家成功地抑制了污染并使资源退化的速度放慢，然而总体情况是全球环境趋于恶化。

在工业化国家许多污染物，特别是有毒物质、温室气体和废弃物的排放量仍在增加。

这些国家的浪费型生产和消费方式基本上没有改变。

在世界许多较穷的区域，持续的贫穷加速了生产性自然资源的退化和生态环境的恶化。

报告悲观地指出制止全球环境恶化的时间已经所剩不多。21 世纪，地球将越来越干旱、燥热、缺水；气候的反复无常也会越来越严重。如果不采取果断措施，人类消耗地球资源及破坏环境的速度将使实现"可持续发展"几乎可望而不可即。报告还说，由于水资源匮乏、土地退化、热带雨林毁坏、物种灭绝、过量捕鱼、大型城市空气污染等问题，地球已呈现全面的生态环境危机。

1962 年，西方的卡尔逊女士以其著作《寂静的春天》，揭示了发达国家在第二次世界大战后的非理性经济活动，导致了环境与发展的严重背离，出现了危及人类和地球的严重征兆。该书犹如振聋发聩的警世钟，引发了相当多数国家的强烈关注。为以后关怀地球和善待自然的理性思考投下了第一缕健康的光环。

1972 年，以芭芭拉·沃德女士为首的一大批学者，以"只有一个地球"的鲜明口号，再一次针对全球的整体发展，发出了强烈的呼吁。

同年联合国在瑞典的斯德哥尔摩举行了一次具有划时代意义的世界环境大会。大会的主题就以"只有一个地球"为名。

1983 年，联合国出于对 21 世纪人类发展前景的思考，组建了以当时挪威首相布伦特莱夫人为首的"世界环境与发展委员会"，集中探索人类对于自身未来发展的战略。

这三位杰出的女性，以其母爱的光辉和博大的胸怀，关怀着我们的地球和人类，关怀着我们的现实和未来，被喻为 20 世纪的"地球卫士"。

由她们所代表的这种健康发展理念和深邃的哲学精神，获得了全世界广泛的认同，于是在《我们共同的未来》公布后的短短的 5 年时间，就有了 1992 年在巴西里约热内卢的联合国环境与发展大会的召开。

全世界 100 多位国家首脑聚集一堂，共同签署了具有里程碑意义的《里约宣言》。

走向绿色的方式，如图 4-2 所示。

管理者对谁负责?

组织的社会责任扩展模型可以为我们指点迷津，如图 4-3 所示。

该模型提示管理者的社会责任一般经历以下四个阶段：

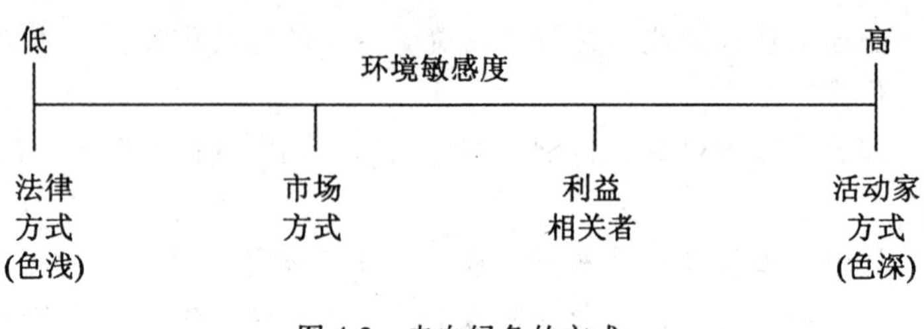

图 4-2 走向绿色的方式

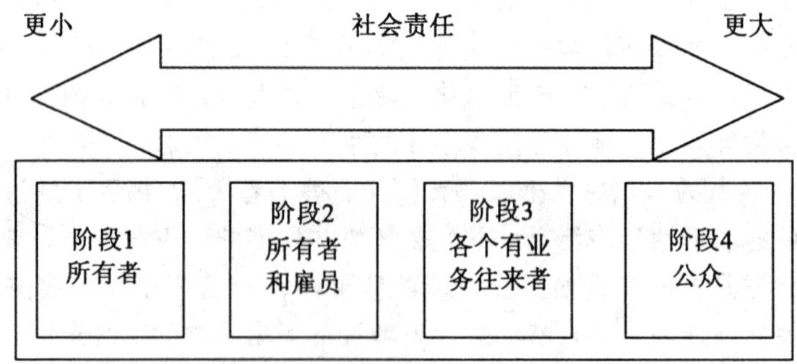

图 4-3 管理者对谁负责任

①单纯地对所有者负责的阶段；

②兼顾对所有者和雇员负责的阶段；

③对各个有业务往来者负责的阶段；

④对公众负责，表现出对人的大爱、至善的阶段。

这是一个企业进步的历程，也是一个社会进步的历程。这或许是一个力求做大做强的企业的必由之路！

思考题

1. 道德的主要功能有哪些？存在哪几种商业道德观？
2. 请阐述影响管理者道德素质的因素。
3. 请问除教材介绍的之外，你认为还有哪些好的提高员工道德素质的措施？
4. 你对企业承担社会责任持什么态度？为什么？
5. 企业应该承担哪些社会责任？
6. 企业应该怎样实现管理的“绿色化”？

第五章　决策管理

【目的和要求】

学完本章，应达到的要求：

1. 理解决策的实质并认识决策的构成要素。
2. 对各类决策的特征有明晰的认识。
3. 掌握规范决策理论、行为决策理论各自的要点。
4. 分析并厘清决策的影响因素。
5. 建立决策过程的整体思维框架，清楚各步骤的关键。
6. 能够运用定性分析和定量分析的决策方法解决实际问题。

第一节　决策概述

决策涉及人们生活的各个领域，个人和群体的各种行动都受决策的支配，决策指导人们的行动走向未来预定的目标。正确的决策是各项工作成功的重要前提，决策是否及时，对组织活动的成败同样有着决定性的影响。管理者如果缺乏科学的决策思维方式，不遵守决策程序和规范，不遵循事物发展的规律，或仅凭一腔热情，主观臆断，提出脱离实际的非理性决策，必然违背规律，导致决策失误、引发矛盾、带来风险。

一、决策的概念

“决策”（decision-making）就是在权衡的基础上作出选择或决定。我们认为决策是对未来实践中所面临的问题，通过分析、比较，在若干可供选择的方案中进行取舍的活动或过程。决策也即是一个提出问题、分析问题、解决问题的过程。决策的概念看似平淡无奇，实则复杂无比且相当重要，正确理解决策的概念，应把握以下几层意思：

1. 决策总是为了解决某一问题，或是为了达到一定目标而作出的决定

决策所要解决的问题务必明确，所要达到的目标应该具体，没有明确的目标是无法决策的。问题源于实践，而要从问题中揭示其固有的本质，保证概念开发的正确并作出科学的决断，这有赖于理性思维的抽象力。

2. 决策是从多种方案中作出选择、取舍的过程

决策是一个过程。从认识论上考察，决策过程就是一个主观反映见之于客观的动态认识过程，从实践中获得规律性认识并形成概念，再从抽象到具体形成决策以付诸实践的过程。实践既是决策的起点又是它的终点，决策过程从感性上升到理性，又从理性作用于实践这一认识过程的中间环节。整个过程贯穿着人的感觉、知觉、逻辑判断，特别是创造性的思维活动，即概念、比较、判断、鉴别、推理和选择。

决策实质上是选择行动方案的过程。只有一个方案，就不存在决策的问题。因而，至少要有两个或两个以上的备选方案，人们才能从中进行比较、权衡、选择，最后选择一个满意的行动方案。

3. 决策是面向未来的，要作出正确的决策，就要进行科学的预测

严格地讲，预测与决策是难以分割的，所以有“预决策”的称谓。预测水平的高低直接反映并体现于决策。预测本质亦属于主观的判断，它是人们运用科学技术手段，依据一定的方法，对所关注的对象可能产生的后果或客观事物的发展趋势作出的分析。一般认为，只要能够收集到足够的信息并运用正确的推理原理，未来的一切应该是可知的，问题是我们往往难以做到这些，更多的时候预测也似“雾里看花”，决策也只能是“满意”即可。

4. 决策既是一个认识过程，又是一个行动过程

通过实践和调查研究获得丰富的感性材料，运用科学的思维方法对所得的感性材料进行加工和创造，并从实际出发，把关于对事物的认识与主体的需要结合起来，确定行动的目的和计划，使决策为人们所掌握，化为人们的自觉行动，付诸于实施；决策在实施中发生偏离目标的震荡，出现了同客观规律的反差，经过反馈进行再认识，修正主观认识，调整决策以与实际达到具体的、动态的统一，这就是一个从实践到认识，再从认识到实践的能动的创造性的决策过程。

彼得·德鲁克提出决策的五要素对于理解决策也是非常有意义的，这五要素是：要确实了解问题的性质；要确实找出解决问题时必须满足的条件；要仔细思考解决问题的正确方案；决策方案要同时兼顾执行措施；执行过程中要重视反馈。

决策对于管理的意义，最有代表性的是美国管理学家西蒙（H. A. Simon）1960年在他的著作《管理决策新科学》中提出的“管理就是决策”的著名论点。决策在管理中的重要地位体现在它不仅是管理活动的重要组成部分，而且也是执行各项管理职能的基础，决策贯穿于管理工作的始终。

二、决策的构成要素

尽管决策所面临的问题形形色色，但不论是哪一种决策，都涉及如下共同的构成要素：

①决策者。即决策主体，它可以是组织，也可以是个人。

②决策目标。一项决策所期望实现的成果和价值。

③自然状态。不依决策者的主观意志为转移的环境或条件，是决策者采取各种可行方案后可能遇到或发生的情况。

④备选方案。可供选择的各种可行方案。

⑤决策准则。在备选方案中进行选择时所依据的原则。

⑥决策后果。通过决策所达到的结果。

三、决策的类型

决策贯穿于组织活动的全过程，涉及系统运作的各部门。因此，根据不同的要求，从不同的角度对决策过程给予分类，有助于决策者把握各类决策的特点，根据决策问题的特征，按不同的决策种类，采用相应的方法，进行有效的决策。常见的决策分类如表 5-1 所示。

表 5-1 **决策的分类**

划分的依据	划分的类别
按决策影响的时间长短划分	长期决策 短期决策
按决策涉及的范围划分	战略决策 战术决策 业务决策
按决策目标的数量划分	单目标决策 多目标决策
按决策所要解决的问题的重复程度划分	程序化决策 非程序化决策
按决策问题的可控程度划分	确定型决策 风险型决策 不确定型决策
按决策的主体的不同划分	群体决策 个人决策
按决策需要解决的问题划分	初始决策 追踪决策

1. 按决策影响的时间长短分为长期决策和短期决策

长期决策是指关系组织今后发展方向的长远性、全局性的重大决策，又称长期战略决策，如战略方向选择、业务重组、组织结构调整等问题的决策。

短期决策则是实现长期战略目标所采取的短期策略手段，又称短期战术决策，如企业的日常营销决策等。

2. 按照决策涉及的范围分为战略决策、战术决策及业务决策

战略决策是指涉及组织命运和前途的、重大的、全局性、长远问题的决策。如企业的长远规划、企业的经营方向、企业产品定位、营销战略、产品开发的确定等。

战术决策是指组织在实现战略经营目标、经营方向、经营规划等战略决策过程中，对具体经营问题、管理问题、业务、技术问题的决策。例如，销售、生产等专项计划的制订，产品开发方案制订，更新设备的选择等方面的决策均属此类。

业务决策，指为了解决日常工作中的业务问题，提高生产效率和工作效率而由中、下层管理人员所作出的决策。它属于局部性、短期性、业务性的决策。例如生产管理、销售管理、劳动力调配、个别工作程序和方法的变动、企业内的库存控制、材料采购等，均属此类。

3. 按照决策目标的数量可分为单目标决策与多目标决策

单目标决策，指只力求实现一种目标的决策。决策的目的是满足某个指标要求。

多目标决策，是决策行为力图实现多个的目标。例如，在对生产过程的组织进行决策时，既要考虑使生产系统的产量最大，又要使产品质量高，生产成本低等。这些目标之间相互矛盾，使决策过程相当复杂，决策者常常很难轻易作出决策。

4. 按决策所要解决的问题的重复程度可分为程序化决策和非程序化决策

程序化决策是问题比较明确，有一套固定的程序、方法和标准来处理的决策，又称常规决策、重复性决策、例行决策。在这种程序化决策中，决策所需要的信息都可以通过计量和统计调查得到，其约束条件也是明确而具体的，并且都能够量化。通过建立数学模型，可由计算机辅助作出决策，找出最优的方案。在管理工作中约有80%的决策属于程序化决策。

非程序化决策，是解决以往无先例可循的新问题，具有极大的偶然性和随机性，很少发生重复，又称非常规决策、例外决策。这类决策所赖以进行的信息不完全，变量与变量之间的关系模糊、不确定，无法通过建立数学模型来完成其逻辑选择。因此，决策步骤和方法也难以程序化、标准化，不能重复使用。决策者的经验、知识、洞察力和直觉、价值观等对决策有很大的影响。程序化决策与非程序化决策的比较如表5-2所示。

表 5-2 **程序化决策与非程序化决策的比较**

程序化决策的特点	非程序化决策的特点
1. 例行问题，重复出现的日常管理问题	1. 偶然发生的、性质不明的管理问题
2. 结构化的问题	2. 新问题、环境因素各异
3. 有例可循、有政策法规可依	3. 非结构化的问题
4. 标准化的例行做法	4. 处理的方法需要创新
5. 多由基层管理人员做出	5. 多由高层管理人员做出

5. 按决策问题的可控程度分为确定型决策、风险型决策和不确定型决策

确定型决策，指决策所面临的问题及未来情况已有完整的信息，没有不确定因素，决策方案只有一种确定的结果。如把资金存入银行，利率根据存款期限长短是固定的。

风险型决策也称随机决策，是指影响决策的主要因素在客观上存在几种可能情况（一般为自然状态），这些可能情况事先虽可知道，但决策后出现什么样的结局，决策者事先却不能完全知道。

非确定型决策又称非标准决策或非结构化决策，是指决策方案面临多种自然状态，而决策者难以确定其出现的概率，需要进行综合分析，做出决策。

6. 按决策的主体的不同分为组织（群体）决策和个人决策

组织（群体）决策是由多人共同参与，共同协商讨论而作出的决策。个人决策是由一个决策者完成的决策。群体决策趋向于精确，而个人决策则比较快速。群体决策的优、缺点如表 5-3 所示。

表 5-3 **群体决策的优、缺点**

群体决策的优点	群体决策的缺点
1. 提供更完全的信息和知识	1. 费时、费力
2. 提供更多样化的经验和观点	2. 少数人垄断
3. 可以开发更多的可行方案	3. 服从的压力
4. 提高解决方案的接受程度	4. 群体思考压抑不同的、少数的或不受欢迎的观点，以建立一致的表象
5. 提高了合法性	5. 模糊的责任

7. 按决策需要解决的问题可分为初始决策和追踪决策

初始决策是企业决策者对未从事的活动或新的活动所进行的决策，主要是确定未从事的活动或新的活动的方向、目标、方针及方案。

追踪决策是企业决策者在初始决策的基础上对已从事的活动的方向、目标、方针及方案的重新调整。组织中的大部分决策属于追踪型决策。

第二节 决策理论

一、规范决策理论

规范决策理论又称古典决策理论，是基于“经济人”假设提出来的，盛行于20世纪50年代以前。代表人物有英国哲学家、经济学家J. 边沁、美国科学管理学家F. W. 泰勒等。该理论认为，人是坚持寻求最大价值的经济人，而经济人具有最大限度的理性，能为实现组织和个人目标而作出最优的选择。决策的实质是一个经济问题，即决策的目的在于为组织获取最大的经济利益。所以，决策者在决策前能全盘考虑一切行动以及这些行动所产生的影响；决策者根据自身的价值标准，选择具有最大价值的行动为对策。

该理论的假设前提如下：

①作为决策者是完全理性的。他合乎逻辑地评估标准和偏好（权重），评估每一方案，并做出使组织利益最大化的决策。

②决策者可以收集完全的信息，从而使决策状态成为确定性的。所有可行性方案和可能的结果都是可以量化和评估的。

③方案评估标准是明确的或可以确定的。

规范决策理论描述了一种理想的决策状态，而不是在实际决策中的状态。它告诉决策者应该怎样做出决策，但没告诉我们实际上是如何制定决策的。管理既是科学，又是艺术，决策包含相当大的艺术成分，现实生活中的决策不可能像规范决策那样，对全部已知的效用函数求解，用解析的办法找出最大值，这样的做法只是对纷繁复杂的现实的一种简化，因而，简单地用它来进行实际决策往往是行不通的。但是由于该理论对“最优”的追求和采用定量方法，其价值在于它促使管理者在制定决策时具有理性。

规范决策理论代表一种理想的决策理论在程序化决策、确定性决策与风险性决策中具有较强的应用价值。近年来，由于定量决策技术的发展，规范决策理论得到了广泛应用。

二、行为决策理论

行为决策理论肇始于20世纪50年代。由于理性的和经济的标准皆无法真实地反映管理的决策过程，理性的决策理论不能很好地指导具体的决策问题，人们便把研究的目光投向人的实际决策行为这一研究领域，即“人们实际中是怎样决策”以及“为什么会这样决策”的描述性和解释性研究之中。其研究范式是先提出有关人们决策行为特征的假设，然后用从实验、统计调查、访谈等方法中得到的现实资料来证实或证伪所提出的假设，从而得出研究结论。在对决策者行为作大量研究时人们发现了许多偏离传统最优行为的决策偏差，人类决策行为具有复杂性和不确定性；影响决策者进行决策的不仅有经济因素，还有其个人的行为表现，如态度、情感、经验和动机等。这是人们对实际的决策行为规律更全面、客观的认识，在此基础上，研究者进一步概括行为特征，提炼行为变量，并将其运用到理性决策的分析框架之中。

诺贝尔经济学奖获得者赫伯特·A. 西蒙提出“满意标准”和“有限理性标准”，用“社会人”取代“经济人”，大大拓展了决策理论的研究领域，出现了新的理论——行为决策理论。这一理论包括有限理性模型、成功管理模型和社会模型。这些模型加上规范决策理论模型，表明了决策从完全理性到完全非理性之间的变化。表5-4概括了四种模型组成的决策理论统一体。

表5-4 决策理论统一体

规范决策理论	行为决策理论
规范决策理论模型	有限理性模型　成功管理模型　社会模型

(一) 有限理性模型

有限理性模型又称西蒙最满意模型。它是一个比较现实的模型，它认为人的理性是完全理性和完全非理性之间的一种有限理性。赫伯特·A. 西蒙在《管理行为》一书中指出，理性的和经济的标准都无法确切说明管理的决策过程，进而提出“有限理性”标准和“满意度”原则。

西蒙详尽而深刻地指出了新古典经济学理论的不现实之处，分析了它以下的两个致命弱点：

①假定目前状况与未来变化具有必然的一致性。

②在决策时，必须假定全部可供选择的措施都是“已知的”，每一个措施的结果都是知道的，要么是确定的，要么是不确定的或有风险的以及经济人对所有的结果都能排列成完整的效用数列。

而事实上这些都是不可能的。人们在决定过程中寻找的并非是“最大”或“最优”的标准，而只是“满意”的标准。

他提出了以下的有限理性假设：

①人的理性是一种有限理性（受知识、时间、能力等的限制）。

②决策者在识别和发现问题中容易受到知觉偏倚的影响。

③决策方案的合理性是相对的（因为不可能了解全部备选方案）。

④决策者往往优先考虑风险而非方案的经济利益。

⑤只求满意结果，不费力寻求最佳方案。

⑥决策是一种文化现象。文化不同，决策者对决策不确定性的认识和判断也不同。

西蒙认为，以稻草堆中寻针为例，有限理性的管理人代替完全理性的经济人。两者的差别在于：经济人企求找到最锋利的针，即寻求最优，从可为他所用的一切备选方案当中，择其最优者。经济人的堂弟——管理人找到可以缝衣服的针就满足了，即寻求满意，寻求一个令人满意的或足够好的行动程序。完全理性假设与有限理性假设二者的差异如表5-5所示。

表5-5 完全理性假设与有限理性假设二者的差异

项　目	完全理性假设	有限理性假设
依据理论	古典决策理论	行为决策理论
基本命题	完全理性 经济人	有限理性 管理人
决策准则 （标准）	最大化准则 最优标准	满意准则 满意标准
决策类型	最优决策	满意决策

根据以上几点，决策者承认自己感觉到的世界只是纷繁复杂的真实世界的极端简化；他们“满意”的标准不是最大值，所以不必去确定所有可能的备选方案；由于感到真实世界是无法把握的，他们往往满足于用简单的办法，凭经验、习惯和惯例办事，因此，导致的决策结果也各有不同。西蒙的有限理性和满意准则这两个命题，纠正了传统的理性选择理论的偏激，拉近了理性选择的预设条件与现实生活的距离。

（二）成功管理模型

成功管理模型又称皮特斯-沃特迈模型。皮特斯（Peters）和沃特迈（Waterman）在调查了许多成功的工商企业后发现，理性模型给工商企业带来了不良后果，因而这些工商企业并不遵守理性模型。它们有自己的成功管理模型，这一模型具有如下特点：

①决策者流动于各个部门之间，以掌握真实的正在发生的情况。

②决策者尽可能在一段时间里只做一件事，完成有限的目标。

③决策者重视行动，经常实验，不惧怕失败。而理性模型是不承认实验价值的。

④决策者注重速度和数量，提倡立刻就干，事做得越多，策略就越完善，他们不怕实践，也知道什么时候该放弃。

⑤拥有一个无形的有漏洞的体系，企业的重大突破来自对漏洞的改革。

这种决策模型没有一套理性的决策程序，属于非理性的模型。它尽管受到一些怀疑，但解决了来自组织的实际问题。

（三）社会模型

社会模型又称为社会心理学模型。奥地利心理学家 S. 弗洛伊德和意大利社会学家 V. 帕累托认为，人的行为在很大程度上受潜意识的支配，许多决策行为往往表现出不自觉、不理性的情欲，表现为决策者在处理问题时常常感情用事，从而作出不明智的安排。按照弗洛伊德和帕累托的观点，人们是没有能力作出理性决策的。不管对弗洛伊德和帕累托的理论抱什么态度，人们几乎都同意社会因素对决策行为有深远影响，社会的压力和影响甚至会导致决策者作出完全非理性的决策。

每个人都生活在文化环境之中，文化对人的影响极深，不跳起来不知道地球重力的存在，不换一个文化环境往往意识不到文化对人的根深蒂固的影响。文化的影响其实就是一种社会的压力，会有意无意地迫使决策者按照自己的文化传统去认知、决断和行动，这一切并不是建立在理性的基础之上的。电影《刮痧》中男主角许大同的儿子丹尼斯生病时，看不懂药瓶上的英文的爷爷给他用了中国传统疗法——刮痧来治病，随后丹尼斯又在一次意外事件中撞破了头，许大同匆忙把他送往医院时，丹尼斯背上的刮痕却成了许大同虐待儿童的证据。正如影片中爷爷所说的一样："刮痧在中国已经几千年了，到了美国怎么就说不清楚了呢？"爷爷给孙子的刮痧是理性的选择？还是非理性的选择？这里我们应该清醒地认识到决策是一种文化现象。

社会模型在某些条件下是适用的，但是人并不是完全非理性的，否则人类社会也不会得到发展。因此，我们不能简单地认为社会模型在大多数决策中起主要作用，但也不得不承认，社会因素和社会压力对决策行为的影响是十分重要的。

三、决策影响因素

在决策过程中，影响决策的因素有很多，但主要的因素可以归纳为以下几类，如图 5-1 所示。

（一）决策的重要性程度

决策对一个组织的重要性程度会影响决策的过程。一项决策对组织的影响范围越广、影响越深远，决策的重要性程度就越大，在决策时所花费的时间、人力、费

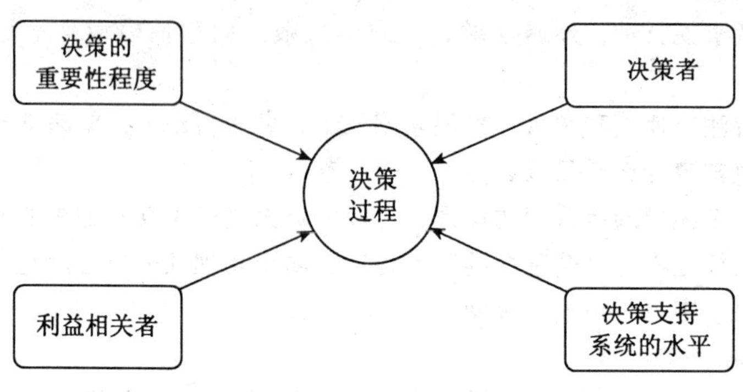

图 5-1 影响决策的因素

用也就越多。相反，一项决策如果其影响力较小，所花费的时间、人力、费用也就相应较少。

（二）决策者

决策者作为决策活动的主体，是决策系统的操纵者，决策者的水平、能力如何，直接影响着各种决策活动的效益和成败。决策者的行为特征，如思想、态度和决策能力会在决策活动中发挥积极作用。决策中，一个知识丰富、精明强干、敢于负责的决策者，能够迅速在纷繁复杂的表象里捕捉到问题的本质，审时度势，及时有效地做出符合客观实际的决策，推动事业的发展；相反，不思进取、墨守成规、目光短浅、逃避责任的决策者，则会在优柔寡断中贻误时机，甚至做出完全错误的判断和决策。

影响决策过程的行为特征有多种，而以下三个特征的影响尤为明显。

1. 个人价值系统

个人价值系统是个人的思想、价值观、道德标准、行为准则等所构成的相对稳定的思维体系。它包括个人对成就、财富、权力、责任、竞争、冒险、创新等的欲望以及对正确与错误、好与坏、真与伪、善与恶、美与丑、得与失或其他类似的对立事物所持的观点。个人的价值观在认识问题、收集信息、评价各备选方案和选择方案的决策过程中，都具有重要的影响。如果一个群体内，个人的价值观念比较一致，就比较容易产生一致的看法，也较易协调。如果个人的价值观差异较大，就有可能引起许多冲突。

2. 个人对问题的感知方式

感知，即人们通过感知器官对外部客观事物的要素及特性在头脑中所做出的反映，是人的感觉、知觉系统对事物做出的综合判断。人们一方面通过感觉器官去感觉现象，另一方面通过大脑对感觉到的资料进行处理，这是借助于知识、经验来进行判断、分析、处理的一种连续过程。由于人们的知识和经验不同，对相同情况的感知会得出不同的认识。例如，一个企业由于管理不善而出现亏损，不同的管理者由于其知识和经验不同，就可能产生不同的认识：市场营销专家可能更多地认识到营销方面的问题，如促销渠道、广告、产品包装、企业形象等问题；生产管理专家则可能更多地认为是生产效率方面的问题，如产品的设计、生产设备的选择和布置、生产流程的合理性等问题；财务人员可能更多地从资金的筹集和使用的合理性、成本控制等方面去寻找问题。

由于环境的复杂性及人们认识的局限性，不同的人由于其知识和经验的不同，往往从不同的角度去观察问题，形成不同的认识。特别是在人们有选择性地感觉，甚至是偏见在起作用的时候，他们可能自觉或不自觉地选择和调整其感觉，对问题的某一方面夸大了，而忽视另一方面的问题。这就是因为个人对问题感知的方式不同，所认识到的问题也不同。

3. 处理信息资料的能力

人们对所收集到的各种原始资料应进行加工、处理，形成有用的信息。同样由于每个人的知识结构、经验以及思维方式的不同，在处理信息资料时，会有很大的差别。某些人由于其知识结构不完善或个人经验较少或思想比较保守，对于新的，不熟悉的资料就感到无可适从，并尽量逃避，在拟订方案和评价方案的过程中就会有偏颇，甚至采取极端的态度。一个人知识结构越完善、经验越丰富、思想越开放，就越乐于接受新的观点，越容易理解新的问题。处理信息资料的能力越强，收集到的有用的资料就越多，拟定的备选方案也越多。

（三）利益相关者

决策并非决策者个人的主观行为，它还受到来自各利益相关方的影响。决策过程中，利益相关者都有自己的诉求，都会从自身的利益和角度出发，根据对方的行动决策来进行最有利于自己的行动选择。所以，决策的实质就是利益相关者博弈的过程，也是利益相关者博弈的结果。

此外，决策者对该项决策的权力和责任是否一致，决策是由个人决策还是由集体共同进行决策等都会影响有关决策行动。决策者的同事及下属在决策中的影响主要体现在决策方案的提出阶段，能否激发决策群体的创造性和想象力，充分考虑各种可行方案，是实现决策全面优化的关键。监督及观察人员对决策的影响则主要体现在方案实施后的调整中。在群体决策中，每个人的地位不一样，地位较高、权力较大的决策者对决策过程有较大的影响。

（四）决策支持系统的水平

决策支持系统（Decision Support System，DSS）是辅助决策者通过数据、模型和知识，以人机交互方式进行半结构化或非结构化决策的计算机应用系统。它是管理信息系统（MIS）向更高一级发展而产生的先进的信息管理系统。

决策支持系统为决策者提供分析问题、建立模型、模拟决策过程和方案的环境，调用各种信息资源和分析工具，帮助决策者提高决策水平和质量。

应用决策科学及其有关的理论和方法的人机交互系统，主要面向管理中非结构化的决策问题，为用户提供获取数据和构造模型的便利，辅助决策者分析并做出正确的决策。

DSS是一个由多种功能协调配合而成的，以支持决策过程为目标的集成系统，如图5-2所示，它由数据库子系统、模型库子系统和方法库子系统组成。目前，在管理决策过程中广泛应用了智能决策支持系统（Intelligent Decision Supporting System，IDSS）、综合决策支持系统（Synthetic Decision Supporting System，SDSS）。由于Internet的普及，知识管理系统强调知识共享，网格计算强调资源共享。网络环境的决策支持系统又以新的结构形式出现。管理决策支持系统的决策资源，如数据资源、模型资源、知识资源，作为共享资源，以服务器的形式在网络上提供并实现共享服务，为决策支持系统开辟了一条新路，它具备交互性强、快捷方便和信息处理量大的优点，做到了随需应变的决策支持。当然，也因为过多的限制条件使它的决策结果存在一定的偏差。

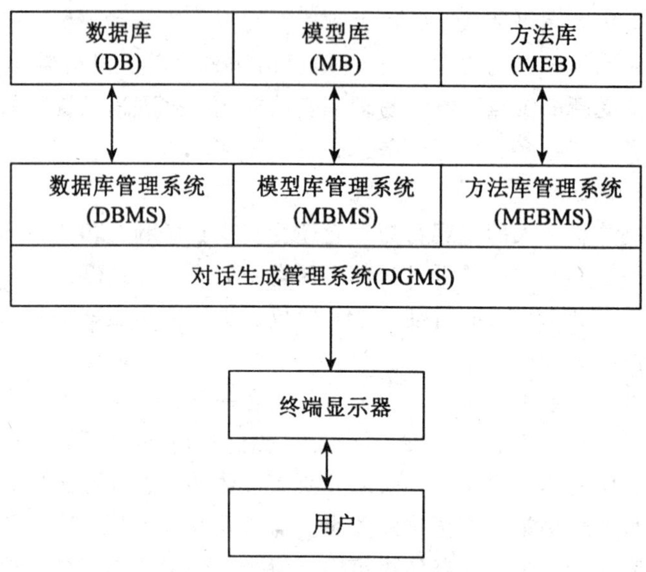

图5-2 决策支持系统组成图

决策支持系统的适用范围和特点如下：

①DSS解决的问题属于半结构化或非结构化问题。

②DSS只是起辅助决策的作用，DSS不应当取代管理者的判断，管理者始终处

于主动地位。

③DSS 的交互性，表现在通过管理者同系统之间的多次对话，使决策得以完成。

④系统具有专门的结构存储和研究备用的模型及方法，提供模型的比较、联结和合成的功能。

⑤DSS 便于学习、使用和修改，可对用户的需求作动态性的分析，做到及时完善 DSS 的各种功能。

第三节　决 策 过 程

科学决策的基础是遵循严格的决策程序。决策是一个动态的系统反馈过程，需要严格的程序来控制，才能产生科学决策。基于客观世界的复杂性，决策的具体过程尽管不完全相同，但决策的基本过程可分为七个步骤，如图 5-3 所示。

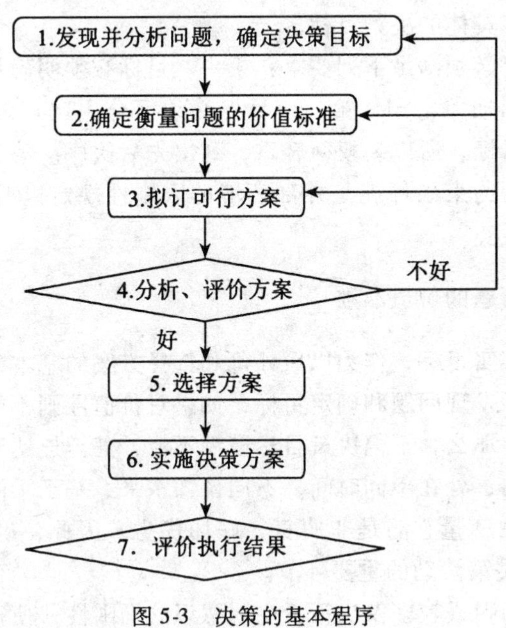

图 5-3　决策的基本程序

一、发现并分析问题，确定决策目标

发现问题是决策活动的起点。决策的过程，就是发现问题、解决问题的过程。问题是客观存在的，它是一切决策活动的发端和动力来源，没有问题便无需决策。并非所有矛盾都是决策问题，只有当客观存在的问题变成人们主观上能够清楚明白

地表达出来的问题时，才能构成决策问题。那些大量的、尚未被人们认识的主客观之间的矛盾，就不能成为决策问题。

决策所面临的问题是多方面、多渠道的。决策问题大致有三个来源：其一是来自上级的指示；其二是来自部下的要求；其三是来自决策者的创造性。在决策问题的三个来源中，来自决策者的创造性的问题往往被放在首位。衡量一个决策者的决策能力，应将能提出创见性的决策问题作为重要标准。因此，决策者应该利用自己统观全局的有利条件，深入调查研究，发现矛盾，确认问题，把握决策的起点。

发现问题不等于确定目标。所谓目标就是指人们在一定的环境和条件下希望达到的一种结果。确定目标在决策中占有重要地位，不仅直接决定着对决策方案的运筹，而且还直接决定着信息的收集和选用工作。决策目标通常根据决策者所要解决的问题加以确定。实际上，决策过程中的一切活动，都是围绕拟订决策目标和实现决策目标进行的。科学地确定目标，对整个决策活动有决定性意义。然而，导致决策问题发生的原因往往是很复杂的。只有充分估计因果关系的复杂性，运用科学的方法，从纷乱的因果谜团中理出头绪和线索来，清楚地了解决策问题的性质、特点和范围，才能制定出具体的决策目标。

决策目标的制定必须满足下列要求：第一，目标必须明确具体，其成果可以计量，不能含糊不清和抽象空洞。第二，目标必须区分主次。因为决策问题比较复杂，常常出现多个目标，所以要权衡轻重，列出先后次序。第三，目标必须附加一定的约束条件。所谓约束条件就是外部环境的限制性规定以及必须达到的起码界限，如时间的规定性。

二、确定衡量问题的价值准则

价值准则就是落实目标，作为以后评价和选择方案的基本判据。确定价值准则的意义丝毫不逊色于发现问题和确定目标，如果对价值准则不能提出明确的、规范性的、科学的表述，那么，不但决策目标模糊不清，甚至连达到目标的路径也无法确定。对于同一事物，处在不同时间，不同认知水平、基于不同的视角，人们就会用不同的“尺度”去衡量它的是非曲直、好坏优劣。因此，确定衡量事物的标准即“价值准则”是决策活动的重要环节。

构成决策过程的因素较多及决策者主观意识的局限性，使得衡量决策系统的标准也形成了一个不断变化与发展的价值准则体系。管理学、系统工程学、系统动力学……对价值准则都进行了大量的研究。归纳起来有如下两个方面：物质性的价值准则与精神性的价值准则。

物质性的价值准则包括经济指标、技术指标、对环境的影响指标等，其中，经济指标又可分为耗费性指标、收益性指标，技术指标又可分为性能指标、可靠性指标、安全性指标、可扩展性指标等。

精神性的价值准则包括对社会的影响及对精神的影响等方面的指标，如对人的心理，伦理、审美及道德规范的影响等。物质性的价值准则与精神性的价值准则构成了价值准则体系。

一般价值准则包括三方面内容：一是将目标分解为若干层次的确定的价值指标，这些指标实现的程度就是衡量达到决策目标的程度；二是规定价值指标的主次、轻重缓急以及在相互发生矛盾时的原则。因为，大多数情况下，要同时达到价值系统的各项指标是困难的；三是明确实现这些指标的约束条件。约束条件主要有各种资源条件、决策权限以及时间限制等。

在决策活动中，决策者只有把握科学的价值准则并用以观察分析问题，才能找到客观的标准与恰当的角度，才能对决策问题作出准确的判断，从而明确清晰地描述出决策问题。

三、拟订可行方案

决策过程中，对于任何一项行动来说，都有多种可行的方案存在。管理界有一句格言：“如果事情似乎只有一种方法去做，那么这种方法通常是错误的，也是危险的。”拟定可行方案的理想的状况是力求穷举方案，以免遗漏了更好的目标实现途径，但这对时间和条件来说都是不允许的。

可行方案的提出需要决策者有丰富的想象力、创造力和完善的技术知识。可广泛地运用如“头脑风暴法”、“哥顿法”等激发人的创造性，相互启发、集思广益。在这一过程中，决策分析人员可以应用现代科学理论与技术对各种方案进行详细的技术设计与定量的论证，拟订出各种条件下的最佳对策。必要时，还要利用模型进行模拟实验，以便增强决策方案的科学性。在决策方案中，必须附有价值分析、可行性分析、经济效益分析、潜在问题分析、应变措施、技术评估、风险度分析等文件提供给决策者。应当指出的是，所得到的决策方案都是基于特定的约束条件得到的，必须连同相应的约束条件一起提供给决策者。

四、分析、评价方案

在拟订方案阶段得到的可行方案有多个，结合价值准则衡量，必然存在一个较好的方案。在不同的方案中，绝对最优是很难寻觅的，在大多数情况下，令人满意就是一条适用的标准。因此，方案选择的最终结果并不是最优方案，而是根据决策目标的价值准则，选择出的“满意的可行方案”。在比较各备选方案时，可根据所要解决的问题的性质，采用定量分析和定性分析相结合，综合考虑决策的目标、组织的资源，对各备选方案从技术和经济两个主要方面对其优劣进行综合评价，并对各方案的优劣按序排队。

评价分析工作量大、难度高，它需要具有高度分析能力的分析人员经过深入细致的分析，逐一对各种各样的具体问题在决策方案中的作用给予辩证的、科学的解释。这常常要借助“智囊团”等专门机构来完成。

在管理问题决策中，方案评估的标准包括方案的作用、影响、效果、利益、创新、生产率、公平性等，应具有技术可能性和经济合理性，既要测算其预期效果，衡量其实现决策目标的程度，又要显示其可能产生的不良后果和潜在问题，否则是不全面的。同时，以“满意”标准代替“最优”标准。在复杂的决策问题中，评价所有的可行方案也不现实，因为决策者由于认识能力、信息资料等的限制，也不可能做到对所有可行方案及其后果都无所不知。因此，方案选择中宜采取“有限合理原则”。

五、选择方案

这一步骤是从备选方案中选择一个解决问题较满意的方案，是决策者对方案进行最终的“敲定”。方案选择有三种基本方法：经验判断法、试验法、研究分析法。

经验判断法是决策者凭借经验进行判断、选择决策方案的一种方法。经验是一种实践性的知识，无论是成功的经验，还是失败的教训，管理者若能够客观地对待，都是有用的。特别是在进行某些常规的、例行的决策时，经验能够起很大的作用。但是，对于许多决策来说，仅凭经验是不够的。因为，一方面大多数人难以从过去的经验中吸收其中的精华；另一方面，经验不一定完全适用于新问题，新的问题具有新的特点，解决的方法也不一样。

试验法是在决策中，特别是新方法的采用、新产品的试销、新工艺的试验等决策中常采用的一种选择决策方案的方法。但试验法也有其局限性：首先，往往要支付较昂贵的费用；其次，并非所有的方案都能试验；再次，许多决策常常需要及时做出，没有时间进行试验；最后，从试验得出的可行方案未必能够适应于未来的环境。

研究分析法是通过对问题进行分析，特别是借助运筹学、计算机等手段，对解决问题的方案进行模拟、假设变量、建立数学模型，应用定量和定性的分析法对各种可行方案进行论证。

方案选择在充分考虑各种可能的限制因素和条件的同时还要特别重视各种方案可能带来的后果。所以，方案选择时必须做到以下几点：

①任何方案均有风险。

②不要一味追求最佳方案。

③在最终选择时，允许不做任何选择。不选择也是一种方案。

为了防止和避免决策失误，在选择方案时必须遵循如下程序：定性分析各种决策方案是否符合科学决策的检验准则；确定评价准则与选择方法；确认决策目标，综合评价与选择；将审批结果整理成文档作为决策的指令输出，如图 5-4 所示。

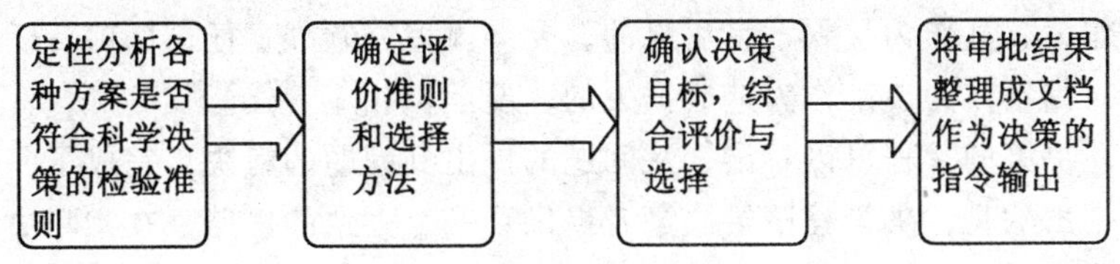

图 5-4　方案选择的程序

六、实施决策方案

实施决策方案是决定方案能否得以实现的关键。只有切实地实施了方案，才能使决策的价值得以体现，目标得以实现。然而实施方案要通过大多数人去践行和落实，需要他们一点一点去实现，一步一步去完成，从这种意义上讲，实施的任务更艰巨。为了保证决策方案的顺利实施，可以采取如下措施：其一，需要制定实施方案的政策、措施和具体流程。其二，广泛宣讲，积极沟通，澄清决策者的意图，让执行者在完整地理解的基础上去贯彻执行。其三，明确规则，落实职责和要求，通过建立目标管理体系和目标分解架构体系，明确目标的责任层次和内容；通过对各子目标的管理、控制和落实，来确保决策总目标的实现。其四，建立岗位责任制，其目的在于明确决策执行中领导、部门、行政人员等各自的责任，做到任务与责任到岗到人。岗位责任设置应尽量减少职责交叉，做到分工协作，各负其责，形成合力。其五，实施培训，提高执行者的能力。员工的知识和技能直接决定着完成任务的效率与质量。其六，在实施过程中，要建立信息反馈机制，将每一局部过程的实际效果同预期目标进行比较，发现差异，查明原因，采取必要措施，保证决策目标的实现。

七、评价执行结果

决策实施后，应检查和评价实施的结果，检查是否达到预期的目的，并为今后的决策提供信息。这个步骤也就是西蒙所说的审查活动。完善执行的考评、监督机制，应该坚持以责任和效果论功过，采用科学方法对部门及其人员的执行力、执行结果以及综合素质进行全面监测、考核、分析和评价，并以此作为他们的薪酬等级、培训、奖惩、晋升的客观依据，激发他们抓执行的积极性、主动性和创造性。此外，应不断研究和完善对执行力进行监督的渠道和手段，让自我监督和相互监督成为一种制度。为此，可以实行责任的公开承诺制，根据决策目标的要求确定相应岗位的职责，让部门及其人员对外公开承诺其责任，接受群众的监督。

在监督过程中，应积极运用奖惩机制，建立一套科学、完善的奖惩制度，并保证制度的针对性、可执行性和稳定性。对责任不到位、目标不实现、承诺不兑现，甚至因不作为、乱作为导致不良后果的，要严肃追究领导责任、部门责任和当事人的责任；对因不作为、乱作为造成损失的，要承担相应责任。

从上述决策的过程可以看出，从问题的提出到问题的解决，完成了一个决策循环。需要指出的是，决策程序给决策者提供了一个大致的思路，在实际决策中，不能将这些步骤看成死板的公式，过分拘泥于步骤而影响决策的效率。

另外，从决策的过程看，决策必须从若干个备选方案中选择一个较满意、较合理的方案。但是，人们在决策过程中所选择的方案常常不是最优方案。根据“经济人”所确定的模式，最优的方案选择应满足以下三个条件：①提出所有的备选方案；②预测这些备选方案的结果；③根据一定的价值体系比较这些结果。

但是，在现实中，要满足上述三个条件是非常困难的。其主要原因有：①人类理性的局限性。人们在提出备选方案时，只能提出有限的若干个方案，即使可以提出更多的方案，也是相当困难的。因为人们的认识是有限的，时间和费用也是有限的。相反，人们为了能够作出决策，减少问题的复杂性，常常只考虑很有限的几个方案，而放弃了继续寻找更佳方案的努力，只求较好，不求尽善尽美。②未来的不确定性。由于所选择的方案涉及未来的行动，而未来行动的结果将会是什么，这是很难预测的。因为未来有许多因素是不确定的，很难预测各行动方案的结果。即使已经进行了科学的预测，仍然带有主观性和片面性。这说明要预测备选方案的结果是很困难的。③个人价值观的差异。选择方案时要根据一定的价值体系。判断各个方案的优劣。由于个人价值观的差异，评价和判断事物的标准不一样，带有个人的偏好，具有主观性，很难对各备选方案作出客观的评价和选择。

由于上述原因，人们在选择方案时，一般是选择满意（次优）方案，即选择决策者认为合理的、较好的方案，很难选择最优方案。因此，人们所做的决策一般是满意决策。

第四节 决策方法

决策方法的种类较多，随着决策技术的不断提高而日益丰富，主要有定性分析决策法和定量分析决策法。

定性分析决策法基本上是在经验判断的基础上发展起来的一种决策技术。其特点是，简便、灵活、省时，但它欠严密、主观成分多、片面性大，其适用范围集中于：简单问题、单因素单目标问题以及难以模型化、数量化的问题。

定量分析决策技术是将能定量化、模型化的问题进行建模化计算，从而进行选优决策的一种方法。其优点是：精确、可靠；不足之处是：难以普遍化，有时工作量较大，较机械。决策技术的发展趋势是：定性分析决策法与定量分析决策法两者的有机结合。因为任何方法各有其长短和一定的适用范围。

一、定性分析决策法

制定决策方案要以预测资料为依据，应用必要的方法。常用的方法如下：

（一）头脑风暴法

头脑风暴法亦称奥斯本震脑法（Brain-Storming），是由美国创造学家A. F. 奥斯本为了帮助一家广告公司创造广告的新花样而发明的。这种方法问世后，被广泛应用到许多需要大量的新方案来回答某一具体问题的场合。这是用小型会议的形式，启发大家畅所欲言，充分发挥创造性，经过相互启发，产生连锁反应，然后集思广益，提出多种可供选择的方案的办法。

头脑风暴法成功的关键需要掌握以下要点：

①选择好会议参加者，与问题相关的人员、专家尽量邀请参与；

②要有高明、机敏的主持人，激发自由奔放的思考，思路越广越新越好；

③创造一个良好的环境，任何人提出的任何意见都要受到尊重，不得指责或批评反驳，更不能阻挠发言，也不许作结论；

④谋求改进和联合别人的设想。

从上述要点中可以看出，畅谈会强调自由思考，不受约束，因而可以激励动因，同时通过互相启发，又可增加联想的机会，使创造性思维产生共振和连锁反应，由此诱发出更多新的或异想天开的解决问题的方法。只要在这众多的设想中，有几个既新颖又有价值的设想可供进一步仔细研究，也就达到了会议的目的。

此法经各国创造学研究者的实践和发展，至今已经形成了一个发明技法群，如奥斯本智力激励法、默写式智力激励法、卡片式智力激励法等。

为使大家都能充分发表意见，每次会议人数不宜太多，一般五六人，多则十余人。如要吸收更多人的意见，则可分成几个会来开。会议时间一般为半小时至一小时。

这种会议适用于解决性质比较单一的问题。

（二）哥顿法（Gordon Technique）

哥顿法是由美国麻省理工学院的威廉·J. J. 哥顿（William J. J. Gordon）教授为了解决技术问题而拟定的一种方法。哥顿认为，既然发明创造不是阐明已知的事物联系，而是要发现事物间未知的联系，因此就得靠非推理因素来把似乎无关的东西联系起来。对于创新来说，非推理因素很重要。有不少发明就是把在逻辑推理上看来完全无关的东西联系在一起时产生的。哥顿教授据此而创造出的“综摄法”，就是一个利用非推理因素通过召开一种特别的会议来激发集体创造力的方法。

“综摄法”这个词来自希腊文，原意是指把不同的、显然无关的东西结合在一起。哥顿认为类比或隐喻是达到这个目的的有效办法。他主张，为了摆脱旧框框的束缚，打开思路，在探索新的设想时，要有一段时间暂时抛开想解决的问题，通过类比探索得到启发。因此他把综摄法分为以下两个步骤：

第一步是“变陌生为熟悉”。这是综摄法的准备阶段，即把问题分解为一些小问题，以便深入理解问题的实质，并由此得知需要解决哪些具体的小问题才是发明创造或突破问题的关键所在。

第二步是“变熟悉为陌生”。这是综摄法的核心，即暂时抛开问题本身，通过类比的方法，从陌生的角度进行探讨，得到一些启发之后再回到原问题上来，并通过强制联想，把类比成果应用于解决原问题。

哥顿采用的类比方法主要有下列四种：

1. 直接类比

通过观察和分析寻找与所研究的问题有类似之处的其他事物获得启发。例如用门来类比开关，用两栖动物的生理特点来类比水陆两用交通工具，用在夜间活动的动物的视觉机制（如猫头鹰的眼睛）来类比夜视装置，或是用电话线来类比人的神经系统，用建筑物来类比组织结构，等等。

2. 象征类比

象征类比也称词题类比。即用能抽象反映问题的词或简练词组来类比问题，表达所探讨的问题的关键。如要发明一种开罐头的新方法，就可以选一个“开”字，先抛开开罐头问题，从“开”这个词的概念出发，看看“开”有几种方法，如打开、撬开、剥开、撕开、拧开，揭开、破开等，然后再回过来看看这些开法对开罐头有什么启发。再比如用“集中的期望”来象征靶，用“可靠的间歇性”来象征棘轮，用“强制集拢”来象征固体，等等，然后抛开问题，先探索如何达到这些词题的要求，找到解决办法后再回到问题本身。

3. 人性化类比

人性化类比也称感情移入，角色扮演。即把自己设想为所讨论的问题中的某个因素，然后从这种处境出发，设身处地地来想象，假如我是这个因素时，在问题设定的条件下会有什么感觉，或者会采取什么行动。据说化学家拉法第就经常把自己想象成一个活动的分子，并好像“看见”了它的原子。克库勒在想象苯分子的结构时，由于感情移入，他感到自己是一个苯分子，自己好像是一条咽下自己尾巴的蛇，由此悟到苯分子是碳分子环结构，而不是一般的碳分子链结构。

4. 幻想类比

即可以通过神话幻想，想象出一些现实中不存在的可能解决问题的办法。

这几种类比方法并不是互相孤立的，在一次综摄法会议上，可以应用一种，也可轮流采用几种。一般说来，既然是类比，那么所类比的东西同原问题总有相类似的地方。但戈登认为，既然综摄法是为了避免老思想框框的束缚，那么就更应重视所类比的东西的“陌生性”这个条件，即要求类比的东西同原问题的距离越远越好，这样才更便于打开新思路，创造新途径。

由于哥顿法也是以会议形式请专家提出完成工作任务和实践目标的方案，至于完成什么工作，目标是什么，只有会议主持人知道，不直接告诉与会者，以免他们受到完成特定工作及思维方式等的束缚，可见哥顿法也是一种特殊形式的头脑风暴法。

（三）德尔菲法（Delphi Technique）

德尔菲法是由美国兰德公司提出的，采用定量和定性相结合的方法进行决策，它已成为一种非常普及的技术预测方法。它既可以由群体成员来完成，也可以由分散的成员来完成。这种方法是就某一个问题或事项运用函询的方法，征求专家的意见，其过程如下：

①确定问题，成立决策活动小组。

②针对问题，仔细设计一系列问卷，选择若干相关专家与决策人员。

③通过问卷要求成员提供可能的解决方案。每一个成员匿名地、独立地完成第一组问卷。

④第一轮问卷的结果集中在一起进行整理、编辑、誊写和复制。

⑤把整理的结果反馈给各成员，再次征求他们的意见。

⑥如此反复几个回合，用逐次逼近法来集中对问题的解决方法和取得一致的意见，然后决策者利用这些预测资料来进行决策。

这种方法的优点是：杜绝了群体成员间过度的相互影响，能充分发挥专家的作用，不论其地位如何，避免了从众行为，甚至无须参与者到场。

德尔菲法的缺点：太耗费时间。当进行一个快速决策时，这种方法通常行不通。

二、定量分析决策法

这是运用数学模型，通过定量分析技术与计算来选择最优方案的方法，也称为数学方法。具体的定量分析决策法很多，主要可分为确定型、风险型、非确定型和多目标问题决策法等，各方法的具体内容如下：

①确定型决策法。主要有线性规划法、盈亏平衡分析法等。

②风险型决策法。主要有决策树、最大可能准则、期望值等方法。

③非确定型决策法。主要有悲观准则、乐观准则、乐观系数准则、等可能性准则、“后悔值”决策准则等。

④多目标问题决策法。主要有层次分析法、费用效果分析法、效用系数法、重排次序法等。

下面介绍几种较常见的决策方法与技术。

(一) 确定型决策法

所谓确定型决策是在事物的客观自然状态完全肯定的情况下作出的决策。决策的结果也是事先可以确定的。通常用于战术性的程序化的决策。

确定型决策法有：线性规划、盈亏平衡分析法、非线性规划、整数规划、动态规划、投入产出数学模型、确定型储存技术、网络分析技术等。下面介绍盈亏平衡分析法。

盈亏平衡分析法是在生产总成本划分为固定成本和变动成本的基础上，分析成本、产量和利润三者关系的计量方法。盈亏平衡分析法的关键在于找出盈亏平衡点。所谓盈亏平衡点是指在直角平面坐标系中企业利润为零的点，也即企业销售收入总额与成本总额相等的点。确定盈亏平衡点后，就能在此基础上作出一系列相应的决策判断。

(二) 非确定型决策法

所谓非确定型决策，是指对未来的情况虽有一定的了解，但无法确定各种情况可能发生的概率，对这种问题的决策，称为非确定型决策。其特点为：①必须有明确的目标；②必须有两个以上的可行方案；③必须有两种以上的自然状态；④必须有不同方案的损益值。

非确定型决策存在着不可控因素，没有客观的概率作为依据。一个方案所出现的结果是不确定的。这样，决策者的主观意志和经验判断居主导地位，同一数据可以有完全不同的方案选择。所以这类决策往往取决于决策者的经验和胆识，因此，风险较大。非确定性决策的方法一般可采取乐观准则、悲观准则、等可能性准则、乐观系数准则、“后悔值”决策准则等。以下面的例题说明这几种方法的具体思路。

例 1：某体育器材公司生产某种产品有三个可行方案，即大批生产、中批生产和小批生产。设产品的市场销售状况有：很好、较好、较差、很坏四种，其各自发生的概率均不能预知（即三种可行方案和四种自然状态不知其发生概率的不确定型决策问题）。每个可行方案在四种销路的情况下五年内的总盈利和总亏损如表 5-6 所示。

表 5-6 各种情况下的总盈利和总亏损

自然状态 / 可行方案	销路情况（单位：万元）			
	很好	较好	较差	很坏
大批生产	80	40	−30	−70
中批生产	55	37	−15	−40
小批生产	31	31	9	−1

解此题有以下五种方法：

1. 按乐观准则（即大中取大法）

每个方案中选一个最大值，然后对各最大值进行比较，再选最大者，如表 5-7 所示。

表 5-7

自然状态 可行方案	销路情况（单位：万元）					决策方案
	很好	较好	较差	很坏	最大值	
大批生产	80	40	−30	−70	80	大批生产
中批生产	55	37	−15	−40	55	
小批生产	31	31	9	−1	31	

2. 按悲观准则（即小中取大法）

在每个方案中选定其最小收益值，并在所有最小值中选其中最大者为最优方案，如表 5-8 所示。

表 5-8

自然状态 可行方案	销路情况（单位：万元）					决策方案
	很好	较好	较差	很坏	最大值	
大批生产	80	40	−30	−70	−70	
中批生产	55	37	−15	−40	−40	
小批生产	31	31	9	−1	−1	小批生产

3. 按等可能性准则（亦称推理标准法，拉普拉斯法）

该方法认为，既然没有充足的理由证明哪一种自然状态的概率大，哪一种自然状况的概率小，就只好假定其概率是均等的。所以各方案的期望值应是几种自然状况下可能效益的简单算术平均值，如表 5-9 所示。

大批生产的期望损益值 = （80+40−30−70）/4＝5（万元）

中批生产的期望损益值 = （55+37−15−40）/4 ＝9. 25（万元）

小批生产的期望损益值 = （31+31+9−1）/4 ＝17. 5（万元）

因为 5<9. 25<17. 5，故选取小批生产方案。

表 5-9

可行方案＼自然状态	销路情况（单位：万元）					决策方案
	很好	较好	较差	很坏	最大值	
大批生产	80	40	-30	-70	(80+40-30-70) /4=5	
中批生产	55	37	-15	-40	(55+37-15-40) /4 =9.25	
小批生产	31	31	9	-1	(31+31+9-1) /4 =17.5	小批生产

4. 按乐观系数准则（亦称务实标准、赫威斯准则）

本方法面对客观情况既不持完全乐观态度，亦不持完全悲观态度，而折中取一个系数作为主观概率。该折中系数根据预测资料或经验预先确定。

若乐观系数 α 确定为 0.7，即 $\alpha=0.7$；则悲观系数 $=1-\alpha=1-0.7=0.3$

那么，务实期望值 =（方案中最大损益值×乐观系数）+［方案中最小损益值×（1-乐观系数）］

按乐观系数准则计算的结果如表 5-10 所示。

表 5-10

可行方案＼自然状态	销路情况（单位：万元）					决策方案
	很好	较好	较差	很坏	最大值	α= 0.7
大批生产	80	40	-30	-70	80×0.7 +（-70）×0.3= 35	大批生产
中批生产	55	37	-15	-40	55×0.7 +（-40）×0.3= 26.5	
小批生产	31	31	9	-1	31×0.7 +（-1）×0.3= 21.4	

此时，各种方案的估算值计算如下：

大批生产估算值为：80×0.7 +（-70）×0.3=35（万元）。

中批生产估算值为：55×0.7 +（-40）×0.3=26.5（万元）。

小批生产估算值为：31×0.7 +（-1）×0.3 =21.4（万元）。

决策应选择大批生产方案，其损益期望值为 35 万元。

5. 最小后悔值准则（亦称大中取小法、机会损失分析法、沙万奇法）

决策者往往会因情况变化或决策失误而感到后悔，例如，判断为大时没出现大的情况，判断为小时没有出现小的情况，此时后悔当初没有“如此这般”。通常人们把最大损益值与所采取的方案的损益值之差称为后悔值（机会损失）。

后悔值=该自然状态下最优决策方案的损益值 - 该自然状态下其他某一决策方案的损益值。

本方法就是先找出各个方案的最大后悔值，然后选取最大后悔值中的最小者作为最优方案。

最小后悔值法的决策步骤可归纳为以下 4 步：

①找出每种自然状态下的最大损益值。

②分别求出每种自然状态下各个方案的后悔值。

③编制损益表，找出每个方案的最大后悔值。

④比较各个方案的最大后悔值，选取最大后悔值中最小者的方案为最优方案。

按最小后悔值准则计算的结果如表 5-11 所示。

表 5-11

自然状态 / 可行方案	销路情况(单位:万元)					决策方案(大中取小)
	很好	较好	较差	很坏	各方案的最大后悔值	
大批生产	80-80= 0	40-40=0	9-(-30)= 39	-1-(-70)= 69	69	
中批生产	80-55=25	40-37=3	9-(-15)= 24	-1-(-40)= 39	39	中批生产
小批生产	80-31=49	40-31=9	9-9= 0	-1-(-1)= 0	49	

(三) 风险型决策法

风险型决策也称随机决策或概率型决策。这种决策要具备以下五个基本条件：

①存在着决策者企图达到的一个明确目标（利益大或损失小）。

②存在着决策者可以选择的两个以上的行动方案。

③存在着两个或两个以上不以决策者的主观意志为转移的自然状态。

④决策者对每种自然状态出现的概率大体可以估计出来。

⑤不同方案在不同自然状态条件下的损益值可以计算出来。

鉴于概率是决策者根据历史统计资料和经验推断出来的，带有一定的主观性，所以决策存在一定的风险。风险型决策主要用于有远期目标的战略决策，或随机因素较多的非程序化决策。如，投资决策、新产品开发决策、技术改造决策等。常见的决策模型和技术主要有表格法与矩阵法以及决策树等。

1. 风险型决策的理论基础

风险型决策有多种方法，但各种方法都是建立在概率论、期望值、效用论的基础上的。

期望值指由于每种方案在不同的自然状态下损益不同，决策者就必须考虑各种结果对决策带来的影响。

效用指决策方案对决策者的价值。

2. 表格法与矩阵法

表格法与矩阵法具有简单、直观的特点，可用于解决比较简单的决策问题。

表格法必须有过去时期的实际统计资料，而且未来各种自然状态出现的概率与过去时期大体相同。

例 2：某化妆品厂为充分利用生产能力，拟生产某一产品自销，这种产品成本 130 元，售价 180 元，利润 50 元，但如果每天增加一箱存货（销不出）则将损失 30 元（交付贷款利息和存货费用）。根据预计，今年该种产品在同一季度的销售状况与去年基本相同，去年同一季度的实际销售量的统计资料如表 5-12 所示：

表 5-12

每日销售量（箱）	完成该销量的天数	概率
100	18	0.2
110	36	0.4
120	27	0.3
130	9	0.1
小 计	90	1.0

请根据已知条件和未来的各种自然状态（每日销售量）出现的概率，计算并编制决策计算表格。

计算方法如下：

当日产量小于或等于日销量时：

销售利润＝日产量（箱）×每箱利润（500 元）

当日产量大于日销量时：

销售净利润＝销售利润－存货损失

＝日销量（箱）×每箱利润（500 元）－（日产量－日销量）×每箱存货损失（300 元）

各种方案的计算结果如表 5-13 所示。

表 5-13

生产方案 \ 自然状态 概率	每日销售量（箱）				期望利润（元）
	100	110	120	130	
	0.2	0.4	0.3	0.1	
100	5000	5000	5000	5000	5000
110	4700	5500	5500	5500	5340
120	4400	5200	6000	6000	5360
130	4100	4900	5700	6500	5140

在第三项中，日产 120 箱，若日销量只有 100 箱，则：

销售净利润 = 100×50 －（120−100）×30

= 5000−600 = 4400（元）

若日产量 120 箱，日销量为 110 箱，则：

销售净利润 = 110×50−（120−110）×30

= 5500−300 = 5200（元）

若日产量 120 箱，日销量为 120 箱，则：

销售净利润 = 120×50 = 6000（元）

根据表中的计算结果，应该选择每天生产 120 件产品其收益最佳。

例 3：某运输设备需确定下月是否启用，若启用遇气象条件好可获利约 10 万元；若遇气象条件差，则要损失 2 万元；若不启动，无论气象条件如何都得付出保养资金占用的利息费用 2000 元。据历年气象资料统计，下月气象条件好的概率为 0.3，坏的概率为 0.7。请决定下月是否开启此设备？

计算损益期望值 = 条件收益×概率

启用方案的损益期望值 = 100000×0.3+（−2000）×0.7 = 16000（元）

存封方案的损益期望值 =（−2000）×0.3+（−2000）×0.7 = −2000（元）

比较期望值的大小，如表 5-14 所示，作出决策。

表 5-14

自然状态 \ 方案	启用		存封	
	条件收益	期望收益	条件收益	期望收益
气象好 0.3	100000	30000	−2000	−600
气象坏 0.7	−20000	−14000	−100000	−1400
期望值		16000		−2000

由于开启方案较好，决定采用开启方案。

此题若用矩阵法求解则更加方便。

设 B 为条件损益矩阵；P 为概率矩阵；EMV 为损益期望值，

则 $\text{EMV}=B\times P^{T}$

$$\begin{pmatrix}100000 & -2000\\ -2000 & -2000\end{pmatrix}\begin{pmatrix}0.3\\ 0.7\end{pmatrix}=(16000 \quad -2000)^{T}$$

所以 $\text{EMV}_{max}=16000$（元）

如果决策变量多，决策问题简单，可直接用矩阵法求解。

例 4： 某海鲜品进价为每吨 2 万元，售价为 5 万元，若不能及时售出则要报废损失 3 万元，现对该商品的每日需求量进行 200 天的统计观察，结果如表 5-15 所示。

表 5-15

商品需求量（吨）	5	6	7	8	9
期望天数（天）	20	40	80	30	30
概率＝频数/总天数	0.1	0.2	0.4	0.15	0.15

损益期望值＝条件收益×概率

条件收益＝总收益－总费用

收益＝售价×售出数量

费用＝进货数量×进价

例如，进 8 吨，售出 6 吨，则：

收益＝6 吨×3 万元 － 2 吨×2 万元＝14（万元）

各种方案的计算结果如表 5-16 所示。

表 5-16

条件 \ 收益 \ 概率	进货方案（吨）				
	5	6	7	8	9
5（0.1）	15	13	11	9	7
6（0.2）	15	18	16	14	12
7（0.4）	15	18	21	19	17
8（0.15）	15	18	21	24	22
9（0.15）	15	18	21	24	27

用矩阵法求进货方案的期望值如下：

$$\mathrm{EMV}\ (B\times P^{T})=\begin{pmatrix}15&13&11&9&7\\15&18&16&14&12\\15&18&21&19&17\\15&18&21&24&22\\15&18&21&24&27\end{pmatrix}\begin{pmatrix}0.1\\0.2\\0.4\\0.15\\0.15\end{pmatrix}^{T}=\begin{pmatrix}10.9\\15.4\\18.9\\20.4\\21.15\end{pmatrix}^{T}$$

21. 5÷3＝7. 05；$\mathrm{EMV}_{max}=19$（万元）

所以选择相应的每日进货 7 吨为最优方案。

矩阵法的优点是：对于特别复杂而计算量较大的决策问题比决策树方便。因为它将问题转化为两个矩阵相乘，易于使用计算机运算。

3. 决策树法

决策树法是以图解方式分别计算各方案在不同自然状态下的损益值，通过综合损益值的比较作出决策。它是现代管理中常用而有效的决策方法之一。它对分析比较复杂的问题较为适用。

用树状图表示由一系列决策环节构成的决策过程，决策树中的决策环节可分为两种：一种是决策者可以凭借主观意志选择的环节，称为主观选择环节；另一种是不能由决策者凭借主观意志选择的决策环节，称为客观随机决策环节。

为了对决策树进行科学的系统分析，首先必须估计每一环节的概率，包括主观概率与客观概率。客观概率是指那些有明确历史先例和经验的概率。主观概率指那些没有任何历史先例，不是由统计规律确定的概率。例如乘车旅行出发前估计交通拥挤的程度，是否能买到当天的飞机票，这些就属于主观概率。主观概率是根据个人的知识和经验对某事件发生的可能程度进行的猜测。

决策树的基本要素有决策节点、方案分枝、自然状态节点、概率分枝等，如图 5-5 所示。

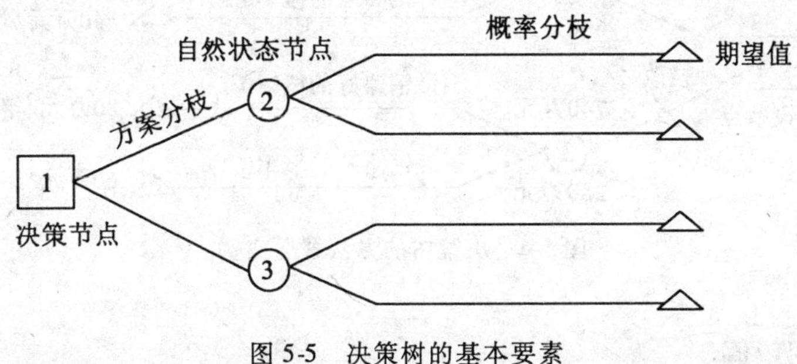

图 5-5　决策树的基本要素

绘制决策树时，首先要绘出决策节点，用方块表示；其次，按照不同方案数从决策节点绘出数根方案分枝；再次，在各方案分枝末梢画出自然状态节点，用圆圈表示；最后，由各个自然状态节点绘出若干概率分枝，每一根概率分枝代表一种自然状态。

决策树绘成后，就要计算损益期望值。期望值的计算要从左至右进行。先是根据不同方案在不同自然状态下的损益值计算方案的综合损益值，记在该方案的自然状态节点（机会节点）上；然后再比较各个方案的综合损益值，选出综合损益值最大的方案，其余方案可记上“不用”的符号，这叫做“剪枝”。

在比较综合损益值时，应把实施方案所花的费用扣除，最后把最优方案扣除实施费用后的综合损益值记在决策节点上。

例 5：某企业准备投资某种产品，一是新建一条流水线需投资 600 万元，二是进行技术改造，需投资 260 万元，两种方案的使用年限均为 10 年。

两种方案每年的损益值随市场销售的好坏而各不相同，销售好坏发生的概率和损益值经预测如表 5-17 所示。

表 5-17

自然状态	概率	流水线投资 600 万元	技术改造投资 280 万元
销路好	0.7	每年盈利 200 万元	每年盈利 80 万元
销路差	0.3	每年亏损 40 万元	每年盈利 60 万元

决策树方法的基本步骤如下：

①绘制决策树图（如图 5-6 所示）

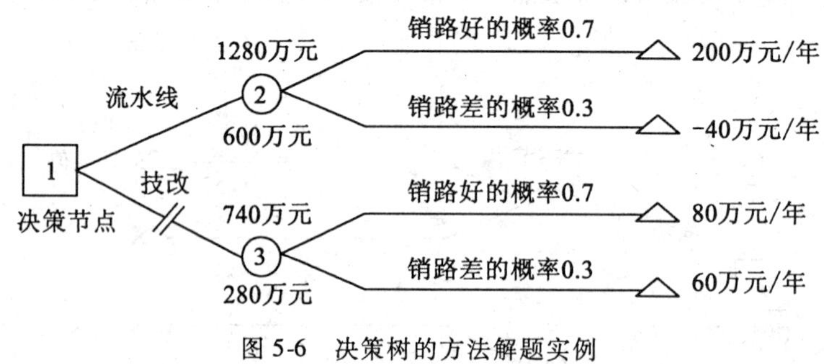

图 5-6　决策树的方法解题实例

②计算期望值。

（计算各自然状态节点的利润期望值）

期望值 = $\sum$（收益 × 概率）× 年限

节点 2 的利润期望值为：

200×0.7×10（年）+（-40）×0.3×10（年）= 1280（万元）

节点 3 的利润期望值为：

80×0.7×10（年）+60×0.3×10（年）= 740（万元）

③计算整个使用年限的净利润。

净利润= 收益-投资

新建流水线 10 年的净利润：

1280-600=680（万元）

技术改造 10 年的净利润：

740-280=460（万元）

④比较两种方案并把所求的利润期望值分别写在节点 2、节点 3 的上方。

剪去利润较小的方案枝，本题取新建流水线。

通过以上分析可以看出，对于不确定型决策问题和风险型决策问题，采用不同的决策准则所得到的决策方案并非完全一致，而且客观上也难以判别究竟哪个准则较好，哪个准则不好，至于应采用哪个准则，主要还是取决于决策者的心理素质。

思考题

1. 如何理解“管理就是决策”？决策的构成要素包括哪些内容？
2. 决策有哪些分类？这些分类的依据是否合理？
3. 规范决策理论存在哪些局限？
4. 行为决策理论对决策理论的贡献是什么？
5. 决策者在决策时如何才能客观地划分决策的影响因素的主次？
6. 决策过程包括哪些具体步骤？
7. 试用决策树的方法解决实际的决策问题。
8. 简述头脑风暴法和德尔菲法的适用范围及各自的优缺点。

第六章 计划管理

【目的和要求】

学完本章，应达到的要求：

1. 清晰地理解计划管理工作的性质、目的、特征和任务。
2. 能够结合实际问题提出制订计划的基本要求。
3. 能将计划的各种表现形式灵活地运用于计划管理之中。
4. 清楚计划工作的基本程序及各步骤的关键。
5. 学会灵活运用计划的“瓶颈”原理、灵活性原理、承诺原理、改变航道原理。
6. 熟练掌握现代计划技术的滚动计划方法及网络计划方法。
7. 熟悉长期计划的内容、长期计划的编制要点。
8. 了解年度计划的特征、年度计划的主要内容和相互关系。
9. 理解为什么要特别强调计划的执行力。

第一节 计划管理工作的任务

按泰勒、法约尔的论断，计划管理是管理的首要职能。计划作为管理的一种职能，既可以用高度集中、严格控制的方式，也可以依靠市场调节的方式。在一个组织系统内部，其生产经营的一切活动，必须在统一的计划指导下进行。

计划管理的内容、方法和手段，受社会环境和组织内部众多因素的制约。计划管理是一门在逻辑结构上十分严谨的科学，且是一门不断发展的科学。

一、计划工作的概念

计划在《辞海》中的含义是为了实现一定目标的未来行动方案。

严格地说，计划是一种结果。它产生于计划工作所包含的一系列活动完成之后。一个完整的计划，它告诉管理者和执行人未来的目标是什么，由谁采取什么样的活动来达到目标以及在什么时空范围内从事这些活动。

计划工作则是管理者预测未来、确定目标、制定实现这些目标的行动方案的过程。

计划工作有广义和狭义之分。广义的计划工作包括制订计划、执行计划和检查计划的执行情况等多个过程。

狭义的计划工作主要指制订计划。即通过一定的科学方法，确定相应期间的组织目标以及为实现目标，使内部条件与外部环境保持动态平衡，所设计的活动方案与具体安排。

二、计划工作的性质

计划的本质是人们的目的意志。而目的意志是人们通过其实践获得的反映客观世界的主观精神。计划工作的实质也就表现为组织的目的意志的形成过程。该过程有两个基本问题有待人们去研究和认识：一是如何对客观现实作出正确的反映；二是如何形成组织统一的目的意志。由此也就要处理好以下两个方面的关系：

①如何把握人的认识规律，避免导致主客观的背离和努力实现对客观的创造，这是计划工作最根本的任务。

②怎样处理好组织成员个人的目的意志与组织的目的意志的关系。

我们知道，组织的目的意志是集合其成员个人的目的意志，反映了个人的目的意志。否则，组织就难以综合成员的力量去为实现组织的目的意志而奋斗，组织的这种意愿也就必然落空。然而，组织成员众多，每个人的意志又千差万别，如何才能归纳、综合，从而抽象出科学的、正确的组织的目的意志就成了计划工作又一根本性的任务。

三、计划工作的目的

计划工作的目的如下：

①把组织经营的各项活动，再生产过程的各个环节，每个人的工作科学地组织起来；

②把组织的长期目标和短期目标衔接起来；

③把组织内部条件和外部环境有机地联系起来，实现资源的合理配置；

④把社会需要、宏观计划同组织的计划统一起来；

⑤使组织的各项生产经营活动有条不紊地进行，以提高工作效率和经济效益。

四、计划管理的特征

计划管理以提高经济效益为中心，采取科学的方法和工具，编制全面、全过程、全员的计划，实行系统管理。它要求人们用全局的而非局部的，联系地而非孤立的，动态的而非静止的观点去研究问题，处理问题和解决问题。推行和实现全面计划管理，是管理现代化的一项重要制度和方法。由此，可归纳出计划管理的八大特征如下：

1. 计划管理的对象是组织的总系统

计划涵盖经营要素各子系统，职能各部门，生产、管理各层次、各环节、各阶段。它要求各子系统的活动必须服从总系统的计划目标与要求。要求局部计划能确保总体计划的实现，短期计划能保证长期计划的实现。

2. 计划管理的范围是组织经营、生产活动的全过程

就一般企业而言，它既包括生产活动过程，又包括流通活动过程。即从原材料、动力、生产设备、劳动力等生产条件的准备到生产过程的组织，产品的销售到售后服务，无不要纳入计划的轨道。

3. 计划管理的参与者具有全员性

动员全体职员都来参与。人人关心计划，人人按计划的要求生产、工作。编制计划时要发动群众讨论，群策群力。要将计划变为现实，就必须落实到基层，落实到具体的单位和个人，让计划成为指导个人行动的纲领。

4. 以实现组织的利润（利益、收益）最大化为目标

计划的目标是增加收益（盈利）。产量的大小由市场需求而定，并非越大越好，而是以实现利润目标最大化为原则。

5. 以社会需求为基础

计划编制的基础主要是社会需求的状况，订单的状况。对于组织内部条件则可以重新塑造，如筹集资金，增加设备。

6. 以经营决策为指导

组织计划是经营决策的具体化、详细化。而计划总是针对新问题、新变化、新机会而作出的决定，故成功的计划有赖于创新。

7. 以价值指标为主线

经营计划指标侧重于价值指标，是现代计划管理的新特色。从利润目标、销售指标、资金需要量指标、劳动工资指标到最终成本费用指标，都以价值量为主线，以突出组织最终的营运效益。

8. 以综合平衡为手段

此处特别强调三点：市场需求与组织现有条件及可塑造条件的平衡；组织经营、生产能力与市场资源可供量的平衡；组织经营目标与市场环境的平衡。

前三者集中体现全面计划管理的特征，后五者集中表现市场经济条件下经营计划的现代特征。

五、计划工作的任务

计划工作的任务概括地讲是按照社会和市场的需要，通过编制计划、组织计划的实施、计划的控制，把组织内部的各项经营要素，各类经济活动科学地组织起来，使之得到合理的运用，以保证目标的实现，满足社会的需要，提高组织的效

益。具体而言包括以下 4 个方面：

1. 制订计划目标

即在预测的基础上，将组织的经营理念、方针、政策具体化为经营计划目标。通过计划将目标具体化，用以动员一切生产经营要素，组织和协调各种要素关系，特别是协调员工的行动。

2. 配置资源，编制计划

即按既定目标，采用科学的计划方法来合理分配、统筹安排组织资源，使其得到充分利用。以企业为例，就是依据确定的目标编制可行的计划方案，主要是对内部资源进行各方面的平衡。如：基本建设与生产的平衡；产量与质量的平衡；质量与成本的平衡；效率与工资总额的平衡；资金投入与技术改造、技术革新的平衡；职工素质与效率提高的平衡。

3. 协调经营活动的各种关系

通过运用计划的综合平衡，来协调各方面的关系。例如，企业同外部协作单位的关系（供销关系）；企业内部各部门、各环节的比例关系。通过计划控制和调节，消除不协调因素，保障组织系统正常运营。

4. 促使满足社会需要与组织效益的有机结合

任何组织、企业的一切活动的目的，都是为了在不断满足社会需要的前提下，提高组织的经济效益，保证以较少的投入，取得较大的产出。

六、计划管理的意义

近年来，生产技术日新月异，生产规模不断扩大，分工协作的程度空前提高，任何一个社会组织的活动不但要受到内部要素的影响，还要受到外部环境的制约。组织要不断地适应这种复杂的、变化的环境，没有科学的计划来协调和平衡各方面的活动和关系，是不可想象的。

计划管理的积极意义可归纳为以下五个方面：

1. 它是管理者指挥的一项基本依据

管理者分派工作的直接依据是计划所规定的任务并以此来确定下级的权力和责任。运用计划把分散的个别活动统一成一个有机的整体，按统一的要求和步骤去行动，从而形成联合的力量。因而计划又具有统一指挥、统一步调的作用。

2. 可以避免日常生产经营工作的盲目性、主观性

计划管理有助于人们避害就利，降低经营风险。在一个急剧变化的时代，计划作为一种预期变化并设法消除变化对组织造成不良影响的有效手段，有着科学组织生产要素，防范和降低经营风险的作用。

3. 有利于人尽其才、物尽其用、财尽其力

计划使各资源要素在时间上、空间上，相互衔接，均衡布置，使各管理工作协

调配合，从而减少经营活动中的浪费和损失。

4. 计划是管理者实施控制的标准

计划指标作为计划管理的根本性文件，它既是执行任务的依据，又是进行管理控制的标准。可以说，控制的标准基本上源于计划。

5. 计划是提高组织经济效益最有力的手段之一

科学而又严密的计划，不仅可以充分发挥人、财、物、时间、信息各经营要素的功能，而且可以理顺各方面的关系，使其协调发展，以实现对整个组织营运的有效管理。

七、制订计划的基本要求

为了实现组织目标，增强计划的科学性、实用性，计划工作应符合下述六项要求：

1. 计划应具有预见性

计划是未来行动的方案。未来不肯定的因素较多这一客观事实要求，制订计划时须尽可能地预计到未来组织内外的情况将会发生哪些变化；对未来情况的变化要有多种准备，以减少行动的盲目性；要多视角、多方位预测未来的变化趋向。

2. 计划应具有可行性

计划要切实可行，积极可靠，此乃计划之要。这要求在计划制订中充分运用预测、决策等方法，使计划尽可能地做到尽善尽美，以求切实可行。否则，不可行、不切实际的计划等于无计划。届时，只会打乱自己的方寸。

3. 计划须有强制性（严肃性）和弹性

计划属于规章制度、管理条例的范畴，计划一经制订、批准，就具有权威性和强制性。强制性即要求严格执行，不允许轻易变更或废除计划，若真正需要调整则应按相关制度进行。弹性要求计划有适应环境变化的灵活性。强制性、弹性二者要有机结合。

4. 计划应具备完整性、系统性

组织内各种不同的生产、技术和经济活动，均需要相应的计划去指导，故组织计划应该完整、齐备。然而，各部分计划的编制所依据的条件和影响因素又各不相同。所以，各计划之间往往会产生矛盾和不协调。这就要求在编制计划时，按照系统的观念，使各计划之间相互协调、相互配合、相互促进，形成一个有机的整体，以发挥统一计划的优越性。

5. 计划应具备连续性

现代组织的生产经营活动本身就是一个连续不断的过程。前期计划的执行情况及其分析，是编制当前或后期计划的依据。因此，近期计划的编制要考虑为后期计划提供条件。短期计划的编制要成为实现长远计划目标的组成部分。任何割断过去、现在、未来的联系，不切实际的高指标、高速度，或是急功近利、竭泽而渔，不顾长远的做法，都是不可取的。

6. 计划应具备有效性、科学性

未来行动的方案，往往是多种多样的，每种方案，所产生的效果是不同的，为保证计划的严肃性、灵活性，计划本身必须科学。科学性是计划的灵魂。此处的科学性是指计划指标的制定要有科学的依据；计划资料的来源要科学；计划资料的整理要科学；计划的编制要考虑多方案，并对其进行优选；要充分运用多种数学方法，如决策论、控制论、系统工程、价值工程、网络计划、线性规划、图论等计划编制方法；计划指标层层落实要科学；组织内部的信息反馈要科学。

计划的科学性可以增强计划的有效性，通常可以提高 20% ~30%，甚至成倍提高。所以，科学的计划本身就是一种少消耗资源的资源，计划的节约或浪费是最大的节约或浪费。例如，投资规模过大、过多，一时难以形成生产力以及执行控制中的“一刀切”，砍得半死不活，都属于计划出错。

第二节　计划的类型

一、计划的种类

人类活动的复杂性、多样性，使得计划的种类也复杂多样。人们在不同的平台，依据需要从不同的角度，按不同的标志编制出种类众多的计划。忽略计划的具体内容，抽象各种计划中具有共性的东西，可将计划进行大体的分类。目前较流行的计划分类方法如表 6-1 所示。

表 6-1　**计划分类方法**

分类依据	计划种类
1. 按时间期限划分	1. 长期计划 2. 中期计划 3. 短期计划
2. 按计划制订的层次划分	1. 战略计划 2. 管理计划 3. 作业计划
3. 按职能范围划分	1. 业务计划 2. 财务计划 3. 人事计划

续表

分类依据	计划种类
4. 按计划的对象划分	1. 综合计划 2. 局部计划 3. 项目计划
5. 按计划的范围划分	1. 政策 2. 程序 3. 方法
6. 按计划的约束力划分	1. 指令性计划 2. 指导性计划
7. 按程序化程度划分	1. 程序性计划 2. 非程序性计划

其他还有按组织业务分类，按空间范围分类的各种计划。然而，按某一标准对计划的分类也并非是绝对的。所以，现实中的计划往往兼顾几种分类准则，这是常见的事。

二、计划的表现形式

计划的表现形式并非仅是以若干指标的形式来反映计划的内容。

计划的表现形式可以是：组织宗旨、组织使命、组织目标、组织战略、组织政策、组织规划、组织程序、组织规章和组织预算等，如图 6-1 所示。

1. 组织宗旨

宗旨（Purpose），是一个组织最主要的目的与意图，是组织生存的根本目的或原因。它是对组织“存在理由”的宣言，解决的是“我们的企业为什么要存在”这一关键问题。宗旨反映组织的价值观念、经营观念和管理哲学等根本性的问题，它是组织之魂。

组织的存在是为了什么呢？很简单，是为了完成其成员在分散状态下所无法完成的事业；是为了追求其成员的最大限度的协同效应；是为了每一个成员能实现其个别状态下无法实现的价值追求。因此，组织的最基本目的，是使它的成员能不断地、更好地服务于社会，为社会做有价值的事情，从而不断地以更高的层次实现自身的价值。组织只是实现这一目的的手段而已。例如，英特尔公司的宗旨是：在工艺技术和营业这两方面都成为并被承认是最好的、领先的，是第一流的。

企业宗旨是确定企业的经营领域与重点、制定战略目标和分配资源的基础。这是一个看似简单但实际上非常困难的问题。如果说消防队的宗旨是救火，那么这就

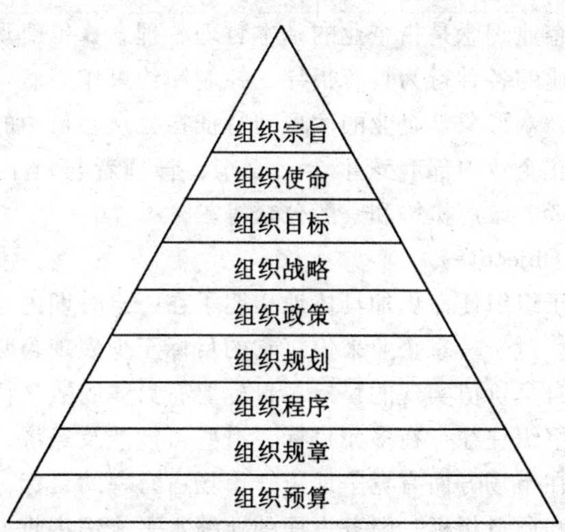

图 6-1　计划的表现形式

不可能产生好的绩效。因为救火是不得已而为之的，只有不起火，少起火才是更重要的。因此，消防队的更重要的宗旨是进行防火宣传与教育，防患于未然。

关于企业宗旨，只有真正的战略家才能够回答，这是战略家的首要责任。一般地，企业宗旨陈述可以从九个方面考虑：顾客、产品或服务、地域市场、技术、财务、价值观念、自我认知、公众形象、对员工的态度与责任等。

2. 组织使命

在明确了组织宗旨后，组织者自然就须选择能最好地实现这一目标的服务内容或者事业。被选定的服务内容或者事业就是组织的使命。组织使命是组织设立的基础，而不是反过来。组织的存在是行使其使命的基础。例如，一家轧钢企业和一家旅游企业为了实现各自的利润目标，分别给自己规定了生产钢材产品和提供旅游服务的使命。

一个好的企业的组织使命的表述，通常包括以下六个基本要素。

①企业目的。企业所要达到的目的是多方面的，有经济目的、社会目的和其他目的。企业作为经营组织，其主要目的是经济目的，即企业生存、成长、获利三项目的。这是企业的长远目的，决定着企业的战略方向。

②企业经营范围。企业的性质和任务是由企业的经营范围决定的。在企业新建及进行重大调整时，都要首先确定企业的经营范围。企业的经营范围所涉及的内容有三个方面：企业经营何种事业；面向何种市场；采用何种技术满足这些要求。

③企业定位。企业在竞争中，要根据自己拥有的资源，尤其是技术资源，所生产的产品和所服务的市场，客观地评价自己的优劣条件，精准地确定自己的位置。

这包括产品定位、市场定位、竞争定位等。

④企业理念。企业理念是指企业的基本哲理、理念、价值观和抱负。它是企业的行为准则，对企业的各种行为具有指导、控制和约束作用。

⑤公众形象。公众形象是企业的表现与特征在公众心目中的整体印象和评价。

⑥利益群体。在企业内部有董事会、股东、管理者与员工；在企业外部有顾客、供应商、竞争者、政府机构和一般公众等。

3. 组织目标（Objective）

组织目标较之于组织使命更加具体地指明了在一定时期内经营活动的方向和所要达到的预期水平。对于一家企业来说，它的目标至少表现为两个方面，即对社会作出贡献的目标和自身价值实现的目标。目标要有具体的数量特征和时间界限。

通常情况下，组织往往存在多元目标，有些可能涉及经济、社会、环境和政治方面。例如，企业在市场方面有竞争地位、市场占有率的目标，在生产能力方面有其运用资源的数量和质量指标，财务方面的业绩水平、销售收入和利润目标。

4. 组织战略（Strategy）

战略是指对交战双方进行分析判断而作出对战争全局的筹划和指导。它总是针对竞争对手的优、劣势以及对方正在和可能采取的行动来作出反应。因此，只要存在竞争，且竞争成败取决于因长期准备和持续努力而获得的优势地位，就需要制定战略。

对组织来说，战略是为实现组织长远目标所选择的发展方向，所确定的行动方针以及资源分配方针与方案的一个总纲。

战略的目的是通过一系列的主要目标和政策，来决定组织未来的长远发展，它并不涉及组织如何去实现目标，因为这是组织主要和次要的支持性计划的任务。战略的制定和实施，使组织由一个抽象的概念而变得具体和现实起来。

5. 组织政策（Policy）

政策是管理当局预先确定的以用来指导或沟通决策过程中思想和行为的明文规定。政策是管理者决策时考虑问题的指南，它是组织行动的指导方针。政策有一般和特殊，抽象和具体，长期和短期之分。

政策通常应具有灵活性、全面性、协调性、道德性、明确性的特点。

所以，一般较科学合理的政策多能体现以下特色：以客观存在的真实信息为基础；明确，易于理解，易于文字表达；既具有灵活性又有相对的稳定性（层次越高其稳定性应越强）。

6. 组织规划

规划（Program）是为实施某一既定方针而做的一个综合性计划。规划一般是粗线条、纲领性的。它包括目标、政策、程序、任务分配、执行步骤、使用的资源等。

7. 组织程序和组织规章

程序（Procedure），是指为完成某一特定计划而规定的一系列步骤。它同样是一种计划。程序主要是针对那些重复发生的例行问题按时间的顺序，对其活动步骤所作的具体规定。制定程序的目的在于减轻管理者决策的负担，明确各个工作岗位的职责，提高管理活动的效率和质量。所以，它是一种经过优化的计划，是对大量日常工作过程及工作方法的提炼和规范化。

如果说政策是人们思考问题的指南，那么程序则可谓是人们行动的指南。

规章（Rule）指那些用以指导或禁止在某种场合，采取某种特定行动的具体的、详细的规定。例如，在某种场合要求戴安全帽，在一些地方严禁烟火，就是一种规章。规章作为允许或不允许采取某种特定行动的规定，它也是一种计划。只不过是一种较简单的计划而已。

规章和程序在定义上有一定的重叠性。程序由许多步骤组成，若不考虑时间顺序，其中的某一步可能就是一条规章。

规章与政策的区别：规章在运用中不具有自由处置权，不规定时间顺序，它主要阐明某一活动中必须遵循的法则，具有强制性。

8. 组织预算

预算（Budget）是用数字表示预期结果的一种计划或报表。预算通常用财务术语或其他计量单位来表示。这种数字化形式的计划，有助于人们从数字的角度，更全面、细致地了解组织经营活动的规模、重点和预期成果。

预算是控制组织活动不可缺少的手段，它能有效地协调组织各方面的工作。

第三节 计划工作的程序

计划工作由于其职能性质的独特，全方位的服务范围以及具体内容的复杂性，为了保证计划的有效性、科学性，任何计划工作都应有步骤地进行。另外，计划分段有步骤地进行可以使各阶段明确主要任务，保证计划工作有条不紊地进行。一项完整的计划制订工作一般包括以下四个基本阶段：

环境分析与预测阶段；计划方案的制定阶段；计划方案细化阶段；计划的执行与监控阶段。它们又可具体为以下九个基本步骤，如图 6-2 所示。

一、估量机会

机会是具有时间性的有利情况和时机。机会的魅力就在于，抓住了它就可以给人们带来转折性的，甚至是无量的前景。机会的时间性极强，往往稍纵即逝。

对于个人或组织，真正美妙的机会是有次数的。例如，千载一遇的机会即是。所以，把握战机对于每个人或组织来说可谓是生死攸关的大事，估量机会是计划编

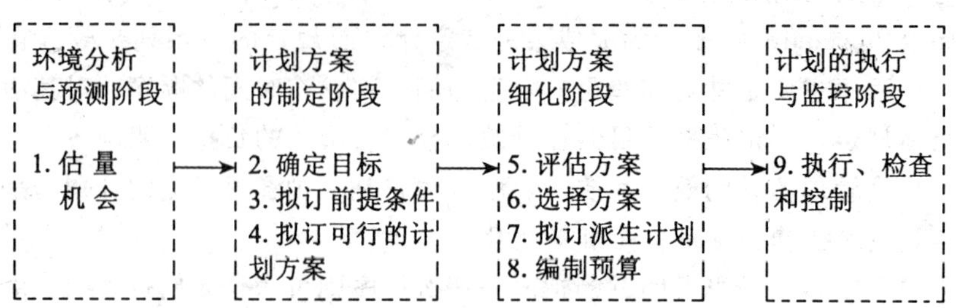

图 6-2 计划制订的基本阶段

制的起点。这里估量机会的根本意义在于以下几点：

①初步考察未来可能出现的机会并清楚而全面地了解这些机会的概率。

②充分认识组织自身的优劣势和摆正自己的位置。

③明确组织为什么希望去解决这些不肯定的问题。

④期望得到的结果是什么？

⑤确立切合实际又符合组织宗旨的目标。

二、确定目标

在估量机会的基础上，接着就是选定组织目标。目标是组织行动的出发点和归宿。所以，整体目标具有支配组织内所有计划的性质。确定目标一般要解决以下四个方面的问题：

1. 选择目标的内容和顺序

在一定时期内究竟要取得哪些成果，是一个组织首先需要明确的。然而，各成果目标并非是等量齐观的。在一定时期和一定条件下，某目标可能比其他目标更为重要。不同的目标内容与目标排序会导致不同的政策和行动，也会产生出不同的资源配置方案。因此，科学地选择目标内容和顺序，自然就显得极为重要了。

2. 选择适当的目标时间跨度

这是指要用多长的时间来达到目标。以往，人们习惯于按日历的相等间隔，确定目标或计划时间。但这种做法有时与实际工作所需的时间不一致。为解决这一矛盾，可以按"承诺"原则确定目标时间。人们所作的某项选择，其实质就是对未来将采取的某一串行动作了"承诺"，合理的目标时间应当与合理承诺所包括的时间相同。例如，某一投资方案的目标时间跨度应与该方案投资回收的时间相同，才合理。

3. 目标尽量数量化

目标不能含糊其辞，否则，既不利于落实又难以监控。

4. 目标的体系要科学

选用不同的指标体系，会导致不同的结果。所以，数量指标和质量指标二者都不得偏颇；绝对指标和相对指标必须兼顾。

三、拟订前提条件（即假设条件）

这是就计划的预期环境所作的预测。基于未来计划期间的环境的复杂性和变动性，要想对它的每一个细节都提出假设既不现实也不经济。因此，所要确定的前提只能限于那些对于计划来说是关键性的和具有战略意义的前提，如市场环境、社会环境、政治环境、科技环境、资源环境、生态环境等。

四、拟订可行的计划方案

完成某一任务总会有许多方法，即每一项行动均有异途存在，这称为异途原理。管理界有一个理论："若某一事物只有一个方法，则此方法大半是错误的方法。"很多异途是潜藏着的，只有发掘了各种可行方案，才有可能从中找到最佳途径。

但也并非方案越多越好，这里同样有经济问题和时间问题。因此，方案的拟订应该充分发扬民主，群策群力，集思广益，大胆创新。

五、评估方案

评估方案是就其经济性、可能性（技术性）和负面后果等进行综合评价。这是一项较为艰巨的工作，因为它涉及评判标准的确定，且需要对很多无形的难以用数量表示的因素进行评价。

六、选择方案

这是计划编制中较为实质性的一个环节。它是在充分比较后就计划方案的可行性、经济性、可能性、满意性等方面进行综合与取舍的过程。为防不测，确定方案时往往要确定后备方案。

七、拟订派生计划（辅助、引申计划）

一个基本计划总是需要若干个派生计划来支持，只有在完成派生计划的基础上才可能完成基本计划。

八、编制预算

这实质上是资源的分配计划。通过编制预算，对组织的各类计划进行汇总和综合平衡，控制计划完成的进度，保证计划目标的实现。

编制预算应在企业战略的指导下，以上一计划期的实际状况为基础，结合企业业务发展情况，综合考虑预算期内经济政策的变动、行业市场状况、产品竞争能力、内部环境变化等因素对生产经营活动可能造成的影响，根据自身业务特点和工作实际，选择或综合运用固定预算、弹性预算、零基预算、滚动预算、概率预算等方法，编制相应的预算方案。

九、执行、检查和控制

将计划予以实施之后，应该评价计划实施的效果如何？需要做哪些调整？明确计划编制、审批、执行、分析、考核等各部门、各环节的职责任务、工作程序和具体要求。

1. 加强对计划执行环节的控制

对计划指标的分解方式、计划执行责任制的建立、重大计划项目的特别关注、计划资金支出的审批要求、计划执行情况的报告与预警机制等作出明确规定，确保计划被严格执行。

2. 建立计划执行结果质询制度

要求计划执行单位对计划指标与实际结果之间的重大差异作出解释，并采取相应措施。

3. 加强对计划分析与考核环节的控制

通过建立计划执行分析制度、评估制度、考核与奖惩制度等，确保计划分析科学、及时，计划考核严格、有据。

第四节 计 划 原 理

计划工作的根本要求是在科学地、能动地认识客观现实的基础上，制订出对组织行动具有实际指导意义的计划。然而，计划并不总是能把组织引向光明的未来，犹如水能载舟亦能覆舟，我们对计划工作必须持极其谨慎的态度。

计划作为一项管理活动，有自己应遵循的规律和原理。只有遵循这些规律，才有助于计划工作对组织行动产生积极的作用，消除其消极的影响。

一、“瓶颈”原理

“瓶颈”亦称“限定因素”，是指制约组织目标实现的因素。当这些因素存在或发生变化时，会直接影响组织目标的实现。犹如一台电脑，尽管 CPU 的性能（主频）很高，主板、内存都不错，如果在显卡、显存方面有所欠缺，就会形成“瓶颈”，影响到整台电脑的性能；城市中，交通工具的速度不是很快，很大程度上是由于城市交通中的“瓶颈”较多的缘故。这告诉我们，在制订计划时，应尽量了解并掌握那些对组织目标的实现起主要限制作用的因素或战略条件，并有针对性地拟定各种方案，才可能使计划方案趋于最优。

对待“瓶颈”我们应持积极的态度，生态系统是在不断逼近或扩展瓶颈的过程中波浪式前进，实现持续发展的。不少人听到瓶颈就紧张，在生态学里瓶颈是正常的，关键在于如何突破，所以，不论个人还是组织要不断地创新，才能不断地突破。

二、灵活性原理

灵活，不拘泥于固有模式，善于变通。计划作为在预估的假设条件下，组织未来一定时期的活动规则或程式，要求具有一定的稳定性。然而，假设条件终归是假设，面对一个多变的内外环境，如何防范和减少因意外引起损失的风险，使组织计划在变中求稳，其根本的措施还得有赖于对灵活性原理的把握。

灵活性原理就是使计划具有灵活性所需的空间。若能在不花过多的代价和避免出现矛盾的情况下，使计划有改动和回旋的余地，不管环境发生什么变化，都能使计划沿着既定的目标前进，那么，这种灵活性就非常必要。

使计划保持一定的灵活性是有限度的，但必须注意以下几点：

①不能以消极等待，推迟决策来保持决策的正确性，未来总有不确定的因素，当断不断，只会错失良机。

②不能为追求灵活性而不考虑其代价的大小，那种得不偿失的灵活性是毫无意义的。

③现实中存在着根本无法使计划具有灵活性的情况，“背水一战”就是没有其他灵活性的一种选择。

三、承诺原理

承诺是一种责任的公开表述，是承诺者对自己行为负责的一种誓词，更是对其行为和诚信进行考核的一种宣誓。“承诺”类似于“军令状”，必须是郑重作出的，绝非是随便的口头应许；承诺一旦作出，必须将承诺书公布于众，让利益相关方都清楚这个承诺，用“言必行，行必果”，“君子一言，驷马难追”的理念给当事者形成一种压力和约束力。

承诺原理以自我管理为基础，包括以下五个互相联系的要素：

①理解和评估，理解目标并对自己的能力进行评估。

②协议和沟通，组织成员沟通并达成协议。

③公布宣传承诺的内容。

④辅导促进，记录兑现行为。

⑤后果承担，形成后果约束。

缺乏任何一个要素，承诺原理都无法实施。

任何一项计划都是对完成各项工作所做出的承诺，承诺越多，计划期限越长，实现承诺的可能性越小，这就是承诺原理。承诺原理一方面要求计划期限应根据计划的内容做出合理的确定，这个期限的长短取决于实现决策中所承诺的任务所必需的时间。另一方面，应对计划的内容做出科学的界定，要善于抓主要矛盾，解决主要问题，要防止承诺过度或过少，因为承诺（任务）越多，则计划时间越长，反之亦然。

四、改变航道原理

改变航道原理是指在保证总目标不变的情况下，可以适时改变实现目标的进程（即航道）。该原理有别于灵活性原理的是，灵活性原理是使计划本身具有适应未来情况变化的能力；改变航道原理是使计划在执行过程具有应变能力，就像航海家随时核对航线，一旦遇到障碍就绕道而行。一个组织决不能使自己编制的计划成为束缚自己的手脚，阻碍自己实现基本目标的枷锁。

因此，计划工作者必须经常检查计划，重新调整、修正计划，以便达到预期的目标。

第五节 现代计划技术和方法

计划工作的效率高低和质量的好坏，在很大程度上取决于所采用的计划方法。现代计划技术和方法为制订切实可行的计划提供了手段。在计划质量方面，现代计划技术和方法，可以确定各种复杂的经济关系，提高综合平衡的准确性，能够在众多的方案中选择最优方案，能够进行因果分析，科学地进行预测；在效率方面，由于采用了现代数学工具并以计算机技术为基础，大大加快了计划工作的速度，使计划的应变性更好，时效性更强。

现代计划技术和方法发展很快，这里简要介绍四种。

一、网络计划技术

网络计划技术是20世纪50年代出现的一种较新且很实用的计划方法。它包括，各种以网络为基础制订计划的方法，如关键路径法（CPM）、计划评审技术（PERT）、组合网络（CNT）等。

1956年美国的一批工程师和数学家组成了一个专门的小组，首先开始了这方面的研究。该年杜邦公司制订了第一套网络计划。

1958年美国海军武器计划处采用了计划评审技术，使“北极星”导弹工程的工期由原计划的10年缩短为8年。

1961年，美国国防部和国家航空太空总署规定，凡承制军用品必须用计划评审技术制订计划上报。自此，网络计划技术就开始被广泛地应用。

网络计划技术的原理，是把一项工作或项目分成各个作业，然后根据作业顺序进行排列，通过网络的形成对整个工作或项目进行统筹规划和控制，以便用最少的资源、最高的速度完成工作。

网络计划技术特别适用于一次性大规模工程项目的计划管理，对生产周期较长的单件小批量生产类型的计划管理也可获得很理想的效果。

（一）网络图的构成

网络计划法的基础是网络图，掌握网络图的结构是正确绘制网络图的首要条件。网络图是由工序、节点和路线三个基本要素构成的有向赋权图。网络图的形式如图 6-3 所示。

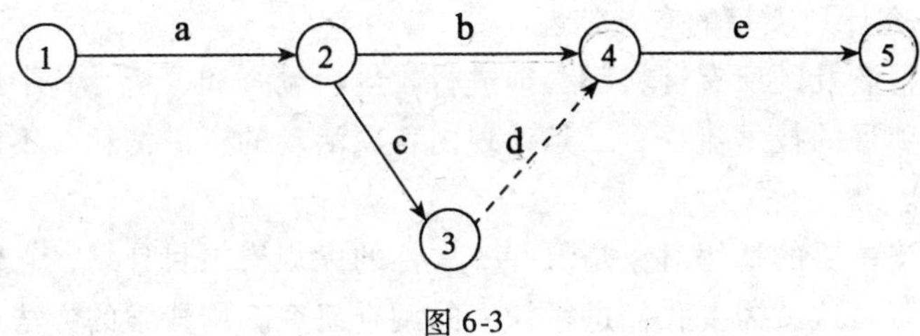

图 6-3

1. 工序（作业、活动）

这是指一项需要消耗时间、资源和人力才能完成，相对独立的工作。工序通常用箭线“→”表示，箭杆上方标明工序名称，下方标注该工序所需的资源，箭尾表示该工序的开始，箭头表示该工序的结束，箭线的长短与工序大小无关。

虚工序，指不耗用资源和时间的一种只表示前后工序之间逻辑关系的虚拟作业。在网络图中它用虚箭线“┈┈▸”表示。

2. 节点（事项、事件）

这是前后工序的交接点，它既不消耗资源又不消耗时间，用圆圈“○”表示，节点要进行排序编号。一个网络图只能有一个起点节点和一个终点节点，起点节点代表整个计划的开始，终点节点则代表整个计划的完工，中间的任何一个节点都具有双重含义，它既代表着前一工序的结束又是后一工序开始的一瞬间。

3. 路线

路线则是指从网络始点顺着箭线方向连续不断地，通达网络图终点的各条通道，其中作业时间之和最长的那一条路线称为关键路线。关键路线的周期也即整个计划的周期。在网络图中，关键路线用粗线、双线或有色线表示。关键路线是相对的，也是可以变化的，在采取了一定的技术措施后，关键路线有可能变成非关键路线，而非关键路线也有可能变为关键路线。

（二）网络图的绘制规则

绘制网络图有以下五项基本规则须遵守：

①有向性，各项工序都用箭线表示，且箭头方向要从左向右。

②无回路，箭线不能从一个节点出发，又回到原来的节点上，即不能出现循环回路。

③二点一线，两节点之间只允许画一条箭线。当出现平行工序或交叉工序时，可引入虚工序（作业）来表示前后逻辑关系。

④网络图中只有一个始点，一个终点。

⑤节点编号应从小到大，从左向右，不可重复。保证箭尾节点号小于箭头节点号。

（三）网络图的绘制步骤

1. 调查研究计划项目的有关情况

凡计划项目涉及的所有资料都必须进行收集、调查和分析，其中最主要的内容有两项，一是项目的技术流程；二是计划内各项活动的资源消耗。不然就无法进行网络计划安排。

网络计划法主要的适用对象是那些一次性的大规模项目计划，它们往往无现成的资料可供借鉴。这就需要我们进行深入的调查研究，用科学的方法进行预测，尽可能准确地掌握所需要的计划资料。

2. 进行计划项目的分解

这里主要是将整个计划项目分解成若干独立的活动，以掌握每个活动的紧前活动、紧后活动，了解有多少平行活动。在此基础上，绘制出计划项目活动的逻辑关系表。

例如，表 6-2 为建造一艘船舶的活动分析表。表中，紧前作业含该项作业开始之前必须完成的相邻作业。完成作业所需的时间，可采用一定的方法进行测算或估算。

表 6-2 **建造某船舶的活动分析表**

作业代号	作业名称	紧前作业	完成作业时间（周）
A	准备船体部分	—	12
B	准备船舶动力装置	—	5
C	准备船舶舾装部分	—	7
D	焊接船体	C	7
E	船舶动力安装	B ~ C	10

续表

作业代号	作 业 名 称	紧前作业	完成作业时间
F	安装辅助机械设备	A	4
G	安装船舶电气设备	E	4
H	安装舵设备与操舵装置	F~G	2
I	安装锚设备与系泊设备	D~E	6
J	安装通风、空调和冷藏设备	H~I	5
K	安装照明设备、信号设备	D~E	2
L	安装导航设备、起货设备	H~I	6
M	安装救生设备、消防设备	L	2
N	安装液体舱的测深系统及各测试系统	J	8
O	船体内、外装饰，测试验收	K	2

3. 按规则绘图

绘图时，必须遵循网络图的绘制规则。根据表 6-2 绘制网络图（如图 6-4 所示）。

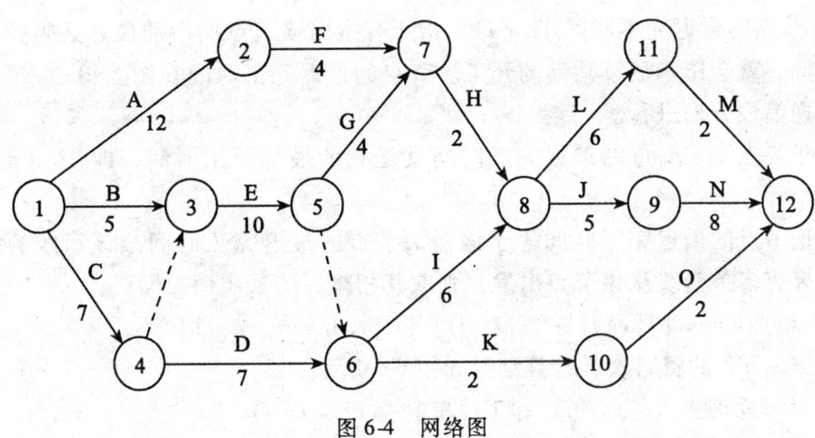

图 6-4　网络图

（四）网络时间参数的计算

网络参数的计算方法有：计算机计算法、图上计算法、表格计算法与矩阵计算法四种。

1. 作业时间计算

即某活动从开工到完工的延续时间。作业时间分肯定型和非肯定型两类。肯定型作业时间是指以前进行过的活动，其时间长短有资料可以借鉴，经过整理后可直接求出的时间；非肯定型作业时间是指以前没进行过的活动，其所需时间无资料可借鉴，此时用三点估计法进行估算，然后求其加权平均值得出的时间，即对各项活动先估计出最乐观时间（a）、最悲观时间（b）和最可能时间（m）三个值，然后求其加权平均值，以此作为该活动的估计作业时间（T）：

$$T=\frac{a+4m+b}{6}$$

2. 节点时间计算

有两个基本时间需要计算，节点的最早开工时间 TE（j）和最迟完工时间 TL（i）。

① 节点的最早开工时间 TE（j），指从某节点出发的活动最早可能的开工时间，在这之前不具备开工条件。节点的最早开工时间在图上用“□”表示，计算时顺箭线方向按节点编号逐一进行。

由于 TE（1）是始点，即 TE（1）= 0

其他节点的最早开工时间按下列法则计算，箭头节点的最早开工时间，等于箭尾节点的最早开工时间加该箭线的作业时间，如果有多条箭线指向该节点，则取其相加后的最大值，即：

$$\text{TE}(j)=\max\{\text{TE}(i)+\text{T}(i,j)\}\qquad(j=2,\cdots,n)$$

② 节点的最迟完工时间 TL（i），指所有指向该节点的活动最迟必须完工的时间，否则，就会影响后续活动的开工。节点的最迟完工时间在图上用“△”表示，计算时逆箭线方向进行。

由于终点（n 点）的最迟完工时间就是它的最早开工时间，即 TL（n）= TE（n）

其他节点的最迟完工时间等于该箭头节点的最迟完工时间减该箭线的作业时间，如果有多条箭线从该节点出发，则取其相减后的最小值，即：

$$\text{TL}(i)=\min\{\text{TL}(j)-\text{T}(i,j)\}\quad(i=n-1,\cdots,2,1)$$

根据表 6-2 的资料，其计算结果如图 6-5 所示。

3. 计算总时差 TF（i，j）和工序单时差 FF（i，j）

① 总时差 TF（i，j）。在不影响工程的最早结束时间的条件下，工序的最早开工（或完工）时间可以推迟的时间，称为该工序的总时差。即为工序的最迟完工时间（TLF）减去工序的最迟开工时间（TLS）；或等于工序的最早完工时间（TEF）减去工序的最早开工时间（TES）。

$$\begin{aligned}\text{TF}(i,j)&=\text{TLF}(i,j)-\text{TLS}(i,j)\\&=\text{TEF}(i,j)-\text{TES}(i,j)\end{aligned}$$

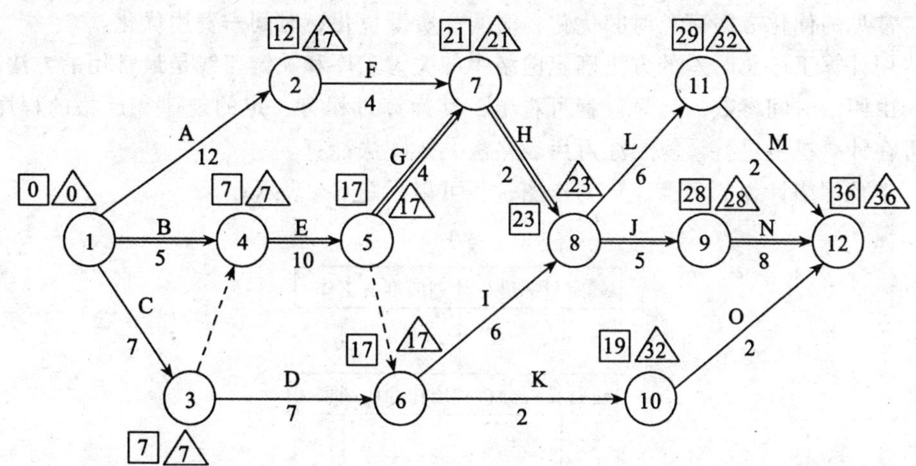

图 6-5　含计算结果的网络图

工序总时差越大，表明该工序在整个网络中的机动时间越大，可以在一定的范围内将该工序的资源适当利用到关键工序上去，以达到缩短工程结束时间和节省资源的目的。

② 工序单时差 FF（i，j）。在不影响紧后工序最早开工时间的条件下，工序最早完工时间可以推迟的时间称为该工序的单时差。

$$FF(i, j) = TES(j, K) - TEF(i, j)$$

式中 TES（j，k）为工序 I →J 的紧后工序的最早开工时间。

总时差为零的工序，开始和结束的时间是没有一点机动的余地的。由这些工序组成的路线就是网络中的关键路线。这些工序也称为关键工序。根据该网络图就可以确定关键作业，即必须按时开工与完工的作业，否则将影响整个工期。根据表 6-2 的资料和网络图各结点计算结果所得到的关键路线如图 6-5 中的双箭线所示（B-E-G-H-J-N）。

然后再根据所确定的关键作业的网络图重新对所需资源、时间进行新的平衡，经过几次平衡，最后得到一个最优方案。

（五）网络计划的优化和调整

网络计划的优化和调整是基于以下两个方面的考虑：

一是要缩短工期，提前完成任务；

二是想对资源进行最合理的利用以降低成本费用。

对于计划人员来说，掌握和控制关键路线是网络计划技术的精华，只要设法缩短关键路线的时间，或将非关键路线上各工序富余的资源、时间抽出来支援关键路线上的各工序，就能达到上述两个目的。

常见的优化方案有：时间优化；时间—资源优化；时间—费用优化。

用计算工序总时差的方法确定网络中的关键工序和关键路线是最常用的方法。

由网络时间参数的计算过程可看出，其计算过程有一定的规律和严格的程序。故可在计算机上进行计算，亦可用表格法、矩阵法计算。

整个网络计划的平衡优化与作图过程可以用图 6-6 表示。

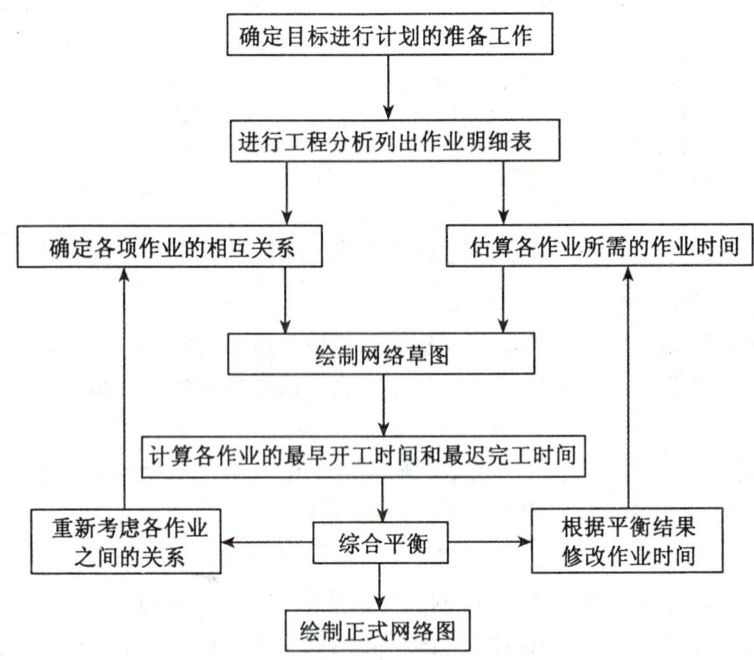

图 6-6 整个网络计划的平衡优化与作图过程

二、滚动计划法

滚动计划法是一种编制动态计划的方法。

在计划工作中，由于很难准确地预测将来影响计划的各种变动因素，而且随着计划期的延长，这种不确定性就越来越大。所以，如果硬性地按几年以前的计划实施，可能导致巨大的错误和损失。

为了防止和避免这些不确定性因素可能带来的不良后果，人们创造了滚动计划法。

（一）滚动计划法的基本要点

滚动计划法是根据一定时期计划的执行情况和内外环境的变化，按照“近细远粗”的精神，定期修订、编制未来的计划，并逐期向前推移、滚动，使短期计划、中长期计划有机地结合起来的一种动态计划方法。所以，滚动计划不是一个从某年起到某年止的长期计划，而是一段时间过去了，再补上一段时间的计划，使计划始终保持一定的年度，如图 6-7 所示。

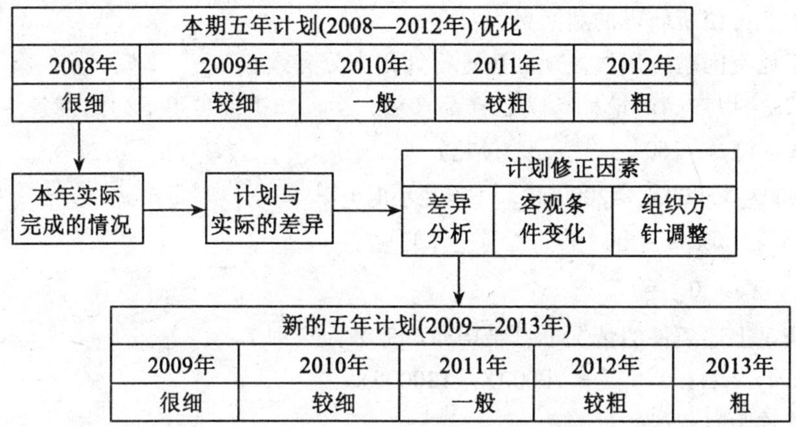

图 6-7 滚动计划示意图

（二）滚动计划法的优点

①“近细远粗”切合实际滚动，向前推移，有利于长期目标的实现；

②使短、中、长期计划能相互衔接、相互照顾，使短期计划的各阶段相互衔接，保证了由于环境变化出现某些不平衡时能及时地进行调节，使各期计划大体保持一致。

③滚动计划大大增强了计划的弹性，这在环境变动剧烈的情况下尤为重要，它可以提高组织的应变能力，便于根据新情况、新时期，把握时机，避免风险。

④连续滚动便于保持生产连续，供产销衔接，生产技术准备持续一贯。

⑤它执行一段时间就顺进一个时期，修改优化一次计划。

这就使计划更具适应性、灵活性、严肃性与连续性。

三、线性规划法

1939 年，前苏联经济数学家康托诺维奇（Л. В. Конторович）首先提出用线性规划的方法进行经济计划工作，后经许多科学家的继续研究，线性规划法已经成为一种相当成熟的计划方法。

线性规划法主要解决两类问题：一是最大化问题，即在有限的资源条件下，如何使效果最好或完成的工作最多。二是最小化问题，即在工作任务确定的情况下，怎样使各种消耗减至最小。可见，线性规划法就是解决整体效益最优的问题。

例：某企业生产甲、乙两种产品，已知生产一台甲产品需要钢材9吨，电力4000千瓦小时，劳动力30个工作日，净利润7万元；生产一台乙产品需用钢材4吨，电力5000千瓦小时，劳动力100个工作日，净利润12万元。该企业该计划期可提供钢材360吨，电力20万千瓦时，劳动力3000个工作日，请问如何计划两种产品的生产可使所获得的利润最大？

对于此类问题运用线性规划法进行计划十分有效。

设 X_1 为甲产品产量，X_2 为乙产品产量，由已知条件可得下列约束条件：

$$\begin{cases} 9X_1+4X_2 \leqslant 360 & \text{（吨）} \\ 4000X_1+5000X_2 \leqslant 200000 & \text{（千瓦小时）} \\ 30X_1+100X_2 \leqslant 3000 & \text{（工作日）} \\ X_1、X_2 \geqslant 0 \end{cases}$$

在满足上述条件的情况下，希望净产值最大，即为：

$$\max \{f(X_1, X_2)\} = 70000X_1+120000X_2$$

上式称为目标函数。

可以利用很多办法求解这个问题。

同学们可自行计算一下甲乙两产品各应生产多少台，最大利润又是多少？

利用线性规划法的一般形式可以求解具有许多约束条件和未知变量的优化问题。但建立线性规划法的数学模型时必须具备以下几个基本条件：

①变量之间是线性关系；

②问题的目标可以用数字来表达；

③问题中应存在着能够实现目标的多种方案；

④目标是在一定的约束条件下实现的，并且这些约束条件能用不等式加以描述。

具备上述条件的情况在实践中到处存在。

四、计量经济学的方法

这一方法的奠基人是挪威经济学家弗瑞希（Frisch Ragnar），由于他在这方面作出的突出贡献，曾与他人一起获得了1930年的诺贝尔经济学奖。

计量经济学是将经济学中关于各种经济关系的学说作为假设，运用数理统计的方法，根据实际统计资料，对经济关系进行计量，然后将计量结果和实际情况进行对照，用以调控各种经济比例关系。所以，计量经济学是运用现代数学和各种统计方法来描述和分析各种经济关系的一种现代管理技术。

该方法对于管理人员调节经济活动，加强市场预测以及合理地安排生产计划，改善经营管理都具有很大的实用价值。

（一）计量经济学的方法的运用程序

运用该方法解决实际问题的程序可归纳为以下三步：

1. 因素分析

即按问题的实际情况，分析影响它的因素种类、因素之间的相互关系以及各因素对问题的影响程度。

2. 建立计量经济模型

根据分析结果，把影响问题的主要因素列为自变量，所有次要因素都用一个随机误差项表示。把问题本身作为因变量，然后建立起含有一些未知参数的计量经济模型。

3. 参数估计

由于模型有许多参数需要确定，这就要利用统计资料加以确定。参数估算出来之后就要计算相关系数，以检查自变量对因变量的影响程度。此外，还要对参数进行理论检验和统计检验，如果这两项结果不好就要分析原因，修改模型，重新进行第三步，直到模型满意为止。

（二）计量经济模型的实际应用

计量经济模型主要有三种用途：一是经济预测，即预测因变量在将来的数值。二是评估方案，即对计划工作或决策工作中的各种方案进行评价以选择出最优方案。三是进行结构分析，即用模型对经济系统进行更深入的分析，以深化对系统的认识。

上述三种用途可适于计划工作，它能够使计划更加完善、科学。

第六节　长 期 计 划

长期计划是组织计划体系中的一种最基础性计划，作为管理者都应该对其有一定的认识和了解。

一、长期计划在计划管理中的意义

长期计划在计划管理中的意义如下：

①使各级人员高瞻远瞩，提高工作的预见性，以便有计划地、科学地安排组织的各项重大任务。

②有利于调动员工的积极性。

③它是国家长期计划的基础。

根据国外的资料，外企绝大多数有长期计划。

二、长期计划的内容

一个组织的长期计划的基本内容一般包括以下 11 个项目：

1. 产品发展计划

新产品的开发计划；产品品种计划；老产品改造和质量提高计划。

2. 生产规模的发展计划

生产能力的变化计划；固定资产的增加计划；职员人数的增减计划；产值计划、利润率计划等。

3. 生产技术的发展计划

机械化、自动化水平的提高计划；新工艺、新技术、新材料、新能源的采用与推广计划；重大科技项目的安排计划。

4. 主要技术经济指标的发展水平计划

利润率、产品成本、劳动生产率、能耗、设备和材料利用率等应达到的水平计划。

5. 市场营销的发展计划

市场面的扩大，销售量的增加计划；市场占有率的提高计划；销售渠道的选择和发展计划。

6. 经营组织结构的发展计划

生产组织、劳动组织的改进计划；制度的重大变改和创新计划。

7. 职工培训计划

职工培训应达到的程度计划。

8. 职工生活福利的提高计划

平均工资提高计划；福利设施改造、提高计划。

9. 环境和污染的治理计划

劳动保护计划；安全生产计划；三废治理计划。

10. 资金筹措计划

资金总额计划；资金来源计划；测算依据计划等。

11. 资本营运计划

兼并、购买、转让、出租、租赁等计划。

三、长期计划的编制

（一）资料依据

长期计划编制的资料依据如下：

①长期订货合同、协作合同、上级下达的指标。

②预测部门提供的预测经济发展和组织生产经营的情况。

③最新科学技术成就在生产中的运用以及资源供应情况。

④根据组织产品的市场占有率和变动趋势等所作的预测。

⑤组织综合生产能力的增长和生产技术水准的提高方面的情况。

⑥组织所掌握的资源要素的来源及保证程度的资料。

(二) 计划编制的步骤

长期计划编制的步骤如下：

①根据资料和情况，分析研究，明确战略指导思想，并将其落实到经营思想和计划目标之中。

②围绕目标拟定若干计划方案，对不同方案进行平衡和决断。

③选定最优方案，分别制订各种具体的长期专项计划。

④将各专项计划，按年度编制进度计划。

⑤对各专项计划进行综合平衡，制订组织的长期综合计划，并据此调整和修改各专项长期计划。

⑥依计划执行情况，调整和修改计划。

(三) 长期计划的形式

鉴于长期计划的期限较长，不确定因素较多，往往采用滚动计划的形式。

第七节　年度计划

组织年度生产经营计划是指导组织生产经营活动最主要、最全面的计划。它规定组织在计划年度内，应当实现的经营目标和应达到的水平。年度计划在组织各级管理层都要编制，只是编制的内容有所不同而已。

一、年度计划的特征

年度计划的特征如下：

①它是承上启下，承前启后的计划，是计划体系中的主体。

②它是组织从事生产经营活动的具体行动准则；是评价和考核组织各项工作的依据；是考核总结、发放奖金的依据。

③其各组成部分须经过科学的计算和充分的综合平衡。

④其执行要加强控制，采取各种有效措施，保证计划的完成。

二、年度计划的主要内容和相互关系

1. 销售计划

它是编制年度综合计划的基础和前提，主要包括以下内容：

产品品种、产品数量、销售收入、销售利润、销售渠道、销售方式、市场占有

率目标，促销措施等，如表6-3所示。

表6-3 某企业年度销售计划表

	计划数	完成期限	实际完成数	说明
产品品种				
产品数量				
销售收入				
销售利润				
销售渠道				
销售方式				
市场占有率目标				
促销措施				
备注				

2. 生产计划

它以销售计划为依据，规定计划年度内应该生产的产品品种、数量、产值、出产值、生产能力的利用程度等。

它是编制其他计划的依据。

3. 质量计划

它主要规定组织计划年度内的质量目标、质量指标、质量改进措施。

4. 技术开发计划

技术开发计划含新产品开发、老产品改造、设备更新改造、厂房建筑物改造、生产工艺改革、能源和材料的开发与利用等。应计划的内容有：工作项目、开发方式、工作量、进度、技术经济指标、费用、负责单位等，如表6-4所示。

表6-4 技术开发计划表

	工作项目	开发方式	工作量	进度	技术经济指标	费用	负责单位
新产品开发							
老产品改造							
设备更新改造							
厂房建筑物改造							
生产工艺改革							
能源的开发与利用							
材料的开发与利用							

5. 设备维修计划

它规定组织各类修理（大、中、小修）的设备数、修理内容、工作量、费用、进度等。

6. 物资供应计划

它根据生产计划、技术开发计划、设备维修计划确定各类物资的需用量、储备量、供应量、期限、说明等。主要包括原材料、辅助材料、燃料、动力、设备、工具、外购件、外协件，如表6-5所示。

表6-5 **物资供应计划表**

	需用量	供应量	储备量	期 限	说 明
原材料					
辅助材料					
燃 料					
动 力					
设 备					
工 具					
外购件					
外协件					

7. 劳动工资计划

劳动工资计划主要包括，各类人员的需要量、劳动生产率提高的程度、职工工资总额、平均工资增长幅度、改善劳动组织等。

8. 成本计划

它规定组织的全部生产费用、各产品的计划成本、成本降低幅度、降低成本的措施。

9. 利润计划

利润计划主要包括目标利润额、利润增长幅度、盈利措施、上交税利等。

10. 财务计划

财务计划主要包含固定资金和流动资金的需用量、资金来源渠道、筹资方式；资金使用方式、投资计划、资金利用的要求、流动资金的周转速度、其他各项收支计划。

11. 职工培训与职工福利计划

职工培训与职工福利计划主要涉及培训、提高各系列的比例。

12. 技术组织措施计划

技术组织措施计划主要包括技术组织措施的项目、进度、预期效果、经费来源等。

三、年度计划的编制

年度计划的编制通常分为以下四个阶段：

(一) 调查准备阶段

①计划人员学习研究各种方针、政策，各级主管的相关文件、技术资料、计划要求，以便掌握长期计划目标。

②调查研究，明确需要与可能出现的市场。

③收集资料，主要涉及计划期销售合同、订单和预测；各种技术经济资料，含上年度的计划完成情况；各基层对计划的建议；劳动定额，期量标准。

④查定生产能力。

(二) 确定指标，试算平衡

①确定目标利润。

②确定目标销售量。

③确定产品品种、质量、数量、出产期、成本指标。

④确定物资供应量，劳动力需求，设备维修指标。

⑤确定流动资金和专用资金的需要量。

⑥确定成本。

(三) 综合平衡，确定计划草案

1. 需要与可能的平衡

任务与人力的平衡；任务与设备的平衡；任务与生产面积的平衡。

2. 产供销的平衡

产与供的平衡；产与销的平衡；生产与技术准备的平衡。

3. 资金的平衡

产供销活动与流动资金的平衡；专用基金收入与支出的平衡。

(四) 编制综合计划

在各专业计划的基础上，制定正式计划指标总表。

进而对各专业计划进行总平衡，经批复后的计划，可作为正式计划下达执行。

若批复计划与上报计划有较大出入，则应修改原计划。

四、月度计划

月度计划是年度计划的分段具体化，它主要是将各指标进一步分解，以落实到各部门、班组、个人的日班台时。

月计划可由执行单位统览制订、完成。

第八节　计划的执行与控制

计划的执行和控制是计划管理工作不可或缺的部分。只重计划的编制，而轻视计划的执行，就会使编制的计划成为束之高阁的表面文章而流于形式。

有计划、有布置，就必须有落实、有检查，如此，管理过程才封闭。

一、计划的执行

此期间应抓好以下四个方面的具体工作：

（一）指标的分解，层层加以落实

指标分解中应注意以下四点：

①指标要有激发员工积极性的作用；

②避免指标在某一层次相互矛盾，特别是在多品种、小批生产的情况下尤应予以注意；

③指标完成的期限要适中，避免时间过长而导致失控，避免时间过短而频繁变更；

④指标考核应个人与集体相结合，以便于相互协调和配合。

（二）切实做好作业计划工作，这是计划落实的关键

①正确编制作业计划，做好日常生产技术准备和生产经营调度。

②使每个生产环节和业务环节在每个单位时间内能顺利进行。

③保证按质、按量、按期，均衡地完成计划任务。

（三）运用经济方法调动各方面完成计划的积极性

如用厂内计划价格、成本、经济核算、经济合同等来协调厂内的经济联系。

（四）充分发动群众和调动职工完成计划的积极性

如开展竞赛、比武、技术革新，树先进、学先进等比、学、赶、帮、超活动。

二、计划的控制

计划的控制就是要把组织活动维持在可容许的限度之内。

（一）计划控制的主要任务

①根据既定的计划、标准，对产量、消耗、成本、质量等的实际水平进行测定、比较、分析，发现差异。

②及时调整和消除所出现的差异。

③采取措施排除产生差异的原因。

（二）计划控制的步骤

设计计划控制的步骤所秉持的基本思路是分析问题、发现问题、解决问题。因此，控制的步骤是：测定执行结果→比较执行结果→发现偏差→纠正偏差（整改）。

（三）控制的必要条件

在接受控制任务时务必考虑以下控制的必要条件是否具备：

①必须有明确的标准（计划指标）。

②执行结果可测量、比较。

③有畅通的信息渠道，出现偏差能准确而及时地反馈，纠正偏差的指令能正确而迅速地传递。

④控制者属垂直领导，职能独立。

（四）分析计划执行情况的常用方法

1. 对比分析法

这是将性质相同的经济技术指标及其数量加以比照分析。

主要包括：计划对比，动态对比（同上期比、同历史比），同类对比（同行比）。

2. 平衡分析法

借助平衡分析法可以分析发现不协调的原因。

3. 因素分析法

这是对某一指标的影响因素的分析，以揭示问题的矛盾，找出问题的主要原因。

4. 分项分析

它是对构成指标逐一进行分析。

5. 追踪分析

由一级目标入手，发现实际与计划有偏差时，穷追不舍。

（五）控制方式

①事前控制。执行前对输入方面的控制，严格投入。

②过程控制。执行情况的控制，关键在于严格操作。

③事后控制。将结果与原定标准、计划对比，控制下一轮运行。关键在于严格检查，迅速反馈。

（六）控制方法

1. 预算

即用数字编制未来某一时期的计划。

它是用财务项目（收入、费用、资本）或成本项目（直接工时、材料、生产量等）来表明预期的成果。预算可分为四种（就企业而言）：收支预算；时间、空间、面积、原材料和产品产量预算；基本建设费用预算；现金预算。为避免预算控制中只注重历史的普遍倾向，人们采用零基预算。

零基预算的基本思路是，把组织计划分为由目标、业务、所需资源等组成的几个“一揽子计划”，然后，从零开始计算每个一揽子计划的费用。

其特色在于：可证实过去开支的需求和所取得的可显示结果的合理性；不采用按往年预算进行推断的连续方案，而是以零作为基础；资金的分配是根据每个方案与其他同时点的方案相比进行的。

2. 统计数据资料

用图表反映数字的趋势和相互关系并同标准进行对照。

3. 专题报告的分辨

即由专业人员组成调研分析参谋小组，专门探查异常情况。

4. 盈亏平衡分析

由于盈亏平衡分析强调边际概念，故在计划和控制中极其有用。我们知道，各种比率（如利润和销售额的百分比），往往忽视了固定费用的作用，而利用盈亏平衡分析则可以突出追加的销售额或费用对利润的影响。同样，由于盈亏平衡分析导致人们注意追加的费用或销售额所形成的影响，从而可使管理人重视其决策的边际效果。

5. 经营审核

即定期对会计、财政、经营活动进行独立的评价：账目能真实反映实际情况与否；政策、程序、职权等的应用效果；管理方法、管理质量、专门问题的审核评价。

6. 分配后勤系统

分配后勤系统亦称物流管理。这是把组织的整个后勤看成一个系统（从销售预测，原材料的采购、加工、储存到发运成品），在向用户提供合乎要求的产品和服务中结合某些制约因素，使系统运营费用总额最低。

7. 系统动力学

其理论依据是在组织系统中，各种要素的流程形成了一种力量，它决定着组织的基本发展趋势——成长、波动或衰落。该方法认为，要在分配后勤系统中，引进多种有相互影响的变动因素，要考虑由于系统本身的延迟而引起的波动。

8. 网络计划技术

网络计划技术使管理者把注意力集中在可能需要采取措施的关键问题上，形成前馈控制。

9. 经营调度

经营调度是最常用的调控措施，属于综合管理。它调动人员应属垂直领导，并对其负责。其职责是：收集信息与反馈，考核、奖惩；材料计划分解下达、审批；

现场监督和检查；召集和组织调度会议；加强基础工作，改善各环节的计量、统计等工作，贯彻利益机制。

思考题

1. 计划管理工作的根本任务是什么？
2. 制订计划的基本要求有哪些？
3. 简述计划的表现形式。
4. 计划工作的程序与决策的程序有何异同？
5. “瓶颈”原理、灵活性原理、承诺原理、改变航道原理各自的要点是什么？
6. 运用网络计划技术解决实际问题。
7. 怎样才能使编制出的长期计划科学合理，切实可行？
8. 阐述年度计划的主要内容及其相互关系。
9. 试阐述计划的执行与控制在计划管理中的作用。

第七章 战略管理

【目的和要求】

学完本章，应达到的要求：

1. 理解并准确把握战略的内涵与实质，认识并区分战略、规划、计划、决策以及它们之间的异同和联系。

2. 掌握战略管理及其基本内容，切实理解战略管理的实践意义。

3. 清楚组织战略体系所涉及的主要内容。

4. 掌握企业总体战略、竞争战略、职能战略制定的要点。

5. 能够有效运用提高战略实施系统效率的原则。

6. 对战略控制过程的基本要素各自的作用有清晰的认识。

组织经营运作的关键在于决策，而首要的是战略决策。因为它是指导组织的发展方向和兴衰成败的关键。如此，组织才能在激烈的竞争中雄踞不败之地。战略管理也就成为管理的首要职能。

战略管理是20世纪70年代兴起的管理学分支。组织战略管理集中研究决策的制定和实施问题。

第一节 战略管理概述

一、组织战略的概念

（一）战略的含义

“战略”原本是军事概念，指谋划和指导战争全局的方略。即根据对时局和敌对双方政治、军事、经济、科学技术、地理等诸因素的分析判断，科学预测战争的发生与发展，制定战略方针、战略原则和战略计划，筹划战争准备，指导战争实施以保全自己、摧毁敌人，所遵循的原则和方法。

随着企业竞争的日益激烈，战略一词被广泛地应用到企业管理中来。在企业管理这个范畴中，究竟什么是战略，目前尚无统一的定义。不同的学者与经理人员给战略赋予了不同的含义。

管理大师彼得·德鲁克在他的《管理的实践》一书中提出，战略就是管理者找出企业所拥有的资源并在此基础上决定企业应当做什么。

一般认为，真正为企业战略下定义的第一个人是阿尔弗雷德·D. 钱德勒（Alfred D. Chandler）。他在其《战略与结构》一书中，将战略定义为“确定企业基本的长期目标、选择行动途径和为实现这些目标进行资源分配”。

哈佛大学教授安德鲁斯（Kenneth Andrews）认为：“战略是关于企业宗旨、目的和目标的一种模式（Pattern）以及为达到这些目标所制定的主要政策和计划，通过这样的方式，战略界定了企业目前从事什么业务和将要从事什么业务，企业目前是一种什么类型和将要成为什么类型。”根据这个定义，战略管理者必须设计一系列展现企业经营领域的目标和计划以及达到这些目标的方法。

哈佛大学的迈克尔·波特教授在其成名作《竞争战略》（1880 年）一书中，将战略定义为“公司为之奋斗的一些终点（目标）与公司为达到它们而寻求的方法（政策）的结合物”。

在 2004 年 1 月号的《哈佛商业评论》上，波特发表了《什么是战略》一文，重释了战略。在这篇文章中，波特对“战略”的含义作了新阐述和注释，并把战略分为三个层次：一是定位，战略就是创造一种独特、有利的定位，涉及各种不同的运营活动；二是取舍，战略就是在竞争中做出取舍，其实质就是选择不做哪些事情；三是配称，在企业的各项运营活动之间建立一种配称。

加拿大麦吉尔大学的明茨伯格教授在对以往战略理论进行梳理和深入研究的基础上，认为战略具有多重含义，将其概括为 5P。其一，战略是策略（Ploy），是威胁和战胜竞争者的计谋和谋略；其二，战略是计划（Plan），是有意识的、正式的、有预计的行动程序。计划在先，行动在后；其三，战略是模式（Pattern），是一段时期内一系列行动的模式。模式意味着企业行动的一致性；这种一致性可能是也可能不是正式计划或建立目标的结果；其四，战略是定位（Position），是在企业的环境中找到一个有利于企业生存与发展的“位置”；其五，战略是观念（Perspective），是深藏于企业内部、企业主要领导者头脑中的感知世界的方式。观念产生于企业以往的经历与经验。这些经历与经验沉淀下来固化为思想观念。这些观念就是企业的“性格”。模式能够产生观念，定位也能产生观念。然而，观念较之计划和定位，它具有不易改变的特点。观念一旦形成，就会根植于企业成员的思想之中，成为企业文化的重要组成部分。从这个意义上讲，战略是企业文化的一种反映。有什么样的企业文化就会形成什么样的战略。如果设计的战略与企业文化不相兼容，要么战略不能成功，要么需要对企业文化进行变革。

明茨伯格认为，应当仔细体会每种含义，将多个含义联系起来以形成整体的战略观念。

我们知道，概念定义特别是核心概念的定义是一个理论的基石，不同的核心概念定义将会引出不同的理论派别，因此，对核心概念的定义的理解就成为理解和掌握这门学科要点的一把“钥匙”。

为方便研究提出战略的定义是必要的。而就目前的情况看，任何对战略的简练的定义，都可能遭到来自多方面的异议。为能围绕定义展开战略管理体系讨论和便于读者思考，这里暂且将战略定义为：战略是关于一个组织的长远发展方向、范围及在变幻的环境中何以保持竞争优势的筹划和谋略。

企业战略是企业决策层为实现长远的企业发展目标，依据企业所处的经营环境，结合自身的资源和能力条件所确定的商业模式和制定的一系列策略、竞争性活动、业务方法的组合，以此来参与竞争，确保组织目标的实现。

这里有以下与战略相关的概念需要厘清。

①愿景：对组织的功能（任务）或观点（理念）的书面概括。

②使命：组织的根本意图，是企业战略的基础。

③政策：制定决策时必须遵循的正式或非正式的基本原则或规定。

④目标：对于较长时期内组织必须达到的状态所作的概括的、可测量的陈述。

⑤目的：短期之内的具体目标。

⑥宗旨：目的与目标的综合，是组织的中长期目标或远期展望。

⑦战术：为保证战略实现而针对某一局部短期的特定问题所采取的行动。战术最大的特征是其灵活性。

⑧策略：对时间相对较短的局部性运作的谋划。

战略不等于决策。战略是决策中的一种。决策更具普遍性，有其更宽的外延。

（二）战略的特征

通过上面的介绍我们会发现，尽管关于战略的定义没有达成一致，但关于战略的本质，在一些领域内却有着一致的观点。

①战略与组织、环境密切相关。思考战略的一个基本前提条件就是组织和环境的不可分割性，组织制定战略就是为了运用战略来应对变化的环境。

②战略的本质是应对复杂性。因为变化将新的环境组合带给组织，战略的本质是要保持一种非组织化、非程序化、非常规化、不重复的状态，因此，战略隐含着风险性。

③战略决策直接影响着组织的整体利益。

④战略研究包括战略定位、战略选择、战略实施的程序。

⑤战略不是完全深思熟虑的，未来战略、应急战略与现实的战略是应该相互区分开的。

⑥战略存在于不同的层次，有企业战略和经营战略等。

⑦战略包括各种不同的思想过程，它既包括概念总结也涵盖分析过程。

通过上述观点可将战略的特征归纳为以下几个方面：战略具有全局性、长远性、方向性和前瞻性、抗争性、层次性、风险性。

①全局性。以整个系统为其谋划对象；它规定组织的总体行动，而非局部行动；它要求各局部按系统的要求，战略的高度协同行动；它寻找总体运行的最优化。因此，在它的制定过程中必须站在全局的高度，运用系统的观点，全面审视该组织内各个局部之间的联系、局部和整体之间的联系以及整体和环境之间的联系，通过整体运筹和合理调配各种资源，实现组织的总体目标。为此，有时需要牺牲部分局部利益，来换取整体利益的提高。因此，战略规划的决策者应当是组织最高层的管理者，他们在与组织中层部门的管理者协调和沟通后，站在全局的高度来确定组织的战略方案。

②长远性。战略重于长远目标、长远发展、长远规划、长远利益，而非只重眼前利益，只图近期目标。战略重事物发展变化的大趋势、大趋向，重事件的深远影响。所以，洞悉规律、发展大势、大走向尤为重要。因此，战略的制定必须根据该组织及其环境的历史和目前的情况，充分预测未来可能发生的变化，做出审时度势和富有远见的决策。同时，战略规划在实施过程中常常会牺牲某些方面的近期利益，以保证长远规划的实现。

③方向性和前瞻性。战略是企业成长的路径，是关于未来方向的决策，即把组织现在所处的地位转变为未来所预期达到的理想状态。它指出如何一步步地向预定目标迈进。方向性、路线性错误对组织的危害往往是致命的。所以，战略最基本的任务之一是要防范不出方向性、路线性错误。

组织战略管理水平的高低在很大程度上取决于它进行前瞻性管理的能力。所谓前瞻性（proactive）管理，是指组织未雨绸缪，主动迎接外部的挑战，而不是消极地等待，在外部环境的变化面前被动地作出反应。

战略的前瞻性首先需要对组织面临的压力和问题进行分析：利用组织的内、外部信息源搜索环境信息；根据各利益相关者感知的信息，了解利益相关者对组织所面临的问题的各种不同解释；判断该问题及其解释在多大程度上预示着未来的趋势和变化；了解组织的资源在实现企业战略目标的过程中所能发挥的作用。

④抗争性。抗争性浸润着战略最原始的内涵，它体现了在不确定环境下一个组织与对手之间激烈竞争的特性。因此，战略不同于仅仅是为了改变组织的现状、增强组织的效益和提高组织的管理水平的一般行动方案，而是在抵抗外界的各种压力、冲击和挑战的情况下，在复杂多变的环境中寻求机会，以便战胜竞争对手的具有抗争性和博弈性的行动方案。充满抗争性的战略赋予战略方案以活力和生机。敢于竞争、善于竞争是战略必备的特征。

⑤层次性。这主要表现为：一方面，战略本身是高层次的；另一方面，战略体系是有层次的集合体。如总体战略—分战略—次战略—阶段性战略和策略（战略步骤）。

⑥风险性。风险性主要来自于环境的约束（对抗）；来自于竞争对手；来自于自身（内部环境和自我认识、自我判断的失误）。

二、战略管理及其基本内容

同战略的定义一样，战略管理的定义也是见仁见智。更多的人倾向将战略管理视做一种过程，即企业为形成战略愿景，确定战略目标，制定战略决策，实施战略方案，控制战略绩效的一个动态管理过程。这个过程也就是所谓的战略定位、战略选择、战略实施的战略管理的三大内容，如图 7-1 所示。

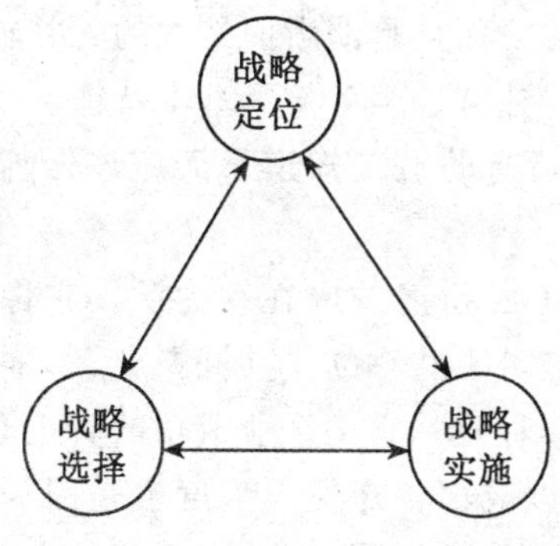

图 7-1 战略管理过程框架

（一）战略定位

战略定位是战略管理的原点，它是对组织未来发展方向的描述和构想，是企业愿景、企业使命、企业目标的确定，也即企业的社会（市场）角色选择。企业战略定位的实质是选择一个以市场定位为中心的运营体系，从而在产业价值链或整个经济系统中构成一种战略性互补或分工。它强调构建一种鲜明的“差异化”竞争战略的个性化定位，对企业有现实的和持久的指导意义。

战略定位的依据不外乎三个方面，即企业所面临的环境、社会的需要和企业的能力。

战略定位过程所要解决的基本问题包括：企业愿景、企业使命、商业模式等。

1. 企业愿景

企业愿景（Vision）是企业在未来期望达到的一种状态，是关于企业未来发展的蓝图。愿景是人们的一种意愿的表达，它概括了企业的未来目标、使命及核心价值，是一种企业为之奋斗的心愿和远景；它详细地反映了企业在技术和顾客方面的重点，所追求的区域市场和产品市场地位，所培养的核心能力以及管理者将努力创造一个怎样的企业；企业愿景被看做是企业的一种远大的目标或追求，它明确界定公司在未来会是什么样子。

企业愿景在描述中主要包括：企业长期的发展方向、目标、目的及自我设定的社会责任和义务。企业愿景描述的基本点如下：

①企业对社会的影响力、贡献力。例如，微软公司的愿景是左右我们的一言一行：每个家庭，每张桌子上都有一台电脑，使用着伟大的软件作为一种强大的工具。

②在市场或行业中的排名。例如，柯达的愿景是：只要是图片都是我们的业务。

③与利益相关者之间的关系。例如，索尼公司的愿景是：为包括我们的股东、顾客、员工，乃至商业伙伴在内的所有人提供创造和实现他们美好梦想的机会。

企业愿景不仅是独特的，而且是清晰而持久的，并辅以服务精神。所以，企业的愿景应具备清晰、持久、独特、服务 4 个基本特征。

① 清晰。企业愿景让所有的员工知道每天应该做什么，为何而做，激情从何而来。

② 持久。愿景是员工不断拼搏的内在动力源，它像指南针一样，忠实地指向企业的愿景。当企业有了与员工共享的“共同愿景”，企业就有了灵魂。管理大师加里·胡佛对企业愿景的诠释是：它是企业成功的真正原因。

③ 独特。成功者之所以成功，在很大程度上是因为他们能够看到别人看不到的东西，将洞察力与策略相结合，描绘出独一无二的企业愿景。它以独特的视角和敏锐的洞察力，找出未能获得满足的消费者需求，并据此创意组合成企业的独特商业模式。

④ 服务。愿景把员工每天具体的工作与个人的理想抱负、企业的发展和使命紧密地联系起来，形成一种内心渴望，诱发个人的潜能。

2. 企业使命

企业的使命宣言是对组织的活动和当前的业务结构所作的明确描述。它说明企业的经营领域、经营思想。例如，我们的业务是什么？从客户的角度来看，我们要达到的目标是什么？企业使命同样是企业目标的确立及战略制定的依据。

企业愿景和企业使命都是对企业未来的发展方向和目标的构想与设想，都是对未来的展望与憧憬，也正是因为两者都是对未来的展望的共同点，人们很容易把两者理解为一个意思或一个概念，因此在很多企业经常出现企业愿景和企业使命互相通用或混用的现象。

如果说企业愿景的焦点是公司的未来，而企业使命则往往把焦点放在现在。如果在企业使命所表达的内容中，企业未来的发展道路和企业当前的目标具有相同的重要性，那么企业的使命宣言实际上就把企业愿景也包括进来了，从管理的角度来讲，就没有必要再制定一个企业愿景了。

企业在确定使命时应注意以下的问题。

① 尽量以消费者的基本消费需求为中心确定企业使命。因为产品和技术的生命周期相对比较短，以产品和技术为中心确定企业使命，容易使企业使命变动频繁，在经营上陷入被动。而消费者的基本需求有的持续不变，有的延续时间较长。例如，迪斯尼公司的使命是：让人们快乐。

② 企业使命必须具有约束力。企业使命首先应明确在经营上应该干什么，还应指出企业不应该干什么，以便明确企业的任务，集中企业所有的资源去完成这些任务。

③ 企业使命要具有鼓动性。在企业使命中，若能体现企业为社会、为国家经济发展、为社会文明进步做出某种贡献，这样的使命就具有鼓动性。例如，美国杜邦公司的使命是：以优良的化学产品提高生活质量。索尼公司的使命是：体验发展技术，造福大众。这样的使命使人感到高尚。企业使命具有鼓动性一方面可以树立企业为社会、为大众服务的良好形象；另一方面，企业的职工也会产生一种使命感、光荣感、自豪感，从而更自觉地为实现企业使命而努力工作。

3. 商业模式

商业模式就是你准备创造财富（挣钱）的方式。商业模式是企业的立命之本。设计商业模式要回答三个最基本的问题：你的顾客是谁？你准备向他们提供什么样的产品或服务？他们为什么愿意付钱？也就是让顾客付钱的逻辑是什么？在确定了商业模式后还需围绕相关问题作进一步的解答：为了既定的商业模式，如何配置资源？企业进入何种新的业务领域？放弃何种业务？是否扩大经营或进行多元化经营？是否进入国际市场？是否进行合并或建立合资公司？如何防止被敌意接管等？

一个好的商业模式要符合五个方面的标准：定位准、市场容量大、扩展快、壁垒高、风险低。

具体的战略定位包括确定企业任务，识别企业外部机会与威胁，识别企业较之于竞争者的长处与短处，建立长期目标，开发供选择的多种战略方案以及选择特定的实施战略。

战略定位为企业战略管理提供了目标、路径和一个新的视角，以期在激烈的竞争环境中将企业战略有效地转换为企业价值。战略定位将使企业在相当长的时期内与特定的产品、市场、资源和技术相联系。

（二）战略选择

选择就是在取与舍之间作出一种判断、一种决策。战略的本质是选择，企业之所以要制定战略，是因为任何组织的资源毕竟有限，能力也不可能无限，面对丰富多彩的机会和可能，不能什么都想得到，要考虑有所为，有所不为，有所选择。知道自己该做什么，不该做什么，必须作出一些选择。所以，学会选择和舍弃是战略本身的需要。选择，是量力而行的睿智和远见，学会选择，就是审时度势地把握时机，就是避害而趋利，就是两利相较取其重，两弊相较取其轻。选择就要学会舍弃。舍弃，是顾全大局的果断和胆识，是一种清醒和一种能力。勇于舍弃是一种现实需要，善于舍弃是一种战略艺术。经验告诉我们，一些东西如果不舍弃，势必成为一种负担。正如印度诗人泰戈尔所说，当鸟翼系上了黄金，鸟儿就飞不远了。

战略制定者在可选择的战略中，必须确定哪一种战略方案能够使企业获得最大收益。因此，以市场为主导是企业战略选择的金科玉律，但特别需要考虑技术因素所带来的机会与威胁，因为技术的进步可以极大地影响到企业的产品、服务、市场、供应商、竞争者和竞争地位。同时还应该明白技术本身的进步仅仅是必要条件，真正对企业战略发生作用的依然是市场竞争中的多种因素。所以，企业的技术路线必须服从于战略选择。

战略选择对企业具有持久性的影响，它决定着企业各主要经营活动的方式。企业高层管理者以最远大的目光展望和判断战略选择的后果，他们也有权配置实施战略所必须拥有的资源。

企业战略选择主要包括对公司战略、竞争战略、职能战略、战略评价等主要内容的若干候选方案的选择。

（三）战略实施

战略实施被称做战略管理的行动阶段。实施意味着动员员工和管理者将已制定的战略付诸行动。战略实施是战略管理过程中难度最大的阶段，已经制定的战略无论多么美好，若未能全面实施，是不会有任何实际作用的。这也是为什么近年来人们十分强调“执行力”的重要缘故。

战略实施的主要任务涉及战略评估、战略控制和战略改进三个方面，如图 7-2 所示。

战略的实施重在建立一个有竞争力、能力和资源力量的组织，以成功地实施战略；建立支持战略的政策和程序；建立预算将足够的资源投入对战略成功至关重要的价值链活动中；对价值链活动进行最佳运作，并不断提高其水平；建立信息、沟通、电子商务和运营系统平台，使企业员工在日常工作中能够成功地承担其战略角色；将报酬和激励与达到业绩目标和很好地实施战略相联系；创立一种支持战略的工作环境和企业文化；发挥带动战略实施所需的内部领导作用，不断提高实施战略的水平。其中最重要的是战略和组织能力、战略和奖惩制度、战略和内部支持体系、战略和企业文化之间的协调以及如何针对环境的变化而进行战略改进。

三、战略管理的作用

战略管理兴起于 20 世纪 70 年代后期，那时的社会经济特征就足以证明战略管理的积极意义。当时，国际竞争加剧，自然资源日益匮乏，耗费增加，市场变化急剧，风险难测，需要有新的管理理论研究其对策。巴纳德（C. I. Barnard）在其名著《经营者的作用》（1937—1945 年）中提出了决策战略因素的构想。安绍夫

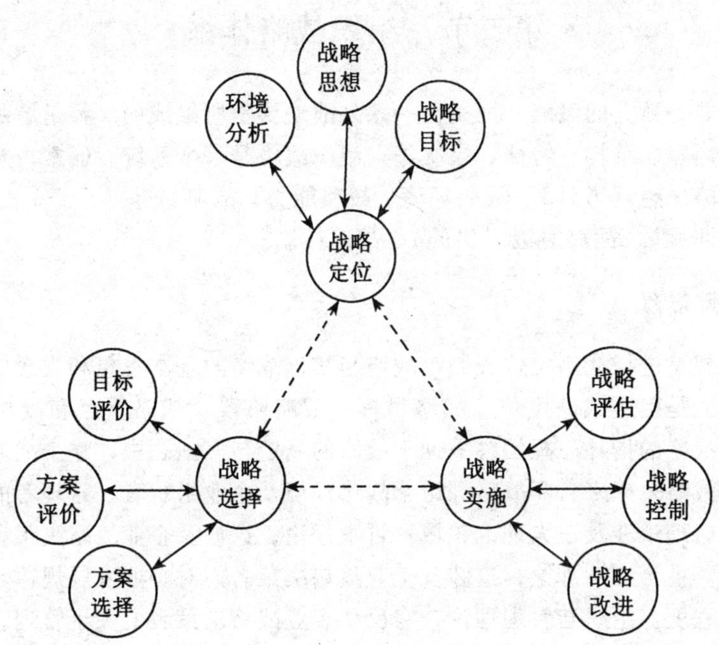

图 7-2 战略管理的任务与内容

(H. I. Ansoff) 在 1965 年出版的《企业战略论》中开始使用战略一词于管理之中。

市场经济中作为市场主体的企业，实施战略管理具有以下五方面的积极意义：

①适应变化，主动运筹，决胜千里，避免盲动盲从和被动，且有利于企业建立长远的发展方向和奋斗目标，以便在经营工作中兼顾当前和长远发展，做到增强后劲，基业常青。

②有利于企业明确自己在市场竞争中所处的地位，制定并实施有效的经营战略，整合组织资源，发挥协同效应，引导资源配置、培育人力资源等，强化企业的竞争能力，形成企业的核心能力。企业的核心能力是企业拥有的资源、技能、知识的整合能力，即组织的学习能力。企业需要从六个方面形成自己的核心竞争力：技术、品牌、资金、管理、渠道、规则。

③有利于企业在管理思想、组织、人员、方法和管理手段等各方面与时俱进，全面推动企业管理的现代化进程。

④借助战略目标充分发挥人的潜能和积极性。如用企业文化、企业精神、企业形象来激发人的积极性、主动性、创造性。

⑤有利于提高企业的获利能力和经济效益，给企业和社会提供更多的财富。

第二节 组织战略体系

战略并非是孤立的策略，而是由一系列战略要素所组成的。要了解战略，需先明白战略的内容、结构、特征、层次等。组织战略是一个系统，通常由八个基本要素组成：战略思想（方针）、战略环境、战略能力、战略目标（任务）、战略重点、战略阶段（步骤）、战略对策（措施）、战略控制。

一、战略思想

战略思想是进行战略定位、制定战略与实施战略的基本思想和观念。它是企业战略的灵魂，是确定战略定位、战略目标、战略阶段、战略重点和战略对策的总纲。只有将战略的指导思想始终贯彻于战略的制定与实施之中，整个战略才能获得成功。企业战略思想来自于战略理论，战略环境及企业组织者、管理者的战略风格与艺术。战略理论涉及三大理论领域：哲学理论，这涉及企业战略决策者们的世界观、方法论。社会经济理论，这涉及企业战略决策者们对企业发展规律、企业运行规律的认识程度。组织与管理理论，它反映企业战略决策者们关于管理、谋略、韬略、组织艺术、管理风格、风险意识等若干方面的修养。

企业战略思想的内容大体包括以下几个方面：

（一）满足社会需要的思想

企业存在的价值就是为了更好地满足社会的需要，为客户创造价值。没有顾客的需要就谈不上企业的生存，不能为顾客创造价值，企业就得不到发展，这是服务为了客户的观点，也是企业的出发点和落脚点。

（二）整体性和全局性思想

企业是一个系统，只有着眼全局，从整体的系统的观点出发，才能把各方面的谋划有机地联系起来，彼此协调配合，实现总目标的要求。企业战略坚持整体性和全局性的思想是其服务于企业系统的具体体现。

（三）持续发展的思想

企业战略具有长远性的特征，因此，战略必须着眼于未来，为未来持续发展指明方向和道路。只有这样，才能对眼前的利益得失看得比较清楚，即使遇到暂时的困难和挫折，也能树立起战胜困难的信心和勇气，正确地把握现在，客观地展望未来并对未来充满信心，坚持既定的方向，在克服困难中前进。

（四）积极的社会资源观意识

任何战略都要有资源的支持，“巧妇难为无米之炊”。但是任何企业自己所拥有的资源总是有限的，此时应该坚持一方面积极用活企业内部的一切资源，另一方面要眼睛向外，积极寻求各种可用的社会资源。此处的社会资源是一个宽泛的概念，既包括有形的物质财富，又包含无形的社会资源。

（五）坚持积极的团队意识

任何战略的制定与实施，都必须依靠组织全体员工。首先要动员广大员工参与战略规划的制定，征询他们的意见和建议。企业战略制定之后，要让他们掌握其基本精神与要点，使之更好地、积极主动地贯彻与实施企业战略所提出来的任务，使企业战略成为企业全体人员努力奋斗的工作纲领。同时，企业领导要关心员工的生活与成长，关心他们的利益，发挥他们的聪明才智，这是企业发展的强大动力，也是实现企业战略的根本保证。

二、战略环境

企业环境的分析，不仅为目前企业运营状况的形成指出理由和条件，更重要的能为日后的战略规划提供现实的依据，为战略的导入找到好的切入口，为企业的整合变革提供关键点。

企业环境分析的核心任务就是要鉴别出企业的特质及其系统性，即完整地显示出企业的个性，指出企业特质与企业所从事的行业特性之间的优势与劣势，使企业与行业之间的态势精准地呈现。

企业战略作为全局性的一种长远谋划，对环境的运用极为重要，因而需要考虑的环境因素也就极其广泛，通常我们把它归结为：政治、经济、社会、技术、环境和法律，即“PESTEL”（Politics、Economy、Society、Technology、Environment、Law）分析。其主要内容如表7-1所示。表中所列举的各方面的主要内容只是一般情况下应考虑的内容。对特定的企业而言，在特定的时期内进行环境分析，还需要具体地识别各方面的具体内容。

（一）产业环境分析的主要内容

产业环境因素对企业战略的影响直接而又明显，宏观环境对企业的影响常常是通过产业环境因素的变化对企业发生作用的。因此，产业环境分析是企业外部环境分析的核心和重点。

产业环境分析力图解决两个方面的问题：一是搞清产业中竞争的性质和该产业中所具有的潜在利润；二是破解该产业内部企业之间在经营上的差异以及这些差异与它们的战略地位的关系。这样可以使企业清楚地看到自己在产业中处于什么样的位置，面临什么样的机会与威胁。

因此，产业环境分析的主要内容包括以下几个方面：

1. 产业的主要经济特征分析

产业的主要经济特征包括产业的性质、产业在国民经济中的地位和作用、产业发展所处的阶段、产业的市场容量及发展前景等。这些特征是企业选择产业及企业在产业中如何参与竞争所要考虑的重要因素。

表 7-1 企业一般外部环境分析的主要内容

主要方面	主要内容
政治	国际政治风云、政府的稳定性、税收政策、外贸法规、社会福利政策等
经济	经济周期、国民总收入的变化趋势、利率、货币供应、财政、金融、物价增长率、政府收支、外贸收支及汇率、通货膨胀率、失业率、可支配收入、产业环境（竞争、资源）、区位环境等
社会	人口分布、人口结构、年龄结构、职业构成、就业水平、就业观念、工作观念、收入分配、收入水平、社会流动性、生活方式的变化、对待工作和休闲的态度、消费文化、消费者利益的保护运动、教育程度、风俗习惯等
技术	政府的研发投入、政府和行业对技术发展的关注、新技术发明和发展、信息发展态势、工艺技术和基础研究的突破性进展、科技成果转化速度、技术淘汰的速度等
环境	环境保护、公民的环保意识、环境保护法规、废弃物处理、能源消耗等
法律	社会保障、劳动法规、医疗和安全、反垄断立法、反不正当竞争法以及国家的产业政策、产品安全等

2. 产业的市场结构分析

产业的市场结构是指产业中相互作用的基本竞争力量以及它们之间的相互作用程度。基本竞争力量之间的相互作用决定着产业的赢利潜力。

3. 产业内战略群体分析

产业内战略群体分析即分析产业中各企业的市场竞争地位。通过对产业中各企业市场竞争地位的分析，以了解哪些是本企业最强或最弱的竞争对手，为明确企业的市场竞争地位提供依据。

4. 对本企业最近和最主要的竞争对手进行分析

通过对本企业最直接和最主要的竞争对手进行分析，可以认清这些竞争对手下一步的行动和目标，从而企业可以有针对性地制定相应的对策。

（二）六种力量竞争模型

产业环境分析的常用工具是美国著名的战略管理专家迈克尔·波特的“五种力量竞争模型”。按照波特的观点，在一个行业中，存在着五种基本的竞争力量，即潜在的进入者的威胁、现有企业之间的竞争、替代品的威胁、供方的讨价还价能力和买方的讨价还价能力。但该模型忽略了政府、债权人、工会以及其他群体对企业经营活动的影响，所以应该把“利益相关者的影响”这一力量加入该模型，把该模型发展为“六种力量竞争模型”，如图 7-3 所示。

1. 潜在进入者的威胁

所谓潜在进入者是指产业外随时可能进入某行业的成为竞争者的企业。由于潜

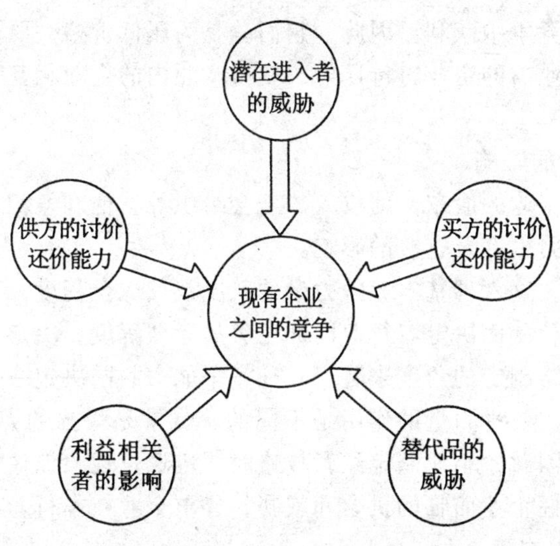

图 7-3　六种力量竞争模型

在进入者的加入会带来新的生产能力和物质资源，并要求取得一定的市场份额，因此对本产业的现有企业构成威胁，这种威胁称为进入威胁。进入威胁的大小主要取决于进入壁垒的高低以及现有企业的反应程度。

2. 现有企业之间的竞争

现有企业之间的竞争是指产业内各个企业之间的竞争关系和程度。不同产业竞争的激烈程度是不同的。如果一个产业内主要竞争对手基本上势均力敌，无论产业内企业数目有多少，产业内部的竞争必然激烈，在这种情况下，某个企业要想成为产业的领先企业或保持原有的高收益水平，就要付出较高的代价；反之，如果产业只有少数几个大的竞争者，形成半垄断状态，企业之间的竞争便趋于缓和，企业的获利能力就会增大。

3. 替代品的威胁

替代品是指那些与本企业产品具有相同功能或类似功能的产品。如工程塑料在物理性能上可以成为金属材料的替代品，高速动车在提供中距离运输的功能上是飞机的替代品。

4. 供方的讨价还价能力

供方是指企业从事生产经营活动所需要的各种资源、配件等的供应单位。它们往往通过提高价格或降低质量及服务的手段，向产业链的下游企业施加压力，以此来榨取尽可能多的产业利润。

5. 买方的讨价还价能力

作为买方（顾客、用户）必然希望所购的产品物美价廉，服务周到，且从产业现有企业之间的竞争中获利。因此，它们总是为压低价格，要求提高产品质量和服务水平而同该产业内的企业讨价还价，使得产业内的企业相互竞争残杀，导致产业利润下降。

6. 利益相关者的影响

政府机构以及企业的股东、债权人、工会组织等其他利益相关者群体对产业竞争的性质与获利能力也有着直接的影响。

在一个行业中，这六种基本竞争力量的状况及其综合程度，可以引发行业内在经济结构上的变化，从而决定着行业内部竞争的激烈程度，决定着行业中获得利润的最终潜力。从战略制定的角度来看，六种竞争能力共同决定一个行业的竞争强度和赢利能力。但是，各种力量的作用是不同的，常常是最强的力量处于支配地位，起着决定性作用。因此，企业制定经营战略时，应透过现象抓住本质，分析每种竞争力量的来源，把握企业面临的机会和威胁，寻求企业在本行业中的有利地位。

（三）企业内部环境分析

企业内部环境分析，是通过对影响企业竞争力的一些内部因素的研究，为战略决策指明方向，提出战略要解决的问题，从而为构建竞争优势奠定坚实的基础。事实上，支撑竞争优势的企业内部结构，是竞争优势构建过程中的一个关键环节。这是因为：战略的本质在于适应，这种适应其实也就是企业内部因素与外部环境的相容关系，当企业通过改造内部因素并构建起合理的经营结构、产品结构、资源与能力结构，更好地把握机遇，能够把短期的机会转变为长期的机遇时，这种相容关系就自然地产生了，竞争优势也相应地建立起来了。内部环境分析，其主要内容见表7-2。

三、战略能力

战略能力是指企业能够持续地向客户提供他们认为有价值的产品或服务特性，创造市场价值的能力。战略能力以知识为基础来对资源进行整合而形成战略的物质基础与支柱，它以企业综合实力为后盾，以盈利能力为核心。战略筹划指导的对象是市场竞争，而市场竞争是由战略能力来承担和实施的。因此，企业战略集中体现在对战略能力的建设和运用上。战略管理者一方面要根据企业战略能力的实际状况制定战略；另一方面又要根据战略目的的需求，指导战略能力的建设与运用，以保障企业能不断地从优秀到卓越。

战略能力与战略有着密不可分的联系，是战略的基本要素。战略能力既是确立战略的重要物质基础，又是实行战略的主要工具；战略既决定着战略能力建设与运用的性质和方向，又主要依靠战略能力具体贯彻落实。因此，必须在着眼企业发展的基础上，根据战略目的和战略方针的要求，确定企业战略能力建设的规模、发展方向和重点，并与企业的总体力量协调发展。

表 7-2　内部环境分析的主要内容

主要方面	主要内容
管理能力	经营者素质、指挥协同能力、组织管理水平、战略和策略水平、营运机制的完善程度
应变能力	企业系列经营活动构成的广度和深度、企业经营活动的影响周期阶段、企业经营活动的质量、企业经营的成本水平、服务水准、企业的市场影响力
竞争能力	形象竞争、产品的市场覆盖率、企业总体优劣势、竞争者数量及发展趋势、战略和策略优劣势
创新开发能力	企业人员的素质和数量、企业开发的广度和深度、专门技术优势
经营活动能力	企业经营活动的组织方式、企业经营活动效率（时间利用率，设施利用率等）、企业经营活动能力有无可扩充和变更的空间；准时制的保障水平。
战略伙伴合作能力	销售渠道及网点、同社会组织机构的关系
财务能力	资产负债率（负债/资产）、流动比率（流动资产/流动负债）、积累水平、筹资融资能力
盈利能力	销售收入增长率、销售利润率、投资报酬率、资本金纯利率

企业的战略能力包括资源、机制、技术等很多方面，而起决定作用的是战略决策者的见识和执行力。见识包括理念、视野和判断，即对未来发展的洞察力。富有见识，就能看清时代发展的方向，就能打破传统观念的禁锢，有勇气另辟蹊径开创事业的新局面；富有见识，就能迅速抓住问题的实质，正确地确定主次目标、方向；富有见识，就能增强克服困难的勇气和信心。执行力就是贯彻战略意图把想法变成行动，完成预定目标把行动变成结果的能力。执行力是对目标的规划和追求、百折不挠的韧性和持之以恒的努力。所以，战略能力的关键还是在于战略选择、战略协调、战略整合、战略能力培育及其利用并形成核心竞争能力。根据普拉哈拉德（C. K. Prahalad）和哈默（G. Hamel）对核心能力的研究，核心能力是一组相互关联的技术、知识、能力的集合体。与人们认识中的一般能力不同，它是这些要素的和谐组合，具有整体性；核心能力是向顾客传递基本利益的技术群体，企业生产并销售产品的目的是为了给顾客带来某些利益，核心能力正是这一过程中的关键，它能给顾客带来最基本的利益；核心能力具有“独一无二”、“在短期内难以被竞争对手模仿、复制”等特性；核心能力是企业叩开新市场之门的法宝，它必须可以被投射到范围广阔的领域中去，为企业在新市场中打下坚实的竞争基础。

因此，企业核心竞争力是企业在积累和学习如何应用不同的资源和能力的长期过程中形成的，是一种能够使企业在长时期内为顾客提供价值的能力。不是企业的所有资源与能力都属于企业战略资产，而只有核心竞争力才能成为竞争优势之源。它是企业创造持续竞争优势的充分条件，即企业有了核心能力，肯定能为企业创造价值，获得竞争优势。企业必须通过不断创新来提升自己的核心竞争力，只有当竞争对手试图模仿企业竞争优势却无法成功，或者失去模仿的信心时，由核心竞争力创造出的竞争优势才是一种可持续性的竞争优势。

四、战略目标

战略目标是企业使命和功能的具体化，是企业战略管理的核心，亦是战略管理的其他环节及活动的根本依据。不同的环境，不同的目标，形成不同的战略。尽管企业战略目标模式多样，但企业战略目标体系是有共性的，一般涵盖的内容如表7-3所示。

表7-3 **企业战略目标体系的主要内容**

企业战略目标	具体内容
盈利能力	用利润、投资收益率、每股平均受益、销售利润等来表示
市场	用市场占有率、销售额或销售量来表示
生产率	用投入产出比率或单位产品成本来表示
产品	用产品线或产品的销售额和盈利能力、开发新产品的完成期来表示
资金	用资本构成、新增普通股、现金流量、流动资本、回收期来表示
生产	用工作面积、固定费用或生产量来表示
研究与开发	用花费的货币量或完成的项目来表示
组织	用承担的项目来表示
人力资源	用缺勤率、迟到率、人员流动率、培训人数或实施的培训计划数来表示
社会责任	用活动的类型、服务天数或财政资助来表示

不同的企业有不同的情况，即使性质类似的企业，也可能面临完全不同的问题。因此，战略目标并不局限于以上十个方面，在制定战略时，必须根据实际情况确定目标。

需要指出的是，由于企业最基本的法定职责是保证企业实现其“所有人”的愿望和目标，充分反映各利益相关方的不同期望，加之各利益相关方复杂的社会背景和动机，所以，战略目标还是一种政治博弈，利益争夺和妥协的结果。

影响战略目标结果的因素包括以下内容：

①企业的治理框架限定着企业的服务对象及应该如何决定企业目标和目标的优先顺序。

②利益相关方拥有的权力和在支持或反对某项战略目标时所表现出的关注程度。

③企业社会责任的政策和商业道德立场。

④管理者的权力及其制衡机制。

⑤企业文化。

五、战略重点

实现战略目标必须有重点，“没有重点就没有政策，就没有资源的配置问题”，有了重点才能解决关键性问题，向总目标前进。战略重点，既是实现战略目标的关键，又是发挥优势力量的地方，或者是实现目标的薄弱环节，是需要花大力气加强的环节。它也是企业投入指导力量或物质保证或组织保证的重点，所以，可以说它既是战略目标的关键，也是资源配置的重点和战略指导的重点。

战略重点的确定，不是主观臆断出来的，而是根据企业战略目标的要求，由企业自身的条件和发展变化的客观环境结合而成的。

①企业战略重点是战略中的关键部位。一般要考虑对战略目标的实现有重大影响而又薄弱的环节或部位。只有抓住关键部位，突破薄弱环节，才便于带动全局，实现战略目标。

②企业战略重点须紧紧围绕战略目标而选取。所以，先得分析实力，找准关键部位。

③选择企业战略重点同样得坚持有所为和有所不为的思想，有取就有舍，以突出其重点的地位，以利于在资源上确保其所需。

④企业战略重点有层次性，混淆层次性只会导致重点不重。层次性体现为如下内容：企业总体战略的重点；各部门分战略的战略重点；企业阶段性战略重点；企业区域性战略重点。

⑤企业战略重点一般应具有长期性，否则，只能称其为企业战术重点。

六、战略阶段

任何战略的实现，都不是一蹴而就的，企业战略通常时间跨度较长，必须逐步实施、推进。实现总目标必须经过一个过程，总任务必须分阶段逐步完成。而且在实现总目标的过程中，情况往往是不断变化的，曲折和风险是难免的，要根据实际情况调整实际的进程和要求。因此，在实施企业战略的过程中，必须事先明确实施战略的步骤，合理划分战略阶段，明确达到总目标的各分目标的要求和战略部署与实现方法。企业战略阶段指将战略制定和实施过程分为若干个阶段，一步一步地达到其目标。

战略阶段的划分应有科学性，不能随意划分，如企业战略目标中确定五年内要从事几项重大活动或建立若干新的关系体系，那么就必须事先组织有关领导与企业人员进行调查研究，收集有关的信息情报，研究新活动的特性与功能，研究公众需求，研究竞争对手的实力，研究组织本身的实力和成功的可能性，研究活动展开的时间及其效果等。然后，才能确定是否开展，什么时候开展，什么时候完成。一旦确定开展，则要确保开展成功，准备各方面的力量，人才与设备，资金与物资。这些都要分阶段，有计划、有步骤地进行分析，而不能盲目地既不分析自己的实力，又不分析社会的需求与竞争环境而蛮干。因此，战略阶段的划分，实质上是为实现战略目标而在时间上分阶段的部署。首先，对确定的阶段，都必须有分阶段的目标和实现目标的时间要求；其次，要做好各阶段之间的连接和转换，前一阶段是后一阶段的准备，后一阶段是前一阶段的继续和发展。正如新产品开发的过程，仅仅把产品开发出来并不是目的，而要使新开发的产品成为推进企业与社会及消费者密切联系的纽带，获得消费者的好评，并使组织形象获得全面提升，这才是组织开展新的企业活动的根本目的。所以，有组织有步骤地顺利实现总目标的要求，才是制定企业战略阶段的重要目的和关键内容。

因此，在确定企业战略阶段的过程中必须注意以下三个方面的问题：

①每一个阶段应有一个特定的战略任务。每个阶段有其特点和相对独立性，不得相互混淆和倒置。

②每一个阶段有特定的企业战略重点，各阶段的企业战略重点又有其相关性(先后次序)。

③各个阶段应有衔接性。各阶段虽相互独立，但又相互联系，前一阶段是后一阶段的准备，后一阶段是前一阶段的继续。

七、战略对策

战略对策是指实现战略目标的一整套方针、措施和手段的统称。它是战略管理的主要内容。对策具有竞争性或对抗性的特征，各方为达到各自的目标，在研判对手的各种可能的行动方案后，力图选择对自己最有利、最合理的行动方案。对策主要是一个策略运用的过程。对策虽有很多模型，但在实践中并无定式可言，需要灵活运用。对战略对策一般有以下要求：

（一）针对性

组织的战略对策，必须从实际出发，是为了实现企业的战略思想和战略目标的需要而采取的手段与措施，决不能偏离这些既定的思想和目标而泛泛空谈，无的放矢，或只是提出一些放之四海皆准但又无从着手的建议。这样的对策，决不能保证战略目标的实现，因此，对策必须强调其针对性。

所谓针对性，就是针对企业战略目标的要求，在组织的现有环境与条件的基础上，去寻求实现目标的可行措施。要抓住企业战略目标要求的关键因素或组织的薄弱环节去寻求对策。对创新性战略举措的开发，首先是收集与组织发展有关的信息，竞争对手的企业动态，本组织的技术能力和企业人员的素质与水平，开创这些新战略举措、新项目的可能性与时间以及活动的影响力和实际效果等。在分析组织条件与竞争状况的基础上，提出克敌制胜的措施。

（二）整合性

企业战略的总体对策不可能由单一的手段或措施去完成，而必须从多方面采取多种手段和措施，并使之相互配合形成一系列手段和措施，共同为实现企业战略思想、战略目标的要求服务，形成合理的分工合作系统才能完成。

一套企业战略对策方案从策划构思到全面推出，必须整合各方面力量、密切配合才能实现。要有信息人员对环境方面新的动态与趋势的信息的收集，企业策划人员的构思与准备，计划人员的组织安排，财务人员的资金筹措与预算，战略实施人员的具体实施，管理人员的组织控制，后勤行政人员对生活条件的保证，如此等等，缺一不可。这些内容，都必须有具体安排和保证实现的措施，才能使整个战略任务得以完成，这就明确地体现了战略对策的整合性。

（三）灵活性

企业战略对策必须具有灵活性，它将随着客观环境或条件的变化而变化，当环境与条件出现重大变化时，需要用新的方法与措施取代原定的方法与措施；否则就会造成战略的失误。或者，随着内部条件和外部环境的变化，应该对原有的措施进行修订，有时还要将不适应新环境的措施加以淘汰。总之，灵活性主要应体现为适应性，对不适应企业战略目标实现的有关规定和措施，应能及时改进，以求得企业战略目标的顺利实施。

八、战略控制

战略管理的基本假设是系统所选定的战略应该能够实现系统的目标。然而，战略实施是在变化的环境中实践的，加之由于个人理解和能力上的偏差，往往会造成战略实施与战略目标发生偏移，使战略实施出现困局。因此，一个完整的战略管理过程就必须具有战略控制，以及时加强对战略执行过程的监控、评价与调整，才能适应环境的变化，保证实际成果符合预先制定的目标要求。

战略控制指在战略实施的过程中，将反馈的执行情况与战略目标进行比较，从中发现偏差程度，并及时采取有效措施，予以纠正，以确保战略目标实现的活动。

战略控制包括明确战略评价标准、评估实际工作成果、发现和纠正偏差等几个基本环节。

1. 明确战略评价标准

要从战略目标中确定若干评价标准。评价标准可以是定性的，如战略与环境的一致性，战略与资源的配套性等，且最好是定量的，以便于对比。常用的定量评价标准有：利润总额或利润增长幅度、销售利润率、资金利润率、市场占有率等。

2. 评估实际工作成果

这就是评估战略的实际执行结果。为了获得准确的资料，除建立有效的管理信息系统外，还要采用一定的控制方法。常用的方法有两种：产出控制，即对产量、销售量、资金等定量数据的测定，用以证明工作成绩；行为控制，即直接对个人的行为进行观察，用以提高工作效率。

3. 发现和纠正偏差

将实际工作成果与预定的目标或评价标准进行对比，就会发现偏差，特别是实际成果达不到目标要求的情况。这就要进一步分析造成偏差的原因，究竟是战略本身的问题（如原定的战略目标过高等），还是执行不力、方法不妥、互相脱节等行动方面的问题。然后针对存在的问题，进行战略修订或调整，纠正偏差。

人们在战略控制的方法方面有很多创举，常见的方法见表7-4。

表7-4 **战略控制的方法分类**

控制方法分类	控制方法
按控制时间分	事前控制：在战略行动成果尚未实现之前，通过预测发现战略行动的结果可能会偏离既定的标准。管理者必须对投入因素、早期成果、内外部环境等预测因素进行分析与研究 随时控制：对战略实施中的关键性的过程或全过程，随时采取控制措施，纠正实施中产生的偏差，引导企业沿着战略的方向进行 事后控制：在战略计划部分实施之后，将实施结果与原计划标准相比较，由实施部门定期将战略实施结果反馈给高层，由领导者决定是否采取纠正措施
按控制主体的状态分	避免型控制：采用适当的手段，使不适当的行为没有产生的机会，从而达到不需要控制的目的 开关型控制：按照既定的标准检查战略行动，确定行与不行，类似于开关的开与关
按控制手段分	预算：以财务指标或数量指标表示的对有关预期成果或要求的控制 审计：客观地获取有关经济活动和事项的论断的论据，通过评价厘清所得论断与标准之间的符合程度，并将结果报知有关方面的过程 现场观察：深入各种生产经营现场，进行直接观察，从中发现问题，并采取相应的解决措施

续表

控制方法分类	控制方法
按控制的切入点分	财务控制：一种覆盖面宽、用途极广的控制方式，包括预算控制和比率控制 生产控制：对产品品种、数量、质量、成本、交货期及服务等方面的控制 销售规模控制：将销售规模控制在一定水平，规模太小会影响经济效益，太大会占用较多的资金 质量控制：对工作质量和产品质量的控制 成本控制：控制各项费用使之降低到最低水平

战略控制主要解决战略实施的效能问题，其目标多数具有不确定性和不具体性；控制过程又具有开放性，既要考虑外部环境因素，又要考虑企业内部因素，因此主要由高层管理者执行。

第三节 战 略 制 定

企业战略制定是企业战略管理中的核心步骤，企业所制定的战略是否符合事物发展的客观规律与企业发展的时代节拍，能否激发企业人员的积极性与创造性，对于企业能否在市场竞争中取胜，求得组织的壮大与发展，关系重大。企业主管必须发挥其胆识和创造性，对企业战略进行科学性、艺术性的抉择。

企业战略结构基本决定了企业战略制定的程序，它一般可以归纳为下列程序：确定战略指导思想；进行环境分析；制定战略目标；战略目标评价；提出备选战略方案；方案评价与选择；战略实施与控制；战略业绩评价，如图 7-4 所示。

战略制定从根本上讲就是要结合企业具体情况根据不同层次、不同业务、不同性质的工作项目去设计各自的战略对策，从而形成不同的战略层次。所以，战略层次就是把不同类型的战略归入组织的不同层级。战略管理层次涉及企业总体战略、竞争战略和职能战略等若干层面，如图 7-5 所示。

一、企业总体战略

企业总体战略是企业战略的总纲，是企业的最高管理层指导和控制整个企业的一切行为的最高行动纲领。企业总体战略包括企业战略决策的一系列最基本的因素：企业愿景和使命的确定，企业的宗旨与性质，企业资源的配置，企业的组织结构与组织形式，战略事业单位的划分及战略事业的发展规划，企业的发展速度与发展规模，企业的投资决策，关键战略事业单位的战略目标以及其他有关企业命运的重大决策。企业总体战略由一系列重大目标、重大计划、重大行动所构成，是企业

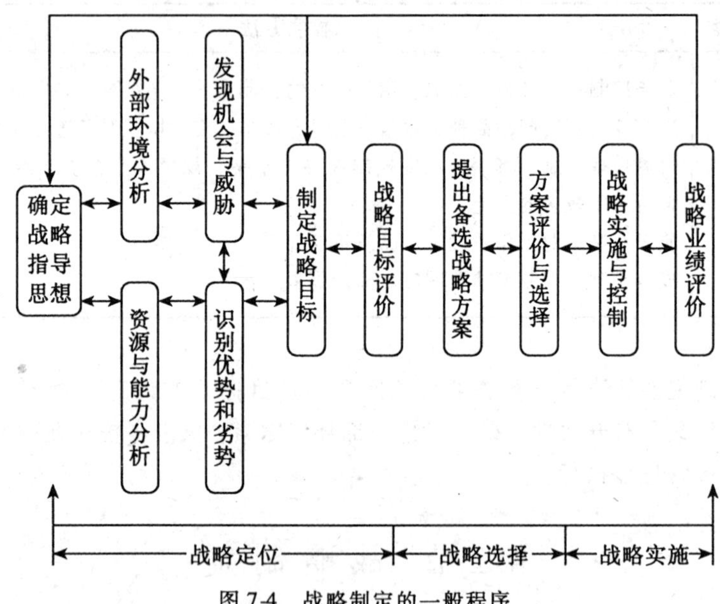

图 7-4 战略制定的一般程序

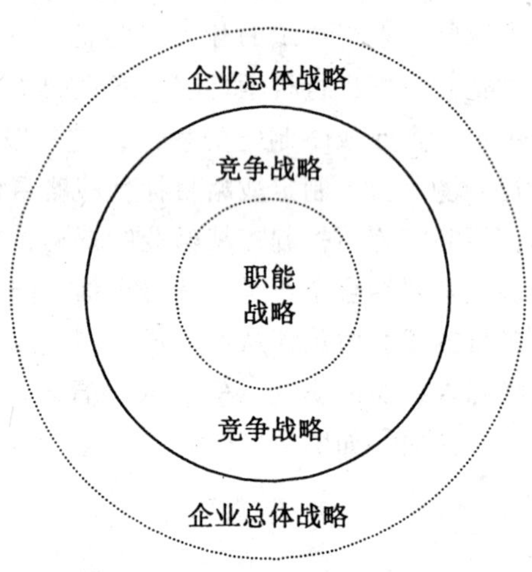

图 7-5 企业战略的层次

战略利益的基础。因此，一个企业的总体战略能够最好地体现这个企业的文化，反映这个企业的需要。

（一）企业总体战略的主要类型

结合战略态势的不同，人们把企业总体战略分为：发展型战略、稳定型战略和紧缩型战略。

1. 发展型战略

发展型战略是一种使企业在现有的战略水平上向更高一级的目标发展的战略。由于战略定位不同，发展型战略有多种可供选择的增长方案。常见的发展型战略主要有集约型成长战略、多元化战略、一体化战略等。

（1）集约型成长战略

集约型成长战略是指企业在原有生产范围内，充分利用产品和市场方面的潜力来谋求发展的战略。集约型成长战略源于美国战略管理专家安索夫提出的产品—市场矩阵（见表 7-5），其中市场渗透、市场开发和产品开发这三种战略合称集约型成长战略。

表 7-5　　产品—市场矩阵

产品 市场	现有产品	新产品
现有市场	市场渗透	产品开发
新市场	市场开发	多元化

① 市场渗透战略。这是指企业以现有产品渗透现有市场，扩大市场占有率，增加销量。在现有市场上如何扩大现有产品的销售取决于两个因素：产品使用者的数量和每个使用者的使用频率。

因而，可采用的经营策略主要有：增加现有顾客、吸引竞争对手的顾客、开发潜在的顾客、增加产品的新用途、改进产品特性等。

② 市场开发战略。市场开发战略是指企业用现有产品去开发新市场的战略。它是发展现有产品的新顾客群或新的地域市场从而扩大产品销售量的战略。当现有产品在原有市场无进一步渗透的余地，而新市场潜力较大，竞争相对平和时，企业可以采用市场开发战略。

市场开发的主要途径有：进入新的细分市场、扩大新的市场范围、增加新的销售渠道等。

③ 产品开发战略。产品开发战略是指企业开发出新产品来增加企业在原有市场上的销量，以扩大市场占有率的发展战略。所谓新产品，是指与老产品在结构、性能、技术指标、用途和使用方式上有着本质不同或明显差异的产品。企业采用产品开发战略的前提条件是，企业要对原有的顾客有比较透彻的了解，能够提供满足顾客需要的其他产品。这是一种具有开创性的战略，它要求企业积极开展研发活动，提高企业对技术进步的适应能力。

（2）多元化战略

这是指在现有业务领域基础上增加新的产品或业务的经营战略。根据现有业务领域和新业务领域之间的关联程度，可以把多元化战略分为相关多元化和不相关多元化两种类型。

① 相关多元化。相关多元化是指虽然企业发展的业务具有新的特征，但它与企业的现有业务具有战略上的适应性，它们在技术、工艺、销售渠道、市场营销等方面具有共同或相近的特点。根据现有业务与新业务之间关联内容的不同，相关多元化又可以分为同心多元化和水平多元化两种类型。

同心多元化，即企业利用原有的技术、工艺、经验等发展新产品，增加产品种类，从同一圆心向外扩大业务经营范围。例如，日本本田公司以发动机技术为圆心向外扩大了摩托车、汽车、割草机、发电机、摩托艇推进机、雪上汽车、扫雪机、播种机等经营领域，实现了以发动机技术为主导的相关多元化。

水平多元化，即企业利用现有市场，采用不同的技术来发展新产品，增加产品种类。例如，原来生产“黑色家电”的企业又投资生产“蓝色家电”。

② 不相关多元化，又称集团多元化，即企业通过收购兼并其他行业的业务，或者在其他行业投资，把业务领域拓展到其他行业中去，其产品和业务与企业现有的业务、技术、市场毫无关系。也就是说，企业既不以原有技术也不以现有市场为依托，而是向技术和市场完全不同的产品或劳务项目发展。例如，格兰仕进军空调生产领域。

多元化战略有如下三个方面的优势：一是可以分散经营风险。通过投资的多样化组合使各行业的风险变动相互抵消，降低企业的非系统风险。二是获取范围经济的好处。范围经济是指由于企业经营范围的扩大而带来的经济性，其本质在于企业多项业务可以共享企业的资源。实现范围经济的主要形式为相关多元化。三是获取市场力量。市场力量是指企业对市场的控制力或影响力。多元化可以通过增强市场力量来提高企业的竞争能力，改善企业的盈利水平。

（3）一体化战略

一体化战略是指企业充分利用自己在产品、技术、市场上的优势，使其经营业务不断地向深度和广度发展的一种战略。一体化战略有以下三种基本类型：

① 纵向一体化，亦称垂直一体化，是指企业的经营活动范围沿着价值链向前拓展或向后延伸。其中，向供应源方向的拓展叫后向一体化，向靠近最终用户方向的延伸叫前向一体化。例如，西宁特钢由钢铁冶炼到铁矿石生产、铁精粉开发和焦炭生产的煤化工的后向一体化。深圳百丽鞋业从产品的设计到开发、生产、营销、推广、分销、零售等产业链上的各个环节，全部由自己承担。在倡导产业链分工协作的今天，这种模式似乎有点另类，然而在这种模式支撑下，百丽鞋业赚足了产业链上每一个关键环节的利润，使其综合毛利率远高于行业平均水平，比国内鞋业的其他优秀企业高出约 10 个百分点。更重要的是，在瞬息万变的市场环境中，对零

售网络的直接控制，使百丽鞋业在企业与消费者之间搭起了一个随处可见的高效运作平台，能够随时获得和掌控市场信息，把握市场趋势，在竞争中赢得主动。

② 横向一体化，亦称水平一体化，是指与处于相同行业、生产同类产品或工艺相近的企业实现联合，其实质是资本在同一行业和部门内的集中，目的是扩大生产经营规模，降低产品成本，巩固市场地位。

③ 混合一体化。这是指处于不同产业部门、不同市场且相互之间没有特别的生产技术联系的企业之间的联合，包括三种形态：产品扩张型，即与生产和经营相关产品的企业联合；市场扩张型，即一个企业为了扩大竞争地盘而与其他地区生产同类产品的企业进行联合；不相关型，即生产和经营彼此之间毫无联系的产品或服务的若干企业之间的联合。

实施一体化战略，可带来多方面的战略利益。它既有利于企业的技术开发，也有利于企业进入高回报产业，还可以提高产品差异化的水平，它既保障了企业的供给和需求，实现了范围经济，降低了经营成本，同时还提高了进入门槛，为企业带来较大的经济利益等。

但是，一体化战略不成功的案例也警醒人们要充分关注一体化给企业生产经营带来的潜在风险，慎用混合一体化战略。安然公司由经营天然气这一主业，逐渐向金融、期货、期权、水电、网络、通信、电子等行业进军的混合一体化战略，由于没有相应的管理水平的支撑，导致组织成本过大，最终拖垮了企业。

2. 稳定型战略

稳定型战略是指企业受经营环境和内部条件的约束，而遵循与过去相同的战略目标，保持一贯的成长速度，同时不改变基本的产品或经营范围。它是对产品、市场等方面采取以守为攻，以安全经营为宗旨，风险相对较低的一种战略。选择这一战略的企业对其过去的经营绩效和方法比较满意，管理人员又无法确定现行战略的实际运行情况，因而会继续为顾客提供基本相同的产品和服务。因此，当企业经过一段时间的快速成长之后，市场占有率较高，为巩固取得的已有成果，并获得喘息的机会以及为不引起对手的注意和攻击，或避免政府的干预在一定期间主动采取稳定型战略不失为一种明智之举。

稳定型战略主要有以下几种类型：

①无变化战略。无变化战略就是基本没有什么变化的战略。

②维持利润战略。维持利润战略是指为了维持目前的利润水平而牺牲企业未来成长的战略。

③暂停战略。经过一段时期的快速成长之后，企业可能变得缺乏效率，或者难以管理。通过购买或内部发展而新增的事业部或分公司可能使管理人员过度紧张，造成各种资源过于分散。暂停战略就是在一段时期内降低企业的目标水平，放慢快速成长的步伐，使企业能够将各种资源合并在一起使用。

④谨慎前进战略。如果企业外部环境中的某一重要因素难以预测或变化趋势不明显，企业的某一战略决策就要有意识地降低实施进度，步步为营，这就是所谓的谨慎前进战略。

稳定型战略的优点在于：企业为了充分利用原有的产品和市场领域中的各种资源，避免开发新产品和新市场的巨大资金投入与开发失败的巨大风险；能够保持战略的连续性，避免因改变战略而重新分配资源的成本；可以保持人员安排上的相对稳定，减少人员调整、安置所造成的各种矛盾及招聘、培训等费用；能较容易地保持企业经营规模和经营资源、能力的平衡协调，防止过快、过急而导致的重大损失等。

稳定型战略也蕴含着一定的风险：当企业因对外部环境判断失误而采用了这种战略，就会错过良好的发展机遇，被竞争者超越或拉大距离；稳定型战略容易使企业的风险意识减弱，甚至形成回避风险的企业文化，降低企业对风险的敏感性和适应性，也会导致管理者养成墨守成规、不求变革的惰性。

可见，稳定型战略只能是企业在一定的内外条件约束下，在一定时期内实施的阶段性战略，而不能作为企业的长远选择。

3. 紧缩型战略

紧缩型战略是指企业从目前的战略经营领域收缩和撤退，且偏离战略起点较大的一种经营战略。它是企业对没有发展前景或前景渺茫的业务单位所采用的战略，如放弃某些市场和某些产品线系列，削减各项费用支出等。与发展型战略和稳定型战略相比，紧缩型战略是一种消极的发展战略，一般是短期性的过渡战略。

企业采用紧缩型战略的基本原因是企业现有的经营状况、资源条件不能适应外部环境的变化，难以为企业带来满意的收益，以致威胁企业的生存，阻碍企业的发展。只有采取紧缩的措施，才能抵御对手的进攻，避开环境的威胁，保存企业的实力，以保证企业的生存，或者利用外部环境中有利的机会重新组合资源；进入新的经营领域，实现企业的长远发展。

按紧缩的方式和程度不同，该战略有以下四种类型：

(1) 转向战略

转向战略指当企业现有经营领域的市场吸引力微弱、失去了发展活力而趋向衰退，企业市场占有率受到侵蚀，经营活动发生困难时，或者发现了更好的领域和机会时，为了从原有领域脱身，转移阵地，另辟道路所实行的战略性收缩。

转向战略包括三个阶段：① 收缩阶段，主要是削减人员和各项费用的支出；② 巩固阶段，即制订规划，扭转企业的亏损局面，进一步巩固第一个阶段的成果；③ 重建阶段，如果收缩和巩固两个阶段收到成效，就可以进入重建阶段。在这个阶段，企业经营活动走上正轨，经营业务逐步扩大。

(2) 收获战略

收获战略是指企业在退出某项业务前尽可能多地从该项业务上获取收益。可以采取的方法有：削减或取消新投资，减少设备的维修，减少产品型号，缩减销售渠道，减少价格折扣，在交货时间、售后服务等方面降低水准等。

(3) 放弃战略

这是在企业采取选择性收获战略和转向战略均无效时而采取的紧缩型战略。放弃是指将企业的一个主要部门转让、出卖或者停止经营。这个部门可以是一个经营单位、一条生产线或者停止经营。放弃战略的目的是收回资金，集中资源，加强其他部门的经营实力，改善企业的经营管理，抓住更大的发展机会。

(4) 清算战略

清算战略指企业受到全面威胁、濒于破产时，通过将企业的资产转让、出卖或者停止全部经营业务结束企业的生命。清算时出售的基本上是企业的有形资产，不包括其相应的无形资产。清算是所有战略中最不期望的一种选择，只有在其他战略都失败时才考虑采用。

实行紧缩型战略有利于及时清理、放弃无利可图或亏损的领域，清除经营赘瘤，降低费用，使企业及时渡过难关。

紧缩型战略处理不当也会使企业陷入消极的经营状态，导致职工士气低落，影响经济的回升或者加速行业的衰退。

二、竞争战略

竞争战略是指企业在对产业特点及自身实力进行充分分析的基础上，选择并追求一种更为合理的竞争地位的经营战略。竞争战略需要解决以下几个主要问题：如何贯彻落实企业使命；确定战略重点、战略类型和主要战略措施。

无数成功企业的经验表明，产品质量与价格是企业获取市场优势的最终途径。企业的业绩能够优于竞争对手，或者在价格方面具有优势，或者在产品质量方面领先于对方，抑或是两方面皆有优势。想在竞争中保持优势，企业就必须不断提高产品质量和降低产品价格。而产品质量的提高来自于产品差别的寻求，价格优势依赖成本领先地位的寻求与获得。因此，企业可选择的竞争战略有两种基本类型，即成本领先战略和差异化战略。

(一) 成本领先战略

成本领先战略也称为低成本战略，是指企业通过有效途径降低成本，使企业的全部成本低于竞争对手的成本，甚至是同行业中最低的成本，从而获取竞争优势的一种战略。

成本领先战略的战略逻辑，一是要求企业成为产业内真正的成本领先者，而不仅仅是几个领先企业之一；二是要求企业对竞争者具备明显的成本优势，而不只是微小的领先。

企业要实现成本优势这一目标其途径有二：一是比竞争对手更有效地开展内部价值链管理活动，以降低成本；二是改造企业的价值链，省略或跨越一些高成本的价值链活动，从而降低成本。具体而言就是，简化产品，改进设计，生产创新及自动化，节约原材料，降低人工和管理费用，减少研发、推销、广告等方面的开支等。

价值链分析是迈克尔·波特用于分析企业经营资源的一个工具。所谓价值链是一个企业用来进行设计、生产、营销、交货以及对产品起辅助作用的各种活动的集合。价值链概念的提出基于如下基本逻辑关系：经营资源—价值活动—竞争优势。

在市场经济条件下，一个企业的竞争优势最终是由其产品或服务的价值体现并由消费者接受与否以及接受程度决定的，而消费者是否接受的关键则在于他们对企业提供的产品或服务的价值与其他竞争者提供的产品或服务的价值的比较，在于他们对公司设计、生产、销售、供货及支持活动完成方式的价值评价。当他们寻找到真正渴望得到的价值并愿意为此支付价格时，企业便在市场上实现了产品或服务的价值，从而在产品或服务的竞争中建立起自己的竞争优势，反之亦然。所以，企业要想在竞争中获得优势，就必须把自己的经营资源通过各种活动为顾客创造价值。也就是说，企业内部的各种活动都应该是创造价值的活动，由于这些活动在企业内部犹如一条链条，因而称为“价值链”。

价值链分析的重点在于价值活动分析。价值活动可以分为两大类：基本活动和辅助活动，如图 7-6 所示。基本活动是涉及产品的物质创造及其销售、转移给买方和售后服务的各种活动，主要包括：进货后勤，生产作业，发货后勤，市场营销，服务等。辅助活动是辅助基本活动并通过提供技术、人力资源以及公司范围内的各种职能以相互支持，主要包括：采购、技术开发、人力资源管理、企业基础结构等。价值链图中的虚线反映了基本活动与辅助活动之间的相互联系以及它们对整个价值链的共同支持。

1. 成本领先战略的优势和风险

成本领先战略是运用非常普遍的一种战略。处于成本领先地位的企业面对强大的竞争力量能获取高于产业平均水平的利润。采用成本领先战略的优势主要体现在以下几个方面：

①营造领先的竞争优势。由于总成本低，企业有实力比竞争对手以更低的价格提供相同或更高价值的产品或服务，与竞争对手争夺顾客，扩大市场份额，营造竞争优势。

②形成进入障碍。低成本企业可以利用大规模的生产和成本优势，为行业的潜在进入者设置较高的进入障碍。那些在生产技术上没有经验或缺乏规模经济的企业是很难进入此竞争领域的。

③更灵活地增强讨价还价的能力。在防御购买者的力量方面，低成本能够为企

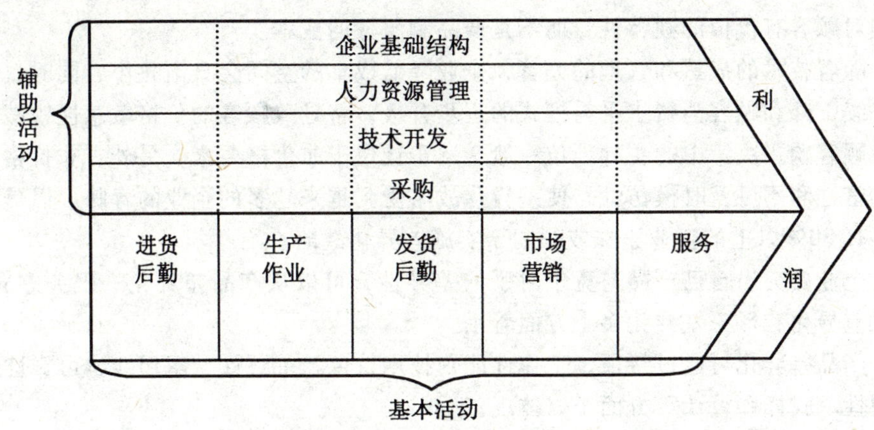

图 7-6　企业价值链示意图

业提供部分的利润保护；由于成本低，可以降低原材料投入等变化带来的影响，提高企业与供应者的讨价还价能力。

④降低替代品的威胁。企业的成本低，可以利用其低价格来吸引顾客，降低替代品的威胁，以保持有利的竞争地位。

成本领先地位的维持，远比成本领先地位的获得困难。采用成本领先战略存在的主要风险在于：成本降低过度可能引起部分市场的丢失和利润率降低，因为在市场上，成本领先企业的优势最终表现为价格优势，而其劣势就是产品缺乏个性，这会迫使新加入者开发出更低成本的生产方法，形成后来者居上的局面，使得企业原有的优势转变为劣势；随着技术与产业的成熟，企业降低成本的空间及幅度将日渐狭小，企业成本优势的维持将日渐困难。

2. 成本领先战略的实施条件

实施成本领先战略对环境的基本依赖如下：

①外部条件。整个行业进入成熟期，产品的性能、结构都已标准化或者同质化，对顾客来说有价值的差异化因素不大，且实现产品差异化的途径很少；现有企业之间的价格竞争非常激烈；品牌之间的差别对购买者不重要，价格成为关注的焦点；产品的价格弹性大；消费者的转换成本低，且有很大的购买灵活性。

②企业内部条件。主要包括：持续的资本投资和获得资本的途径；有研发和制造的实力；低成本的分销系统；合理的组织结构；严格的成本控制、详尽的控制报告等。

（二）差异化战略

差异化战略，是指通过为产品融入顾客所需要的独特个性而使产品在顾客心目中升值，赢得顾客的消费偏好，从而形成竞争优势的战略。这种战略的核心是取得某种对顾客有价值的独特性，而不是产品和服务的成本。

随着技术的成熟和管理的完善，企业降低成本的空间会日渐狭小，同时，价格的持续下降和顾客消费水平与模式的逐步升级，将导致顾客的价格敏感性锐减，价格在顾客购买决策中的主导地位一般会逐步让位于非价格要素。另外，非价格要素的丰富性和不可及时模仿性，使差异化战略受到越来越多的企业的青睐。以美国为例，其80%以上的企业正在或倾向于实施差异化战略。

企业要突出自己产品与竞争对手的差异性，可以从产品差异化、服务差异化、文化差异化和形象差异化多个方面着手。

产品差异化可通过特征、工作性能、技术特色、一致性、耐用性、可靠性、易修理性、式样和设计等方面予以体现。

服务的差异化往往借助送货、安装、修理、顾客培训、咨询服务、售后服务、经销网络及其他服务等方式来表现。

文化差异化则通过训练有素的员工所表现出来的先进思想、道德观念、优良传统、制度、胜任、礼貌、可信、可靠、反应敏捷、善于交流来体现。

形象差异化反映在企业信誉、品牌形象、外观特点等方面。

1. 差异化战略的优势及风险

实施差异化战略，可以很好地防御行业中的五种竞争力量，获得超过行业平均水平的利润。具体来说，差异化战略的优势主要表现在以下几个方面：

①形成进入障碍。由于差异化提高了顾客对企业的忠诚度，潜在进入者要参与竞争，则需要克服这种产品的独特性，这就增加了潜在进入者进入该行业的难度。

②避开行业内竞争。差异化可以培养顾客对该产品或服务的忠诚度，顾客对价格的敏感度不高。企业可通过采用产品差异化的战略，在行业的竞争中形成一个隔离带，避免与竞争者发生正面冲突。

③增强企业对供应者的讨价还价能力。差异化战略可以使企业利润增加，为企业带来较高的边际收益，增强了企业与供应者讨价还价的主动性和灵活性。

④削弱购买者的讨价还价能力。企业通过差异化战略，使得购买者缺乏与之具有可比性的产品选择，降低购买者对价格的敏感度。并且由于产品差异化使购买者具有较高的转换成本，从而对企业形成一定的依赖性。

⑤防止替代品的威胁。企业的产品或服务具有特色，能够取得顾客的信赖，可以在与替代品的较量中处于更有利的地位。

差异化战略的风险主要有三类，一是差异化不成功，二是差异化优势的丧失，三是差异化优势无法弥补成本劣势。

①差异化不成功。差异化不成功是因为顾客对独特性的不认可。只有切中顾客所重视的独特性，方能被顾客认可，方能为企业带来差异化优势。导致顾客对独特

性的不认可，既可能源于主观因素，如对顾客的需求特点认识不足、产品未能达到顾客的使用标准等；也可能源于客观因素，如顾客的需求特点出现重大变动、成熟市场中的顾客不再对一些特殊的需求感兴趣等。

②差异化优势的丧失。竞争对手的仿效使差异化优势丧失。企业的差异化优势是相对竞争对手而言的，而竞争对手不会漠视其他企业的差异化优势。它们会想方设法地学习模仿，以改进自己的产品或服务，达到缩小或弥补差异化劣势的目的。因此，仿效会使差异化优势渐渐消逝。这样，差异化优势的保护、维持与强化和不断寻求新的差异化优势就是差异化战略管理的一个重点内容。

③差异化优势无法弥补成本劣势。通常情况下，顾客愿意为所获得的独特性价值支付一定的溢价。但溢价的幅度不能过高，因为顾客的承受能力毕竟有限。当实施差异化战略的企业成本过高时，它将面临两难的选择：一是大幅度提高产品价格以补偿成本，但会失去大量的顾客；二是价格不变或略微提高以保住市场份额，但会流失大量的利润，甚至是亏损。从长远来看，两种选择都会影响企业的正常发展，故对实施差异化战略的企业来说，控制成本同寻求差异一样重要。

2. 采用差异化战略的内部和外部条件

采用差异化战略所需要的外部条件：顾客对产品或服务的需求多种多样；采用类似差异化途径的竞争对手较少；技术变革较快，市场上的竞争主要集中在不断地推出新的特色产品；可以有很多途径创造企业与竞争对手的产品之间的差异，而且这种差异被顾客认为是有价值的。

采用差异化战略所需要的内部条件：具有很强的研发能力，研究人员有强烈的创新意识；生产工艺能满足独特性产品的加工要求；企业具有产品质量或技术领先的声望；具有强大的市场营销能力，各种销售渠道通力合作；产品研发、生产制造、市场营销等职能部门之间具有很强的协调性等。

（三）集中化战略

集中化战略是指企业经营活动的重点集中放在一个特定的目标市场上，为特定的地区或特定的购买者群体提供特殊的产品或服务，谋求局部竞争优势。企业选择集中化战略的主观原因，是企业的自身实力较弱，尚难以向整个市场提供产品和开展大范围的竞争。企业选择集中战略的客观原因，是市场与产业的同质性较弱，存在市场细分与产业细分的机会。

最基本的竞争优势只有低成本与差异化两种，故集中化战略也因对两种竞争优势的取舍性寻求而分为两种类型：一种是低成本集中，另一种是差异化集中。实行低成本集中时，企业在所处目标市场中寻求低成本优势；实行差异化集中时，企业则寻求在目标市场中的独特差异化。

集中化战略可以分为产品线集中化战略、顾客集中化战略、地区集中化战略和低占有率集中化战略。

1. 集中化战略的优势与风险

同其他两种基本竞争战略一样，集中化战略也能在本行业中获得高于一般水平的收益。其优势主要表现在以下几个方面：

①集中化战略便于集中使用整个企业的力量和资源，更好地服务于某一特定的目标。

②将目标集中于特定的部分市场，企业可以更好地有针对性地调查与产品有关的技术、市场、顾客以及竞争对手等方面的情况。

③战略目标集中明确，经济效果易于评价，战略管理过程也容易控制，从而带来管理上的简便。

根据中小型企业在规模、资源等方面的特点以及集中化战略的特性，集中化战略对中小型企业来说可能是最适宜的战略。但集中化战略在运用中也存在相当大的风险，主要表现在以下几个方面：

①由于企业的生产力量和资源都投入某一特定的细分市场，又加之细分市场购买者的偏好和需求可能会转向大众购买者的偏好和需求，当购买者的偏好和需求发生变化以及技术出现创新或有新的替代品出现时，该目标市场对产品或服务的需求就会出现下降，从而形成对企业的冲击。

②购买者细分市场之间的差异减弱会降低细分市场的进入壁垒，这给竞争对手争取集中化厂商的客户打开了方便之门。竞争对手可能会寻找可与之匹敌的有效途径来服务于细分的目标市场，以致各个竞争厂商蜂拥而入，瓜分细分市场的利润。

③产品销量可能变小，产品要求不断更新，造成生产费用的增加，使得采取集中化战略的企业的成本优势得到削弱。

2. 集中化战略的实施条件

具备下列四种条件，采用集中化战略是适宜的：

①购买者群体之间在需求上存在着差异，或以不同的方式使用产品。

②在相同的目标细分市场中，其他竞争对手不打算实行集中化战略。

③企业的资源实力有限，不允许其追求广泛的细分市场。

④行业中各细分市场在规模、成长率、获利能力方面存在很大差异，致使某些细分市场比其他市场更有吸引力。

（四）蓝海战略

2005 年 2 月哈佛商学院出版社出版了欧洲管理学院金伟灿（W. Chan Kim）和勒妮·莫博涅两位教授合作的《蓝海战略》一书，该书迅速在世界范围内引起反响。在不到半年的时间里，即被译成 27 种文字，打破了哈佛商学院出版社有史以来出售国际版权的纪录。《蓝海战略》也许是现今全球最受欢迎的管理书。它目前已经被全球翻译成 32 种语言，创下了管理型畅销书的纪录。他们的理论被认为将对迈克尔·波特的经典的竞争理论形成挑战。该理论不但启发了企业界重新思考

"血流成海"的商业竞争思维，政界领导也对他们的见解非常看重，甚至把"蓝海战略"贯通在政治策略里。

商场上，各企业或公司为了达到持续发展和盈利增长的目的，长期以"割喉"式的竞争来达到目的。它们在血腥的竞争战场当中寻求商机，为了在市场上分一杯羹而与对手作战，也为了寻求差异化而困在围城里。这种竞争思维，导致它们在萎缩的市场空间里相互残杀，最后葬身在一片汪洋的红色海域里。《蓝海战略》分析了100年来30家企业的150项策略变迁后提出，企业应该彻底跳出竞争者的魔咒，把战略焦点从竞争对手身上移开，跳出割喉式的竞争模式，专注大局而非数字，超越现有的需求，并且对客户提供更有价值的创新，大胆改变原有的市场游戏规则，才能从"血流成海"的激烈竞争市场中，开创出无人竞争的蓝色商机。

1. "红海战略"与"蓝海战略"

"红海"就是充满血腥竞争的已知市场空间。"蓝海"就是尚未开发的新的市场空间、需求的创造以及利润高速增长的机会。

红海战略是指在竞争已经白热化，产品、服务同质化严重，企业利润呈现微薄甚至负利的市场中竞争、搏杀的战略。身处红海的企业试图表现得超过竞争对手，以攫取已知需求下的更大市场份额。当市场空间变得拥挤，价格战此起彼伏时，利润增长的前景随之暗淡。红海中的产品只是常规性的商品，而割喉式的恶性竞争使市场变得更加血腥，最后是两败俱伤。

在红海领域中击败竞争者始终是重要的。因为红海一直存在，并将始终是现实商业社会的一部分。随着越来越多的行业出现供大于求的现象时，对市场份额的竞争虽然必要，但已不足以维持良好的业绩增长。

蓝海战略是指企业为摆脱"红海"竞争，把视线从市场的供给一方移向需求一方，从同对手的竞争转向为买方提供价值的飞跃，通过跨越现有竞争边界看市场以及将不同市场的买方价值元素进行筛选与重新排序，重建市场和产业边界，开启巨大的潜在需求，开创属于自己的"蓝海"市场，且同时追求"差异化"和"成本领先"，以达到盈利的目的。

蓝海的开拓是建立在时间效力之上的，在新开辟的市场中很快会有跟进者，从而又会出现红海的情况，所以企业必须保持领先，不断地超越自己，不断发现新的蓝海，保持盈利水平。

2. 开创蓝海的可能性

尽管有些蓝海是在现有的红海领域之外创造出来的，但绝大多数蓝海是通过扩展已经存在的产业边界而形成的。

很多基础性产业，包括汽车、录音、航空、石化、保健和管理咨询等，在当时都是闻所未闻或刚刚萌芽。许多现在已经形成规模的行业，在30年前才突然出现，比如对冲基金、手提电话、燃气发电、生物技术、工厂直销、快递、微型车、雪地滑板、咖啡吧和录像机等。在30年前，以上行业实际上都不存在。

3. 开创蓝海的影响

通过对108家新开办企业的实证研究，定量分析拓展蓝海对企业收益和利润增长的影响（见图7-7）。研究发现，86%的新成立企业是线性扩张的，即在已经存在的红海市场空间内增长。蓝海所创造的绩效显而易见。那些貌似各不相同的成功故事背后，都有着一个共同模式：就是创造和占领蓝海的战略行动。无论是哪个历史时期，也无论是哪个行业；无论是福特汽车公司在1908年开发了T形车，还是通用汽车公司在1924年推出个性化轿车；无论是美国有线新闻网（CNN）在1980年实行的每周7天、每天24小时实时新闻；还是康柏、星巴克咖啡、西南航空、太阳马戏团，蓝海战略都是这些成功背后的共同模式。

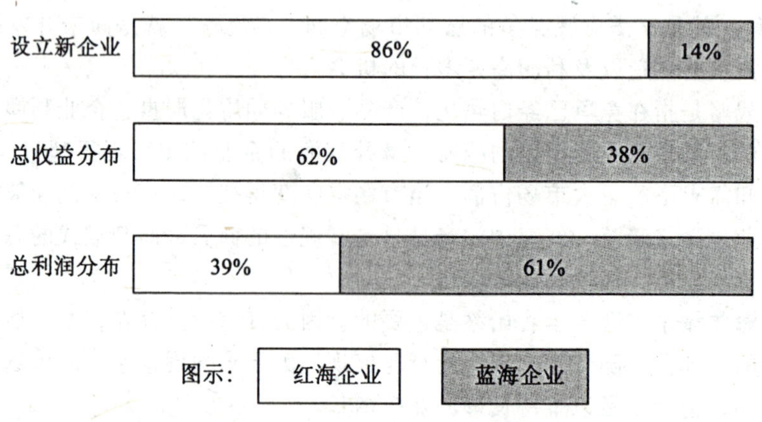

图7-7 蓝海的利润和增长效果

资料来源：根据商务印书馆2005年出版的金伟灿和勒妮·莫博涅合著的《蓝海战略》第8页的内容改编。

4. 价值创新：蓝海战略的基石

蓝海的开拓者并不把竞争作为自己的标杆，而是遵循另一套完全不同的战略逻辑，即“价值创新”，这是蓝海战略的基石。之所以称为价值创新，原因在于它并非着眼于竞争，而是力图使客户和企业的价值都出现飞跃，由此开辟一个全新的、非竞争性的市场空间。竞争导致模仿而不是创新，市场路径往往形成对价格的压力和进一步的商品化。成功的要诀不在于参与竞争，而在于绕过竞争。价值创新是开创蓝海、突破竞争的战略思考和战略执行的新途径。

重要的是，价值创新对竞争性战略的一项基本教条价值与成本恰如鱼和熊掌不可兼得提出了挑战。

蓝海的探索者们同时追求差异化和低成本。只有在企业把创新与效用、价格和成本进行有机结合的时候，价值创新才可能发生。当企业行为对企业成本结构和客户价值同时带来正面影响时，价值创新就在这个交会区域得以实现。成本节约通过取消或压缩某些竞争因素而发生，而随着时间的推移，由价值创造所带来的规模效应会进一步促进成本下降。

如果企业不能使创新围绕价值进行，则作为技术创新者和市场推广者的企业往往生出了蛋，却被其他企业孵化。

5. 战略布局图

经营者光有想法，没有实际的分析工具是不行的。缺乏这些工具，经营者将难以在现有的竞争格局中取得突破。对于战略家来说，关键的问题是如何彻底摆脱红海中血腥的市场竞争，开辟和获取一片无人争抢的蓝海市场空间。

战略布局图，一种对于价值创新和开创蓝海市场空间来说都具有核心地位的分析框架，是建立强有力的蓝海战略的诊断框架和分析框架。

使用战略布局图，可以获取当前市场的竞争状况，了解竞争对手的投资方向，在产品、服务和配送等方面的竞争集中在哪些因素上以及顾客在相互竞争的商品中进行选择时得到了什么。

通过绘制现实的战略布局图，将企业的业务项目与竞争对手或行业中通常的战略布局图进行比较，看看现有战略何处需要改变。它比任何基于数字和文字的论证都更能证明变革的必要性，这就使管理高层产生了认真反思现行战略的强烈愿望。20 世纪 90 年代末期美国葡萄酒业的战略布局如图 7-8 所示。

为了构建买方价值因素，塑造新的价值曲线，可用四步动作框架，如图 7-9 所示。为打破差异化和低成本之间的替代关系，创造新的价值曲线，有四个核心问题对挑战行业现有的战略逻辑和商业模式而言至关重要：

哪些行业中被认为理所当然的因素应该被剔除？

哪些因素的含量应该减少到行业标准以下？

哪些因素的含量应该增加到行业标准以上？

哪些行业内从未提供过的因素应该被创造？

三、职能战略

职能战略是企业各职能机构，遵照总体战略的指导思想，结合竞争战略，侧重分工协作，对本部门的长远目标、资源调配等战略支持保障体系进行的总体性谋划。职能战略的作用是充分认识企业各职能部门和活动价值链的密切关系、各职能的不同特点以及企业职能战略对企业内部价值增值的重要作用，并能够在未来实践中分别思考和制定企业的职能战略。

职能战略的基本任务是：如何贯彻落实事业部发展的战略目标；描述和论证在执行总体战略和经营单位战略的过程中，企业中的每一职能部门所采用的方法和手

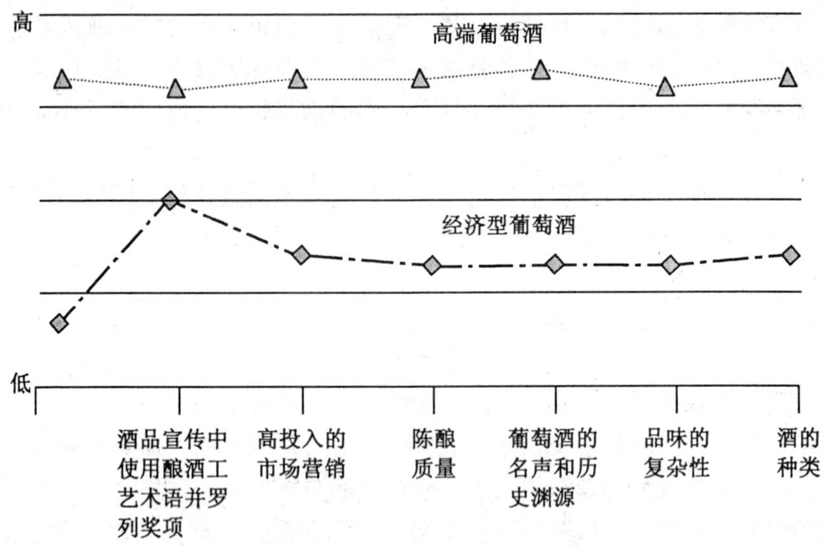

图 7-8 20 世纪 90 年代末期美国葡萄酒业的战略布局图

资料来源：［韩］金伟灿，［美］勒妮·莫博涅．蓝海战略．吉宓，译．北京：商务印书馆，2005：37.

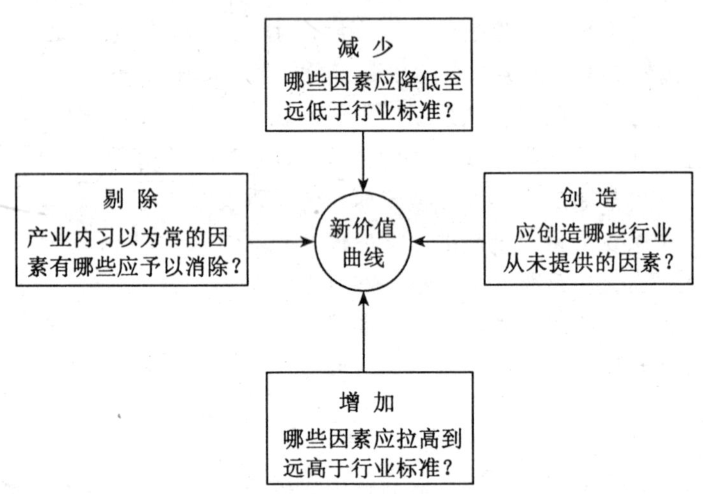

图 7-9 四步动作框架图

资料来源：［韩］金伟灿，［美］勒妮·莫博涅．蓝海战略．吉宓，译．北京：商务印书馆，2005：34.

段；确定职能战略的战略重点、战略阶段和主要战略措施；战略实施中的风险分析和应变能力分析。因而职能战略具有以下特点：

1. 从属性

职能战略是为总体战略和竞争战略服务的，它规定着企业某一领域的努力方向，服从于企业发展的总方向。

2. 单一性

它是从企业的某一职能部门或某一生产经营环节的需要出发制定的战略，如价格战略、组织战略等。

3. 针对性

它是针对企业某一优势或解决企业某一薄弱环节、某一经营问题而制定的，因而具有较强的针对性。

基于职能战略服务于总体战略和竞争战略的管理逻辑，职能战略必须与总体战略和业务战略相配合。比如，总体战略确立了差异化的发展方向，要培养创新的核心能力，企业的人力资源战略就必须体现对创新的鼓励；要重视培训，鼓励学习；把创新贡献纳入考核指标体系；在薪酬方面加强对各种创新的奖励。

职能战略按不同的专业职能一般可分为市场营销战略、研究与开发战略、生产战略、财务战略、人力资源战略等。

（一）市场营销战略

市场营销战略是指为实施企业的总体战略，而对企业通过营销手段的组合，进入、占领和扩大市场所作出的长远性谋划与方略。市场营销战略是企业重要的职能战略，有效的市场营销战略是企业成功的基础。

市场营销活动涉及从进行市场调研、预测，分析市场需求，确定目标市场，到制定营销战略，实施和控制营销战略的全过程。市场营销战略决定市场营销的主要活动和主要方向。其基本内容包括：市场细分战略、市场选择战略、市场进入战略，市场营销竞争战略和市场营销组合战略。其中，按照企业在目标市场上的追求，有市场领导者、市场挑战者、市场追随者和市场补缺者四种不同的市场营销竞争战略。围绕市场营销组合，有产品战略、定价战略、分销战略和促销战略四种基本的营销组合战略。

（二）研究与开发战略

研究与开发战略是企业不可缺少的职能战略。在技术竞争、产品竞争、市场竞争和人才竞争的外部环境中，企业必须配合市场营销等活动制定研究与开发战略，以保持企业在技术上的领先地位，实现长期发展的总体战略。

研究与开发包括科学技术基础研究和应用研究以及新产品、新工艺的设计和开发。对于企业而言，研究与开发涉及市场、技术、产品、生产、组织等多方面，其中主要是技术、产品和生产方面的研究与开发。

1. 技术研究与开发战略

技术研究与开发战略规定企业开发和应用技术的途径。由于技术进步对产品竞争结构和企业竞争能力的影响很大，因此，技术研究与开发战略成为企业战略中很重要的一个组成部分。它需要解决的主要问题有：研究开发什么技术；是否要在研究与开发的技术中追求领先地位；什么时候和怎样进行技术转让等。

2. 产品研究与开发战略

产品研究与开发是指企业运用新原理、新技术对产品进行改革和创新，以满足社会和市场新的需求而进行的一系列开发活动。产品研究与开发涉及开发有新用途的新产品，改进现有产品的性能和本质，改善产品的包装、装潢等。

3. 生产研究与开发战略

生产研究与开发是指设计新产品的生产工艺系统，改善现有产品的生产系统，污染防治和处理技术的设计，提高能源的使用效率，废物的再利用等。

另外，根据企业在市场上的竞争地位和竞争态势，亦有以下三种不同的研究与开发战略可供企业结合自身条件选用：

其一，在进攻与防守之间进行选择的基本型研究与开发战略。它有三种形式：一是为市场扩张和多元化经营而采用的进攻型研究与开发战略；二是为保持和支撑企业现有技术在其主要市场的优势地位的防御型研究与开发战略。三是互换型研究与开发战略。

其二，以新技术作为进入新市场的主要手段的渗透型研究与开发战略。这是当新技术已经开发出来，或者技术成为公司向新市场进行渗透的关键时，企业通过制定渗透型研究与开发战略，以满足各种战略上的需要。渗透型研究与开发战略主要有以下几种表现形式：高档战略、空隙战略和升级战略。

其三，市场上出现技术威胁时的反应型研究与开发战略。这是在出现新技术、新工艺对企业造成了新的威胁时，根据新技术威胁的性质和紧迫程度，企业选择消极或积极进取的反应战略。

（三）生产战略

生产战略是指依据企业总体战略的要求，为适应市场环境变化，取得竞争优势而对产品的生产模式所进行的长远性的谋划与方略。

生产战略在企业战略中占据重要地位。企业总体战略及企业其他职能战略的实施，必须建立在生产战略正确实施的基础上。这是因为生产活动是企业创造物质财富、为社会提供物质产品的最基本的活动，是企业生产经营活动的基础。只有在正确的生产战略的指导下，为市场提供适销对路的产品，才能为企业各项活动及各类战略的实施奠定可靠的物质基础。离开了生产战略，其他任何战略的实施将成为无源之水，无本之木。

生产战略有多种类型。按生产类型可将生产战略分为大批量生产战略、中批量生产战略和单件小批量生产战略。按接受用户订货的方式可将生产战略分为存货生产战略和订货生产战略。按其内容可将生产战略分为生产能力战略和生产质量战略等。

（四）财务战略

财务战略是指根据总体战略、竞争战略和其他职能战略的要求，对企业资金进行筹集、运用、分配以取得最大经济效益的方略。财务战略的基本目的，就是在企业内外部条件的制约下，有效地利用企业各种资金，实现企业战略计划所规定的战略目标。合理的财务战略，可以为企业资金的有效运动提供保证，为取得良好的经济效益奠定基础。

财务战略主要包括资金筹集战略、资金投资战略和利润分配战略等。

（五）人力资源战略

人力资源战略是指根据企业总体战略的要求，为适应企业生存和发展的需要，对企业人力资源进行开发，提高职工队伍的整体素质，从中发现和培养大批优秀人才而进行的长远性的谋划和方略。人力资源是企业最重要的经营资源，正确地制定和选择人力资源战略，努力开发人力资源，充分发挥各类人才的积极作用，是企业长期稳定发展的关键。

人力资源战略是为实现企业总体战略服务的，因此人力资源战略目标的确定应符合企业总体战略的要求。人力资源战略要实现的目标主要包括：①根据企业中长期发展规划的要求，保证其对人力资源总量的需要；②优化人力资源结构，形成合理的人才结构，满足企业对各层次、各专业人才的需要；③提高职工队伍的整体素质，发挥人力资源的整体效能；④促进劳动者成才，发挥员工的积极性、主动性和创造性，为企业发展作出贡献。为实现上述目标，可以把企业人力资源战略分为人力资源开发战略、人才结构优化战略和人才使用战略。

第四节 战略实施

战略通常只是一个纲领性文件，对其实施时必须细化，将粗线条的目标、阶段、重点和对策变为具体的行动计划。战略制定中的某些新要求，将改变人们的习惯和观念以及行为模式。因此，这是一项复杂的系统工程，涉及组织各级管理人员的结构和素质、组织机构、组织文化和资源配置等各个方面及其相互关系，这些都将直接影响战略的预期效果。良好的战略执行系统，不仅是保证战略成功的前提，还可以在一定程度上弥补战略制定中的某些缺陷，减少损失。

战略实施则是更详细地分解各项战略部署，实现战略决策的意图和目标。

一、提高战略实施系统效率的原则

一个高效率的战略实施系统必须明确以下三条基本原则：

（一）目标明确

不仅企业的总目标要明确，各级分战略的目标也要明确。只有目标明确，才能以此动员全体企业人员为实现目标而奋斗，才能进行有效的管理和工作。

（二）相互协调

协调一致的前提是目标一致，相互信任，大家都为一个共同的目标努力奋斗，消除彼此间与实现目标不协调的因素，密切配合。

（三）合理授权

企业各级组织为了实施新的企业战略都应有一定的权限。凡是权限以内的事，都必须积极主动地完成，因此，必须合理授权。上级不专权，下级不越权。各负其责，在自己的授权范围内大胆地工作，为完成分配的工作任务尽职尽责。

二、企业战略实施系统

企业战略实施系统包括企业战略实施主体以及企业战略实施对象等。

（一）企业战略实施主体

企业战略实施主体是指负责组织和参与实施企业战略的人员，它与战略制定的组织和人员不同，它既包括企业部门的领导者，又包括企业部门的全体职能人员以及相关的其他部门和单位人员。

当形成一个战略实施主体后，一方面要求将战略管理的权限和职责从高层管理人员向战略实施主体转移和分配，另一方面需要培训和规范实施企业战略的各类人员的行为目标、价值观念和行为方式。这里将战略实施主体分为两类，一是企业战略实施的领导者，二是企业战略实施的其他人员。

1. 企业战略实施的领导者

这主要是指负责组织战略实施的有关部门的领导和企业项目经理。他们虽不是企业的最高层领导，但是具体项目和执行部门的领导。他们的思维方法、领导方式、行为观念，对本部门相关人员的思想行为有决定性的影响，因此，挑选和培训他们十分重要。

挑选的原则是，根据不同的工作性质、特点和职责、任务，挑选不同类型的企业战略实施的领导者。他们一般可以分为六种类型：决策型、专家型、参谋型、综合型、协调型和执行型等。

① 决策型。知识渊博，眼界开阔，有胆识，眼光远大，敢于承担风险，创新思维能力强，决断能力强。

② 专家型。学有所长，在专业工作方面能独当一面，能科学地把握与分析专业发展的动态，并提出自己的见解，有较高的学术权威。

③ 参谋型。思维敏捷，有真知灼见、能对事物进行科学的分析与预测，能提出各种供领导决策的方案和建议。

④ 综合型。知识面广、综合能力强，工作细致，善于综合、概括各种新思想、新建议和新方案，并付诸实施。

⑤ 协调型。社会活动能力强，善于交际和组织各种活动，通情达理，善解人意，能使相关部门配合默契，能消除矛盾，化解各种冲突，搞好团结。

⑥ 执行型。能准确领会决策者的意图，办事认真、踏实，有明确的工作计划，并严格按计划办事。

不管哪一类领导者都必须具备一些共同的政治思想品质：有奉献精神、廉洁、奉公、守法。

一个领导集体应有不同类型的领导成员，让他们各负其责，发挥所长，形成一个有效的领导集体，这也是挑选领导者组成领导班子时务必需要注意的。此外，在组成领导班子时关键是选配好一把手。一把手不仅应是决策型的人物，而且应是协调型人物。首先，一把手要能团结好领导班子，共同奋斗。其次，要能团结广大干部，善于使用干部、关心干部和群众，否则上下情报不通，不掌握真实具体的情况，即使一把手有再强的决策能力，也难以作出正确的决策。

2. 企业战略实施的其他人员

这是指除企业项目负责人以外的与战略执行有关的人员，他们的主要作用是接受领导者的指挥，完成各自所承担的任务，尽职尽责，他们是所分担的战略任务的直接完成者。领导者必须充分发挥他们的积极性和创造性。

发挥战略执行人员的积极性的方法很多，如建立不同工作内容但效率高的执行团队。首先企业领导者要按工作任务的要求，合理地挑选和配备企业战略执行人员，构成有效的工作团队，这可以根据工作需要由不同素质、不同性格、不同技艺和知识的人员组成，但他们要能取长补短，发挥所长，团结合作，共同激励，努力工作。其次，企业领导者要制定执行人员的行为规范，规定各人的工作任务和目标，有意识地引导他们改变那些陈旧的工作方法和行为习惯，以适应企业战略的新要求。其具体方法如下：

① 反复宣传企业战略的目标和任务，使企业执行人员通过学习讨论，既明确总体目标和发展方向，又明确各自的工作任务及其实现的意义。

② 领导示范，身体力行，让人们了解企业战略的目标和工作步骤，提高战略在人们心目中的重要地位。

③ 通过各种激励措施，鼓励企业人员更好地发挥工作的主动性和创造性，更好地按计划完成既定任务。

（二）企业战略实施对象

企业战略实施对象主要是指企业战略实施的具体工作内容，主要包括企业战略实施计划、企业战略执行计划等。

1. 企业战略实施计划

企业战略实施计划包括两个方面：一是企业战略行动的规划；二是执行企业战略的计划。

执行企业战略的计划是将企业战略所规定的目标、阶段、重点和对策进行细化，成为具体的行动措施和实施规划。

企业战略的执行是企业全体人员的任务，涉及企业的各个方面，受人员结构、文化等要素的制约。因此，在企业战略实施中必须遵循下述原则：

① 企业的主要领导人必须对公共关系战略的制定与执行负责，他们必须参与公共关系战略执行规划的编制工作。

② 战略的执行，必须与恰当的组织机构相匹配。企业部门的权力机构、领导方式、资源分配、报酬奖励等规章制度，管理机构、人事系统等，都要适应战略的需要进行调整，使所确定的战略能顺利执行。

③ 战略规划必须紧密结合企业现实状况及其变化趋势，具有可行性。

④ 战略执行必须有若干行动计划支持，它们是保证战略实施的重大行动措施，如新宣传攻势计划、社区关系计划、首要公共关系计划等。

⑤ 企业资源的分配必须支持公共关系战略目标的实现，要按计划进度的要求，及时提供不同公共关系战略阶段所需的各类物质资料和人力、财力资源。

⑥ 企业文化，特别是企业公共关系高层主管的心理，必须与执行战略相一致。领导者要接受新信息，建立新观念，调整自己的心理状态，使之与战略要求相一致。

⑦ 执行计划时必须建立对战略偏离的“预期报警系统”和有力的执行控制系统，如管理信息系统，能及时掌握计划的进展动态和出现的问题，以便及时解决。

⑧ 建立对执行战略有显著成绩的公共关系人员给予奖励和报酬的激励制度，促使员工为实现战略目标而努力工作。

2. 企业战略执行计划

企业战略执行计划要从主观条件和客观实际出发，针对要达到的目标，对未来的行动步骤作出具体规划，其基本过程如下：

① 将企业项目分解为若干步骤，按空间组织层层分解，层层落实。

② 排列出各步骤之间的先后顺序，进行时间上的分解，由长期目标分解为短期目标和行动指标。

③ 确定各步骤执行的人选及分工。

④ 确定各步骤所需的资源及其可得性和供应时间。

⑤ 估计完成各步骤所需的时间。

⑥ 规定各步骤的开始与结束日期。

计划的最后形式，可用文本、图表等方式加以综合归纳，使之系统化。

第五节 战略控制

一、企业战略控制的概念与特点

企业战略控制是指对企业战略实施的实际成效经过信息反馈与预定的企业战略目标进行对比评价、检验二者的偏差，并采取措施进行纠正，以达到完成企业战略目标的目的。

企业战略控制既具有一般控制系统的共性，又具有战略控制的特点。所谓一般控制系统的共性，即可控制性和可度量性。它可采用一定的度量手段，使之与度量标准进行比较，找出差异，进行调整。

作为企业管理控制过程，它具备三个基本要素：确定评价标准、测评绩效、反馈。作为战略活动的控制，它具有以下不同于一般控制的特点：

① 由于企业战略是一个开放的系统，其控制不仅是控制组织内部的实施环节，还要反映外部环境的变化对战略实施的影响。

② 控制标准由企业总目标与公共关系战略规划本身的目标所决定，一般要求企业努力使这两类目标一致。

③ 评价标准是双重的，具有绩效标准和废弃标准两个方面，绩效标准用于评价战略实施过程中保证企业战略目标实现的状况，废弃标准用于战略规划的假设条件变化时调整或停止战略的实施。

④ 考虑到战略的作用效果不一定能立即显示，故可用主观评价与过程评价来代替结果的客观评价。

⑤ 控制功能是双重的，一方面要保持规划的稳定性，另一方面又允许规划执行的灵活性。

二、战略控制过程的基本要素

战略控制过程有五大基本要素，即确定评价标准、实际工作成果、测定评价工作成果、反馈以及战略修订。

（一）确定评价标准

战略控制评价标准有定性标准与定量标准之分。通常定性标准有以下六项：

1. 战略内部的统一性

战略内部各部分内容要互相衔接和配套，形成统一的整体。

2. 战略与环境的适应性

战略应与环境一致，当环境变化时，战略应随之进行调整，以适应环境的变化，使之趋于一致。

3. 战略实施的风险性

在战略实施过程中是存在风险的，风险来源于两个方面，一是由于战略方案本身不符合实际，在执行中受阻。二是战略方案本身是对的，但由于环境的变化，出现某些未能预计的因素，也会出现风险。

4. 战略中时间的保证性

战略实施是一个长期的过程，如何保证各阶段的任务能按时完成，是一项十分重要的工作。要注意的是避免战略内容的重大改变和主要领导人的变动，这些变动常常影响战略实施按计划进度进行，甚至导致朝令夕改，不同的领导者有不同的工作策略，就会使工作处于被动局面。

5. 战略与资源的配套性

战略实施中所需要的各种资源不仅要在数量上、时间上得到保证，而且还要能配套供应。人、财、物与技术，都应该按计划、按项目，足量、及时、成套供应。

6. 战略的客观可行性

战略是立足于现实并以科学预测为依据的方案，它必须是客观可行的，而不是抽象的空中楼阁，因此，它具有实际可行性和可操作性。

测控的定量标准通常有：投资收益率、资产报酬率、利润增长率、成本降低率等。一般以同行业的先进数据为标准，与本组织的数据进行比较，当战略实施绩效与标准发生负偏差时，就需进行调整，可以是调整战略或调整执行方法。

（二）实际工作成果

实际工作成果，即战略实施过程中已经达到目标的程度。通常是用所取得成果的数据和资料进行综合反映的。为了准确地掌握成果和战略目标完成的程度，应建立管理信息系统，并运用科学的控制方法和控制系统，使之能适时地、真实地、准确地、简明地提供定性与定量的信息。

（三）测定评价工作成果

将企业战略实施所取得的工作成果与预定目标进行比较，看其是否符合预定目标的要求，达到目标的程度如何。如果达到了或者超过了目标的要求，说明战略的制定符合实际情况的发展，战略的执行保证了稳定与协调发展；如果没有达到目标的预定要求，就应分析原因，如分析战略目标选择是否错误，是否切合实际，组织结构是否合适，人员使用是否得当、激励机制是否有效，信息沟通状况如何，环境变化是否形成了很大的压力等。

（四）反馈

将工作成果分析所得出的结论，反馈到企业战略制定和实施的不同阶段，用于调整战略方案，或者调整执行措施，进行战略的修订工作。

当企业战略执行过程中所取得的成果与预定的目标有明显的差异时，就必须对战略方案进行修订和调整。

(五) 战略修订

战略修订是在企业战略实施中经过信息反馈和原因分析后所做的工作。为了及时了解战略实施中可能出现的偏差，并能尽快得到纠正，评审工作可以分阶段进行。一是，每进入下一个战略阶段前，对上一个阶段的工作要进行一次评审，然后在总战略完成后进行总评审；二是，当战略执行过程中有重大变故时，要进行评审；三是，对于战略中的重大项目，执行时间很长的，也可以单独进行评审，以便及早发现偏差并予以纠正。

战略修订是一件很严肃的工作，不能草率从事，要有严格的工作步骤和审批程序，各部门不能各行其是。如果是不影响组织总战略目标的局部性修订，可由企业执行机关修订，经综合部门批准、报高层主管备案；企业职能战略的修订，由企业职能部门提出修订方案，报综合部门审定，由高层主管批准；总体战略的修订，由企业综合部门提出修订方案，经高层主管会议讨论通过后批准。

思考题

1. 何谓战略？何谓战略管理？
2. 你认为组织战略体系应该包括哪些内容？
3. 试述制定企业总体战略应该坚持的理念与原则。
4. 竞争战略有哪些基本形式？
5. 企业战略实施系统包括的主要内容有哪些？
6. 如何保证对战略控制的有效实现？

第八章　组织管理

【目的和要求】

学完本章，应达到的要求：

1. 深刻理解组织的概念与组织的性质。
2. 认识组织要素及其作用，理解组织管理的功能。
3. 梳理并认识各种组织结构的特征和适用条件。
4. 明了组织设计的依据、掌握组织设计的一般原则和具体步骤。

组织是管理的一种最基本的手段，是管理的一项重要职能。

所谓组织职能，是指为高效优质地达到目标，通过设立组织机构，确定其职能、职责和职权，明确相互关系，使组织内各要素联结成一个有机整体，使组织的资源得到科学、合理的使用。

马克斯·韦伯在他的《社会组织和经济组织理论》中指出："管理体制是一种严密的、合理的、形同机器那样的社会组织，它具有熟练的专业劳动、明确的职权划分、严格的规章制度以及金字塔式的等级服从关系等特征，从而使其成为一种系统的管理技术体系。"

管理组织的理论平台由两个互相联系的学科分支共同构筑。

一是组织结构学，它侧重于组织的静态研究，以精干合理为目标。其主要研究内容涵盖：组织的结构与功能、组织结构设计的基本原则、职能设计与分解、管理幅度与层次的关系、集权与分权设计、部门设置、横向协调设计、高层结构与基层结构设置、管理规范与制度、管理业务流程设计与改进、经营战略对组织结构的影响、人员素质对组织结构的影响、企业的规模与生命周期对组织结构的影响、企业组织结构的变革等。

二是组织行为学，它侧重于组织的动态研究，以建立良好的人际关系为目标。其研究重点有：组织中的个体行为、知觉、个性心理、能力、性格、气质、个性倾向性与行为、群体行为、非正式群体、团队的建设、群体沟通、群体冲突、领导行为、激励理论、工作设计和职业生涯设计、权力的行使技巧、组织发展、组织文化等内容。

本章以讨论组织结构理论为主。主要涉及五个方面的基本问题：组织的性质与任务、组织设计的依据和原则、组织的类型（组织的结构与功能）、授权原则与方式及组织变革。

第一节　组织的性质与任务

一、组织的概念

关于组织的定义一般有以下几种：

①组织是按照一定的目的、任务和形式加以编制；安排事物使其有系统或构成整体。

②组织是按一定的宗旨和系统建立起来的集体。

③组织通常是由一类或几类特殊的细胞与其胞间质一起组成的聚集体，动植物体即由这些聚集体构造而成。

管理学界对组织内涵的把握则呈百花齐放，百家争鸣之势。

系统组织理论创始人切斯特·巴纳德（Chester Barnard，1886—1961）认为，正式组织是有意识地协调两个以上的人的活动与力量的体系。

美国西雅图华盛顿大学的教授弗里蒙特·E. 卡斯特对组织的定义是：一个属于更广泛环境的分系统，包括怀有目的并为目标奋斗的人们；一个技术分系统——人们使用的知识、技术、装备和设施；一个结构分系统——人们在一起进行整体活动；一个社会心理分系统——处于社会关系中的人们；一个管理分系统——负责协调各分系统，并计划与控制全面的活动。

杨洪兰等人认为，组织是人们为了一定的目标的实现而进行合理的组织和协调，并且有一定边界的社会实体。

徐国华则从结构论、系统论、行为论三个方面对前人关于组织概念的研究进行了列举，但没有提出自己的观点。结构论者认为：组织是为了达到某些特定目标经由分工与合作及不同层次的权力和责任制度，而构成的人的集合。行为论者认为：组织是两人或两人以上有意识地加以协调的活动或效力系统。系统论者认为：组织是开放的社会系统，具有许多相互影响且共同工作的子系统，当一个子系统发生变化时，必然影响其他子系统和整个系统的工作。

张康之等认为，组织包括两层含义：其一，是指由若干要素构成的有序的结构系统，它包括社会组织，也包括自然组织。其二，是指一种根据一定目标、按照一定程序，对一些事物进行安排和处理的活动和行为。

在现代社会生活中，人们已普遍认识到组织是人们按照一定的目的、任务和形式编制起来的社会集团，组织不仅是社会的细胞、社会的基本单元，而且可以说是社会的基础。因此我们这里所讨论的组织，是特指人们在社会活动中为实现一定的目标，合理分工、互相协作，结合而成的集体或团队。

由此可知，管理学所讨论的组织的实质是人们在社会活动中分工与协作的方式。为了使分工与协作在推动管理目标的实现方面卓有成效，人们必须使共同工作中的每一个成员或每一个单位的任务、目标、责任和权限以相对固定的形式固定下来。这种被固定下来的稳定的联系就是组织。

二、组织的性质

组织的性质是由组织的构成要素所决定的，组织的性质同时也反映了组织的构成要素，可以通过了解组织的性质来了解组织的构成要素。作为有着精细分工与协作的人的社会集合体，其存在的意义在于：形成并保持一种良好的、和谐的集体环境，使人们能够相互配合，协调行动，以获得优化的群体效应。所以其性质也体现在以下几个方面：

1. 组织以分工为前提，以协作为基础

是分工与协作将人们集合起来，同时也正是在组织的条件下，共同从事活动的成员才可能找到自己的活动岗位，才可能在各司其职的情况下使整个活动得以协调。

2. 组织是效率的体现

组织可以在成员的分工与协作中调动起每一个人的才智，形成整体的力量，从而以最小的成本耗费来完满实现组织目标。

3. 组织的目的性、层次性明确，责权对等

组织是靠共同的目标联结起来的并表现为目标的一致性。因为组织的建立和活动，都是服务于一定的目标的。离开了共同的目标，也就无组织可言了。目标各异，组织也各异，目标发生了分化，组织必将发生分化。只有在既定的共同目标下，组织成员彼此沟通，各负其责，共享成果，才能实现组织的管理目标。组织是按照一定的结构建立起来的系统。组织系统具有纵向的上下层次关系和同层次之间的横向或交叉关系。上下层次是一种权力和责任的分工或分配关系；横向或交叉关系则是一种专业分工和协作关系。权力和责任的分工或分配关系与专业分工和协作关系在本质上还是权力与责任的问题，是管理系统中每件事都能被做好的保证。所以，管理系统中的每个岗位和部门的权力与责任必然一致和对等，权力过小不能担负起应负的职责，权力过大虽然能保证任务的完成，但会导致不负责任地滥用权力，甚至危及整个系统的运行。

4. 组织的开放性

就组织的整体运行而言，它既需要有对内的封闭性，又需要有对外的开放性。对内的封闭性保证组织的效率；对外的开放性保证组织适应环境而存在和发展。

5. 组织的有序性

组织工作和组织活动在于合理地向分系统和成员分配工作，调整各分系统的关系。当组织的内部因素变动或环境变动而产生各种矛盾时，组织的职能就在于解决这些矛盾，以便统一各种行动。组织的职能，就在于解决这些矛盾，以便统一各种行为。组织的职能就在于消除不断产生的各种无序状态，使之保持系统的有序性。如果组织完成不了这种职能，无序状态加剧，就有可能导致组织的破裂。组织有序性程度的高低更主要体现在命令是否统一。组织中最高管理者之外的所有成员在工作中都会收到来自上级管理者的指令，根据上级的指令开始或结束、进行或调整、修正或废止自己的工作。

三、组织要素

根据组织表现出的性质，我们可以把组织的构成要素确定为：组织环境、组织目的、人员与职责、耦合关系、信息沟通管网。这五个基本要素相互结合，相互作用，共同构成一个完整的组织。

1. 组织环境

严格地讲组织环境不应该是组织的构成要素。但考虑到组织是一个开放系统，组织内部各层级、部门之间和组织与组织之间，每时每刻都在交流信息。任何组织都处于一定的环境中，并与环境发生着物质、能量或信息的交换，脱离一定环境的组织是不存在的。组织是在不断与外界交流信息的过程中，得到发展和壮大的。所有管理者都必须高度重视环境因素，必须在不同程度上考虑到外部环境，如经济的、技术的、社会的、政治的和伦理的等，使组织的内外要素互相协调。

2. 组织目的

所谓组织目的，就是组织所有者的共同愿望，是得到组织所有成员认同的。任何一个组织都有其存在的目的，建立一个组织，首先必须有目的，然后建立组织的目标，如果没有目的，组织就不可能建立。已有的组织如果失去了目的，这个组织也就名存实亡，从而失去了存在的必要。所以，组织作为一个整体，首先得有共同的目标，由此才能统一意志、统一指挥、统一行动。企业组织的目的，就是向社会提供用户满意的商品和服务，从而为企业获得尽量多的利润。政府行政部门的目的是更好地为广大民众服务，不断提高办公效率。

3. 人员与职责

作为一个实体，组织是为了达到自身的目标而结合在一起的具有正式关系的一群人。所以，我们所讨论的组织是泛指社会组织中的一个子系统，是一群人的集合体。人是组织的主体，人主宰着组织的一切，是组织服务于人，而非人服务于组织、奴役于组织，否则就是组织的异化，然而，这也是常有的现象。

组织中的人有管理主体和管理客体之分。管理主体是指具有一定管理能力，拥有相应的权威和责任，从事现实管理活动的人或机构，也就是通常所说的管理者。

管理客体是在组织的管理过程中所能预测、协调和控制的对象。

作为组织中的人有相应的职位、明确的职责、权益。

4. 耦合关系

组织是管理主体与管理客体依据一定规律相互结合，具有特定功能和统一目标的有序系统。管理主体与管理客体之间的相互联系和相互作用构成了组织系统及其运动，这种联系和作用是通过组织这一形式而发生的。在管理的过程中，管理主体领导管理客体，管理客体实现组织的目的，而管理客体对管理主体又有反作用，管理主体根据管理客体对组织目的的完成情况，从而调整管理主体的行为。它们通过这样的相互作用，形成了耦合关系。这种耦合关系是组织成员愿意合作，为共同目标作出贡献的意志的统一。

5. 信息沟通管网

这是将组织的共同目标和各成员的协作意愿联系起来协调关系的必要途径。

四、组织管理的功能

组织管理就是通过建立组织结构，规定职务或职位，明确责权关系，以使组织中的成员互相协作配合、共同劳动，有效实现组织目标的过程。

组织系统的功能大体包括以下四个方面：

1. 分配工作（设岗与定位）

把组织运作所需要的所有工作分配给所有的成员，所有的成员都能在组织系统表中找到自己的岗位。组织系统表中没有岗位的人不在组织之内，每个人都能在组织系统表中找到自己的固定位置。分配工作要求做到：界定清楚，既无重叠又无空白。杜绝两种现象，不存在有事无人干；不存在有人无事干！

2. 协调关系

确定岗位之间的业务关系和信息传递关系。工作流程、工艺流程是以岗位为基点传递的。协调关系要求做到相互服务，相互控制。

3. 权力分配

规定各岗位、各机构的责任的同时确定其相应的权力。

4. 整合的功能

可创造一种良好的工作环境，使组织中的每一位成员都能为完成群体的目标和实现自身的价值而做出最大的贡献。

第二节 组织结构

组织结构是关于组织各部分的排列顺序、空间位置、聚集状态、联系方式以及各要素之间相互关系的一种模式。它是执行管理任务的体制，在整个管理体系中起着“框架”的作用。正是有了稳定的组织结构，管理系统中的人流、物流、资金流、信息流才能正常流动。

现实中的组织是多种多样的，每一个具体的组织都是与其他组织有所不同的，虽然不存在一种统一的、适用于任何条件的组织结构。但是，对各种组织结构进行研究，可以发现有几种基本的组织结构类型。

一、直线式组织结构

这是一种较简单的组织结构，也是一种最基本的组织结构，如图 8-1 所示。

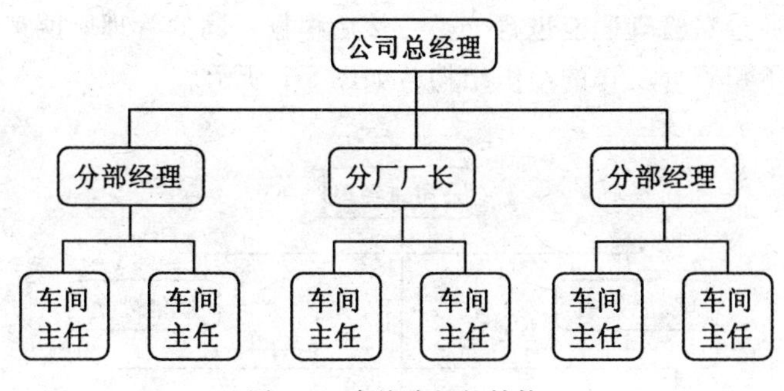

图 8-1 直线式组织结构

在一切组织中，都存在着一条纵向的直接的权力线，从最高领导逐级至基层一线管理者。

直线权力给管理者提供了指挥他人并要求他们对组织的决定、政策和目标保持一致的最后权力。组织中的直线权力是组织能够正常运作的保证。

（一）直线式组织结构的特征

①指挥和命令是从组织的最高层次到最低层次按垂直方向自上而下地传达、贯彻的。

②各级主管执行各种管理职能，统一指挥，不设专门的职能参谋机构。

③下级只服从一个垂直上级的指挥，并只对该上级负责。

（二）直线式组织结构的优点

①结构简单，指挥命令系统单一，容易迅速作出决策并贯彻到底，效率高。

②责权明确，每个人都知道自己受谁的指挥，向谁汇报工作。

③横向间的联系较少，相互摩擦、掣肘的现象少，需要管理人员协调的问题少。

（三）直线式组织结构的缺点

①对管理者的素质要求较高，必须具备广博的知识和多方面的才能。

②管理者常陷入大量的日常事务之中，顾此失彼。

③容易引发滥用权力的问题，此乃权力高度集中于最高负责人之故。

④当组织规模较大时，往往会因指挥范围过大而难以应付并发生较多失误。

⑤当最高领导人发生变动时，往往会对组织产生较大影响或震动。

（四）直线式组织结构的适用范围

直线式组织结构主要适用于小规模的组织、组织活动内容比较单纯的单位和现场作业管理。现代社会中这种组织结构已退居次要地位。

二、职能式组织结构

这是一种通过对管理职能进行分类，然后根据不同的管理职能来设立一些相应的部门并共同承担管理工作的组织结构，如图 8-2 所示。

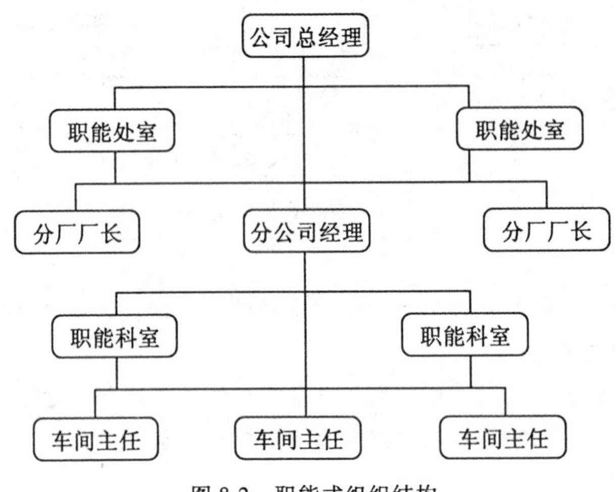

图 8-2 职能式组织结构

现代管理中，由组织承担的职能是多方面的，为了分担某些职能，设立相应的部门对其分管是必要的。

（一）职能式组织结构的特征

①在各级主管的领导下，按专业分工设置管理职能部门。所以，直线主管还是存在，但权力相对较弱。大量的权力被分散到不同的职能部门中去了，并由它们来分担职能管理的业务。

②各部门在其业务范围内有权向下级发布指令。

③下级既要服从上级主管的指挥，又得服从上级各职能部门的指挥。

（二）职能式组织结构的优点

①能适应管理活动复杂化的需要。

②便于发挥专业人员的作用。

③便于职能部门对下级的工作做详细的指导。

④减轻了直线管理者的工作负担，有利于他们抓大事。

（三）职能式组织结构的缺点

①实行多头领导，妨碍了统一指挥

②不利于建立健全的责任制度。

③各种指令可能产生冲突而使下级无所适从，引起管理上的混乱。

（四）职能式组织结构的适用范围

职能式组织结构适用于业务性质相差较大的组织。这种组织结构由于受其管理效率不高的影响，应用得并不多。

三、直线职能式组织结构

这是一种由直线式和职能式组织结构演变而来的组织结构，如图 8-3 所示。

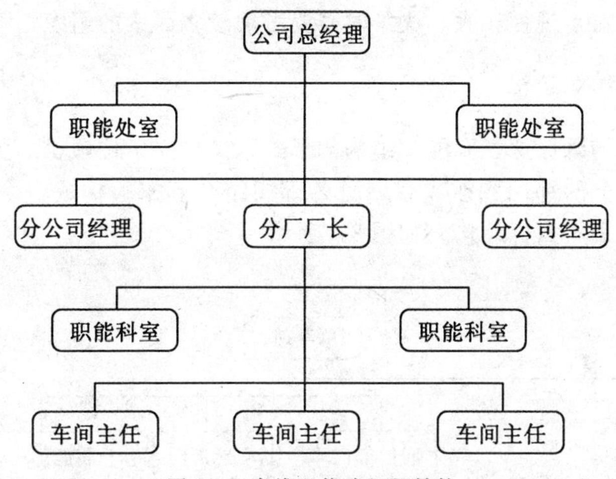

图 8-3 直线职能式组织结构

它试图综合两者的优点而力图克服两者的缺点。直线权力依然是这种组织的基线，只不过是由于组织规模的扩大，管理工作变得复杂而又繁重，主管人员无法把一切工作都承担下来，才在直线结构的基础上增设一些部门，接纳专业人才充当直线管理人员的助手。所以，该组织结构一般设两套系统：一套是按命令统一原则组织的指挥系统；另一套是按专业化原则组织的管理职能系统。

（一）直线职能式组织结构的特点

①按组织的任务和管理职能划分部门和设置机构，实行专业分工，以加强专业管理。

②管理人员分为直线管理人员和职能机构人员。直线管理人员在其职责范围内有决策权，对下级有指挥的权力，并对职责范围内的工作负责。职能机构人员，则只充当直线指挥人员的参谋，没有决策权和指挥权，即只有建议权和业务指导权。

（二）直线职能式组织结构的优点

①既否定了直线式的缺点，又摒弃了职能式的不足，吸取了两者的优点。

②领导集中、职责清楚、秩序井然，有助于提高管理效率。

③既保证了权力的集中，又实现了职能的分类集中，整个组织具有较高的稳定性。

（三）直线职能式组织结构的缺点

①各职能部门间横向联系差，易产生矛盾，上层主管的协调工作量增大。

②直线管理人员忙，职能机构人员的责任感差。

③整个组织系统的适应性较差，往往因循守旧，对新情况不能及时作出反应。

④难以从组织内部培养熟悉全面情况的管理人才。

直线职能式组织结构的适用范围较广，对中小型组织比较适用，是一种较常见的组织结构，但对于规模较大、决策时需要考虑较多因素的组织则不太适用。

四、矩阵式组织结构

这种组织结构既保留了职能式结构的形式，又成立了按项目划分的横向领导系统，把按职能划分的部门和按项目划分的部门结合起来，构成一个矩阵式组织系统，故又称为规划—目标结构，如图8-4所示。

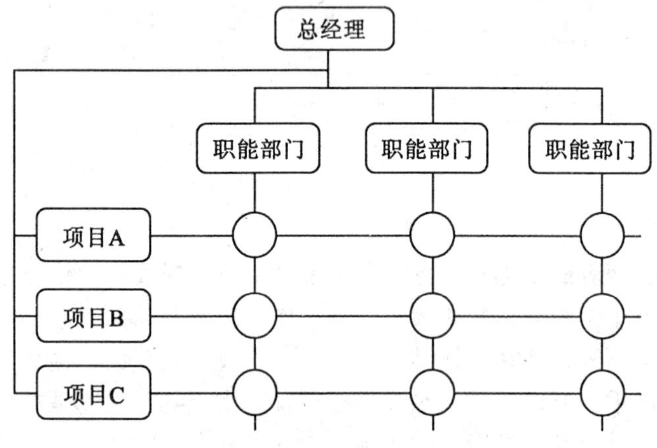

图8-4 矩阵式组织结构

（一）矩阵式组织结构的特征

①由职能管理系列和完成某一任务的项目管理系列组成重叠交叉的形态结构。

②打破了组织的命令统一原则，项目小组中每个成员接受双重领导，既受小组负责人领导，又受所属职能部门领导。

③每个项目小组都是临时的，项目完成小组即撤销。

（二）矩阵式组织结构的优点

①纵横联系结合，实现了集权和分权的结合，加强了各职能部门间的配合。

②把不同的专业人员集中在一起，有利于他们相互启发，相互补充，有利于各种人才的培养。

③有较大的灵活性，应变快。若有新任务，可重新组建新的小组。

（三）矩阵式组织结构的缺点

①小组成员的临时性观念较多，导致人心不稳定，难以管理。

②由于实行的是纵、横双重命令体系，小组成员既隶属项目小组，又隶属原职能部门，当两者意见或利益不一致存在矛盾时，就会使成员左右为难。

③组织关系较复杂，对项目小组负责人的素质要求较高。

（四）矩阵式组织结构的适用范围

多适用于项目型组织，如建筑业、科研型机构、劳务型企业、修理业。

五、事业部制

事业部制也称部门化结构（Divisionalization）。

（一）事业部制组织模式的成因

①为适用生产日益社会化、企业大型化的需要，企业的资本所有形式日益股份化。

②因竞争激烈，实力雄厚的大公司吞并了大批中小企业而进一步膨胀起来，一些大型垄断公司朝着多样化的方向发展。例如，杜邦公司其技术基础为硝化纤维化学，但它却介入涂料、染料、底片、纤维和化学制品的生产。通用电器原先专门制造照明器材和动力设备，现在介入家电、收音机、X 射线器材的生产。通用汽车公司开始制造内燃机车、拖拉机和飞机。

（二）企业规模和产品多样化变动引起经营管理中的一系列新问题

企业在生产、原材料采购、销售环节都发生了变化；所属的工厂分散在各地，企业组织体系更加庞杂；1929 年大萧条之后，更要求企业管理体制有更大的灵活性。这种条件之下，美国大企业的管理体制和组织结构发生了一次重大变革——事业部制诞生了。

（三）事业部制的管理原则

集中政策，分散经营。即在集中指导下，进行分权管理。其特征如下：

①企业按产品类别、地区或经营部门分别设立若干个事业部（或称公司），拥有多方面的自主权。

②该项产品或地区的全部业务，如产品设计，原料采购，生产和推销，皆由事业部负责。

③各事业部独立经营，单独核算，并对最高管理层负责。

④企业最高管理机构只保留有关人事、财务、价格和监督等方面的大权，并以利润等指标对事业部进行控制。

20 世纪 20 年代初，通用汽车公司所实行的组织管理机构是这方面变革的典型，其发明者是当时该公司的副总经理——小艾尔弗雷德 · P. 斯隆。故事业部制又称为斯隆管理模式，如图 8-5 所示。

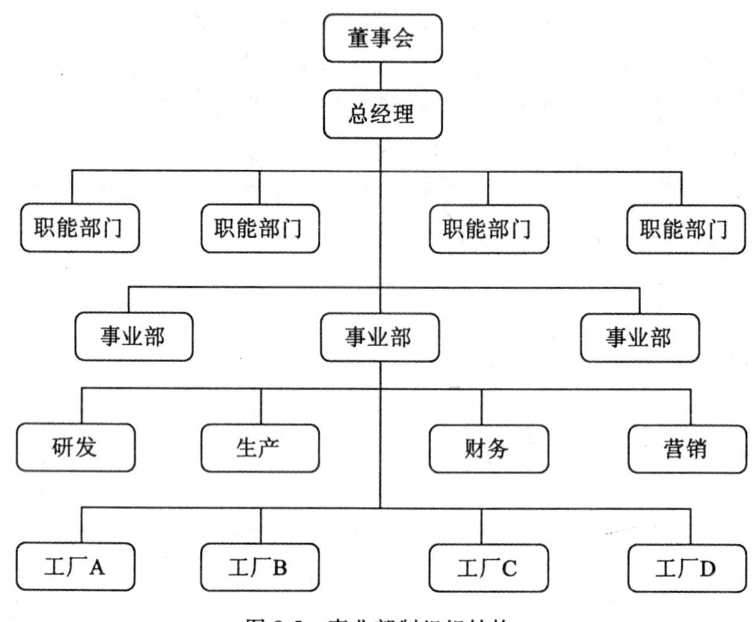

图 8-5 事业部制组织结构

20 世纪二三十年代开始，杜邦公司、联合碳化物公司、美国橡胶公司、通用电器、美孚石油托拉斯、美国钢铁等巨型公司纷纷效仿，自此事业部制渐渐为人们所接受。

（四）事业部制组织结构的优点

①既保存了小企业的灵活性和主动性，又享有大公司通过集中的参谋咨询和服务设施所带来的好处。

②有利于最高管理层摆脱日常的事务性工作，而抓诸如规划、资源、分配、评价绩效等大事。

③生产上更便于组织专业化生产、流水线生产、自动化生产，实现企业内部协作，提高工作效率。

④事业部内部沟通甚为便利，各事业部之间也有比较和竞争，通过比较和竞争促进企业发展。

⑤事业部经营状况同组织成员的利益挂钩更紧密、直接，有利于调动组织成员的积极性、主动性和创造性。

⑥有利于培养、发现和考察干部。

(五) 事业部制组织结构的缺点

①各事业部容易产生本位主义，协调配合较困难，相互协作性较差。

②机构重叠，管理人员多，管理费用大。

(六) 事业部制组织结构的适用范围

事业部制适用于生产连续性不强，易于分割的大型企业。生产的连续性极强，生产过程不易分割的企业应用较困难。

事业部制在国外是早已得到普及的组织形式，大公司、大企业的普及率达80%。

六、超事业部制

在事业部制组织结构的基础上，20 世纪 70 年代美国和日本的一些大公司又出现了一种新的管理组织结构。它是一种在分权的基础上再适当集权的组织形式，如图 8-6 所示。

其特征是：它是在事业部制的基础上，在最高领导和各事业部之间增设若干事业总部。

事业总部的职责是负责统辖和协调所属各事业部的活动，其作用是为了克服各事业部的本位主义倾向，有利于减轻最高管理当局的负担。这样做的好处是可以集中几个事业部的力量共同研究和开发新产品，可以更好地协调各事业部的活动，从而能够增强组织活动的灵活性。

其适用范围主要是规模较大的公司。

七、多维立体组织结构

多维立体组织结构是由美国道-科宁化学工业公司（Dow Corning）于 1967 年首先建立的。它是矩阵式和事业部制组织结构的综合发展，又称为多维组织，其结构模型如图 8-7 所示。

它包括以下几类管理机构：

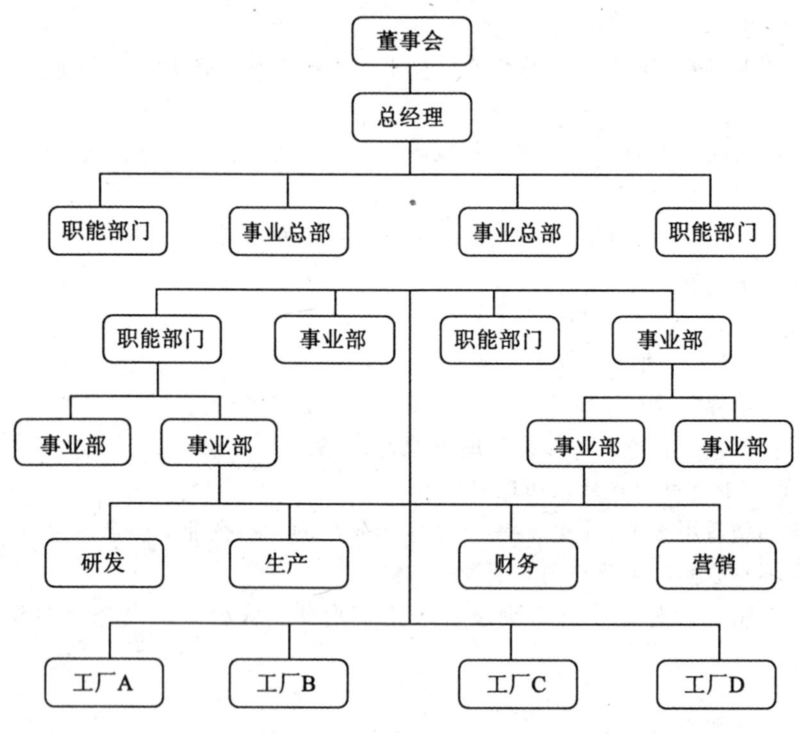

图 8-6 超事业部制组织结构

①按产品划分的事业部，它是产品的利润中心。

②按职能划分的专业参谋机构，它是专业成本中心。

③按地区划分的管理机构，它是地区的利润中心。

若再加时间维可构成四维立体结构。

虽然它的细分结构比较复杂，但每个结构层面仍然是二维结构，而且多维立体组织结构未改变矩阵式组织结构的基本特征，多重领导和各部门配合，只是增加了组织系统的多重性。因而，其基础结构仍然是矩阵式组织结构，或者说它只是矩阵式组织结构结构的扩展形式。

这种组织结构的最大特点是，由三方面共同组建产品事业委员会，对各类产品的生产经营进行领导，任何一个方面都不能单独作出决定。

该组织结构的优点是：有利于集思广益，相互协调。

该组织结构的缺点是：关系复杂，职责不清。

该组织结构适用于：大型公司、跨地区公司。

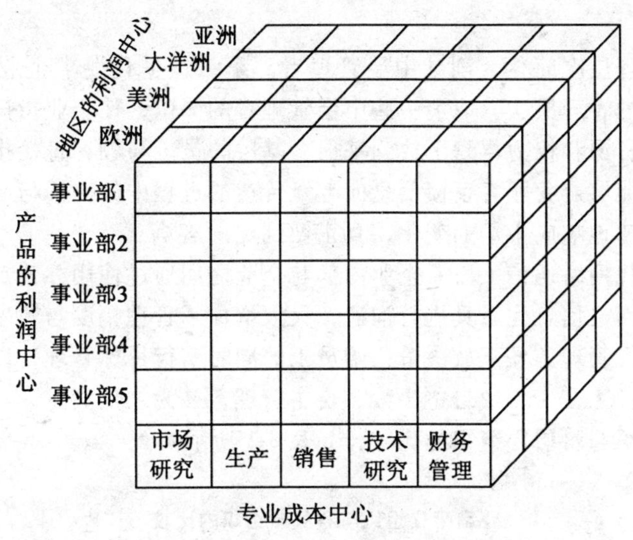

图 8-7　多维立体组织结构模型

八、扁平化组织结构

以直线职能式和事业部制为代表的科层制组织结构尽管为大多数企业所推崇，但是，随着企业规模的扩大，科层制组织不可避免地面临以下问题：沟通成本、协调成本和控制监督成本上升；部门或个人分工的强化使得组织无法取得整体效益的最优；难以对市场需求的快速变化作出迅速反应等问题。为了解决这些问题扁平化组织结构应运而生。

1. 何谓组织扁平化

所谓组织扁平化，就是通过破除企业自上而下的垂直高耸的结构，减少管理层次，增加管理幅度，裁减冗员来建立一种紧凑的横向组织，达到使组织变得灵活，敏捷，富有柔性、创造性的目的。它强调系统、管理层次的简化、管理幅度的增加与分权。

2. 扁平化组织的特征

扁平化组织与传统的科层制组织有许多不同之处。科层制组织结构是建立在专业分工，经济规模假设的基础之上的，各功能部门之间界限分明。这种组织结构往往难以适应环境的快速变化。而扁平化组织，由于打破了原有的部门界限，绕过原来的中间管理层次，直接面对顾客和向公司总体目标负责，从而以群体和协作的优势赢得市场主导地位。扁平化组织表现出以下特征：

①以工作流程为中心构建组织结构。公司的结构是围绕有明确目标的几项

"核心流程"建立起来的，而不再是围绕职能部门建立；职能部门的职责也随之逐渐淡化。

②纵向管理层次简化，削减中层管理者。组织扁平化要求企业的管理幅度增大，简化烦琐的管理层次，取消一些中层管理者的岗位，使企业指挥链条最短。

③将企业资源和权力尽量下放到基层。基层的员工与顾客直接接触，使他们拥有部分决策权能够避免顾客反馈信息向上级传达的过程中的失真与滞后，大大改善服务质量，快速地响应市场的变化，真正做到"顾客满意"。

④使用现代网络通信手段。企业内部与企业之间通过使用办公自动化系统、管理信息系统等网络信息化工具进行沟通，大大增加了管理幅度与效率。

⑤实行目标管理。在下放决策权给员工的同时实行目标管理，以团队作为基本的工作单位，员工在工作中自主决策、自主管理，并为之负责。

扁平化组织与科层制组织的比较，如表 8-1 所示。

表 8-1 **扁平化组织与科层制组织的比较**

比较项目/组织类型	科层制组织	扁平化组织
层次与幅度	层次多、幅度窄	层次少、幅度宽
权力结构	较集中、等级化	分散、多样化
等级差异（权力、待遇）	不同等级差异大	不同等级差异较大
沟通方式	上下级之间沟通的距离长	上下级之间斜向沟通
职责	附加于具体的职能部门	很多成员分担
通信方式	传统通信方式	现代网络化通信方式
协调	通过等级结构很明确地规定管理程序	手段多样，注重人员间的直接沟通
持久性	倾向于固定不变	持续地高速以适应最新情况
适用环境	较稳定	快速变化
企业驱动力	高层管理者驱动	市场需求驱动

3. 扁平化组织结构的分类

扁平化组织结构主要有矩阵式、团队型组织、网络型组织（虚拟企业）等。

各种组织结构各有千秋，选择时应充分考虑组织的生产性质、规模、工艺、产品种类、市场条件、管理水平等多种具体条件。

九、网络组织结构

网络组织结构是目前较为流行的一种新形式的组织结构，它使组织对于新技术、时尚，或者外界的低成本竞争能具有更大的适应性和应变能力。网络组织多是一种较小的中心组织，它依靠其他组织以契约为基础进行制造、分销、营销或其他关键业务的经营活动。

在网络组织结构中，组织的大部分职能从组织外"购买"，这给管理当局提供了高度的灵活性，并使组织集中精力做它们最擅长的业务。

图 8-8 所示的是管理当局将其经营的主要职能都外包出去的一种网络组织结构。该网络组织的核心是一个小规模的项目小组，其工作是直接监督公司内部开展的各项活动，并协调同制造、分销和执行以及网络组织的其他重要的外部机构之间的关系。图中的虚线代表这种外部关系。从本质上讲，网络组织结构的管理者将大部分时间都花在协调和控制这些外部关系上。

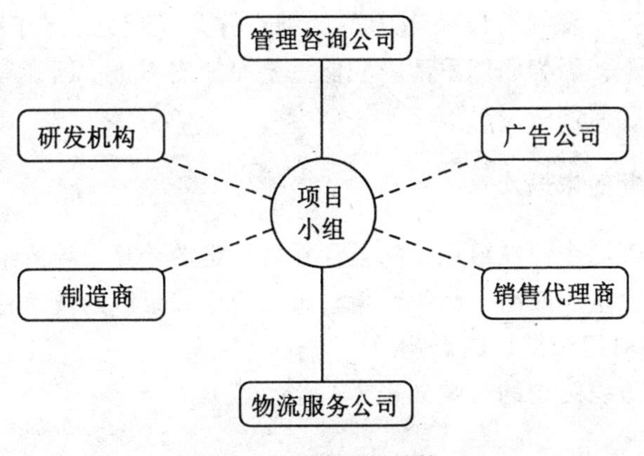

图 8-8　网络组织结构

网络组织结构的局限是：其管理当局对制造活动缺乏传统组织所具有的那种紧密的控制力，供应商的产品质量也难以预料。网络组织所取得的设计上的创新很容易被窃取，因为创新产品要交由其他组织的管理当局进行生产，保密工作无法保障。

不过，借助于现代信息技术，一个组织可以十分便捷地与其他组织直接进行联系和交流，这样就使网络组织结构日益成为一种可行的设计方案。

网络组织并不是对所有的企业都适用的，它比较适合于小型制造企业。它们需要相当大的灵活性以对时尚的变化做出迅速反应。

第三节　组织设计

组织设计就是对组织的结构进行规划、构造或创新，以便从组织结构上确保组织目标的有效实现。组织结构设计直接决定着组织的功能，影响着组织的运作，因而普遍为管理者们所高度关注与重视。

一、组织设计的目的

组织设计的目的就是要发挥整体大于部分之和的优势，使有限的人力资源形成最佳的综合效果。具体而言，就是要通过构造柔性灵活的组织，动态地反映外在环境变化的要求，并且能够在组织演化成长的过程中，有效积聚新的组织资源要素，同时协调好组织中部门之间、人员与任务之间的关系，使员工明确自己在组织中应有的权力和应担负的责任，有效地保证组织活动的开展，最终保证组织目标的实现。

一个优秀的组织结构，能够做到机构精简、高效，职能分工合理而明确，既高效又统一，甚至可以发挥“以一当十”的神奇作用。反之，会因为机构臃肿、人浮于事而效率低下；因为职能不清、职能重叠而扯皮不止；因为有权无责而滥用权力；因为有责无权而消极怠工。

二、组织设计的依据

不同行业，不同企业在组织结构上存在着一定的差异，导致组织间存在差异的根本原因大致有：组织战略、组织环境、组织规模和组织的技术特征等方面。

1. 组织战略对组织结构的影响

组织战略对组织结构的影响如表 8-2 所示。

表 8-2　　**组织战略对组织结构的影响**

战略类型	战略目标	面临环境	组织结构特征
防守型战略	稳定和效率	稳定的	高度的劳动分工，高度规范化、集权化，严密的控制系统
分析型战略	稳定和灵活性	变化的	适度的集权控制，对一部分执行劳动分工，规范化程度高，对另一部分实行分权制和低规范化
进攻型战略	灵活性	动荡的	低劳动分工，低规范化、部门化，机构松散，分权化
多样化战略	同时追求多个目标	多变的	部门化结构，网络组织结构等，分权制
单一产品战略	单一的标准化产品	相对稳定	简单型结构，高度集权

2. 组织环境对组织结构的影响

对任何一个组织而言，环境中存在着不确定因素是必然的，组织对于环境的变化只能设法去适应，因此，组织结构要随环境的变化来设计和调整。

关于组织结构与环境的关系，伯恩斯（Burns）和斯托克（G. M. stalker）在1961年出版的《创新的管理》一书中作了较系统的研究。他们认为，环境类型分为两类：稳定的环境和不稳定的环境，与之相适应地形成了两种组织结构形式：机械式组织结构和有机式组织结构。

（1）机械式组织结构

机械式组织结构有两类，一类是职能型结构（U型），另一类是部门型结构（M型）。在这两类结构中，职务范围比较狭窄，主要追求分工经济；职权和职责都比较集中，强调对雇员活动的严格控制；管理跨度较窄，企业组织层级较多，强调通过监督提高雇员重复劳动的效率；主要采取工薪制的物质激励方式；沟通渠道相对单一，强调信息传递的准确性，主要采取链型的信息交流网络。企业规章制度的正规化程度较强，所以组织结构具有较强的刚性。

（2）有机式组织结构

有机式组织结构主要包括矩阵式结构、网络组织结构和临时性组织结构。这类组织结构的职务范围比较宽，重视调动雇员工作的热情和对工作的责任心与成就感；职责和职权的分布开始有所分散，强调增加雇员处理例外事务的便利权力；管理跨度较宽，重视雇员的自我管理，所以组织结构的层级较少；在激励方式上结合使用分享制和精神激励并强调企业文化的作用；重视部门划分在提高知识和资源共享方面产生的规模经济；信息沟通渠道多样化，既有轮盘型和环型又有全通道型的信息交流网络，强调信息沟通的速度和士气的鼓舞；企业规章制度的正规化程度较低，组织结构具有较强的适应性。沿着职能式、矩阵式、临时性以及网络组织结构的顺序，企业组织结构的正规化程度越来越低，分权化程度越来越高。

3. 组织规模对组织结构的影响

组织规模小，人员少，协作关系较简明，组织结构就简单；反之，规模大，人员多，分工细，协作关系复杂，需要的管理人员多，其组织结构也就大而复杂。组织规模的扩大，要求采用正规化、规范化的管理方法强化管理效果，如用严密的规章制度来规范员工的行为，这又导致了组织结构规范化的提高。

4. 组织的技术特征对组织结构的影响

英国工业社会学家伍德沃德最早对工业生产技术与组织结构的关系进行了有影响的研究，他的研究又称南艾塞克斯郡研究（South Essex Study）。该研究表明，工业企业的生产技术同组织结构及管理特征有着系统的联系。伍德沃德指出，每一种有着类似目的和类似技术复杂程度的生产系统，都有其独特的组织模型及管理特征。

第一种是单件小批生产。这类企业通常是按照顾客的特殊需要接受订货，加工和装配少量产品。顾客的要求就是标准。这类企业的技术主要依赖于操作者本人的技艺，因此机械化程度不高。

第二种是大批大量生产。这类企业的制造过程的特点是长期生产标准产品和零部件。成品通常作为存货储备，随时满足客户的需要，因为产品是标准化的。

第三种是连续生产。这类企业的整个制造过程都是机械化的，生产过程连续性高，其机械化程度和标准化程度又比汽车装配线进了一步。

伍德沃德对企业的技术特点作了上述分类后发现，生产技术同组织结构之间有着规律性的联系。他将被调查的企业，按照上、中、下三个等级来给企业的成功程度排队，从而发现，经营成功的企业（处于平均成功程度以上的企业）的组织结构，与其所属的技术类型有着相互对应的关系，而经营不成功的企业，通常其组织结构特征偏离了其相应的技术类型，如图 8-3 所示。

表 8-3 **技术类型与组织结构特征间的相互关系**

组织结构特征	技术类型		
	单件小批生产	大批大量生产	连续生产
管理层次数目	3	4	6
高层领导的管理幅度	4	7	10
基层领导的管理幅度	23	48	15
基本工人与辅助工人的比例	9 : 1	4 : 1	1 : 1
大学毕业的管理人员所占的比重	低	中等	高
经理人员与全体职员的比例	低	中等	高
技术工人的数量	高	低	高
规范化的程序	少	多	少
集权程度	低	高	低
口头沟通的数量	高	低	高
书面沟通的数量	低	高	低
整体结构类型	柔性的	刚性的	柔性的

三、组织设计的一般原则

大量的实践经验告诉人们，在进行组织设计时必须遵循以下一些基本的原则。

（一）统一指挥

统一指挥，即作为一个统一整体的组织，为了各个部分能协调一致地活动，必须执行统一计划，服从一个号令。统一指挥是集体协作劳动的客观要求，是生产经营活动正常进行的必要条件。现代化大生产，是协作劳动的高级形式，更需要一个统一的指挥。

贯彻统一指挥原则，意味着应实现以下要求：

1. 统一指挥使上、下级之间组成一条等级链

它反映了上下级的权力、责任和联系的渠道。从最高层到最基层，该等级链是连续的，不能中断。

2. 任何下级只能有一个上级领导

即该下级不应受到一个以上的上级的直接指挥。因为，从两个或两个以上的上级接受指令，必然产生混乱和不一致，从而使下级处于不知所措的困境之中。

3. 严肃“等级链”制度

等级链要求上级不允许越过直属下级进行指挥，也不允许下级超越直属上级接受更高一级的指令。

4. 执行具体管理职能的业务部门，在内部同样要执行统一指挥原则

在外部，业务部门只能是同级直接指挥系统的参谋或顾问，它有权提建议，提供信息，而无权直接指挥系统下属的工作。

（二）分级管理

在保证统一领导的前提下，分层次，按等级进行管理，即自上而下逐级授权，并承担相应的责任。

实行分级管理，是由管理幅度原理决定的，同时也有利于上级领导集中精力加强统一指挥。

管理幅度是指一个行政主管所能有效地直接领导的下属人员的数目。每一位管理人员的能力和精力都是有限的，当他直接指挥和协调的下级人员超过一定数量时，就不能进行有效的领导。因而，必须划分管理层次，逐级地进行管理。然而，如何合理地规定管理幅度（即管辖人数以多少为宜），则是一项困难的问题。这是因为，影响管理幅度的因素很多，并且不易计算。

管理幅度不能过大，也不能太小。因为，管理幅度小，管理层次就会增多，管理层次多又必然会影响管理工作的效率，具体表现为以下三种情况：

①管理层次增多，在管理上所需要的人力、财力会增加，其各层的职能部门和参谋人员的总数也会增加。

②管理层次增多使组织中的信息传递复杂化，容易发生遗漏或误解，上传与下达必然迟缓。

③管理层次增多，计划与控制也复杂化。

组织的完整计划，经过逐级分解，可能失去明确性，层次间的协调也较困难。解决管理幅度与管理层次的矛盾，有效实现分级管理的基本措施主要有以下几点：

①只设必要的管理层次，防止层上加层，叠床架屋的现象。

②层次间只应保持必要的联系。上级只为下级提出目标，下达计划，制定政策，不能越俎代庖，随意干预下级的工作。下级在其职责范围内依既定的政策独立自主决策，只是遇到新的复杂的特殊情况时，才需要向上级报告、请示，上级只保留例外事项的决定权和控制权。

③逐级指挥，逐级负责。法国早期管理学家格兰丘纳（V. A. Graicunas）于1933年根据管理者同下属之间，人与人之间的相互关系推出以下结论，在向经理汇报的人数以算术级数增加时，他们之间可能的相互关系的数量就以几何级数增加。当经理有 n 个下属时，可能存在的人与人之间的关系数由下式决定：

$$C=n\ (2^{n-1}+n-1)$$

式中：n 为下属人数；C 为需要协调的人际关系数。

下属人数与关系数的对应关系如表8-4所示。

表8-4 **下属人数与关系数的对应关系**

下属人数 n	1	2	3	4	5	6	8	10	12
关系数 C	1	6	18	44	100	222	1080	5210	24708

尽管上述可能关系数，在实际工作中不可能全部同时出现，但随着下属人数增加，相互关系的数量急剧上升的结论是正确的，从而证明了管理较多下属的复杂性。

考虑到组织上层和下层管理工作的区别，推荐的管理幅度如下：

对于上层管理者：$n=3\sim6$ 人

对于下层管理者：$n=7\sim11$ 人

美国洛克希德导弹与航天公司在20世纪70年代的研究认为，影响管理幅度的五个主要因素是：地区的相似性、职能的复杂性、指导与控制的工作量、协调的工作量、计划的工作量。

上述五个因数按困难程度可分为五级，分别给它们规定一个权数，以表示影响管理人数的重要程度，如表8-5所示。

表8-5 **各因数困难程度及对应的权数**

	完全相同1	基本相同2	相 似3	基本不同4	完全不同5
地区的相似性	完全在一起 1	同在一个办公楼 2	在工厂的不同办公楼 3	同一地区不同地点 4	不在同一地区 5
职能的复杂性	简单重复性工作 2	日常公事 4	稍微复杂 6	复杂多变 8	非常复杂多变 10

续表

	完全相同 1	基本相同 2	相 似 3	基本不同 4	完全不同 5
指导与控制的工作量	管理工作量少 3	管理工作量有限 6	适当的定期管理 9	连续不断的管理 12	始终紧密地进行管理 15
协调的工作量	与他人的关系少 2	在规定的方面与他人有联系 4	适当的控制关系 6	相当密切的相互关系 8	相互接触面广又不是一再发生 10
计划的工作量	规模与复杂性都很小 2	规模与复杂性有限 4	适当的规模与复杂性 6	要求相当的努力和有关政策指导 8	要求非常努力，范围与政策已确定 10

确定各因素的权数后加总，若管理者有助理，则按工作性质及助理人数分别乘以系数 0.4～0.7，计算后的数值与表 8-6 所示的管理幅度的标准值进行比较，以检查是否高于或低于标准的管辖人数。

表 8-6　**管理幅度的标准值**

权数总和	40～42	37～39	34～36	31～33	28～30	25～27	22～24
建议管理的幅度	4～5	4～6	4～7	5～8	6～9	7～10	8～11

结合具体工作在确定管理幅度时还可考虑如下四个因素：

①处理问题的复杂程度和工作量的大小；

②领导及下属的素质水平；

③标准化和授权程度；

④信息沟通技术。

（三）实行分工负责制，协调配合

分工负责制就是把一定的工作分配给一定的人员专门负责执行和完成，亦称专人负责制。

实行严格的分工负责制可以产生以下效果：事事有人管，人人有专责，有利于消灭无人负责的现象；有利于按照分工挑选配备最合适的人员去完成最恰当的工作；有利于提高工作效率和工作质量。

实行分工负责制，一般按专业化原则将组织划分为若干部门。其部门划分的主要方式有以下五种：

①按职能划分部门，这是应用最广的一种，其划分有利于提高专业管理水平，

加强专业管理。

②按产品划分部门，即对象专业化原则。

③按工艺性质划分部门，即工艺专业化原则。

④按地区划分部门。

⑤按客户划分部门。

有分工就有协作，实行分工负责制后，就必须要求各部门密切合作，做好协调配合。组织协调包括上下左右的协调，即纵调与横调。

纵调，由于上下级之间较易于协调，但要真正做到上下同心同德，亦非易事。它要求注意以下几点：上下级之间相互尊重，注意彼此间的沟通；领导在制订计划，进行决策时应与下属一起协商研究，在统一认识的基础上再作决定，防止简单而又单纯地依靠行政命令来指挥。

横调，由于地位相当，本位主义的存在以及各自不相为谋，所以协调往往较困难。因此，横向协调，除加强教育树立全局观念外，还可以从以下三个方面采取措施：使横向各部门的业务工作标准化，并明确其职责范围和横向的信息流程；把业务相近，职责难于分清的部门合并为归一个主管领导；设立系统管理机构负责横调。例如，设立全面质量管理办公室来协调与产品质量有关的各项工作。

（四）目标一致，精干有效

目标是期望的成果，是确定的努力方向。劳伦斯·米勒在《美国企业精神》中说，企业的目标即创造社会财富。目标是组织努力的方向，是激励员工的工具，是规划与控制及形成管理的基础。任何一个组织，都是为实现某个目标而存在的。没有目标的组织，就没有存在的价值。

依照目标来进行组织工作，是建立一个高效率的、精干的组织的客观要求。要使组织在统一目标的基础上协调一致，密切配合，应注意做好以下三项工作：

1. 对总目标进行科学的分解

把总目标分配给每个部门或个人，使每个部门或个人的目标成为实现总目标的一个有机组成部分。

2. 以目标为基础，建立各种形式的责任制

在实现目标的过程中，注意各方面的协调、配合，必要时，在计划和组织方面进行调整，防止相互牵制。最佳的组织结构应是在能完成目标任务的前提下的最精干的组织结构。

3. 按精简、节约、效能的原则进行组织设计

组织结构的简单与复杂富于辩证关系。组织并非是越简单越合理，亦不是越复杂越有效。当客观上需要建立复杂的组织结构时，应力求简单；在建立简单的组织结构时，要考虑到是否能够实现有效的管理。复杂的结构是以严格的规程，严密的控制为指导思想的。简单的结构是在统一政策，统一目标的前提下，以下级单位独

立地开展工作为指导思想的。所以简单与复杂各有其优劣和适用的范围。

（五）权责对等，才职相称

1. 责权对等是指权力应和责任相适应，做到职、权、责的统一

不能有责无权或有权无责，也不可，权大责小或权小责大。责大权小，处处为难；权大责小，助长官僚主义和权力的滥用。现实生活中的矛盾是：上级只揽权，而推卸责任；下级寻求拥有超越职责范围的权力——抢权。

2. 人员任用要严格遵循才职相称原则

让适当的人去完成适当的工作，以充分发挥其聪明才智

贯彻该原则有四点须注意：坚持因事择人，反对因人设事；注意尽可能地照顾到每个人的志趣和个性而分配工作，做到各得其所，知人善任；对人不得过分苛求，以免造成人工成本过高；用适当的方式挑选人。

四、组织设计的步骤

1. 工作划分

根据目标一致和效率优先的原则，把达成组织目标的总任务划分为各不相同又相互联系的具体的工作任务。

2. 建立部门

把相近的工作归为一类，在每一类工作之上建立相应的部门。这样就在组织内根据工作分工建立了职能各异的职能部门。

3. 确定管理幅度

根据工作的复杂程度，人员素质，授权情况等合理确定其管理幅度，由此就相应地确定了管理层次、职权和职责的范围。

4. 确定职权关系

授予各级管理者完成任务所必需的职务、责任和权力。从而确定组织成员间的职权关系。

①纵向的上下级职权关系，解决好上下级之间权力和责任的分配，关键在于授权程度。

②横向直线部门与参谋部门之间的职权关系。

直线职权是一种等级式的职权，其管理人员有决策权与指挥权，可以向下级发布命令，下级必须执行。参谋职权是一种顾问性质的职权，其作用主要是协助具有直线职权的管理人员完成组织目标，其管理人员只有建议权。

5. 通过组织运行不断修改和完善组织结构

组织设计不是一蹴而就的，它是一个动态的不断修改和完善的过程。组织运行中，必然暴露出许多矛盾和问题，也可能获得某些有益的经验，对此领导者应结合问题与经验的大小适时重新审视原有的组织设计，进行相应的改进，使其日臻

完善。

思考题

1. 阐述组织的实质及组织管理的功能。
2. 分析各组织要素的作用。
3. 研究组织结构的意义有哪些?
4. 简述矩阵式组织结构、事业部制、扁平化组织结构、网络组织结构各自的特点和适用范围。
5. 进行组织设计需要坚持哪些原则?

第九章　组织变革与团队动力学

【目的和要求】

学完本章，应达到的要求：

1. 领会组织变革的动因，组织变革的模式和目标。

2. 厘清组织变革的过程与程序、洞悉组织变革的阻力，能够设计排除阻力的合理方案。

3. 对组织变革的各种方法进行有比较的认识。

4. 学习和理解团队动力学的相关理论。

5. 认识团队的形成与团队的发展过程。

6. 了解和洞悉团队的结构与权力运作、团队中的人际关系特点。

第一节　组织变革概述

世间不存在永恒不变的组织，这是因为组织不可能脱离环境而独善其身。外界环境变化，组织所处的不同发展阶段，组织自身所存在的矛盾和缺陷都要求组织能适时而变。所以，一个充满活力的组织必须时刻评估自己的效能，掌握自身的发展规律，敏锐地洞察环境的变化，扬长避短不断自我完善、持续改进，有计划地主动进行各种变革以求生存和发展。

组织变革就是组织根据客观环境的变化，为适应未来发展的要求，及时对组织的要素进行结构性自我完善和自我更新的活动过程。组织变革包括人员、结构或技术方面的任何改变。组织变革的根本目的就是为了提高组织的效能，顺应环境的要求，使组织始终充满活力，顺利地成长和发展。因此，自觉地研究组织变革的内容、一般规律，组织变革的具体措施和方法是组织管理的重要任务之一。

一、组织变革的动因

推动组织变革的因素有内、外部环境因素两个部分。

（一）内部环境因素

推动组织变革的内部环境因素主要有以下几个方面：

①组织运行目标与政策的改变，或组织机构与战略发展的不同阶段难以匹配。

②组织业务的迅速发展与规模的扩张，以及为制止组织效率的每况愈下的变革要求。

③管理技术条件的改变，管理水平的提高与管理人员的调整，以及企业内信息沟通技术变革对组织变革提出的挑战。

④快速反应、及时决策的形势要求组织内部运行机制优化。

⑤组织的生产技术方式出现重大变化必然要求组织机构形式与之相适应。

⑥组织成员对工作的期望与个人价值观念的变化等。

（二）外部环境因素

诱发和迫使组织变革的外部环境因素主要有以下几个方面：

1. 宏观社会经济环境的变化

诸如国家有关法律、法规的颁布与修订，国家宏观经济调控手段的改变，国家产业政策的调整与产业结构的优化，国际、国内经济形势的变化，国内政治形势及政治制度的变化，国际外交形势及本国外交政策的变化，国际、国内市场需求的变化及市场竞争激烈程度的加剧。政治、经济政策的调整、经济体制的改变以及市场需求的变化等，都会对组织战略产生冲击，进而传导到组织内部引发组织结构的调整和变革。

2. 科学技术进步的影响

科技的发展日新月异，新产品、新工艺、新技术、新材料、新能源、新发明层出不穷，对组织的固有运行机制构成了强有力的挑战。

3. 资源供求变化的影响

资源条件的丰缺变化对组织的影响往往是深刻而又深远的，组织要及时根据资源供求的变化顺势变革组织。

4. 竞争态势变化的影响

参与竞争者的多寡，竞争激烈的程度，竞争地位优劣的重新洗牌，都需要组织结构的调整来应对和适应。

二、组织变革的模式和目标

（一）组织变革的基本模式

根据需要组织变革可以有不同的选择模式。例如，按照变革的程度与速度不同，有渐进式变革和激进式变革；按照工作的对象不同，有战略性变革、结构性变革、流程主导性变革、以人为中心的变革和以技术为中心的变革等。

1. 战略性变革

战略性变革是指组织对其长期发展战略或使命所做的变革。如果组织决定进行业务收缩，就必须考虑如何剥离非关联业务与部门；当组织决定进行战略扩张时，就必须结合投资的对象和方式对组织结构、文化进行重构。

2. 结构性变革

结构性变革是指组织需要根据环境的变化适时对组织的结构进行变革或再造，在组织中对权力和责任进行重新分配，使组织变得更为灵活、易于合作。

3. 流程主导性变革

流程主导性变革是指组织紧密围绕其关键目标和核心能力，对业务流程进行重新构造，结合业务流程重构相应地调整组织形态与架构。这种变革会对组织结构、组织文化、用户服务、质量、成本等各个方面产生重大的改变。

4. 以人为中心的变革

以人为中心的变革是指组织针对员工的职业发展和人文关怀的要求，通过组织形式的变革，使组织的目标和个人的奋斗目标尽可能地一致，使人的价值得以充分的展示，人的潜能得以充分释放。

（二）组织变革的方式

1. 量变式和质变式

量变式是以变革组织机构和组织的人员数量为主的变革方式。质变式是以解决组织的深层次问题为重点，能使组织效能和内部关系发生根本变化的变革方式。

2. 主动思变式和被动应变式

主动思变式的动力来源于组织内部，而且是在事先预见的基础上作出变革决策。被动应变式是迫于外部压力进行的。

3. 突变式和分段发展式

突变式即在短时间内一次性地变革组织。分段发展式既不是迅猛的革命，也不是逐步的演变，而是在对组织现状和内外条件进行综合分析的基础上，有计划、有步骤地实现变革的各阶段目标，最终促成变革总目标的实现。

4. 强制式、民主式和参与式

强制式指变革涉及者不参加变革方案的制订过程，变革方案通过强制命令付诸实施。民主式指在有关人员相互协商的基础上形成变革方案。参与式指在变革方案的形成过程中，既广泛地动员各层次人员参与，又对人们的思想观念有意识地加以引导，以便尽快形成统一方案。

5. 自上而下式、自下而上式和上下结合式

自上而下式即从变革中、上层管理组织入手。自下而上式即先从基层组织的变革入手。上下结合式即对组织的上下各个方面同时进行变革。组织变革的形式如表9-1所示。

表 9-1 **组织变革的形式**

组织变革的划分依据	组织变革的方式
按变革的质量性质划分	量变式 质变式
按变革的对象划分	正式关系式 非正式关系式 人员式①
按变革的主动性程度划分	主动思变式 被动应变式
按变革的发展变化程度划分	突变式 分段发展式
按变革的民主参与意愿划分	强制式 民主式 参与式
按变革的展开形式划分	自上而下式 自下而上式 上下结合式

（三）组织变革的目标

组织变革的基本目标一般包括以下几个方面：

1. 使组织更具环境适应性

环境因素具有不可控性，组织要想阻止或控制环境的变化的可能性较小，即使有往往也十分微弱。因此，理性的组织管理是如何在动荡的环境中顺势变革自己的任务目标、组织结构、决策程序、人员配备、管理制度等，唯有如此，组织才能有效地把握各种机会，识别并应对各种威胁，使组织更具环境适应性。

2. 使管理更有效率

组织是管理最基本的手段之一，管理效率的高低与组织形式、组织制度、组织运用戚戚相关。组织变革就是要实现决策更加迅捷，计划更加科学，指挥更加灵活，控制更加准确的基本目标。

3. 为员工施展才华提供更合适的平台

组织变革就是让员工可以更快地适应组织的变化、管理的变化、业务流程的变

① 人员式，即以改变组织成员、技能、态度和价值观等为对象，具体变革策略包括管理发展和教育培训计划。参见芮明杰主编，《管理学》，上海人民出版社，2000 年第 189 页。

化、作业方式的变化、团队关系的变化、工作岗位的变化、职务职位的变化，为其施展才华与实现抱负提供更恰当的平台。

目标能否达成也是检验变革成功与否的标准。

三、组织变革的内容

组织变革具有系统性和互动性，组织中的任何一个因素改变，都会传递或影响到其他因素。然而，就某一阶段而言，由于环境情况各不相同，变革的内容和侧重点也有所不同。综合而言，组织变革过程的主要变量因素包括：组织结构、业务流程、人员和组织文化。

（一）组织结构的变革

组织结构的变革包括权力关系、协调机制、集权程度、职务与工作再设计等其他结构参数的变化。组织变革的首要任务就是要选择组织结构模式。组织结构一旦确定就具有相对的稳定性，不是立马就可以改动的。系统理论的知识告诉我们，结构决定系统的功能，因此组织机构调整与否，调整幅面的宽窄，调整力度的大小以及如何授权和授权程度是组织变革最基础性的内容和任务。对组织结构的变革可结合下面的问题进行思考：其一，对工作专业化、部门化、指挥链、管理跨度、集权化与分权化等结构要素的一个或多个加以变革；其二，对整体的结构设计作出重大或全新的改变。

（二）业务流程的变革

结合技术创新和技术进步的要求对作业流程、工作方法和技术设备的重新设计、修正和组合是组织变革的另一项基础性内容和任务。例如，机械制造中把“热加工”的部分外包给专业厂家，自己仅保留并加强“冷加工”和装配的业务，使企业资源得以重新配置，流程予以重新组合。

（三）人员的变革

人员的变革是指根据业务流程的变化对员工的构成、员工数量、员工的态度、期望、认知、行为和技能素养进行的调整和配置。

（四）组织文化的变革

组织文化的变革就是对保守、僵化，阻碍组织发展和影响管理效率的组织文化进行变革。随着组织发展战略和组织制度的变迁，构建在其基础之上的组织文化同样要与时俱进，不断创新、丰富和发展。否则，组织文化就会对管理起到一种阻碍、滞后甚至是相反的作用。

四、组织变革的过程与程序

（一）组织变革的过程

按照科学的程序对组织进行变革是使组织变革顺利达到预期效果的措施保障。

这里将组织变革的过程概括为：舆论造势—变革—强化巩固三个阶段。

1. 舆论造势阶段

这是变革前的舆论准备阶段。一般来讲，成功的变革必须先由变革的推动者对组织现状进行分析，找出问题及其原因，然后根据新情况、新问题设计变革方案，并从舆论宣传方面进行造势，以引导员工更新观念，接受变革并积极参与其中。这一阶段的成功与否将直接决定后续的变革能否顺利进行。很多不成功的变革就是因为造势不够，没有得到人们的支持而夭折。

2. 变革阶段

这是变革过程中的行为转换阶段。进入这一阶段，组织上下已对变革做好了充分的准备，变革措施由此发生和发展。组织要把激发起来的变革热情转化为变革的行为，关键是要能运用一些策略和激励技巧减少员工对变革的抵制，进一步调动员工参与变革的积极性，使变革成为全体员工的共同事业。本阶段变革的对象宜先易后难，由点到面，变革的方式宜循序渐进，尽量避免大起大落而影响变革者的热情和士气。

3. 强化巩固阶段

这是变革后的行为强化阶段，其目的是要通过对变革驱动力和约束力的平衡，使新的组织状态保持相对稳定。由于人们的传统习惯、价值观念、行为模式、心理特征等都是在长期的社会生活中逐渐形成的，并非一次变革就能彻底改变，因此，变革措施顺利实施后，还应采取多种手段对员工的心理状态、行为规范和行为方式等进行不断的巩固和强化。否则，稍遇挫折，便会反复，使变革的成果无法巩固。

（二）组织变革的程序

结合组织变革的三个阶段，组织变革的程序可设计为以下几个步骤：

1. 组织诊断，发现变革征兆，确定变革对象

组织变革的第一步就是要对现有的组织进行全面的诊断评估。这种诊断必须要有针对性，要通过收集资料的方式，对组织的职能系统、工作流程系统、决策系统以及内在关系等进行全面的诊断。组织除了要从外部信息中发现对自己有利或不利的因素之外，更主要的是能够从各种内在征兆中找出导致组织或部门绩效差的具体原因，以确立需要进行整改的具体部门和人员。

组织诊断可以采用如下措施：

①收集有关现状不能令人满意的客观依据，并发动职工参加这个收集过程；

②同其他组织进行比较，说明变革的必要性；

③请外部专家来证明变革的必要性；

④指出必须变革的外界压力等。

2. 分析变革因素，制定变革方案

针对诊断结果对组织变革的具体因素进行分析，如职能设置是否合理、决策中

的集权、分权程度是否恰当、流程中的业务衔接是否紧凑、各管理层级间或职能机构间的关系是否易于协调、员工参与变革的积极性是否热切等。在此基础上制定若干可行的变革方案，以供选择。

3. 优选变革方案，实施变革计划

对各变革方案的利弊进行认真而又充分的分析比较并优选方案。然后制订具体的变革计划并贯彻实施。推进变革的方式有多种，组织在选择具体方案时要考虑到变革的难易度，变革的影响程度，变革的进展速度以及员工的可接受和参与程度等，做到有计划、有步骤、有控制地进行。当变革出现某些偏差时，要有备用的变革方案和得力的纠偏措施以便及时纠正。

变革开始后上级部门需要经常地监督其实施过程，确保变革计划的顺利进行。具体可采用下列措施：

①使变革适应于情境规律，即说明变革是由情境引起的；

②努力保存有价值的习惯和非正式关系；

③事先向成员提供情况，说明变革的理由、性质，日程安排以及对组织和成员的可能的影响等；

④鼓励员工参与变革计划的制订和执行；

⑤保证员工不因变革而遭受损失，但又可分享变革的利益；

⑥提供咨询和技术支持；

⑦允许通过谈判来解决因变革而引起的问题。

4. 评价变革效果，及时进行反馈

组织变革是一个包括众多复杂变量的转换过程，再完美的变革计划也不能保证完全取得理想的效果。因此，变革结束之后，必须对变革的结果进行总结和评价，及时反馈新的信息，同时也使成员感受到因变革而带来的切实的好处。应尽快调整新的组织，使之协调一致，正常运行。对于没有取得理想效果的变革措施，应当给予必要的分析、评价和总结，然后提出相应的整改措施。

第二节　组织变革的阻力及其排除

一、组织变革的阻力

组织变革是一种革旧图新，是向传统观念和势力的挑战。变革常常会遇到来自各种变革对象的阻力和反抗。产生阻力的原因可能涉及历史的惯性和惰性；威胁到既得的地位和利益；未看清未来的发展趋势对变革的不确定后果的担忧；对发起变革的人怀有成见；心理上的障碍等因素。这些因素通过个人阻力、团体阻力和反对组织变革的迹象表达出来。

1. 个人阻力

个人阻力包括：①利益上的影响。变革从结果上看可能会威胁到某些人的利益，如机构的撤并、管理层级的扁平化等都会给组织成员造成压力和紧张感。过去熟悉的职业环境已经形成，而变革要求人们调整不合理的或落后的知识结构，更新过去的管理观念、工作方式等，这些新要求都可能会使员工面临失去权力的威胁。②心理上的影响。变革意味着原有的平衡系统被打破，要求成员调整已经习惯了的工作方式，而且变革意味着要承担一定的风险。对未来不确定性的担忧、对失败风险的惧怕、对绩效差距拉大的恐慌以及对公平竞争环境的担忧，都可能造成人们心理上的倾斜，进而产生心理上的变革阻力。另外，平均主义思想、厌恶风险的保守心理、因循守旧的习惯心理等也都会阻碍或抵制变革。

2. 团体阻力

团体对变革的阻力包括：①组织结构变动的影响。组织结构变动可能会打破过去固有的管理层级和职能机构，并采取新的措施对责权利重新做出调整和安排，这就必然要触及某些团体的利益和权力。如果变革与这些团体的目标不一致，团体就会采取抵制和不合作的态度，以维持原状。②人际关系调整的影响。组织变革意味着组织固有的关系结构的改变，组织成员之间的关系也随之需要调整。非正式团体的存在使得这种新旧关系的调整需要有一个较长的过程。在这种新的关系结构未被确立之前，组织成员之间很难磨合一致，一旦发生利益冲突就会对变革的目标和结果产生怀疑和动摇，特别是一部分能力有限的员工将在变革中处于相对不利的地位。随着利益差距的拉大，这些人必然会对组织的变革产生抵触情绪。

3. 反对组织变革的迹象

反对组织变革的迹象可从以下方面察觉：业务开拓不力，工作效率持续降低；损失浪费一天天加重，经济效益滑坡；要求离职调动的人数增加；发生争吵与敌视行为，人际关系趋于紧张，内耗加重；工作被动应付，没有主动性和积极性，消极怠工；提出许多变革将导致无法工作的似是而非的理由；对组织中的不论什么事情都抱着一种无所谓的态度。

二、消除组织变革的阻力的对策

无论是个人还是组织都有可能对变革形成阻力，变革成功的关键在于尽可能消除阻碍变革的各种因素，缩小反对变革的力量，使变革的阻力尽可能降低，必要时还应该运用行政的力量保证组织变革的顺利进行。为了确保组织变革的顺利进行，必须事先针对变革中的种种阻力进行充分的研究，以确定行之有效的管理对策。

1. 客观分析变革推力与阻力的强弱

勒温曾提出运用力场分析的方法研究变革的阻力。其要点是：把组织中支持变革和反对变革的所有因素分为推力和阻力两种力量，前者发动并维持变革，后者反对和阻碍变革。当两种力量均衡时，组织维持原状，当推力大于阻力时，变革向前发展，反之变革受到阻碍。管理者应当分析推力和阻力的强弱，采取有效措施，增强支持因素，削弱反对因素，进而推动变革的深入进行。

冰山理论认为，假如把水面之上的冰体比作组织结构、规章制度、任务及生产发展等要素的话，那么，水面之下的冰体便是由组织的价值观体系、组织成员的态度体系、组织行为体系等组成的组织文化。只有创新组织文化并渗透到每个成员的行为之中，才能使露出水面的变革行为变得更为坚定，也才能使变革具有稳固的发展基础。

2. 设计周密可行的变革方案

为了避免组织变革中可能会造成的重大失误，使人们坚定变革成功的信心，必须采用比较周密可行的变革方案，并从小范围逐渐延伸扩大。特别是要注意调动管理层变革的积极性，尽可能减少团体对组织变革的抵触情绪，力争使变革的目标与团体的目标一致，提高员工的参与程度。

3. 排除组织变革的阻力的方法

①公开信息，增加透明度。

②相互尊敬，增进信任。

③沟通谈判，减弱制约力。

④加强培训，提高适应性。

⑤起用人才，排除阻力。

⑥注意策略，采取必要的强制措施。

第三节　变革中的新型组织结构

20 世纪 80 年代初以来，信息技术的飞速发展，特别是网络技术的日臻完善，一方面使企业组织环境呈现出多变的发展趋势，另一方面又为组织应对这种趋势提供了一定的技术工具，出现了许多新的组织结构形式。例如：柔性团队、网络组织、学习型组织、无边界组织等。

一、柔性团队

当组织职务是围绕小组而不是个人来进行设计时，组织结构就变成了任务团队。关于团队的概念、特征将在下一节介绍。

团队结构的柔性化是指在组织结构上不设置固定的和正式的组织结构，而代之以临时性的、以任务为导向的团队式组织。柔性化的目的是使组织的资源得到充分利用，增强组织对环境动态变化的适应能力，它表现为集权和分权的统一、稳定和变革的统一。柔性团队的组织结构具有以下特征：

1. 灵活性

柔性团队组织为适应多样化、个性化和复杂多变的任务需求，建立起了柔性制造或服务系统。生产方式由大批量、标准化生产转为小批量、单件定制式生产，组织机构由单一功能转变为综合功能，决策方式由集中决策，指令层层传递转变为自主团队的授权决策。柔性团队组织的灵活性不仅体现在组织结构的简化上，而且体现在对经营复杂性的控制上。在企业的价值链、供应商与顾客之间建立了一个更灵活，更易控制的管道。企业在经营过程中能够最大限度地决定业务流程，并根据外部环境的变化及时做出改变。企业应采用成组技术（GT）、计算机数控（CNC）、柔性制造系统（FMS）、计算机集成制造（CTM）等柔性技术，改善产品流程，提高生产效率。

2. 敏捷性

网络经济时代追求的就是“快速”，资源配置、产品研发、市场营销等都需要以快制胜。在激烈的市场竞争中，谁领先一步，谁就可能获得竞争优势。首先，敏捷性在于组织以敏锐的观察力与科学的判断力，关注外部环境的变化，及时做出正确决策。其次是能够整合资源，快速推出新技术、新产品，在市场中重新聚集并获得竞争地位。

3. 自适应性

组织在激烈的市场竞争中生存与发展，关键的是要具备一种自适应性，即自我调整、自我控制的能力。柔性组织提高自适应性，首先要培育进攻的能力，这主要靠整合企业价值链，建立核心竞争力来完成。其次要锻炼防守的能力，一方面企业要具备抗干扰和冲击的素质，另一方面还要具备经营的弹性，树立危机意识，并且能够临危不乱，迅速脱离危险，恢复原状。

二、网络组织

近年来，西方国家企业组织结构变革的最主要的特征是大量新的组织结构模式呈现，这些新的团队结构、战略联盟和虚拟企业形式可统称为网络组织。网络组织在构成上是由众多灵活的、敏捷的、多技能的工作团队组成的联盟。各工作团队在地位上平等，行政上独立，在经营业务上又因有紧密联系而唇齿相依，因而从工作团队之间的关系看类似于一个网络，故称其为网络组织，对应的每个工作团队则是整个网络中的一个节点。网络组织突破了传统组织的纵向等级和横向分工，将组织的成员以网络的形式相互连接，这样就可以使大型组织保留小型组织的一些优势。比如对客户和环境变化的弹性和全面负责，将信息、核心资源以及合作性的工作、责任、奖励等在全组织范围内分配。网络组织的最大特性就是松散和动态的连接、以任务为中心，因而具有应变性、灵活性。

第一，工作团队拥有其经营所需的权力和资源，并全权负责本团队的经营职责；第二，团队成员间的权力与地位相等，各项决策由团队成员共同制定。假如说团队中某成员的权力较大，这种权力只能来自于其影响力，而影响力的产生又是因为其拥有更多的知识、技能与信息以及更好的判断和决策能力；第三，工作团队之间联系密切，并相互提供援助。

网络组织结构可以使信息成本大幅度降低，促进信息的沟通。虚拟企业是网络组织的一种特例。这是一种通过信息技术将独立的组织联结在一起的组织结构形式，其目的是要通过共享组织的技能、成本和市场，来获取企业对市场的最大响应速度。

虚拟企业可以定义为：在考虑使顾客效益最大和各个企业的核心竞争力的基础上，沿着一个共同的价值链来实现独立企业间协调的网络。因此，虚拟企业实际上是一种对市场环境变化做出快速反应的企业动态联盟，其基本运行模式是有一个新产品的概念后，利用网络、电子商务等手段，将各种业务外包，企业本身只以创新行为和名牌效应为龙头，对涉及制造、经营的各种业务进行系统集成和过程集成。

三、学习型组织

美国麻省理工学院博士彼得·圣吉将系统动力学的理论和方法论成功地运用到企业的创新和培训之中，系统地创立了“学习型组织”理论。彼得·圣吉发现，一般大企业的平均寿命只有40岁，绝大多数企业都是短命的，在历史舞台上只有瞬间的辉煌。而通过对寿命在100年以上的企业进行研究，他获得了一个重大发现，“长寿企业”的一个共同特征是具有很强的学习能力。这种学习不同于个体学习，也不是知识的学习，而是将企业作为一种具有生命活力的社会组织，对企业发展目标、现状和存在的问题进行“系统思考”，改变企业决策者的“心智模式”(思维定式)。这是一种深刻的反思性学习，是以企业整体作为学习主体的“团队学习”。正是在这种全新的学习模式中，企业决策者群体获得了清醒的自我意识，不断修订可持续性发展的企业目标，并以此作为“共同愿景”，组织“团队学习”，使企业上上下下获得新的凝聚力，焕发出为“共同愿景”而奋斗的生命活力，企业正是由此而不断实现“自我超越”，适应千变万化的复杂竞争环境，始终立于不败之地。

（一）学习型组织的内涵

在1990年出版的《第五项修炼——学习型组织的艺术与实务》一书中，彼得·圣吉对学习型组织的内涵作了概括：学习型组织，是指通过培养弥漫于整个组织的学习气氛、充分发挥员工的创造性思维能力而建立起来的一种有机的、高度柔性的、扁平的、符合人性的、能持续发展的组织。学习型组织是一个不断创新、进步的组织，在其中，大家得以不断突破自己的能力上限，创造真心向往的结果，培养全新、前瞻而开阔的思考方式，全力实现共同的抱负以及不断一起学习如何共同学习。结合实践彼得·圣吉对学习型组织的内涵作了以下拓展：

1. 团结、协调及和谐是学习型组织的基础

组织学习普遍存在“学习智障”，个体自我保护心理必然造成团体成员之间相互猜忌，这种所谓的“办公室政治”导致高智商个体，组织群体反而效率低下。从这个意义上说，班子的团结，组织上下协调以及群体环境的民主、和谐是建构学习型组织的基础。

2. 建立完善的“自学习机制”是学习型组织的核心

组织成员在工作中学习，在学习中工作，学习成为工作新的形式。

3. 学习、思考和创新是学习型组织的精神

此处学习是团体学习、全员学习，思考是系统、非线性的思考，创新是观念、制度、方法及管理等多方面的更新。

4. 系统思考是学习型组织的关键特征

只有站在系统的角度认识系统及系统的环境，才能避免陷入系统动力的漩涡里去。

5. 团队学习是组织学习的基础

团队是现代组织中学习的基本单位。许多组织不乏关于组织现状、前景的热烈辩论，但团队学习依靠的是深度肯谈，而不是辩论。深度肯谈是一个团队的所有成员，摊出心中的假设，而真正一起思考。深度肯谈的目的是一起思考，得出比个人思考更正确、更好的结论；而辩论是每个人都试图用自己的理由说服别人同意的过程。

（二）学习型组织的创建及管理

1. 组织成员拥有一个共同的愿景

“共同愿景”是团队成员共同持有的意向或景象，它能创造出众人一体的感觉，并且遍布到团队成员的各项活动之中，使原来相互分割甚至对立的活动融汇起来。组织的共同愿景，是发自员工内心深处而又高于个人愿景的共同理想。它是由对环境的深刻认识、对组织所具有的基于组织学习及资源整合的战略能力的坚定信心所决定的。它使不同个性的人凝聚在一起，朝着组织共同的目标前进。共同愿景对学习型组织而言是至关重要的，它为学习提供了必不可少的焦点与能量。

2. 营造善于不断学习的氛围

根据彼得·圣吉的“共同愿景”理论，学习型企业文化依存于学习型组织，是学习型组织的本质特征。学习型企业文化的核心是学习型的思维方法，主要是系统思维方法和心灵转向的自我超越修炼。这是学习型企业文化不竭的创造源泉。在这种组织文化中，组织已经不存在局限思考，企业全体员工能够系统地、全局地、发展地思考、认识企业的活动。而且，学习型企业文化的核心价值观是开放的，因为它同时关注公司员工、股东和顾客的利益。

营造不断学习的文化氛围，需要特别强调以下四点：

一是强调“终身学习”。即组织中的成员均应养成终身学习的习惯，唯有如此，才能形成组织良好的学习气氛，促使其成员在工作中不断学习。

二是强调“全员学习”。即企业组织的决策层、管理层、操作层都要全心投入学习，尤其是经营管理决策层，他们是决定企业发展方向和命运的重要阶层，更需要学习。

三是强调“全过程学习”。即学习必须贯穿于组织系统运行的整个过程之中。约翰·瑞定（John Redding）提出了“第四种模型”的学习型组织理论。他认为，任何企业的运行都包括准备、计划、推行三个阶段，而学习型企业不应该是先学习而后准备、计划和推行。学习与工作是不可分割的，学习型组织强调的是在行动中学习，强调边学习边准备、边学习边计划、边学习边推行。学习贯穿准备、计划、推行的每一个阶段，是“全过程学习”，即学习必须贯穿于组织系统运行的整个过程之中。

四是强调“团队学习”。即不但重视个人学习和个人智力的开发，更强调组织成员的合作学习和群体智力（组织智力）的开发。在学习型组织中，团队是最基本的学习单位，团队本身应理解为彼此需要他人配合的一群人。组织的所有目标都是直接或间接地通过团队的努力来达到的。

要真正做到全员参与，一是要让全体员工就“学习型组织”的理论达成共识，认同企业发展战略，认同企业核心价值观，认同企业的共同愿景，把“学习型组织”的创建工作看成是每位员工的自觉行动。二是要把重视和培育团队精神作为出发点和落脚点，把国家利益、组织利益、员工利益结合起来，在企业发展的同时兼顾员工的发展，构建起每位员工发挥主动性、实现人生价值的平台，从而激活全体员工的潜力和智慧。通过保持学习的能力，及时铲除发展道路上的障碍，不断突破组织成长的极限，从而保持持续发展的态势。

3. 优化组织结构

传统的企业组织结构是金字塔式的垂直组织结构，这种组织结构面对变化多端的现代市场行情时显得反应迟缓，缺乏灵活机动性。西方经济学者把这种组织结构的失效归因于组织里一贯的“边界”，认为传统企业之所以存在边界，其原因在于按照需要把员工、业务流程及生产进行区分，使各要素各有专攻、各具特色。但是，经济信息化和全球化从根本上改变了企业生存的内外环境，要求企业从内部到外部建立合作、协调、高效的机制，变大规模生产为灵活生产，变分工和等级为合作，要求企业协调外部经营环境，这强烈地呼唤对企业边界进行改革。

学习型组织的结构是扁平的，它尽最大可能将决策权向组织结构的下层移动，让最下层单位拥有充分的自主权，并对产生的结果负责。例如：美国通用电气公司目前的管理层次已由9层减少为4层，只有这样的体制，才能保证上下级的不断沟通，下层才能直接体会到上层的决策思想和智慧光辉，上层也能亲自了解到下层的动态，吸取第一线的营养。只有这样，企业内部才能形成互相理解、互相学习、整体互动思考、协调合作的群体，才能产生巨大的、持久的创造力。

而要把企业建成“学习型组织”，实现企业团队学习、全过程学习和全体员工终身学习，企业就必须改变传统的组织模式，实现组织结构的优化，以便在企业内部实现终身而高效的学习。

4. 以员工为本，推行自主管理

“学习型组织”倡导一种人人平等、共同学习的文化，这需要管理者提供学习机会，创造学习氛围，给员工更大的学习和发展空间。自主管理是使组织成员能边工作边学习从而使工作和学习紧密结合的方法。通过自主管理，可由组织成员自己发现工作中的问题，自己选择伙伴组成团队，自己选定改革进取的目标，自己进行现状调查，自己分析问题的状态，自己制定对策，自己组织实施，自己检查效果，自己评估总结。团队成员在“自主管理”的过程中，能形成共同愿景，能以开放求实的心态互相切磋，不断学习新知识，不断进行创新，从而增加组织快速应变、创造未来的能量。

精明的领导不仅要让员工的手动起来，还要让他们的脑动起来，给他们以自主管理的机会，肯定他们的工作成果，让他们体会到人生价值，这样员工更乐于奉献，领导也有更多的时间去学习、去考虑企业的未来，企业也更容易获得成功。当然，实行自主管理，必须拥有高素质的员工，这就需要学习，不断地学习。

5. 尽快完成领导者新的角色转变

在学习型组织中，领导者是设计师、服务员和教师。领导者的设计工作是一个对组织要素进行整合的过程，他不只是设计组织的结构和组织政策、策略，更重要的是设计组织发展的基本理念。领导者的服务员角色表现在他对实现愿景的使命感，他自觉地接受愿景的召唤。领导者作为教师的首要任务是界定真实情况，协助人们对真实情况进行正确、深刻的把握，提高他们对组织系统的了解能力，促进每个人的学习。

6. 促进员工家庭与事业平衡

学习型组织努力使员工丰富的家庭生活与充实的工作生活相得益彰。学习型组织对员工承诺支持每位员工充分的自我发展，而员工也以承诺对组织的发展尽心作为回报。这样，个人与组织的界限将变得模糊，工作与家庭之间的界限也将逐渐消失，两者之间的冲突也必将大为减少，从而提高员工家庭生活的质量，达到家庭与事业之间的平衡。

7. 强化内部和外部培训

作为“学习型组织”，在人力资源开发和管理中一项最基本、最重要的任务就是培训。企业培训主要可以分为两大类，企业内部培训和外部培训。外部培训，主要是企业派员工参加公共的培训班、研讨会、论坛等；而内部培训，是指企业聘请一些专家到企业内部进行授课与培训，企业可以根据需要来聘请不同的讲师为不同层面的员工提供不同的培训。

学习型组织有着它不同凡响的作用和意义。它的真谛在于，学习一方面是为了保证企业的生存，使企业组织具备不断改进的能力，提高企业组织的竞争力；另一方面学习更是为了实现个人与工作的真正融合，使人们在工作中体会到生命的意义。

四、无边界组织

无边界组织是企业组织结构的创新。无边界原理认为，企业组织就像生物有机体一样，存在各种隔膜使之具有外形或边界。虽然生物体的这些隔膜有足够的结构强度，但是并不妨碍食物、血液、氧气、化学物质畅通无阻地穿过。得益于这一现象的启发，无边界组织将传统组织的边界模糊化形成了“隔膜”，企业各部门、上下级之间虽然存在边界“隔膜”，但信息、资源、构想及能量能够快捷便利地穿越组织“隔膜”，像没有边界一样。虽然企业各部分的职能和边界仍旧存在，仍旧有权高位重的领导，有具备特殊技能的员工，有承上启下的中层管理者，但组织作为一个整体的功能，却可能已远远超过各个组成部分的功能。

可见，无边界原理其实是以有边界为基础的，并非是对所有边界的否定，其目标在于让各种边界更易于渗透扩散，更利于各项工作在组织中顺利开展和完成。

无边界组织强调速度、弹性、整合和创新。它根据外部环境的变化快速反应，主张员工做弹性制工作，经常变换工作岗位，持续地学习新技能；依据特定的需要，整合不同的员工和部门，更加强调流程，而不是单独的专业化；无边界组织还形成机制、培养氛围、鼓励创新和变革。

在这种组织模式里，企业各部门的职能和边界依然存在，但部门之间的边界已经模糊化，组织作为一个整体的功能得以提高，已远远超过各个组成部门的功能。无边界的目的在于使各种边界更易于扩散和渗透。这种组织结构与原来相比不论是纵向还是横向都发生了变化。在横向上，它打破部门之间的沟通障碍，以利于信息在各部门的传递和分布以及各项工作在组织中顺利开展和完成。其出发点是寻求消除组织指挥链所带来的组织界限，充分扩大组织的横向控制幅度，达到幅度的无限扩大，用授权团队来替代组织的职能部门。在纵向上，它消除了层级制所特有的金字塔形的组织形态，最大限度地减少了地位和等级方面的差距。

无边界组织模式作为一个超越组织边界的概念，它是围绕核心企业，融合虚拟企业、战略联盟、网络组织的基本组织方式，通过对信息流、物流、资金流的控制，将供应商、制造商、分销商、零售商，直到最终用户连成一个整体的、动态的功能网络结构模式，以适应复杂性、动态性、交叉性的经营环境，更好地满足用户需求。它有以下几种典型形式：扁平化组织是组织垂直边界模糊化的结果；多功能团队、流程再造跨越了组织的水平边界；学习型组织加强了组织的水平边界的可渗透性；组织外部边界模糊化产生了网络组织、虚拟企业、战略联盟、供应链、企业集群等多种跨组织的组织形式；地理边界模糊化一般存在于跨国公司里，而组织心理边界的可渗透性存在于学习型组织之中。实现这些组织模式的主要办法有建立跨层级小组、决策参与制和全方位业绩评价体系。

1. 无边界组织的实质是组织扁平化的过程

无边界组织突破了传统组织僵化的定位，将权力下放到基层，让对事实的结果负责的人做出决策；职位让位于能力，绩效突出都能获得较高的报酬。在无边界组织中各个层级之间是互相渗透的，以便最大限度地发挥各自的能力，其具体措施是：①权力分散化。在传统的组织中，决策由上层做出，然后由中下层程序化地执行。这种决策方式在相对稳定的环境中运行似乎良好，但在快速变化的环境中，信息的层层传递将会延迟决策的时间，使企业难以做出迅捷的反应，从而丧失竞争能力。无边界组织将权力充分授权给下属，使下属有一定程度的自主权，决策由直接对事实的结果负责的员工做出，这既增加了员工的参与度，又缩短了从决策到执行的时间，并提高了决策的准确性。②信息共享。与高度集中的决策方式相对应的是信息仅由上层少数人所拥有，分散化的决策方式则要求各个员工拥有足够的信息作为决策的基础，所以无边界组织要求从高层到普通员工之间充分地分享信息，这样员工才会做出与组织的目标和战略一致的决定。Intranet、信息管理系统、ERP 或数据交换系统等计算机网络工具为信息共享提供了技术支持。③培养员工的管理能力。分散化的决策方式要求各个层次的员工都具备与决策相符合的管理能力。无边界组织鼓励员工做他们所能够做的工作，而不被等级制度或工作职位描述所限定，且非常重视各层次员工在战略管理等方面的培训与发展。④建立基于绩效的薪酬体系。在传统组织中，薪酬体系主要以职位为基础，致使员工努力的目标就是能更快地晋升。在无边界组织中，员工的薪酬主要是以效绩为基础，而不管员工在组织中的层次，较低层次的员工只要效绩突出就能获得较高的报酬。这样员工就能专注于自己业绩的提高，而不一定非要进入组织的管理层，从根本上打破了组织的等级。

2. 突破部门之间的边界，形成多功能团队

由于各职能部门都依据自身职能的特点行事，与其他部门发生矛盾和冲突在所难免。无边界组织则要突破各个职能部门之间的边界，真正使计划、生产和销售等各部门连为一体，形成统一的系统。

在这个过程中，须遵循下述原则：①一切以顾客为中心。要求各个部门总的目标就是从顾客的角度去理解其需要，尽量满足他们的各种需求，对于不符合这一目标的行为予以排斥。它还要求员工理解顾客的需求，并且加强与外部顾客的关系，以顾客的需求作为行动的准则。②用一个面孔面对顾客。无论什么时候、什么地

点，生产、营销、维修等各职能部门的员工都拥有相同的顾客信息以及以相同的方式面对顾客，保证在顾客面前，企业是一个可信赖的整体。③组建多功能团队。这种团队划分为若干具有相对独立性的单位，以拓展新地区、新领域、新业务为目标，最终实现优化企业的各种资源的运用，增进企业应变能力和提升企业整体竞争能力的目的。④建立知识分享机制。为顾客提供服务时，团队中的每个成员都获得大量的信息，拥有不同的经验和方法。无边界组织通过建立知识分享机制以分享其中的观念、信息和方法。

3. 超越组织的外部边界，实现企业集群化，虚拟化经营

无边界组织把外部的围墙推倒，让企业与供应商、顾客、竞争者、政府机构、社团等外部环境融合，成为一个创造价值的系统，真正做到为顾客服务。①实施供应链管理。供应链管理是指利用管理的计划、组织、指挥、协调、控制和激励职能，对供应链中各个环节所涉及的物流、信息流、资金流、价值流以及业务流进行合理的调控，形成最佳组合，迅速以最小的成本为客户提供最大的附加值。它把供应商、生产厂家、分销商、零售商等一条链上的所有环节联系起来，各企业之间的关系变得更加紧密，信息流通更加频繁。②运用战略联盟。它是指与其他有经营联系的企业，通过签订协议、契约而结成优势相长、风险共担、要素水平式双向或多向流动的松散型组织，以达到共同拥有市场、共同使用资源等战略目标。战略联盟加强了各企业之间的联系，战略联盟可采用技术许可证、供应协定、营销协定以及合资企业等多种形式。③借助虚拟化经营。虚拟化经营的关键是要掌握企业的核心功能，将企业有限的功能集中在附加值高的部门，在保持竞争优势的基础上注重品质、成本及周期等其他功能的平衡。虚拟化经营可采用虚拟生产、虚拟设计、虚拟销售以及业务外包等多种形式。④实现网络化经营。网络化经营是各种行为者之间基于信托、相互认同，互惠和互赠优先权等结成长期的关系网络，并随时间推移而强化组织交易所形成的一种经营结果。网络组织可看做是核心企业组织边界的扩展，具体有小企业网络、电子商务、网上社区以及企业集群等多种组织形式。

4. 穿越组织的地域边界，建立跨国公司组织

地域边界的存在往往使得新方法、新思想局限于公司的某一市场或区域而难以传播。在无边界组织中，公司的地域边界被淡化，不同国家的组织部门相互学习，公司注重与当地文化的融合。①制定全球化的战略和本土化的策略。无边界组织站在全球的高度，将全球视为一个市场，把具有相似需求的潜在购买群体归入一个全球的细分市场，制定全球化的战略，又根据不同国家、不同地区在文化和风俗习惯等方面的独特性，对战略在各国家、各地区的执行做一些局部的调整，即实施本土化的策略。②雇用具有全球背景的高级管理人员。这是适应全球化战略要求的有效方法。他们除了拥有基本的管理技术，还必须拥有很强的语言能力和文化沟通能力。这样才有利于突破国家和文化的界限，从全球的视角对组织的发展进行系统思

考和规划。③重视培养文化的敏感性。各个国家和民族都有各自的文化和风俗习惯，忽略这种差异性，就会造成跨国经营的失败。无边界组织强调培养文化的敏感性，尊重其他国家与民族的文化，并利用其差异性，建立起促进优秀经验和方法向跨国公司其他地区流动的传播机制。

5. 打破组织的心理边界，创建学习型组织

在现代社会要求学习的速度必须大于其环境变化的速度的背景下，学习型组织打破了传统官僚组织的心理边界，使每个员工都终身学习，并将学习到的知识与其他员工共享，每个员工都系统思考，进而增强个人知识与经验，改变整个组织行为，以强化组织变革和创新能力。①培养共同语言。共同语言是指组织与员工的共同愿景的表达方式。一般而言，共同语言的形成有两种方式：一是在组织运作过程中，将组织某些团体的具有很好的内涵又与组织价值观相符的共同语言归纳引申为整个组织的共同语言。二是将组织制定的官方语言强制性灌输给全体员工，最终形成以此为基础的共同语言。②开展团队学习。团队学习是团体的成员不断地进行对话和讨论，共同参与相互学习，以产生集体智慧，培养集体的共识和行动。一方面，它可以把共同愿景化为团队的努力方向，从而克服团体的局部利益，坚持组织的共同愿景；另一方面，通过团队学习更容易形成共同语言。③实现自我超越。只有员工具有一种不断自我超越的欲望，产生于个人愿景中的共同愿景才有激励动力。一般而言，自我超越的员工首先有自己的目标、愿望或愿景，然后有不满足现状永远追求新目标的动力，通过不断学习，不断接受新事物，提出自己新的目标和愿望，付诸行动，实现超越自我，最终实现共同愿景的构建。④训练系统思考。在组织中，人们往往习惯于直线式心智模式，大多数人的心智模式只专注于系统的不同部分，各个人都强调不同的因果链，如何形成各个员工都认同的愿景，要求员工本身用系统的思维来思考。从总体的角度把系统中的人、物、能量、信息加以处理和协调，这样更易于接受共同愿景。

无边界组织的实现是建立在现代信息技术基础之上的。借助信息技术对传统组织结构进行形式创新，使得组织边界模糊化并顺利运行。计算机网络化使人们可以超越组织内外的界限进行交流。如 Intranet 使企业内部成千上万的员工可以同时分享信息；电子数据交换（EDI）技术使企业和顾客之间的信息同步；Extranet 使企业和供应商之间随时交流信息；而 Internet 使企业能在全球范围内进行经营活动。

第四节 团队动力学理论

20 世纪 60 年代至 70 年代中期，日本创造了经济腾飞的奇迹，迅速成为世界经济大国，企业国际竞争能力跃居世界首位。以美国为首的西方国家对日本式的奇迹产生了浓厚的兴趣，他们对日本企业展开了深入的研究，希望找出日本经济奇迹

的秘密。与此同时，日本各界也对“日本式经营”进行了深入的探讨，以总结经验继续前进。经广泛而深入的研究，人们普遍认为，日本企业强大竞争能力的根源，不在于其员工个人能力的卓越，而在于其员工整体“团队合力”的强大，起关键作用的是日本企业当中的新型组织形式——团队。

基于这一认识，欧美企业猛然醒悟，固守传统的组织形式不放，不进行组织重整，仅靠领导者殚精竭虑而没有员工的思考参与，只是提高员工的个人能力而没有有效的团队协作，在竞争日益加剧的今天已失去生命力了；要想取得成功，就必须充分运用人力资源，形成强大的团队合力。于是欧美企业大力学习日本的团队建设经验，建立起一个个团队，努力培养团队精神。从此，团队建设飓风在世界范围内的许多企业中激荡不已。团队自此显示了强大的生命力。

团队的大量出现和应用前后不过几十年，有关它的理论还不是非常成熟。

一、团队与团队动力学

团队动力学（group dynamics）理论是美国行为科学学派的代表人物之一库尔特·勒温（Kurt Lewin）于1944年提出的以研究团队中人与人相互接触、影响所形成的社会程序的一种团队行为理论。团队动力学理论是侧重内部互动作用的一种小群体理论。

（一）团队的概念

人从本质上考察是一种社会性动物。任何人都不能离群而索居，都不能离开群体，脱离社会。从物质、生理和心理上看莫不如此。人作为单独的个体，时时刻刻都有融入、归入某一团队的认同需要，或被认同的需要。

团队（group）亦称群体，是指社会集合中，由两个以上的人，基于某种共同的目标，在心灵上能意识到其他成员的存在且有亲和的感受，在行为上彼此交互作用，在利益上互相依赖、相互联系，经由面对面接触、互动影响而循序渐进发展形成的集合。团队绝不是各个互不相干的个体的集合，而是相互联系的个体间的一组关系。作为团队它不是由各个个体的特征所决定的，而是取决于团队成员相互依存的那种内在的关系。每年美国的职业篮球大赛结束后，都会从各个优秀队伍中挑选最优秀的球员，组成“梦之队”赴各地比赛，以制造又一波高潮。但“梦之队”总是胜少负多，令球迷失望。这其中的原因就在于他们不是真正的团队。尽管他们都是每个球队的顶尖球员，但平时不属于同一团队，没有形成内部各成员间在打法、跑位上的特有的协同与默契，所以不存在团队精神，形不成有效的团队。

尽管团队的行动取决于构成团队的成员本身，但一经建立起来一个团队就有着很强的黏合作用，使个体成员的动机与团队目标几乎混为一体，难以区分。团队提供成员们相互交流的机会，人与人在团队中不断地发生冲突与和解的现象，而就在这种交互作用中进而达成团队的共识，产生共同的力量，正是这种团队的力量构成了一种团队动力。由此，对管理的启示是：通过引起社会团队变化而改变其个体要比直接改变个体容易得多。

团队动力用来描述和探讨团队内或团队之间的各种行为现象。这些现象主要涉及团队的形成、结构、关系、运作、沟通、领导、权力、决策、目标达成、绩效、成员互动、亲和、合作和冲突等。

团队动力学理论的意义在于：启发人们从人与人之间的心理情感关系去考察和研究团队行为的产生和发展规律；从团队成员间的关系以及整个团队氛围中去把握团队行为的变化过程；使个体、团队和社会三位一体的关系得到逐渐认识。

团队动力学理论的局限性为：偏重于强调团队内人与人之间的心理关系，忽视了其他关系；没有看到团队行为产生和变化的根本动因；研究对象、范围等方面不具有普遍意义。

（二）团队的特征

团队具有以下四个方面的特征：

1. 团队表现为团队成员对团队的强烈认同感与一体感

团队成员强烈地感受到自己是团队的一员，由衷地把自己的前途与团队的命运联系在一起，甘愿为团队的利益和目标作出奉献；忠诚于团队，决不允许有损害团队利益的事情发生；强烈的团队荣誉感，常为团队的成功而骄傲，为团队的困境而忧虑；在处理个人利益与团队利益的关系时，团队成员会义无反顾地执行团队利益优先原则，个人服从团队，反对本位主义和小集团主义，秉持公利与大利，而宁肯牺牲私利与小利。认同感与一体感主要来源于团队利益目标与其成员目标的高度一致。团队通过系统的制度安排使其与成员结成一个高度牢固的命运共同体，无论物质上还是精神上，团队与其成员都息息相关。团队通过持久而强大的教化宣传等活动，在潜移默化中培养成员对团队的共存共荣意识与深厚久远的情感。

2. 团队表现为成员之间的相互协作，同舟共济

团队成员彼此把对方都视为“知己”，同为团队的一分子，他们相互依存、同舟共济、肝胆相照、荣辱与共。成员之间一是互敬互重，礼貌谦逊；二是相互宽容，包容他人的差异性、独特性；三是彼此信任，待人以诚，一诺千金，相互之间能深信不疑，托以重任；四是相互帮助，在工作上相互协作共同提高，在生活上彼此关怀。团队成员在互动过程中逐渐形成了一系列的行为规范，一方面和谐相处，充满凝聚力；另一方面又彼此促进，为了团队的成功他们能善意地开展批评与自我批评，其终极目标就是为了促成更好的合作，追求团队的整体绩效。

3. 团队表现为团队成员对团队事务的尽心尽力

一方面，团队在发展过程中及处理团队事务时，努力争取团队成员的全方位投入，培养成员的责任感，让成员参与管理、共同决策、全力行动，充分调动其积极性、主动性和创造性；另一方面，团队成员视团队的事业为己任，尽职尽责，尽心尽力，积极主动，认真勤勉，充满热情与活力。

4. 团队具有自我优化、自我设计、自我创造和自我组织的特性

团队的以上四个方面的特性是相对的，各团队在这些特征方面既存在程度上的差别又有范围上的不同。

二、团队动力学理论的相关内容

（一）团队要素

团队有三个要素，即活动、互动和情绪。

在这三个要素中，活动是指人们在日常工作、生活中的一切行为；互动是指人在团队中相互发生作用的行为；情绪是人们内在的，看不见的生理活动，如态度、情感、意见、信息。我们可以从人的“活动”和“互动”中推知其情绪，例如，足球赛场上球迷们的狂热使球员们愈战愈勇就是典型的写照。互动和情绪都不是孤立的，而是密切相关的，其中任何一项变动，都会引起其他要素发生改变。团队中各个成员的活动、互动和情绪的综合就构成团队行为。

（二）社会团队可视做一个“社会场”

勒温场论的基本概念是生活空间，它包括人与环境。人既是个体的存在，也是团队的存在；而环境既是物理的、心理的，也是社会的。使团队处于均衡状态的各种力的“力场”，叫做“生活场所”、“自由运动场所”。这些力场涉及团队在其中活动的环境，还涉及团队成员的个性、感情及其相互间的看法。团队行为就是各种相互影响的力的一种错综复杂的结合，这些力不仅影响团队结构，也修正一个人的行为，例如，不同的班风、校风对学员的作用和影响是不尽相同的。因此，一个团队永远不会处于“稳固的”均衡状态，而是处于不断地相互适应的过程。这可以比作一条波澜不惊的河流，看起来是相对静止的，实际上却在不断地缓慢运动和变化。团队的不同类型将对个体产生很大影响。个体的行为受他从属的社会团队的影响和制约，个体所属的团队决定了个体的行为和心理趋向。

（三）共同的目标是团队存在的基石

勒温认为，团队必须有它自己的目标以维护团队的存在，使团队持续地发挥作用。一个团队如果想更好地发挥其作用以及维护其存在，就必须要有一个合适的目标。团队目标是团体动力学理论中的一个核心课题，它将决定一个团体发展的水平，成员对其组织的认同度，成员的自尊和成员对自身行为的要求等。

团队中求同的压力就是为了确立并实现团队的目标，而一个团队的成员是否能为了一个共同的目标而工作，并且是否愿意为这一工作承担责任，即是衡量一个团

队内聚力的重要指标。从这种意义上说，团队目标可谓是团队行为动力的一个主要来源，团队成员的动机并非仅仅倾向于获取个人的满足，而且还倾向于获取团队的成功。因此，团队目标可以帮助团队成员来界定自己的职责，增加工作中的相互合作以及确定适当的工作步骤。

（四）团队的组织结构模糊难辨

团队结构是知识结构、专业结构、能力结构、年龄结构、性格结构以及观点、信念结构的有机结合。在团队中有一个非正式的、较难辨认的结构，其中包含正常成员、非正常成员、领导成员和孤立者。正常成员接受并遵守团队的规范；非正常成员则拒绝其中的某些规范，但仍是团队的成员之一，他们常会受到挖苦、讽刺和排斥，直至其行为归回到团队的正轨上来为止。团队的领导成员对于保持团队团结的贡献最大，他帮助较弱的成员，减除团队内部矛盾，向上级组织提出团队要求等。不属于某团队组织的人员是这一团队中的孤立者。他们通常向往加入其他团队。

三、团队的形成与团队的发展

团队的形成有如组织的形成机理，它是基于某个历史的背景、事件机会、共同经历、合作平台把有共同情怀和目标的个体集合在一起，形成一种默契与互动，一种原始团队的雏形；以早期成员为中坚逐渐形成团队的核心和意见领袖，他们的价值取向、处世准则以及他们的人格魄力和技能素质向外起着辐射作用和磁力作用，影响与吸引更多的个体，使认同者不断地被黏合在一起，团队轮廓日渐明朗，团队的运作机制也逐渐清晰。团队领袖适时地把握着方向和机会，核心成员不断地巩固、贯彻和传承团队价值取向和团队行为守则，新鲜的血液不断地溶入，团队的活力与日俱增。当团队有了高度认可的团队目标、价值准则，明确的行为、活动标准以及客观、公正、公平、合理、透明的运作机制，建立起了领导威信，形成了开放的沟通渠道，使信息能够充分共享并逐渐形成了自己的文化，团队成员有高度的合作意识，能够自动自发地完成工作任务和目标，团队文化让成员感受到主人翁精神和团队的荣誉感、凝聚力时，该团队也就基本成熟起来了。

在一个成熟团队中，团队成员不再是以一个孤立的个体而存在的，而是被组织到一个复杂的、互相依赖的系统之中。此时，团队成员主要是适应团队，对团队怀有很高的期望，以身为团队的一分子而感到骄傲，对团队产生依赖和情感，热情、乐观、参与感强。团队的感情投资、积极促进个体的发展，有效地传承团队文化和开放式交流、引进新的成员使团队充满活力、能量与激情。这正如勒温所言，团队是一个动力整体，团队中每个人的活动、相互影响和情绪的综合，构成团队行为的动力。团队的发展阶段如表 9-2 所示。

表 9-2　**团队的发展阶段**

雏形阶段	吸引阶段	成长阶段	成熟阶段
形成一种默契与互动	团队核心和意见领袖的形成	团队价值取向不断得到巩固、贯彻和传承	团队结构和运作机制形成

四、团队的结构与权力运作

团队结构对于团队的工作效率有很大影响。团队成员搭配得当，会使团队协调一致，紧密团结，工作效率高；团队成员搭配不当，会使团队涣散，经常冲突，工作效率低。团队结构通常涉及团队成员构成、开放性及团队规模等内容。

团队因其成员特质的不同分为同质结构团队和异质结构团队。

(一) 同质结构团队

同质是人们的内在文化结构以及生活和意识形态的共性，是指人们在文化层次、价值观念、种族传统、受教育程度、社会地位、职业、经济水平、生活背景、性格爱好、行为习惯等涉及人类社会生活的各个方面，存在的能彼此认同或相互吸引的东西，正是这些能彼此认同或相互吸引的东西成为相似人群凝结成一个共同体的基础。所以，同质结构团队是由特点相似的个体组成的群体。

1. 同质结构团队的优点

①相互作用比较容易。他们有共同的经历，有共同的话题。

②容易达成共识。由于他们的共性，特别是其问题的相似，他们相互之间很容易达成共识，相互理解和彼此支持，分担忧虑，而这种相互鼓励的力量大于异质团队。

2. 同质结构团队的弱点

①如果操作不当，容易形成竞争和冲突。

②由于相似性使其具有一定的排他性。

在下述三种条件下，同质结构团队可能达到最高的活动效率：

①工作比较单纯，不需要复杂的知识和技能，例如会计小组编制职工工资表的工作；

②当完成一项工作需要大家密切配合时，同质结构团队较为有效；

③如果一个工作团队成员从事连锁性的工作，如流水线上的操作工人，则同质团队较好。

由此可见，工作组织中的基层团队应为同质结构。

(二) 异质结构团队

异质结构团队是由特点不同的人组成的群体。

1. 异质结构团队的优点

①异质结构团队更能反映现实群体的状况。在我们的生活中遇到的群体大多是异质结构团队。

②异质结构团队的成员形成复杂的人际关系。如与同龄人的交往，和异性的交往等，他们会了解不同的体验、情感和观点。

2. 异质结构团队的弱点

①异质结构团队的个体性被忽略的可能性大。由于问题的差异性，团队不会完全关注每一个个体。

②团队气氛的形成比较困难。

③有的个体是不适合纳入团队中的，因为他们的出现会造成群体的混乱，或造成团队功能的降低。

在下述条件下异质结构团队将会达到较高的工作效率。

①完成复杂的工作，异质结构团队为好；

②当作出决策太快可能产生不利后果时，异质结构团队为好；

③凡需要有创造力的工作，异质结构团队较为有利。

(三) 常见的团队结构模型

按照德鲁克教授的分类，团队有三种类型，第一种是网球双打型的，在这种团队里，每一个成员必须使自己适合队友的个性、技能、长处和弱点。第二种是足球队型的。每一个队员有一个固定的位置，但整个队伍是整体移动的（除了守门员），同时，队员们又保持各自的相对位置。第三种是棒球队型的，或者是乐队型，每个成员都有固定的位置。这些组织结构共同的特征是：减少管理层次，压缩职能机构，通过机动组合，结构紧凑又富有弹性，既避免了上下级协调差，又消除了各部分工作衔接的瓶颈；模糊小组成员的职务差别，确保项目和日常业务工作责任的落实；促进员工共同学习，加速员工的成长，提高组织各部门的专业水平有利于企业内的沟通，以便建立相融的团队文化。

(四) 团队的开放性

与团队结构相关的另一个问题是团队的开放性与否。

1. 封闭式团队（closed group）

一旦团队进入正轨，在其预定的活动期间，团队成员不能增加新的成员。封闭式团队的结构和成员相对稳定，使连续性成为可能，并促进凝聚力。封闭式团队的一个缺点是，如果有过多的团队成员退出，这个团队的功能将受到极大的影响。

2. 开放式团队（opened group）

在一个开放式团队中，新的团队成员替代了那些离开的团队成员，能提供新的活力。但这种开放式团队的一个缺点是，新的团队成员可能有一段时间很难使自己成为该团队的一分子。另一个缺点是，团队成员的这种流动变化会对该团队的凝聚力产生不良的影响。

（五）团队的规模

在确定团队人数的时候，要考虑的问题有以下几个方面：

①团队规模的增大造成成员交互作用的效果下降，降低团队功能。

②团队规模的增大造成管理者的分配能力降低。

③团队规模的增大造成团体的分裂。

团队在不同情况下有着各不相同的最佳规模。

①一个以决策的质量为主要目标的团队，最恰当的规模是7～12人，并有一个正式领导者；

②在冲突的环境中为取得协议而组成的团队，以3～5人为宜，这可以保证每个成员的意见都充分得到讨论；

③当决策的质量和取得协议两者都占有重要地位时，其团队的规模以5～7人最为合适。成员人数为偶数的团队易于发生冲突，而由2人或4人组成的团队又比由6人组成的团队更易于发生冲突。

五、团队中的人际关系

人际关系是人与人之间的交往和联系。它既包括心理关系，又包括行为关系。团队中的人际关系是一组相互认同、情感相互包容、行为相互近似的人与人之间联结成的关系。人际关系具有社会性、情感性、复杂性的特征。

（一）影响团队中人际关系建立和发展的因素

团队中人际关系的建立和发展，受到多种多样的因素的影响，主要反映在以下几个方面：

1. 相似性和互补性

人们之间在兴趣、理想、信念、价值观和世界观方面的相似性和互补性，是建立和发展友好关系最主要、最基本的条件。

2. 空间距离的远近

认识是人际关系形成和发展的前提，人们在居住、工作、学习等空间位置上的接近、认识，更有利于关系的建立。

3. 交往的频率及情感因素

交往的频率指人们在单位时间内相互接触次数的多少，情感是人际关系形成和发展的动力，人们交往的频率越高，越易于加深彼此的感情，形成密切关系。

4. 性格和气质

性格和气质往往影响人际交往的数量与质量。

5. 主观印象

在人际交往中，主观印象尤其是第一印象尤为重要。

6. 道德品质

个人的世界观与道德品质是人际关系形成和发展的途径，是影响团队中人际关系最关键的因素。

（二）团队中需求互补的人际关系的基本规律

1. 吸引接近规律

吸引接近规律主要有：外貌吸引、言语吸引、才华吸引、学识吸引和名望吸引。

2. 趋同离异规律

趋同离异规律则表现为：认同现象和趋同倾向；离异现象和倾向；酬赏性趋同和惩罚性离异。

3. 互需互酬规律

互需是建立人际关系的思想基础；互酬是发展人际关系的重要条件。

4. 交往深化规律

交往深化规律包括：礼仪交往、功利交往、感情交往、思想交往。

5. 交互中和规律

人际关系双方，通常并不是完全均等的，而是互有差别，在交往过程中互相影响，逐渐接近，结果呈中和状态。

（三）测量团队中人际关系的方法

测量团队中人际关系的方法有社会测量法、行为测量法、参照测量法、动机测量法、层次测量法、相关测量法和历史测量法。

（四）团队中改善人际关系的方法

1. 感情投资法

感情投资是对人倾注真挚、炽烈的感情，舍得在密切感情方面花本钱、下工夫，以争取人心，更好地发挥群体成员的积极性。

2. 心理吸引法

心理吸引法是创设一种“心理磁力场”，通过这一吸引中心，吸引群体成员团结一致，共同努力。

3. 深层了解法

人们的交往是由浅入深的。礼仪交往，互相关照；功利交往，促使事情办成；感情交往，建立一定友谊；思想交往，成为知己。心理动力学认为，深入了解别人，是要经过一定层次的。

4. 中和互补法

人们之间互有差别，互有需求，互有补偿，相互接近，逐渐中和，成为好朋友，使群体达到和谐的状态。

5. 求同存异法

人们交朋结友，只要基本处世原则、基本倾向相同，至于个性特点、习惯爱好、生活情趣等有差异，不妨求大同，存小异，做到大事讲原则，小事讲风格，在枝节问题上不苛求于人，同样可以成为好朋友。

6. 排忧解难法

朋友之间遇到了困难，在其最需要帮助的时候，伸出手来帮助他排忧解难，表示同情和支持，最能获得对方的感激，最容易结成亲密的友谊。

思考题

1. 确定组织变革的模式和目标通常需要注意哪些问题。
2. 排除组织变革的阻力有哪些可行的措施和方法？
3. 阐述团队动力学理论的相关内容。
4. 试分析团队的形成机理。
5. 团队中改善人际关系有哪些方法？

第十章　人力资源管理

【目的和要求】

学完本章，应达到的要求：

1. 准确把握人力资源的概念，熟悉人力资源管理的主要内容。
2. 认识现代人力资源管理的时代特征。
3. 理解人力资源规划的含义与特点，挖掘影响人力资源规划的因素。
4. 熟悉人员招聘、选拔、录用与培训活动中的程序与要点。
5. 全面掌握绩效评估方案设计与常用的评估方式。
6. 熟悉企业薪酬制度设计的程序和方法。
7. 学会构架内部人力资源开发共享平台和人力资源交流平台。

人力资源是一种特殊的活性资源，是组织的生存之本。组织的生存与发展，一方面取决于其拥有的人力资源的数量和质量，另一方面有赖于对人力资源的使用和开发的效果。所以，对人的管理既是现代管理的重点，又是其难点。

第一节　人力资源管理概述

一、人力资源的概念及其分类

1. 人力资源的含义

人力资源指在一定的时空范围内具有劳动能力的人。人力资源包括人的体质、智力和道德素养等内容。从价值视角分析，人力资源也称人力资本，是指存在于人体之中的具有价值的知识、技术能力和健康等质量因素之和。人力资源是一种特殊的活性资源。把人力作为资源，是人事管理思想的一次革命。

2. 人力资源的分类

人力资源可以从不同的角度进行分类。传统分类法将人力资源分为白领和蓝领两类。白领包括：专业技术人员、经理和行政人员、销售人员和职员；蓝领包括：技工、操作工、非农业劳动力、服务业工人、农业工人。新的分类法将人力资源分为行政长官、经理及行政管理人员、专业人员、职员、熟练工人及技工、非熟练工及半熟练工。我国现行的统计将企业员工分为六类：工人、学徒、工程技术人员、管理人员、服务人员、其他人员。

人力资源与其他资源相比较，它是一种有生命的“活”的资源，因而具有生物性、能动性、时效性、再生性、灵活性、社会性等特征。

二、人力资源管理及其主要内容

（一）人力资源管理的含义

人力资源管理就是对人力资源进行的科学的获取、配置、任用、评估、培养、开发和调整等一系列活动。人力资源管理的基本任务是根据组织自身的经营环境、业务性质、成长阶段以及人力资源状况等不断演化的过程，运用现代管理方法，对人力资源进行科学的规划、合理的配置、恰当使用、适度培训、客观评估、积极开发以及对人的思想、心理和行为进行正确的诱导、控制和协调，充分发挥人的主观能动性和挖掘人的潜能，使人尽其才，事得其人，人事和谐，以实现组织的目标。

人力资源管理有六项基本职能：获取、任用、激励、评估、开发和调整，如表10-1所示。

表10-1 人力资源管理的主要职能及其内容

基本职能	主要管理活动内容
获 取	人力资源规划、工作分析、招聘、甄选、录用、解聘
任 用	委派、职务聘任、上岗引导
激 励	员工沟通、奖惩与激励、薪酬与福利、员工关系处理
评 估	绩效考核与管理、工作评估、士气调查
开 发	员工培训、员工职业发展规划
调 整	员工晋升、降职、调任、退休的管理

（二）人力资源管理的主要内容

1. 人力资源规划

人力资源规划是系统地分析和确定企业人力资源需求的活动，以确保企业在需要时能够得到一定数量和质量的、满足各个岗位需要的员工。在制定人力资源规划时，首先要评估企业的人力资源现状及其发展趋势，收集并分析人力资源供求信息和有关资料，预测人力资源供求的发展趋势，结合实际制定企业的人力资源使用、培训和发展规划。人力资源规划是企业战略规划的一个组成部分。

2. 工作分析

工作分析也叫职务分析，是全面了解一项具体工作或具体职务的管理活动。其具体工作是对企业的各个工作岗位进行考察和分析，以便确定其任务、职责、工作条件（环境）、任职人员所需具备的资格要求和享有的权利以及相应的教育培训等方面的情况，最后制定出职务说明书。

3. 招聘与聘任

人员招聘与录用工作一般要经过制订招聘计划，拟定招聘策略，发布招聘信息，进行招聘测试和筛选，最后作出录用决定的一系列活动。职务聘任是根据工作岗位的需要，聘请具备聘任条件并取得任职资格的专业技术人员担任相应的专业技术职务。职务与报酬待遇挂钩，并实行任期制。用人单位除在内部聘任外，也可向社会招聘，并对应聘者进行考核、审查以决定是否聘任。

4. 员工培训与发展

任何一个企业要提高自身的适应能力和竞争力，就必须对员工进行培训与开发，使他们明确自己的使命、任务、职责和目标，提高知识和技能，具备与实现企业目标相适应的基本素质和技术业务能力。人力资源开发包括员工职业生涯规划、员工发展、业绩评估等。它贯穿于员工职业生涯的始终，并与企业目标紧密联系。

5. 绩效考评与激励

绩效考评是对照工作目标或绩效标准，评定员工工作任务的完成情况，工作职责的履行程度和员工的发展情况等，并将考评结果反馈给员工。这是企业人力资源管理的重要工作内容之一，是提高企业管理效率及改进工作的重要手段。通过考评，对绩效突出的员工应进行物质和精神方面的奖励，对表现差的员工应给予指导和帮助乃至批评或惩罚。对员工的激励，其用意在于表彰先进，鞭策落后，有效地调动员工的积极性，以提高企业的劳动生产率或工作效率，完满地实现企业目标。

6. 薪酬与福利

薪酬和福利就是企业对职工所作的贡献，包括他们实现的绩效，付出的努力、时间、学识、技能、经验与创造所付给的相应的回报或答谢，其实质是一种公平的交换或交易。制定合理的具有激励性的薪酬制度和福利体系，是调动员工积极性和吸引人才的重要方面，也是组织激励员工的积极性和保持相对稳定性的一种手段。完整的薪酬体系应包括货币薪酬和非货币薪酬。

7. 劳动安全与健康

对于人力资源，不仅需要有科学的激励以调动人的积极性和开发人的潜能，而且还要有完善的保障措施以保护劳动过程中员工的身体安全和身心健康。为此要加强劳动保护、劳动卫生等工作，建立劳动保护制度，防止工伤事故的发生。制定切实可行的预防职业病的措施，贯彻执行国家的安全生产方针及《劳动法》、《职业病防治法》等有关法律法规以及有关安全技术标准等。

8. 劳动关系（也称劳资关系）

人力资源管理涉及的劳动关系内容广泛，如劳动用工、劳动时间、劳动报酬、劳动保护、劳动争议等。根据保护人类基本权益，维护健康的劳动关系的需要，应建立一种互相尊重互相信任的工作氛围，遵守劳动协议中的各项条款的规定。随着法律的不断健全和完善，人力资源部门在处理有关劳动关系的事宜时，必须依法行事。

9. 社会保障和保险

社会保障和保险是一种法定福利，即用人单位根据国家有关法律要求，为员工向社会保险项目缴纳费用。这是由政府举办、强制从业员工及其所在的用人单位从其就业年份的收入中拨出一部分缴纳社会保障和保险费，作为社会保险基金。目前，根据我国《劳动法》的规定，社会保险项目为五个方向，即养老保险、失业保险、医疗保险、工伤保险、生育保险，另外尚实行对死亡者付给一定的丧葬费和遗属津贴费等政策。企业必须按照国家有关法律规定做好这一工作。

10. 人力资源管理的其他相关工作

企业在人力资源管理中，除上述工作外，还有与此相配套的其他工作，如员工统计、员工测评、员工调配、人力资源诊断、员工日常考核以及人力资源文化环境建设等。这些工作的正常有序的开展，对于企业人力资源管理的顺利进行并取得成功是不可或缺的。

三、现代人力资源管理的时代特征

1. 现代人力资源管理模式特别强调“以人为本”的管理理念

现代人力资源管理把企业中的人视为一种生产资源和生产资本。这种资源是生产过程中唯一能动的资源，通过有效的开发，可以增加产出；这种资本的形成要通过人力资本的投资。因为，现代人力资源理论认为人力资源为世界上最宝贵的资源，企业应在尊重人格、注重人的自身需要的前提下，积极从事人力资本投资，开发人力资源，从而推动企业、社会的全面发展。现代人力资源管理模式是“以人为本”，并十分注重员工的权益保障。

2. 现代人力资源管理组织体系更具系统性和全面性

现代企业的人力资源部门具有效益概念，它谋求的是在可以预期的计划期内人力资源投人产出的最佳方式，它注重的是通过对人力资本的投资，开发人力资源，从而使其在企业生产过程中创造出相对于人力资本投资大得多的产出。同时，市场的多变要求企业不断进行战略调整。企业竞争力已成为企业兴衰的主要因素，知识、技术和人力资源的素质显然是企业竞争力的核心因素。人力资源管理涉及企业的每一个管理者，企业的管理人员应该明确：他们既是部门的业务经理，也是这个部门的人力资源经理。人力资源管理部门作为具体的人力资源工作机构，其主要职责在于，制订人力资源规划、开发的政策，侧重于人的潜能开发和培训，为企业内各单位做好人力资源工作提供支持性服务；同时培训其他职能经理或管理者，提高他们对人的管理水平和素质。

3. 现代人力资源管理强调对人的心理、意识进行动态的调节和开发

管理的根本出发点是“着眼于人”，其管理归结于人与事的系统优化。围绕这一核心，建立起人力资源的预测机制、培训机制、配置机制、激励机制以及评估系统和信息系统，实现人与事的最佳结合。

4. 现代人力资源管理所涵盖的内容越来越宽泛

人力资源管理部门不仅担负起了所有的人事行政管理、劳资关系处理、工会关系、员工关系协调以及人员开发等基本工作，并且还承担岗位设置与测评、规划工作流程、协调工作关系等任务，其管理范围还涵盖正式组织、非正式组织、团队建设、员工与顾客、员工与其他企业合作者之间的利益共同体、上层领导与下层员工为重构组织或企业再造所需的合作等。

5. 现代人力资源管理的战略作用在日益上升

现代人力资源管理必然要涉及企业内各类人力资源的比例平衡的问题，与企业发展战略相匹配的问题。要视企业发展的需要从长计议，所以，在人力资源规划和培养方面，它的视野是跨地域、跨国界的；它的眼光是面向未来、面向长远发展的，并时刻关注劳动力市场动向和整个市场环境的变动；它的立足点则是全局性的、战略性的、整体性的，因此现代人力资源管理更具有目标性和指导性。

6. 现代人力资源管理方法不断现代化和法制化

现代人力资源管理充分运用当代社会学、心理学、管理学、经济学、系统学等学科的最新研究成果，提出了一些新的管理原则和方法，如全面完整地看待人；公正待人、尊重人；与员工进行有效沟通等。在管理方法上特别强调管理的系统化、规范化以及管理手段的现代化和法制化。

7. 人力资源管理专家化

人力资源管理科学化、管理范围扩大化并在企业中上升到战略地位；人力资源管理工作的职能从简单地提供人力到为人力设计安排合适的工作，从只管人，到管理人与人的关系、人与工作的关系、工作与工作的关系等，工作的难度今非昔比，需要高素质的人力资源职业经理人担当此任。

第二节 人力资源规划

一、人力资源规划的含义与特点

人力资源规划是指企业根据未来人力资源的需求与供给状况，在科学地预测的基础上，结合企业目标及环境对人才的要求并积极考虑个人发展的条件下，通过制定必要的政策和措施，使企业拥有与未来工作任务相适应的人力资源的活动

或过程。

人力资源规划是一种战略性规划，它着眼于企业未来的经营管理活动，提前运筹、配置各种人力，并力求在不断变幻的条件下持续系统地分析企业对人力资源的要求，制定与企业长期目标相适应的政策策略。唯有卓识远见、缜密规划、精心管理，企业才可能真正拥有属于自己的未来集团军。有效的人力资源规划能提高企业的竞争优势，这一结论已经得到一批研究成果的支持。为了明天的竞争，今天必须积极备战，人力资源规划正是备战的核心工作。由此，人力资源规划具有下述特点：

其一，企业的战略定位、目标是人力资源规划的依据。作为服务于企业战略的人力资源规划以企业的战略定位、目标为基础，当企业的战略定位和目标发生变化时，其人力资源规划必须随之发生变化，以适应企业战略的需要。

其二，人力资源规划需要预测和分析。企业在不断变化的环境中也必然会引起人力资源供求关系的变化，人力资源规划就是要对人力资源的供需状况进行预测和分析，以确保企业近期、中期和长期对人力资源的需求。

其三，人力资源规划是通过正确而明晰的政策和措施，以确保企业对人力资源的需求的如期满足。

其四，人力资源规划是企业和个体都得到长期利益的保证，人力资源规划通过形成良好的机制和构建恰当的平台，充分发挥每个人的主观能动性和创造性，提高工作效率，使企业目标得以实现，个人的才华得以施展。

二、人力资源规划的内容

人力资源规划的内容十分丰富，其核心部分包括：人力资源需求预测、人力资源供给预测及供需综合平衡三项工作。企业人力资源规划从具体内容上可以区分为：战略规划（决策层）、人力资源工作规划、员工开发规划和制度建设规划。

1. 人力资源战略规划的内容

如前所述，人力资源规划本身就是一种战略性规划，所以，人力资源战略规划特指在企业经营战略的总体框架下，决定如何通过人力资源的战略性配置来实现企业的经营目标。人力资源战略规划就是要形成在需要的时候，以适宜的人力成本为企业提供优质足量的人力资源和最佳的人力资源组合的机制。

人力资源战略规划具有全局性、方向性、长远性、风险性、层次性五大特征。其全局性表现为，以企业整个系统为其谋划对象。它规定企业人力资源的总体行动，而非局部行动。它要求人力资源各局部按系统的要求，从人力资源战略的高度协同行动。它寻找人力资源总体运行的最优化。其方向性表现为它是关于人力资源未来方向的决策，即把组织现在所处的人力资源战略地位转变为未来所预期达到的理想状态。它指出如何一步步地向预定目标迈进。其长远性反映在人力资源战略规划重于长远目标、长远发展、长远利益，而非只重眼前利益，只图近期目标。它注重人口与人力资源发展变化的大趋势、大趋向，重大事件的深远影响。所以，洞悉人力资源发展的规律、发展大势尤为重要。其风险性主要体现在：一是来自环境；二是来自竞争对手；三是来自自身（内部环境和自我认识、自我判断的失误）。其层次性表现为：一方面，人力资源战略规划本身是高层次的。另一方面，人力资源战略规划体系是有层次的集合体，如人力资源战略规划总体战略—人力资源战略规划阶段性战略和策略（战略步骤）—人力资源战术规划。

2. 人力资源工作规划的任务

企业人力资源工作规划一般包括岗位职务规划、人力分配规划、人员补充规划等内容。

岗位职务规划主要解决企业定员、定编问题。企业依据其近远期目标、劳动生产率、技术设备工艺要求等状况确立相应的组织机构、岗位职务标准，进行定员、定编。

人力分配规划是依据企业各级组织机构、岗位职务的专业分工来配置所需的人员，包括工人工种分配、干部职务调配及工作调动等内容。

人员补充规划即拟订企业不同岗位的人员补充政策，目的在于使企业能够合理、有效地在中长期内使岗位职务空缺从数量、质量和结构上得到合理的补充。人员补充规划要具体指出各级各类人员所需要的资历、培训、年龄等要求。此外，还包括企业在技术革新、管理变革、扩大规模、员工离职或自然减员等情况下需要补充人员时制定的人员补充规划。

3. 员工开发规划旨在提高员工的整体素质，为员工提供各种培训、进修等活动的规划

员工开发规划一般包括教育培训规划、培训开发规划、晋升规划和员工职业规划。教育培训规划是依据企业发展的需要，通过各种教育培训途径，为企业培养当前和未来所需要的各级各类合格人员。培训开发规划的目的是为企业中长期发展准备所需要的人才。晋升规划是根据企业人员分布状况和层级结构，拟订人员的晋升政策和计划，晋升规划还包括下级调动规划和降级规划。职业规划是规划一个人工作生涯的发展过程，通过职业规划，把员工个人的发展与组织的发展结合起来，使两者的利益在发展过程中共同得到实现。

4. 人力资源制度建设规划

人力资源管理必须突出从战略的高度和制度化方面加强管理，强调发掘、发挥人力资源的能量，增强企业的凝聚力，增强人员的使命感，保证企业目标的实现。要建立和不断完善企业管理制度，把发现、开发、聘用、考核人才制度化，包括考试、录用、奖惩、工资、培训、晋升、调动、解职、退休等方面的各项管理制度。因此，人力资源制度建设规划要全面考虑和设计灵活的人才聘用制度规划，科学、

公平、可操作的考核评价制度规划，有效的激励机制，公平、公正的晋升制度规划以及为鼓励员工参与管理、加强沟通、改善劳动关系、保护员工的合法权益，降低非期望离职率、减少投诉和争议的劳动关系制度规划，从制度上保证人才脱颖而出。

三、影响人力资源规划的因素

分析影响企业人力资源规划的因素通常是从组织内、外部两个方面进行考察。

（一）影响企业人力资源规划的内部因素

企业内部的经营战略、组织形式、高层管理人员以及员工素质等因素的未来走向都会对企业人力资源规划产生强烈的影响。

1. 经营战略变化的影响

随着市场需求日趋多元化，市场竞争越来越激烈，企业为了保持稳定和发展，需要根据外部环境的变化和自身情况的变化而相应地调整经营战略，经营战略的改变必然会对企业人力资源提出更高要求并影响到企业对人力资源的需求情况，因而，企业的人力资源规划就必须作出相应的调整，以适应经营战略的改变。

2. 企业组织形式变化的影响

企业组织形式是随着管理制度的改革而变化的，现代组织结构模式主要有：职能结构、事业部制结构、矩阵式结构、柔性团队、战略联盟、虚拟企业、无边界组织模式、扁平化组织结构以及学习型组织等。企业往往要根据动态变化的实际作出相应的调整与改进其组织结构模式，这必然会对人力资源的需求提出新的要求，人力资源规划要能根据这些变化趋向作出响应和调整，以符合新的组织形式的要求，促进企业组织制度的合理化和不断完善。

3. 企业高层管理人员变化的影响

企业高层管理人员的晋升、岗位轮动、辞职、辞退、退休等因素的变化，往往会使企业的经营目标发生变化，从而影响到人力资源规划，而且不同的高层管理人员对人力资源管理的观念以及所持的态度不同，也会影响到对人力资源管理的支持和重视程度。如果组织的高层管理者能够认识到人力资源管理在组织中的重要作用，而且对开展人力资源管理活动给予足够的重视和支持，那么人力资源规划工作就能顺利地进行。

4. 企业员工素质变化的影响

随着社会的进步和人们素质的提高，现代企业的员工素质必将得到普遍的提高。人力资源的知识结构、专业结构、性别结构、年龄结构、职务结构、性格结构等也将发生较大的变化。人力资源规划作为人力资源管理的基础工作，必须作出相应的调整，以保证人力资源管理活动既能适应员工素质的变化，又能促进员工素质的提高。

（二）影响企业人力资源规划的外部因素

企业外部所面临的劳动力市场、行业发展状况、人口因素以及国家法规、政策等都会对企业人力资源规划产生影响。

1. 劳动力市场变化的影响

劳动力市场是劳动力供给与劳动力需求相互作用的场所。劳动力市场中人力资源的数量、能力水平、受教育程度、工作经验、分布等直接影响企业外部人员的可获得性以及获取的代价。它们都会对企业的人力资源规划产生影响。因而在不同的人力资源供求情况下，企业应该设计出不同的人力资源规划。如在目前的劳动力市场上，高级技工人才供给不足，企业就必须根据这种情况来考虑人力资源规划，完善员工补充计划、员工培训计划和薪酬计划等，力求为企业招聘到急需的人才或培养出合格的员工并激励他们能长期为企业服务。

2. 行业发展状况变化的影响

行业发展状况会对企业人力资源规划产生影响，如行业吸引力弱，相关的企业就要考虑调整经营结构，转变经营方向，企业人力资源规划也应该有所侧重，着重于引进或培养企业转变所需要的人才，同时，还要安置对企业已经无用的人员，以降低人力资源成本。而对于一些发展前景好，具有吸引力的行业，企业就应该结合对行业发展趋势的预测，有针对性地布局人力资源规划，重点放在吸引和激励各类人才加盟与人才的战略性储备，以保证企业持续发展对人才的需求。

3. 人口因素的影响

人口因素是指从事生产和自我生产的人们的总和，包括人口数量、构成、密度、质量、分布及其变化规律等因素。人口结构变化将引起相关的人力资源问题，例如，在第二次世界大战后美国出现了生育高峰，由于高峰期出生的人口进入劳动力市场，使得劳动力市场有充足的人才供应。这使得20世纪70—80年代，美国人才市场是买方市场。90年代及其以后的新生劳动力供应不足，而且劳动力也趋于老龄化。由于这些因素的综合作用，许多领域出现人才短缺。

4. 国家法规、政策变化的影响

国家对于人力资源的各种相关法规、政策的制定和修改，也会影响企业的人力资源规划。例如，关于劳动就业、社会保障、工资分配、劳动合同、劳动安全卫生制度等维护劳动者合法权益的相关法律法规都是企业在作人力资源规划时务必认真贯彻的内容。

此外，人力资源规划在企业生命周期发展的不同阶段其侧重点也是有所不同的。地域因素、投资环境对人力资源规划也是不可小视的问题。例如，沿海及中心城市对人才吸引所具有的强大磁力是相对落后的地区无法媲美的。

四、人力资源规划的程序

人力资源规划的整个过程包括：对人力资源的需求和供给进行预测，对人力资源的各种途径和源泉进行分析、评估，制定人力资源规划的目标、政策和措施，规划行动计划和具体方案，规划实施控制、效果评价和反馈，对现有人力资源的数量、质量、结构、分布进行评估等部分，如图 10-1 所示。

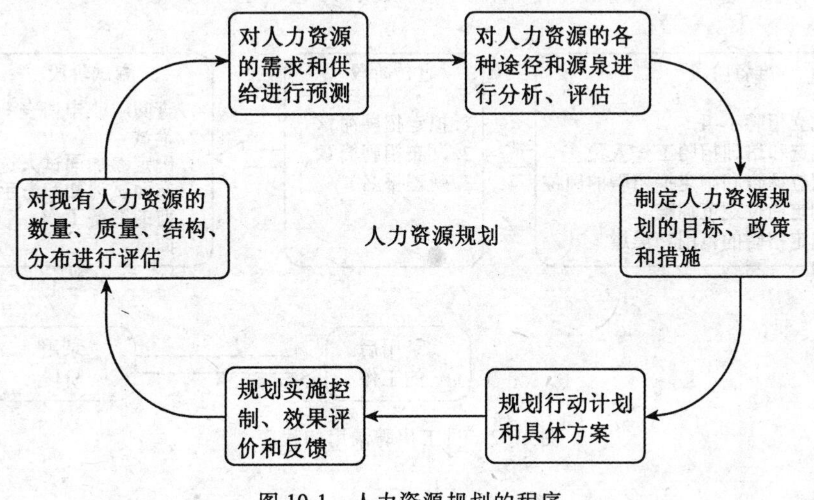

图 10-1　人力资源规划的程序

人力资源规划的具体步骤如下：

①搜索和分析整理涉及企业战略决策和经营环境的各种信息，核查现有人力资源。

②结合人力资源规划期限对人力资源需求和供给进行预测，建立相关数据库。

③根据企业发展的需要对人力资源获取的各种途径和源泉进行分析、评估。

④根据企业或部门实际情况制定人力资源规划的目标、政策和措施。

⑤确定人力资源规划行动计划和具体方案。

⑥人力资源规划实施控制、效果评价和反馈。

第三节　员工招聘录用与培训

员工招聘是指企业为了发展的需要，根据人力资源规划的要求，从企业外部吸收人力资源的过程。员工招聘，是人力资源在国民经济各部门、各地区、各单位进行配置的重要方式，也是保证企业生产经营活动正常进行和发展的必要条件，同时，还是提高职工队伍素质的重要途径。因此，做好人员招聘工作，是人力资源管理的重要内容。

一、员工招聘录用的程序

员工招聘录用的程序是否科学、合理，直接关系到录用人员的质量，同时也影响着整个招聘工作的效率。员工招聘录用的程序，一般分为以下几个阶段，应循序进行，如图 10-2 所示。

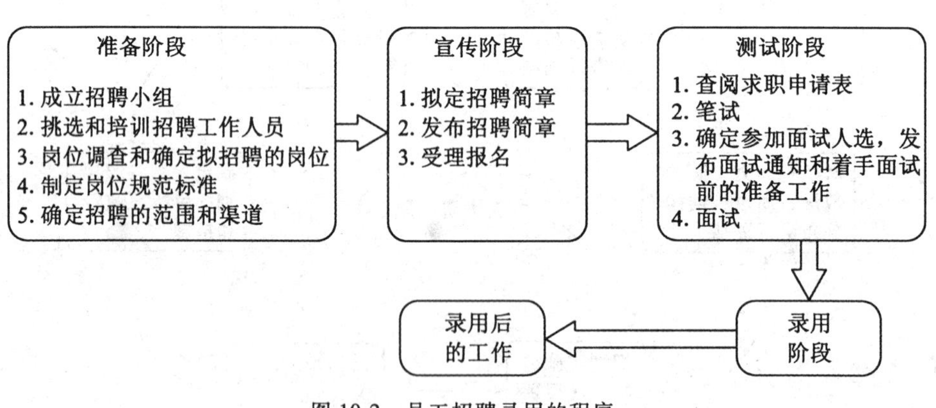

图 10-2 员工招聘录用的程序

（一）准备阶段

在准备阶段要做的主要工作如下：

1. 成立招聘小组

员工的招聘工作涉及很多方面，为了做好这项工作，必须成立以分管这方面工作的领导为组长、以人力资源管理部门为办事机构、有关用人部门的人员参加的小组，来具体负责这项工作。

2. 挑选和培训招聘工作人员

招聘者素质的高低不仅直接关系到招聘工作质量的高低，而且会影响到企业在公众面前的形象。因为他们不单纯是招聘人员，还担负着宣传企业形象的任务。因此，招聘者的言谈举止，甚至外观形象，都会影响到应聘者的印象。通常招聘者是由人力资源管理部门的成员和用人部门的负责人担任。

3. 岗位调查和确定拟招聘的岗位

岗位调查包括职位的任务与责任、资格的调查；职类、职系、职组、职等、职数的调查以及具体岗位的具体任务、具体责任及该职位所需人员的任职资格等方面内容的调查。在岗位调查的基础上确定拟招聘人员的原因和数量。在招聘前，要明确为什么要招聘、招聘多少的问题。工作岗位确定后，也就知道了招聘人员的原因和数量。

岗位调查一般有三种方法：书面调查；面谈调查；实地观察。

人员缺额调查的方法有四种：第一种方法为编制余缺的情况调查；第二种方法为把一个固定时期内员工的增加人数或减少人数与平均总数进行比较；第三种方法为普查、普测法；第四种方法为用人单位的人事部门在现有人员编制的基础上，对岗位空缺状况和自然减员状况进行调查，确定人员缺额情况。

4. 制定岗位规范标准

即确定所需人员的条件。条件的制定以工作规范为依据，在对实际情况进行研究的基础上，具体规定不同工作岗位所招聘的人员应具备的资格和要求。其内容主要包括以下四项：工作性质和职位所需的知识、技能和能力；工作的难易程度；责任轻重；所需资格：学历、工作经验、工作实绩、各种能力等。

5. 确定招聘的范围和渠道

招聘范围是影响招聘工作质量的一个重要因素。人力资源丰富，素质高，招聘相应就顺利，不然，就不易招到合适的人才。所以，要根据有关区域的人力资源信息来确定招聘范围。另外，招聘的渠道也会影响所招人员的质量。常见的渠道有：广告求才；直接到院校物色人才；委托职业服务机构代理甄选；接受推荐和从待聘广告中物色。招聘的范围和渠道的选择需综合考虑招聘成本和招聘质量两方面的内容，以决定其选用何种渠道或是几种渠道同时使用。

（二）宣传阶段

宣传工作是员工招聘过程中的重要环节，它对招聘效果的影响十分明显。在确定工作岗位和用人标准后，就应适当宣传、吸引和鼓励求职者踊跃应聘。应聘的人越多，选择的余地就大，反之，选择的余地就小，用人的标准就有可能降低。在这一阶段中，应做好以下工作：

1. 拟定招聘简章

招聘简章既是“安民告示”，又是宣传大纲。一般包括企业的概况、招聘的岗位、福利待遇、报名条件、报名的起止时间、报名手续、报名地点以及考核的内容和方式等。

2. 发布招聘简章

发布招聘简章是招聘工作面向社会、面向大众的开始。发布的方式一般有两种：一种是在确定的招聘区域内公开登报或张贴；另一种是在特定的范围内发布。

3. 受理报名

受理报名的主要任务有两个方面：一是通过填写招聘应考登记表和检验有关证件，确认报考者的报名资格，然后发放准考证；二是全面考核的初步面试。招聘工作人员按照初步面试的情况，对初试合格者填写报考工种或职位的志愿给予指导。对初试不合格者耐心作出解释。

（三）测试阶段

测试是人员招聘录用工作程序的重要组成部分，其主要任务是：具体确定对应聘对象的测试内容和测试方法；对应聘者的测试工作；对应聘者进行体格检查。测试内容应根据岗位的不同要求进行设计和取舍。一般而言，这项工作涉及下述几个方面的内容：专业技术知识和技能考试、能力测验、个性品质测验、职业性向测验、动机和需求测验、行为模拟、评价中心技术。通过对应聘者施以不同的考试和测验，可以对他们的知识、能力、个性品质、职业性向、动机和需求等方面加以评定，从中选出优良者，进入到面试候选人的范围。这一阶段的工作主要包括以下几个方面：

1. 查阅求职申请表

人们往往不重视申请表，然而一张申请表所提供的信息，恰恰是我们进行初次筛选的依据。因此，要尽可能使申请表提供一些必要的信息。大部分企业都采用申请表来获得候选人的生平资料以及过去的工作经验、教育背景和其他个人信息。申请表的作用在于：一旦候选人正式获得聘用后，这些申请者的真实资料必须保存。另外，它可以作为剔除不合格或不适合的候选人的一种工具。如填写申请表可以展示候选人书写的能力，同时也可以知道应聘者的背景，大体上是否适合所应聘的工作等。一份申请表应能提供以下信息：①个人基本信息：包括姓名、年龄、性别、婚姻状况、家庭住址等。②工作经历：包括现职单位与单位地址、现任职务、从事过的工作类型及任职年限、离职原因等。③教育与培训：包括文化程度（最终学历）、学位、所受的特殊培训等。④个人健康状况：个人健康一般需要有指定医院的体检证明。对于应聘较高职务的候选人，还应要求提供较为详细的个人传记资料，以提高初次甄选的可靠性。

2. 笔试

笔试的内容和形式很多，包括对专业知识的考试和标准化的测验。考试可以根据工作的要求，由专业人员设计考卷。测验就不那么简单了，它必须是标准化的量表。标准化的测验必须有信度和效度的证明资料，应该由经过专门训练的专家来主持。在人员招聘录用中，常用的测验包括以下几类：①智力测验。一个人是否聪慧，对其工作成绩有较大影响。在不同的文化背景下，对于不同的企业来讲，聪明及聪明的表现形式，其含义是不同的。国内现有的标准化智力测验，对于企业招聘员工大多不太合适，原因是这些测验不能提供企业真正需要的信息。但应聘人员的理解能力、推理能力、分析能力等是必须考虑的因素。②个性测验。个性是一个人比较稳定的心理活动特点的总和。个性包括性格、气质、价值观等内容。如果说智力有高低之分，个性则通常没有优劣之别。在招聘中，通过个性测验，准确、全面地了解一个人的整体个性，或个性的某一方向，然后再结合其他的指标，来考虑其适合担任的工作。

3. 确定参加面试的人选，发布面试通知和着手面试前的准备工作

首先是确定面试考官。面试考官应由三部分人员组成：人事部门主管、用人部门主管和独立评选人。无论什么人担任面试考官，都要求他们能够独立、公正、客观地对每位面试者作出准确的评价。其次是选择合适的面试方法。面试方法有许多种类，面试考官应根据具体情况选择最合适的方法组织面试。再次是设计评价量表和面试问话提纲。面试过程是对每位参加面试的应聘者的评估，因此，应根据岗位要求和每位应聘者的实际情况设计评价量表和有针对性的面试问话提纲。最后是对面试场所的布置与环境控制。要选择适宜的场所供面试时使用，在许多情况下，不适宜的面试场所及环境会直接影响面试的效果。

4. 面试

面试是要求被试者以口头语言回答主试的提问，以便了解被试者的心理素质和潜在能力，并了解笔试所无法获得的信息。面试的目的在于：①为主试提供机会来观察应聘者的仪态仪表。②给供需双方提供相互了解的机会。③了解应聘者的个人情况、业务能力、言语表达、举止外貌等特点。④了解应聘人员的求职动机、反应能力及一些非语言行为。面试是提问和观察相结合的过程。面试的基础是面对面地进行口头沟通，其效度取决于面试考官的经验，如果面试考官的经验比较欠缺，信度和效度就会很低。面试的提问有封闭式、开放式、假设式、连串式、追逼式、引导式等方式。观察在面试中起着举足轻重的作用，很多信息是通过观察获得的。有些面试考官在面试中只注意提问的技巧而不善于通过观察获得有效的信息，从某种意义上讲，观察所获得的信息更真实可靠。

（四）录用阶段

录用阶段的主要任务是把多种考核和测验的结果综合起来，决定并公布被录用者的名单，发出录用通知，办理录用手续，试用。人员选聘与录用工作的每个环节都包含两个方面的结果：录用过程和辞谢过程。录用过程是指应聘者在应聘过程中逐步被组织接纳，而辞谢过程则是招聘录用过程中的淘汰，二者是同时延续和完成的。面试结果的反馈有两条线路，一是由人事部门将人员录用结果反馈到组织的上级和用人部门。二是逐一将面试结果通知应聘者本人，对录用人员发布“录用通知”，对没有被接受的应聘者发布“辞谢书”，辞谢的环节是不可缺少的。最后将求职申请表、所有测试资料及人事测评小组或评价员会议的评议意见等材料存档备案，以备查询。

（五）录用后的工作

录用后的工作包括基本情况分析和评估。

基本情况分析包括选聘人员的来源、文化程度、年龄结构、政治面貌、报考动机和职位分布等内容。

评估包括绝对评估、相对评估和潜力评估。绝对评估是指按照职位的要求进行

衡量。评估的具体内容包括思想素质、能力素质、非智力素质、智力素质等四项内容。相对评估是将选聘人员与用人单位的同层次人员进行比较，比较的内容包括德才水平、优劣跨度等。潜力评估是从发展趋势看，潜力比较大的、有一定发展潜力的、发展潜力不大的三种类型的人员的各自数额与比例。

二、员工培训

重视对各层次人员进行培训、教育，提高其素质、挖掘其潜力，这是人力资源管理的重要工作。

员工的培训是指企业为适应业务工作及培育人才的需要，采取训练、进修、考察等方式，有计划地对全体职工实施培养和训练，以增进其学识、技能、减少个别差异，提高其素质和能力的活动。因此，企业员工培训的目的就是为了提高员工的素质和技能。

员工培训既是全员培训，又是全面的培训。就其内容来说，包括思想教育、科学文化、业务技术和管理知识方面的学习。员工培训最重要的是理论联系实际，提高他们应用知识，解决实际问题的能力。

（一）开展员工培训应遵循的原则

实践经验表明要使员工培训工作开展得行之有效，必须注意贯彻以下原则。

1. 按需施教，学以致用的原则

员工培训特别注重目的性和实用性，不能纸上谈兵。因此，培训首先应该制订培训计划，弄清楚这一员工或工作需要培训什么，明确培训目标，选择适合、适宜、适用的培训技术，然后实施培训，这样才能达到预期的培训效果。员工培训中切忌培训对象的随意性、培训内容缺乏针对性、科目选择的盲目性、培训方式的单调性。

2. 知识技能培训与企业文化培训兼顾的原则

既要给员工传授其完成本职工作所必需的基本技能，又要有企业目标、企业精神、企业制度等企业文化方面的培训。

3. 全员教育培训和重点提高相结合的原则

全员培训是有计划、有步骤地对在职人员进行培训，目的是提高全员素质，对每个成员的培训还应该是不间断的，从他们步入单位的第一天起就要不断地接受在职教育。企业员工大体上可以分为一般员工和管理人员两大类，培训对象不同，培训的特点也不同。管理层培训对企业的意义更重大，不仅不能忽视，而且要给予特别的重视和有明确的制度保障措施。

4. 考核和择优奖励的原则

考核是保证培训质量的必要措施，考核成绩应该记入档案。为调动受训人员的积极性，受训经历和考核结果应与今后的奖励、晋升挂钩。

5. 投资效益原则

员工培训是企业的一种投资行为，员工培训投资属于智力投资。和其他投资一样，也要从投入产出的角度考虑效益大小及远期效益、近期效益问题。

（二）培训的内容和方式

企业内培训的内容十分广泛，应该根据不同的对象选择不同的内容，培训应具有较强的针对性。但是依然存在以下具有共性的培训内容：

1. 文化科技知识方面的内容

包括学历教育培训和非学历教育培训，主要是提高员工的文化水平和学历层次。

2. 管理知识和劳动技能方面的内容

包括现代管理知识的学习培训和劳动技术的学习培训，主要是提高每个员工的上岗技能，以便更好地胜任工作。

3. 企业文化、企业精神方面的内容

包括企业的概况，企业的价值观念，行为准则，组织的宗旨等，主要是帮助员工树立爱岗敬业、艰苦创业的精神，增强组织的凝聚力。

最常见的几种培训方法：①典型的在职培训方法包括：职务轮换，预备实习；②典型的脱产培训方法包括：课堂讲座、电视录像、模拟练习、仿真培训。

企业内培训工作的对象主要分为三类：岗位职务培训、管理层人员培训、新进人员培训。其培训内容和具体方式也各有不同的侧重点。

1. 岗位职务培训

这是在企业人力资源规划的基础上，以岗位职务要求为依据，有针对性地对在岗在职的员工进行岗位专业知识和实际技能的培训，帮助员工及时获得适应企业发展所必需的知识和技能。

在职培训的内容包括：岗前培训，就是“先培训、后上岗”，如对新引进的生产设备的操作培训等；提高培训，按新的要求和新的规范，对在岗在职人员进行新知识、新技能的继续教育，以提高其适应能力；转换岗位培训，对部分转换岗位的员工及时进行新的岗位培训，以适应新的需要；达标规范培训，对上岗的任职人员进行岗位职务规范教育，通过考核后使其取得岗位职务合格证书或资格证书。对这类培训的要求是：范围具有全员性，但具体培训工作却要注意培训对象的差异性；培训要有规范性；培训内容具有全面性和实用性；培训方式具有多样性和灵活性；培训进程具有阶段性和延续性。通常采用的培训方法有：讲授法、讨论法和案例分析法。

2. 管理层人员培训

这可谓是一项关系企业命运和前途的战略性培训工作。管理层人员培训的重点在于其管理能力的开发，即将管理层人员培训成什么样的人。一般来说其培训的共同目标是：知识、技能、态度。

培训方法：在职开发，也就是在实干中考察提拔任用；职务轮换、替补训练、理论培训、角色扮演、决策训练、决策竞赛、敏感性训练、跨文化管理训练、形象训练和脱产学习。脱产学习是相对于在职培训而言的，主要是指参加培训学习的员工离开工作岗位，少则几个月多则几年，集中精力进行学习和培训，这是一种培训高层次管理人员和工程技术人员的有效方式。

3. 新进员工培训的内容

对刚进入企业的新员工，主要是对他们作介绍性的培训，有利于他们尽快了解企业的情况，尽快适应工作环境，进入角色。企业着重从两方面进行职前培训：其一是灌输“企业精神”，传授基本的劳动技能；其二是劳动组织管理知识教育。培训方法有职前教育与行为示范法。

第四节 绩效评估

绩效评估亦称绩效考核，是企业人力资源管理的重要组成部分，也是每个管理者必须承担的工作。

一、绩效与绩效评估

1. 绩效的含义与特点

①绩效的含义。员工的工作绩效，是指他们那些经过评估的工作行为、表现及结果。工作绩效是企业和员工共同关注的一个管理问题，员工工作绩效的高低直接影响企业的整体效率和效益。因此，把握绩效的特点和了解影响工作绩效的因素对于提高员工的工作绩效具有积极的意义。

②绩效的特点。首先，绩效具有多因性。员工工作绩效的优劣不是由单一因素决定的，而要受制于主、客观的多种因素，例如，人们十分看重天时、地利、人和对绩效的作用。一般认为，绩效是员工能力水平、激励和环境因素相互作用的结果。其次，绩效具有多维性。工作绩效需要沿多种维度、多个方面进行分析和考评，才能获得有关绩效的真实评价。最后，绩效具有动态性。员工的工作绩效只是一段时间内工作情况的反映。了解绩效的多因、多维和动态特点，可使管理者在进行绩效考评时能以全面、客观、发展的眼光考察下级的工作绩效，有意识地防止片面、主观、僵化。

2. 绩效评估的含义

绩效评估就是对员工的工作绩效进行考察、测定和评价。绩效评估简称考绩，是工作行为和结果的测量过程。即根据员工的工作说明书，应用工作标准来比较和评价员工在一段时期内对企业所作的贡献的一个过程。

3. 绩效评估的主要工作

①对各类人员进行绩效评估的方法、设计的依据和基本原理、评估指标和标准体系做出简要确切的解释和说明。

②详细规定绩效评估的类别、层次和评估期限。

③对绩效管理中所使用的报表格式、评估量表、统计口径、填写方法、评述撰写和上报期限以及对评估结果的偏差的控制和剔除提出具体的要求。

④对绩效评估结果的应用原则和要求以及与之配套的薪酬奖励、人事调整、晋升培训等规章制度的相关政策的兑现办法做出明确的规定。

4. 绩效评估的功能

绩效评估的目的是提供资料作为薪金报酬、晋级与改进绩效的依据，为管理人员及员工自己提供检查工作行为的指标。因此，绩效评估作为一项重要的人力资源管理职能，其功能可归纳为以下三大类。

①绩效评估是一种控制手段，是人力资源管理的依据。没有人不关注企业和他人对自己工作表现和任职的评价，绩效评估就可以提供这种反馈信息，使管理者及其下属知道工作表现与绩效标准要求的差距，以便改进。可以说，绩效评估的真正目的就是强化管理，保证工作过程符合要求，最终改进和提高绩效。企业通过对员工工作绩效的评估，获得相关信息，并据此制定相应的人力资源决策与措施，通过奖惩、升降、淘汰达到调整控制的目的。绩效评估是进行薪酬管理的重要工具。按照企业既定的付酬原则，通过科学合理的绩效评估来决定对员工薪酬的调整，可以发挥薪酬应有的激励作用，达到改进提高工作绩效的目的。

②绩效评估可为员工培训指明方向。培训需求的确定应以绩效评估为依据。绩效评估是按绩效标准进行的，评估结果显示出的不足之处就是员工的培训需求，管理者需据此制订培训计划。经过培训之后再对员工进行绩效评估，并检验培训计划与措施的实际效果。因而，绩效评估是开发人力资源的重要手段，并为企业和员工双方提供了长期共同发展的机会，这一机会是通过反馈评估结果来实现的。在过去绩效的基础上，管理者向员工提出具体建议，帮助他们分析提高绩效的方法，并使之与员工的长期目标结合起来。

③绩效评估可以促进管理者与员工间的有效沟通。将绩效评估的结果向员工进行反馈，可以促进上、下级彼此了解对方的期望。同样，通过绩效评估进行沟通可以有效地加强和保持现有的良好绩效。

评估目的不同，评估的侧重点也不一样。一般来讲，绩效评估要从能力、态度和绩效三个方面来衡量。当评估结果用于不同目的时，这三方面的权重也有差异。例如，如果评估结果是用来确定工资和奖金，那么评估的重点应该是绩效；若评估结果是为了决定职务的晋升与否，那么除绩效外还应重点考察能力及态度。

二、绩效评估方案设计与常用的评估方式

绩效评估是一项非常细致的工作，必须精心设计科学的评估方案。评估方案主要包括评估的内容、评估的方式与方法、评估程序、评估的组织者、评估人与被评估人以及评估结果的统计处理等。其中，选择合适的评估方法并设计出可行的评估表格是最关键、也是最困难的。绩效评估的程序如图 10-3 所示。

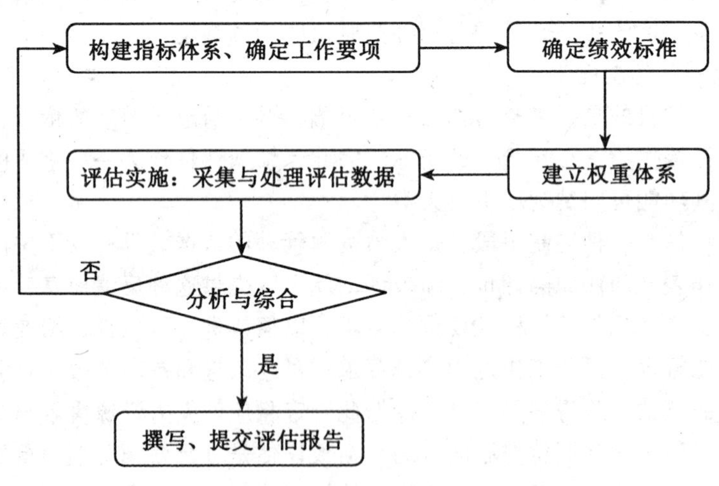

图 10-3 绩效评估程序

绩效评估程序的具体内容如下：

①构建指标体系、科学地确定工作要项和绩效标准。

②建立权重体系。

③评估实施：采集与处理评估数据。

④分析与综合，制订绩效改进计划。

⑤撰写、提交评估报告，以改进绩效。

目前，常用的绩效评估方式有员工自我评估、小组的综合评估、主管评估及客户评估等。

（一）员工自我评估

员工自我评估是员工对自己的实际工作表现予以评价的一种方式。员工本身应该是最了解自己工作情况的人，工作的努力与否自己最清楚，自我评估可以避免由他人评估带来的偏见和不公平。自我评估主要涉及以下七项活动：

①填写个人评定卡，进行自我评价，自我比较。

②自我判断目标完成的程度（圆满、一般、部分、尚未完成）。

③为何达到这一工作效果？

④在达标过程中所采取的措施和手段是否合适、得当？

⑤努力的程度是否足够？

⑥在工作条件变化的情况下，适应能力如何？

⑦今后的发展方向的努力重点何在？

员工自我评估的优点在于可以减少其对评估制度的抵制，增加工作的参与感；了解组织对自己的期望和要求，鼓励自我改进和自我发展。其不足之处在于员工可能出于私利的考虑夸大自己的工作业绩，不能保证评估结果的客观性。

（二）小组的综合评估

这是由在一起工作的小组内的同事彼此相互评估，以了解员工在团体内的为人处世态度及工作表现。其评定的内容与自我评定基本相同，此时须注意的是：力求公道、合理、实事求是。避免片面性、局限性。要注意同执行者充分交换意见。小组的综合评估的优点在于可得到有信度的评估结果，增加员工的协作精神。不足之处是容易引起员工之间的相互联合或报复。若员工之间工作上的联系不多，评估结果容易失去准确性。

（三）主管评估

主管评估是由分派工作任务的上司直接评估其下属的工作表现、态度和劳动成果。其优点是主管人员比较了解下属，可以保证评估结果的准确性，评估标准容易把握。缺点是主管个人的主观性容易影响评估结果，导致主管与下属关系的不和谐。

（四）客户评估

一些企业采用客户评估的办法，让客户评价企业员工的绩效。其好处是强化“服务观念”和“客户第一”的意识，直接了解客户对公司的看法。不足之处是客户往往从个人的立场和角度来评价员工的工作以及出现“拉票”的情况。

（五）其他评估

为了避免上述评估方式的缺陷，企业还可以采用二级评估和360度评估的方式。二级评估是指上司评估后，再由上司的上司进行复核，以保证评估结果的客观和公正。360度评估是指由员工的上司、下属、同事及服务对象同时进行评估，把各方面的评估结果综合起来，作为对这个人的评估，这样可以保证评估结果的全面、客观和公正，但操作起来较复杂。

三、绩效评估的基本类型和方法

（一）绩效评估的基本类型

根据绩效评估时所选择的评估内容的不同，可以将绩效评估分为以下三种基本类型：

1. 品质基础型评估

品质基础型评估主要侧重于评价员工的个性或个人能力、特征等，而对员工工作的最终结果关注不多，其有效性值得商讨。但是这种评估类型比较适用于管理者的绩效评估，因为管理工作的特点对管理者的品质、能力及素质要求提出了一定的标准。

2. 行为基础型评估

行为基础型评估重在评估员工在工作中的行为表现，即工作是如何完成的。这种评估类型较适合于那些绩效难以量化评估或需要以某种规范行为来完成工作任务的员工，诸如服务行业的营业员、产品的售后服务人员等。

3. 效果基础型评估

效果基础型评估着眼于“干出了什么”，而不是“干了什么”。其评估的重点在于产出和贡献，而不关心行为和过程。这类评估对于那些最终绩效表现为客观的、具体的、可量化的指标的员工是非常适合的。总之，三种基本类型各有其适用的对象，也都存在一些问题。在实际进行绩效评估时，根据具体情况慎重地予以选择、取舍和组合是非常必要的。

（二）若干常见的评估方法

各个企业的绩效评估都有自己惯用的方法，比较有代表性的评估方法是：分级法、成对比较法、强制分配法、量表法、关键事件法与行为锚定评分法。

1. 分级法

即按被评估者每人绩效的相对优劣程度，通过直接比较确定每人的相对等级或名次。因此亦称为排序法，即排出全体被评估者的绩效优劣顺序。分级法易于解释、理解和使用，但这种评估是概括性的、不精确的，所评出的等级或名次只有相对意义，等级差往往不易界定。

2. 成对比较法

此法要将全体员工，逐一配对比较，按照逐对比较中被评为较优的总次数来确定等级名次。这是一种系统比较程序，科学合理，但此法通常只评估总体状况，不做维度分解，也不测评具体行为，其结果也是仅有相对等级顺序。该方法还要受被评估者总数的限制，当被评估样本较大时因工作量呈几何级数增加而不方便使用。

3. 强制分配法

该方法是依据统计学上的正态分布规律，先确定好各等级在总数中所占的比例。然后按照每个被评估者的绩效的相对优劣程度，强制列入其中的一定等级。强制分配法较适于员工人数较多的情况下评估总体状况。它简易方便，在样本较大时，符合正态分布规律的可能性较大，可以避免评估者主观片面，偏宽、偏严或高度趋中等类偏差。

4. 量表法

量表法是应用得最为广泛的考绩方法。它通常做维度分解，沿各维度划分等级，并通过设置量表（即尺度）来实现量化评估。量表的形式有多种，最常见的是由一根带有等距刻度的横杠构成的标尺，如图 10-4 所示。

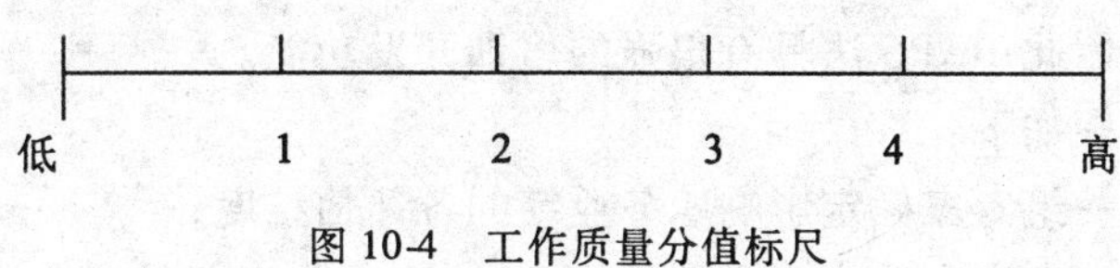

图 10-4 工作质量分值标尺

量表法在实际使用时要设计出一套可操作的考评表格。设计过程包括下面四个步骤：

①选定考评维度并赋予权重。

②确定考评量表的尺度、等级。

③界定考评量表等级（刻度）的意义，如表 10-2 所示。

④对号考评。

表 10-2 **考评量表等级（刻度）的含义**

完成任务分值量表	1—不能令人满意——几乎没有完成	2—勉强合格——部分完成	3—熟练掌握——绝大部分完成得很好	4—优秀——完成得很好
工艺水平分值量表	1—工作方法很少，常有毛病	2—干的活往往能令人满意	3—平均中等	4—手艺精巧优秀
工作质量分值量表	1—差错很多	2—偶有差错	3—中等差错	4—几乎从来不出差错

5. 关键事件法

这种方法需对每一个被评估的员工保持一本“绩效记录”，由作评估并知情的人（通常为被评估者的直属上级）随时记载。所记载的事件既有好事，也有不好的事；所记载的必须是较突出的、与工作绩效直接相关的事（即关键事件），而不是一般的、琐碎的、生活细节方面的事；所记载的应是具体的事件与行为，而不是对某种品质的评判。关键事件的记录本身不是评语，只是素材的积累；但有了这些具体事实做依据，经归纳、整理，便可得出可信的评估结论。

6. 行为锚定评分法（BARS 法）

这种方法的逻辑是：为每一职务的各评估维度都设计出一个评分量表，并有一系列典型的行为描述语句与量表上的一定刻度（评分标准）相对应和联系（即所谓“锚定”），供评估者在为被评估者的实际表现评分时作参考依据。这些代表了从最劣至最佳的典型绩效的、有具体行为描述的锚定点，不但能使被评估者较深刻而信服地了解自身的现状，还可找到具体的改进目标。由于接受评估的员工参与了评估工具的开发，不仅能提高 BARS 法的信度和效度，而且还会使被评估者更易于接受评估结果。因此 BARS 法具有很强的培训开发功能。

整个评估步骤如下：

第一，由第一组专家确定影响职务业绩的各评估维度；

第二，由第二组专家确定以前发生的好与坏的典型业绩实例，并详细分析原因，确定哪些行为是决定业绩好坏的关键行为并设计出一个评分量表；

第三，由第三组专家将各种关键行为与相应的业绩表现联系起来，并根据业绩表现的有效性大小给予评分（0～10），以作为评价尺度。

四、绩效评估方法的改进

（一）360 度绩效考核法的实质及特色

360 度绩效考核法又称为全方位考核法，该方法是由被考核人的上级、同级、下级或内、外部客户甚至本人担任考核者，从多个视角对被考核者进行综合绩效考评并提供反馈的方法。其考核的内容涉及员工的任务绩效、管理绩效、周边绩效、态度和能力等多个方面。较之于仅仅由上级单方面考核员工的传统考核方法，360 度绩效考核法的特色之处是从多个角度来评价员工，使结果更加客观、全面和可靠，特别是对反馈过程的重视，使考核起到“镜子”的作用，且提供了相互交流和学习的机会。360 度绩效考核法最早被英特尔公司提出并加以实施运用，由于效果明显而被众多企业广泛采用。

360 度绩效考核法的特色体现在以下方面：

①全面。360 度绩效考核法的考核者来自企业内外的不同层面，得到考评信息的角度更多，考核评价全面。

②客观。360 度绩效考核法的考评者不仅来自不同层面，而且每个层面的考核者都有若干名，考核结果取其平均值，从统计学的角度看，其结果更接近于客观实际，减少了个人偏见及评分误差。

③公正。为了保证评价结果的可靠性，减少评价者的顾虑，360 度绩效考核法采用匿名方式，从过程上保证考评的客观性。

④分类考核。针对不同的被考核人分别使用不同的考核量表，分门别类地统计和分析，考核的重点突出，针对性强。

⑤措施积极。通过多种方式和开放式表格，搜集到更多的比较中肯的评价意见。

上述特点使 360 度绩效考核法具有如下积极作用：

①打破了由上级考核下属的传统考核制度，可以避免传统考核中考核者容易发

生的“光环效应”、“居中趋势”、“偏紧或偏松”、“个人偏见”和“考核盲点”等现象。

②一个员工想要影响多个人往往是困难的，管理层获得的信息更准确。

③可以反映出不同的考核者对于同一考核对象不同的看法。

④防止被考核者急功近利或只关心与局部利益的相关业绩指标和行为。

⑤较为全面的反馈信息有助于被考核者多方面能力的提升。

360度绩效考核法实际上是员工参与管理的方式，在一定程度上增加了他们的自主性和对工作的控制，员工的积极性会更高，对组织会更忠诚，提高了员工的工作满意度。

(二) 360度绩效考核法存在的问题

同任何方法一样，360度绩效考核法也有它的缺点。

①方法复杂，考核成本高。360度绩效考核法涉及的数据和信息比单渠道反馈法要多得多，这个优点本身就可能是一个问题。其一，当一个人要认真地对多个同伴进行考核时，时间耗费多，由多人共同考核所导致的成本上升可能会超过考核所带来的价值。其二，由于有大量的信息要收集和处理，导致考核成本很高。其三，这种方法有机械化和追逐文字材料的趋向，即从两人的直接沟通演变成表格和印刷材料的沟通。

②各维度的评价标准不统一，考核人在评价时不太好掌握。这是360度绩效考核法中难度和工作量最大的方面。此外，360度绩效考核法是与西方倡导的“个人主义”、“平等”、“竞争”、“创新”的文化体系相适应的。在中国这样一个强调以群体为本位，追求“和谐”、保守，讲究情感又重权力的国度，推行这种考核方法会与这些传统的文化发生摩擦。

③各类考核人主要由被考核者本人提名，有欠公允。个别被考核的考核人的选取缺少广泛性、代表性，不排除提名与自己关系好的人作为考核人的现象。

④可能成为某些员工发泄私愤的途径。当某些员工不正视上司及同事的批评与建议，将工作上的问题上升为个人情绪时，不排除利用考核机会“公报私仇”。

⑤来自于不同渠道的评分和信息可能存在较大差异，使数据处理人员难以取舍。例如，对同一员工的沟通能力问题，上级评为优，下级评为中，而客户评为差，这是因为人们的价值标准是存在差异的。

⑥对人力资源管理提出了较高的要求，考核培训工作难度大。这不仅体现在收集和整理的信息量大为增加，更主要表现为管理人员尤其是人力资源管理人员的反馈能力直接关系到绩效考核反馈系统的效能。绩效考核的内容和形式设计复杂，所有的员工既是考核者又是被考核者，因而需要对所有的员工进行考核制度的培训。

(三) 360度绩效考核法的实施要点

为克服360度绩效考核法的不足，在使用这种方法的具体操作中要着重注意以下几点：

1. 切实做好表格设计和评价标准的拟订

360度绩效考核法的实施过程包括：设计评价表格，发放并收取表格，对表格进行统计和分析，形成考核意见，向被考核者进行反馈等。其中工作量最大的是设计表格和对表格进行统计分析。

表格设计需要针对不同层面和类别的被考核人设计不同的考核表格和评价标准。分门别类地明确考核标准，这不仅能让考核人易于把握考评尺度，且有利于被考核人在工作中把握方向，突出工作重点。

上级考核人主要考核被考核人的指导统率力、全局驾驭力、计划决定力、业务推进力、洞察创新力。

同级考核人主要考核被考核人的协作力，包括部门合作、与同事协作发挥团队优势、创造和维护良好的工作氛围等。

下级考核人主要考核被考核人的领导水平，以身作则，知人善任，驾驭局面的能力，业务能力，正确授权，对员工的培养等。

客户考核人主要考核被考核人的服务态度、服务水平、服务质量、服务效果等。

即使同是上级考核，对不同的被考核人其着重点也不一样，例如：业务部门经理考核的是其业务发展、经营管理、人事管理、风险防范等内容，而职能部门主要看其组织协调能力、对业务部门的支持、对分支机构的垂直监管等。

每个层面的考核表除封闭式表格外，还附有开放式表格，开放式表格主要了解：被考核人的部门工作还存在哪些薄弱环节，应如何改进；本部门工作中有哪些好的做法可在公司推广；作为管理者，被考核人具有的突出优点和缺点以及被考核人急需提高与改进的方面等。

2. 积极反馈

通过反馈沟通，发挥考核的牵引作用，引导员工改进工作方法，提高工作绩效。反馈一是要及时，趁热打铁；二是要注意方式方法，以便于对方接受而避免诱发冲突；三是对反馈效果要有评估报告。

3. 充分挖掘考核所获得的信息的价值

360度绩效考核法的结果固然比其他考核方法更客观、准确、全面，但该方法更重要的价值在于它能使我们从考核中搜集到各种信息，如被考核人的优点、缺点、需改进的方面等。这些信息不仅是一份工作评价结果；同时又是一份指导员工改进工作，完善、发展自我的建议书；还可作为组织进行培训、制定职业生涯规划的导向以及作为对被考核人的聘用、晋升、职位轮换等有参考价值的意见书。

360度绩效考核法通常用于年度考核。

五、绩效评估的实施

绩效评估作为一项重要的人力资源管理手段，能否发挥出预期的作用，不仅取决于考评方案的科学性、健全性，而且取决于评估前后的精心组织和评估中的认真实施。

（一）绩效评估的组织

1. 各级管理者的认识与支持是绩效评估的重要保障

首先，要从观念上明确绩效评估是各级管理者的主要职责之一，而并非仅仅是人力资源管理部门的任务。一个企业如果不能明确绩效评估的责任者，是不可能将绩效评估工作组织好的。企业高层管理者应该从更高层次上关注评估的内容和评估方案的设计，并给予积极的指导和支持，使绩效评估与企业战略、企业文化所倡导的目标一致。同时，企业高层领导在制定人力资源政策时应加强相关政策与绩效评估结果的关联性，保证绩效评估发挥出应有的控制、激励功能。这是因为，现代人力资源管理理论认为绩效评估不仅包含应用某种方法评估员工工作绩效这一核心过程，而且将企业文化、企业战略及人力资源政策对绩效评估的影响作用纳入该系统，同时把绩效评估结果反馈这一环节与员工培训及人力资源开发紧密地联系了起来。

2. 人力资源管理部门在绩效评估中的职责

人力资源管理部门是组织实施绩效评估的协调者和监督者。其主要职责包括：①设计、试用、改进和完善绩效评估方案。②组织宣传评估方案的内容、目的和要求，并对评估者进行相关培训。③督促、检查、协助各部门按计划实施绩效评估。④及时收集评估实施中的各类信息并进行分析、整理，以便今后改进。⑤根据评估结果和现有的人力资源政策，向决策部门提供相关人事决策的依据并提出必要的决策建议。⑥负责所有评估资料的档案管理。

3. 其他部门的管理者在绩效评估中的职责

其他部门的管理者的评估责任主要有：①负责组织实施在本部门进行的评估工作。②审核、确定本部门员工的评估结果，并为最终评估结果负责。③协调、解决本部门员工在评估中出现的问题，并有责任向下属员工解释评估方案。④有责任向人力资源管理部门反馈本部门员工对绩效评估的看法及意见。⑤根据评估结果和现有的人力资源政策，做出职权范围之内的人事决策。

（二）绩效评估的实施

在绩效评估的实施中可以三种形式展开：自上而下按目标层次发动全体员工全面评估；抓住若干重点，集中对其评估，以引起人们关注；联系下期目标的重点，增强其针对性，有指导性地评估本期目标。

在绩效评估的实施中，除了要保证按照评估方案中的操作程序按部就班地进行外，还要特别注意以下问题。

1. 培训评估者

不同的评估者在理解力、观察力、判断力以及个性倾向方面都存在着一定的差异。因此，对评估者进行全面而有效的培训是至关重要的。培训内容主要涉及以下几个方面：①认真讲解评估内容及评估标准的含义，并进行适当的模拟评估练习。②列举出典型的评估错误，诸如过宽、过严、趋中等；然后，组织评估者一起进行分析，在评估中避免类似的错误。③通过各类模拟练习和培训人员的讲解，提高评估者观察被评者行为表现的能力以及依据有关信息进行判断的能力。④加强评估者对评估的重视和积极参与，保证绩效评估有效实施。

2. 重视评估结果的处理

评估结果是本期的总结，下期的动员。故评估要有利于调动多数人的积极性。这里有四项工作值得注意：坚持目标评价是奖惩的依据；坚持目标评价是评先进和晋升的依据；言必信，行必果，尽快兑现；总结经验教训，寻找潜在隐患。

3. 评估工作的制度化

评估要定期进行，评估周期一般以半年或一年为宜。要想保证全体员工都能认真对待评估，就必须事先充分做好计划和宣传，确定具体评估时间和地点，并由专人负责组织实施。

第五节 薪酬管理

科学有效的激励机制能够让员工发挥出最佳的潜能，为企业创造更大的价值。激励的方法很多，而薪酬则是一种最重要、最易使用的方法。薪酬管理对企业的人员结构、士气、绩效等各个方面都具有非常重要的影响，一直是管理人员关注的焦点。而且，与薪酬有关的沟通也往往占去了管理者大量的时间和精力。那么，如何通过薪酬体系的建立和运行，以保障在一定的薪酬成本水平上，使薪酬真正发挥其吸引、维系和激励优秀人才的作用就成了人力资源管理人员需要研究的重要问题。

一、薪酬的概念与构成

1. 薪酬的概念

所谓薪酬是指员工从事企业所需要的劳动，而得到的以货币形式和非货币形式所表现的补偿，是企业支付给员工的劳动报酬。从企业的角度理解，薪酬是企业对员工给企业所作的贡献付给的相应的回报和答谢。在员工的心目中，薪酬不仅仅是自己的劳动所得，它在一定程度上代表着员工自身的价值、代表企业对员工工作的认同，甚至还代表着员工个人能力与发展前景。

2. 薪酬的构成

薪酬的构成即一个人的工作报酬由哪几部分构成。一般而言：员工的薪酬包括以下几大主要部分：工资、奖励、津贴、福利、保险五大部分。这五个板块各自的性质不同，在薪酬总额中的比重不同，发挥的作用也有差异，工资是薪酬中相对固定和稳定的板块，在不同地区、不同企业中，工资所占的比重也不同。一般情况下，工资是薪酬中较受员工重视的板块。奖励的形式有奖金、佣金等。它们与员工个人绩效挂钩，亦与团队乃至企业效益结合。奖励的依据是贡献的大小，具有明确的针对性和短期的刺激性，是对员工近期绩效的回报，因而浮动多变。津贴是对一些特殊的工作岗位的补偿。福利，从本质上讲是一种补充性报酬。往往以实物或服务的形式支付，如带薪休假、住房津贴、优惠价购买本企业股票、保险等。保险其实也属于福利的一种，它是一种对长远利益的保证或者对突发事件的一种预防，社会保险还有强制性的意义。强调社会保险能使员工获得安全感，并使其长期利益得到保障。

3. 薪酬管理的主要目的和重要性

所谓薪酬管理就是企业管理者对企业员工报酬的支付标准、发放水平、要素结构进行确定、分配和调整的过程。基本内容包括：确定薪酬管理的目标、建立薪酬制度、设计薪酬结构、制订薪酬计划、实施薪酬给付和薪酬结构改革等内容。

价值分配不仅是一项技术工作，它更是一种战略思考。因此，必须弄清楚薪酬管理的根本目的是谋求企业和员工的共同持续发展，而不是局限于解决企业眼前的薪酬问题，否则，虽然眼前的问题暂时解决了，薪酬制度也建立起来了，但是新的问题一旦出现，薪酬制度就无法适应，甚至会阻碍企业的发展。另外，如果经常变动企业的薪酬制度必然会给企业带来震荡，甚至引发一系列的灾难。从根本上思考，企业的薪酬管理的根本目的和重要性主要体现在以下几个方面：

①薪酬管理的根本目的就是促进企业的可持续发展。

②薪酬管理可以强化企业的核心价值观。

③薪酬管理能够支持企业战略的实施，兼顾薪酬分配中的外部竞争性原则和内部公平性原则。

④薪酬管理有利于培育和增强企业的核心竞争能力。

⑤薪酬管理有利于吸引和留住企业的核心和关键人才，有利于营造响应变革和实施变革的文化。

薪酬管理的内容非常丰富，基于篇幅的原因这里主要介绍薪酬制度设计的相关内容。

二、薪酬制度设计的主要工作

薪酬制度是指薪酬管理中必须遵守的办事规程或行动准则。它是制定各类人员的薪酬水平的依据和方法。薪酬制度是企业薪酬的根本大法，是薪酬系统其他组成部分的基础。薪酬制度对于企业来说又是一把“双刃剑”，使用得当能够吸引、留住和激励人才，使用不当则可能给企业带来生存危机。建立全新的、科学的、系统的薪酬管理制度，对于企业在知识经济时代获得生存和竞争优势具有重要意义。

1. 建立符合情理的薪酬理念

薪酬理念明确了企业在薪酬管理方面所倡导的价值导向，是薪酬制度的灵魂。企业中究竟是应该以员工所承担的责任和风险为基础来支付和调整工资，还是应该以员工的行政级别、服务年限、技能水平、工作业绩等其他因素为基础来支付和调整工资，这受薪酬理念的左右。薪酬理念应该明确在薪酬制度设计过程中正确选择付酬因素、合理设置付酬因素权重以及明确薪酬体系应该倾斜的对象等问题。不然就可能引发一系列的薪酬沟通障碍，导致企业运行过程中的无效人工成本逐渐抬高。

2. 确立明确的薪酬战略

现代的人力资源管理必须解决企业的三大基本矛盾，即人力资源管理与企业发展战略之间的矛盾，企业发展与员工发展之间的矛盾和员工创造与员工待遇之间的矛盾。薪酬战略是企业薪酬体系设计与运行的总纲。它需要明确薪酬管理的目标与薪酬管理的内外部制约因素。因此，企业的薪酬战略必须体现企业发展战略的要求。企业的薪酬不仅仅只是一种制度，它更是一种机制，合理的薪酬制度驱动和鞭策那些有利于企业发展战略的因素的成长和提高，同时使那些不利于企业发展战略的因素得到有效的遏制并逐步消退和淘汰。所以企业设计薪酬时，必须从战略的角度分析哪些因素重要，哪些因素不重要，并通过一定的价值标准，给予这些因素一定的权重，同时确定它们的价值分配即薪酬标准，根据什么支付、以何种方式支付，支付的总体水平等。企业的薪酬战略不仅要明确薪酬的构成、薪酬模式，更应该注意充分体现员工的价值，使员工的发展与企业的发展充分协调起来，保持员工创造与员工待遇之间短期和长期的平衡，防止诸如不同职位序列之间的薪酬水平失衡、不同人员的薪酬组合错位、静态薪酬与动态薪酬的比例失调等矛盾的出现。健全合理的薪酬制度的基本要求体现为它的公平性、竞争性、激励性、经济性与合法性。

3. 准确的薪酬定位和薪酬模式

薪酬定位明确了企业的薪酬水平在市场上的相对位置，决定了企业在劳动力市场上的竞争地位，是企业薪酬外部竞争性的直接体现，是衡量企业薪酬体系有效性的重要特征之一。企业在薪酬定位时如果选择了错误的参照体，导致错误的薪酬定位，薪酬水平过高或过低，都会对企业的人工成本支出水平、人员结构、人员流动性等造成严重影响。错误的薪酬定位会导致员工的满意度下降、内部管理成本加大等问题。所谓的薪酬模式是企业进行内部价值分配的具体方式。它实际上就是企业薪酬分配的价值基础的体现，涉及以职位为基准？还是以能力或是资历为基准？人们把薪酬模式分为五类，即职位薪酬、能力薪酬、市场薪酬、资历（年功）薪酬、绩效薪酬。

4. 确定薪酬构成及等级范围

薪酬构成由各种薪酬单元组成，这些薪酬单元一般可分为静态薪酬（基本工资等）、动态薪酬（绩效工资、奖金等）和人态工资（福利、津贴等）三类。各类人员的薪酬单元组合比例不能失调或残缺。薪酬构成失调或残缺会使企业的薪酬体系在运行过程中失去灵活性，无法满足多数员工在薪酬方面的不同需求。而薪酬单元的组合比例失调，如基本工资比例过高，绩效工资比例过低则容易导致薪酬的激励作用无法有效发挥。等级范围是指薪酬标准中同一薪酬等级上下限（最高薪酬与最低薪酬）之间的跨度。相邻等级范围的重叠程度称为等级重叠度。它是衡量薪酬体系是否具有足够弹性和延展性的两个重要标志。如果薪酬等级范围过窄，或等级重叠度过小，都将导致员工薪酬的提升空间过小。在以职位为基础的薪酬体系中，容易导致员工之间因为职位晋升而进行排挤等恶性竞争行为的发生。同时，过窄的等级范围与过小的等级重叠度都大大削弱了薪酬体系对组织内部结构调整的适应性。

5. 强化对动态薪酬的管理，选择恰当的薪酬调整方式

动态薪酬不宜静态化，薪酬结构中的动态薪酬一般与企业的经营业绩、团队成绩或者个人贡献相关联，是实现企业与员工之间利润共享的一种制度安排。如果企业出现“干多干少一个样”、“出勤不出力”，绩效考核结果不是绩效的真实反映，那么可能就是动态薪酬静态化了，导致动态薪酬的发放流于形式，难以有效发挥其激励作用，从而影响员工的工作积极性。

薪酬调整主要有两种：一是根据市场薪酬水平的变化趋势、企业的发展状况、经营管理模式的调整以及战略重心的转移对现行薪酬体系进行调整，二是根据职位变动、个人业绩、个人能力等对员工的薪酬水平进行调整。薪酬体系要及时根据内外部环境的变化，员工职位、技能或能力的提高，重新确定薪酬等级和薪酬标准，防止企业薪酬水平与市场水平严重背离。

三、企业薪酬制度设计的程序和方法

（一）薪酬调查

薪酬调查，就是通过一系列标准、规范和专业的方法，对本地区、本行业的薪酬状况，尤其是主要竞争对手的薪酬状况以及市场上各职位状况进行分类、汇总和统计分析，形成能够客观反映市场薪酬现状的调查报告，为企业提供薪酬设计方面的决策依据及参考。薪酬调查是薪酬设计中的重要组成部分，重点解决的是薪酬的对外的竞争力和对内的公平性问题，薪酬调查报告能够帮助企业达到有针对性地设计薪酬的目的。薪酬调查的途径有：国家和地区统计部门、劳动部门公布的统计资

料；管理咨询机构发布的薪酬调查资料；从相关企业的招聘信息中了解；向新招聘的员工和应聘的员工了解。

（二）薪酬总额的计算

薪酬总额指企业在一定时期内，直接支付给员工的劳动报酬总额。主要包括：计时工资、计件工资、奖金、津贴和补贴、加班加点工资和特殊情况下支付的工资等。薪酬总额的计算通常要考虑一般的市场行情；企业的支付力和员工的基本生活费用。

（三）选择合适的企业基本工资制度

企业基本工资制度是指支付给劳动者的基本劳动报酬的形式、标准和方法。它包括各种基本工资制度及增减职工基本工资的办法，但不包括奖金、津贴等分配形式。企业基本工资制度一般包括：等级工资制、岗位技能工资制、岗位工资制、结构工资制、经营者年薪制和企业职工增加工资的办法。

（四）薪酬结构是指员工薪酬的各构成项目及其所占的比例

一个合理的薪酬结构应是既有固定薪酬部分（可比照事业单位工资标准），如基本工资、岗位工资、技能或能力工资、工龄工资等，又有浮动薪酬部分，如效益工资、业绩工资、奖金等。除了固定薪酬及浮动薪酬等短期激励外，还有股票期权、股票增值权、虚拟股票等长期激励薪酬部分。全面薪酬结构、宽带薪酬结构及团队薪酬结构等新型薪酬结构，比传统薪酬结构有更好的效果。一个完整的薪酬结构，应该同时具有三方面的作用：保障作用、激励作用和调节作用。企业应根据自身的特点和员工所从事工作的性质不同、所处的层次级别不同等具体确定其薪酬构成项目及薪酬结构比例。

（五）设计出本企业的薪酬制度和策略

通过上述的几个程序，确定本企业薪酬的基本管理办法，将这些办法规范化、制度化，最终形成一个文件，就是薪酬制度。

企业薪酬策略的制定包含水平策略和结构策略两个方面。

1. 薪酬的水平策略

薪酬的水平策略主要是制定企业相对于当地市场薪酬行情和竞争对手薪酬水平的企业自身薪酬水平策略。供企业选择的薪酬水平策略有以下几种：

①市场领先薪酬策略。采用这种薪酬策略的企业，薪酬水平在同行业的竞争对手中是处于领先地位的。市场领先薪酬策略一般基于以下几点考虑：市场处于扩张期，有很多的市场机会和成长空间，对高素质人才需求迫切；企业自身处于高速成长期，薪酬的支付能力比较强；在同行业的市场中处于领导地位等。

②市场跟随薪酬策略。采用这种策略的企业，一般都建立或找准了自己的标杆企业，企业的经营与管理模式都向自己的标杆企业看齐，同样薪酬水平跟标杆企业差不多就行了。

③成本导向薪酬策略。成本导向薪酬策略也叫落后薪酬水平策略，即企业在制定薪酬水平策略时不考虑市场和竞争对手的薪酬水平，只考虑尽可能地节约企业生产、经营和管理的成本，这种企业的薪酬水平一般比较低。采用这种薪酬水平的企业一般实行的是成本领先战略。

④混合薪酬策略。顾名思义，混合薪酬策略就是在企业中针对不同的部门、不同的岗位、不同的人才，采用不同的薪酬策略。比如对于企业核心与关键性人才和岗位的薪酬策略采用市场领先薪酬策略，而对一般的人才、普通的岗位采用非领先的薪酬水平策略。

2. 薪酬结构策略

供企业选择的薪酬结构策略如下：

①高弹性薪酬模式。这是一种激励性很强的薪酬模型，绩效薪酬是薪酬结构的主要组成部分，基本薪酬等处于非常次要的地位，所占的比例非常低（甚至为零）。即薪酬中固定部分的比例比较低，而浮动部分的比例比较高。这种薪酬模型，员工能获得多少薪酬完全依赖于工作绩效的好坏。当员工的绩效非常优秀时，薪酬则非常高，而当绩效非常差时，薪酬则非常低甚至为零。

②高稳定薪酬模式。这是一种稳定性很强的薪酬模型，基本薪酬是薪酬结构的主要组成部分，绩效薪酬等处于非常次要的地位，所占的比例非常低（甚至为零）。即薪酬中固定部分的比例比较高，而浮动部分的比例比较少。这种薪酬模型，员工的收入非常稳定，几乎不用努力就能获得全额的薪酬。

③调和型薪酬模式。这是一种既有激励性又有稳定性的薪酬模型，绩效薪酬和基本薪酬各占一定的比例。当两者的比例不断调和变化时，这种薪酬模型可以演变为以激励为主的模型，也可以演变为以稳定为主的薪酬模型。

企业在进行薪酬设计时，还可以选择一种叫做混合型的薪酬结构策略。这种策略的特点是针对不同岗位、不同人才的特点选择不同的薪酬结构策略，比如严格要求自己、积极要求上进而且喜欢接受挑战的员工可以采用高弹性的薪酬模型，对于老老实实做事、追求工作和生活稳定的员工可以采用高稳定型的薪酬模型。

第六节　人力资源开发

如今人力资源开发已成为现代企业一项基本的社会责任，在人力资源管理中显示出越来越重要和突出的功能。人力资源开发有两层含义：一方面是指对人力资源的合理利用和充分发掘；另一方面是指对人力资源的培养与发展。这一功能之所以日益重要，不仅因为通过开发，可以充分利用员工们已有的才能，高度发挥他们的潜能，而且对员工的开发也是一种十分有效的激励因素，能激发他们工作的积极性、主动性和创造性，并为员工提供个人发展机会。

一、人力资源开发的作用

1. 人力资源开发的含义

人力资源开发是一个通过改变员工现有的知识、态度和行为，以使员工的特性符合工作要求的系统化过程。企业通过组织学习、训练的手段来提高员工的知识水平和工作能力，最大限度地使员工的个人素质与工作需求相匹配，以促进员工现在和将来的工作绩效提高。所以，人力资源开发是一个系统化的行为改变过程，这个行为改变过程的目的就是通过知识水平、工作能力的提高以及个人潜能的集聚和发挥，明显地改善和提高员工的工作绩效。

2. 人力资源开发的战略意义

首先，当今世界，新技术日新月异，世界的经济和社会职能日益复杂化和智能化。企业必须尽快融入知识社会、信息社会、学习社会的大潮中，以便制定能够应对国际化、知识化、信息化挑战的人力资源开发策略。这对企业人力资源的素质要求越来越高，“终身教育”、“学习型组织”理念的提出表明人力资源开发已成为企业增强自身竞争力的重要途径。人力资本理论也告诉人们，如果对人这种特殊的资源进行投资与开发，可以不断提升人力资源的价值，使企业获得更大的经济回报。有研究表明，对人力资源投入 1 美元进行有效开发，可以带来少则 15 美元，多则 50 美元左右的回报率。企业生存和发展的规律也一再表明，人力资源开发在整个企业的经营运作中占有十分重要的地位。重视和强化企业人力资源开发已是国内外许多著名企业的成功经验。

其次，战略管理已经成为现代企业管理的重要内容。而在企业的各项经营战略中，人力资源开发作为一个核心战略，越来越受到企业高管的重视。因为没有强有力的、先行的人力资源开发战略平台的支持，企业的投资战略、研究与开发战略、技术战略、生产战略、营销战略、财务战略等的有效实现也就成了无源之水、无本之木。

诚然，人才的开发与培养需要假以时日，那些被企业认为是急需的、个别的特殊人才可以通过引进来解决，但是企业的员工队伍不可能整体引进，企业的文化精神也不可能全面复制。企业员工素质和学习力的不断提高、企业文化的逐步形成要依赖于企业内部的人力资源开发活动。

因此，人力资源开发正在成为世界范围内企业关注的焦点之一，以致不少企业把人力资源开发作为一项重要的发展战略。

二、人力资源开发的层次

企业人力资源开发并非是常规性的培训工作，它包括更广阔、更丰富的内容，涉及更深的层面。大体上人力资源开发涵盖如下三个层次：

1. 员工导向活动

导向，意为指引方向。从一般意义讲，员工导向活动是指为刚招聘进企业、对内外情况生疏的新员工指引方向，使之对新的工作环境、条件、工作内容、应尽职责、人员关系、规章制度、组织的期望有所了解，使其尽快而顺利地融入企业中来并投身到工作中去，进入职位角色，并创造优良绩效。然而，从更深层的作用上去分析，导向活动对于培养员工的组织归属感意义更为重大。新招聘来的员工对企业抱有多种期望，通过导向活动可以有效地了解并调整、满足新员工的期望，从而引导、诱发新员工对企业的组织归属感。同时，导向活动也是企业对员工进行企业文化教育、塑造员工行为的良好机会。导向活动往往分为两个阶段，即员工刚来，还未正式到工作岗位上开始工作前的岗前教育阶段和试用期直至正式转正前的岗上导向阶段。岗前教育阶段通常只有几天时间，安排较多脱产的专门活动，其中既有培训性的，也有礼仪性的。岗上导向阶段时间稍长，一般从数月到半年不等，主要是在职活动，以培训为主。

2. 员工培训活动

员工培训活动是人力资源开发的主体，也是企业最易理解、最常开展的活动。根据培训的内容有技术性培训和管理性培训之分。技术性培训主要是对员工的专业知识和技术、技能进行教育培训；管理性培训则是针对企业管理者所进行的培训，其内容主要集中在管理理念、管理知识、管理技能等方面。培训活动常采用的方法主要有课堂讲授、现场操作、外派进修等。管理培训中提倡多使用一些体验式的方法，如案例讨论、模拟练习、心理测试、角色扮演、游戏竞争等。

3. 员工职业生涯管理

职业生涯是指一个人自首次参加工作起，一生中所有的工作活动与工作经历，按编年的顺序串联组成的整个过程。多数人对自己未来发展有一定的愿望、设想、预计与准备，为实现个人抱负设置了目标，并为实现这些目标而努力创造条件。在人的一生中，对其职业生涯影响最大的是他们的工作团队与组织。随着时代的进步，现代企业对其员工的个人职业生涯越来越关心。一方面是科技的迅猛发展与市场竞争的加剧，使得企业对员工自身以及他们的主动性与创造性有越来越强的依赖；另一方面，科技发展又带来员工文化教育水平的提高，他们有较强的自我意识和对自身权利的要求。这样，企业应积极鼓励并帮助他们完善和实现自己的个人目标，同时设法引导这种个人目标与企业的需要相匹配，使企业需要与个人职业发展相结合，并对员工个人进行培养。员工职业生涯管理是人力资源开发的重要内容，其目的在于把员工的个人发展与企业的需要统一起来，做到人尽其才，并最大限度地调动员工的积极性；同时使他们觉得在此组织中大有可为，前程似锦，从而培养、提高其组织归属感。成功的企业普遍十分重视对员工的职业生涯管理，聘请外部专家和内部专职人员为员工提供职业生涯指导，帮助员工做好自我分析，提供企业中可供选择的发展途径的信息以及为员工拟订有预见性的培养计划。

三、人力资源培训系统

人力资源培训与开发影响深远，意义重大，务必精心设计与悉心组织。要有效地做好这一工作，应采用系统的方法，使培训活动能符合企业的目标，让企业中的每一个生产经营环节都能实现员工个人、工作及企业目标三方面的优化。人力资源培训系统包括以下五个环节：

1. 通过培训需求分析，确定培训的内容

培训需求分析使培训真正基于企业发展和个人的需要。培训需求分析应从以下三个层次进行：

①组织分析。主要根据企业的发展目标、业务重点、员工业绩表现、资格与晋升体系、员工职业生涯规划、现有资源配置等确定本企业未来对人力资源能力素质的要求。

②工作分析。每一工作岗位所要求的绩效标准是什么，即希望人们怎样有效地完成这项工作。

③个人分析。该分析是在具体的员工个人水平上进行的，主要了解造成员工个人绩效的因素有哪些。培训需求分析，是增强培训效果的重要基础。只有明确了培训需求，才能保证培训内容和培训方法的针对性，从而提高培训的效果。

2. 设置培训的目标

设置培训目标将为培训计划提供明确方向。有了目标，才能确定培训对象、内容、时间、师资、方法等具体内容，以真正体现个性需求，并在培训之后，对照目标进行效果评估。培训目标分为若干层次，从某一培训活动的总体目标到某项学科直至每次授课的具体目标。设置培训目标要注意必须与企业的宗旨相容，要现实可行，并用书面形式明确陈述，其培训结果应是可以测评的。

3. 拟订培训计划

这是对培训目标的具体化，即根据既定目标，具体确定培训项目的形式、学制、课程设置方案、课程大纲、教科书与参考教材、任课教师、教学方法、考核方式、辅助培训器材与设施等。制订科学的培训计划必须兼顾各方面具体的情境因素，权衡培训计划的现实性、操作性和经济性。

4. 实施培训活动

执行乃是计划的根本，也是形成计划的依据。实施培训是一套系统化的流程，培训目标的实现要依靠精心的组织和实施，培训活动的实施需要组织者、培训者和受训者三方的密切配合。因此，在实施培训项目之前要有相应的宣传；实施过程中要进行必要的检查，并能够及时、灵活地调整，保障培训项目顺利、有效地完成。

5. 总结评估及反馈

与管理中的控制功能相似，在企业培训的某一项目或某门课程结束后，一般要对培训的效果进行总结性的评估或检查，准确度量和有效地准确评价受训者有哪些收获与提高。该步骤不但是本次培训的收尾环节，而且还要找出培训的不足，归纳出经验与教训，发现新的培训需要，作为下一轮培训的重要依据，使企业培训活动不断提高。

四、构建内部人力资源开发共享平台和人力资源交流平台

企业生产、管理、经营方面的人力资源往往采用传统封闭式的开发和使用模式，分散于各个职能部门，宝贵的人力资源存而不流，造成人力资源利用率不高，不能满足企业的理性经营。构建企业内部人力资源开发平台的基本框架和雏形，以服务企业、服务员工、加强内部人力资源流转共享，增强企业凝聚力为建设目标；帮助员工处理日常业务，与同事建立紧密联系，随时方便地利用企业的人力资源；帮助企业高层随时了解企业内部各类人力资源开发信息，并获得决策支持；最大限度地利用企业内部网络将企业各级、各类的人力资源进行整合，以提高企业整体素质、增强企业管理水平，为企业提供高效的人力资源，是未来人力资源开发的必然趋势。

构建企业的人力资源开发平台，充分利用互联网带来的便利和优势，是国际人力资源开发的有效手段之一，同时也是企业展示形象的有效途径。以企业内外人力资源开发平台为支撑，构建积极的人力资源开发平台，逐步实现人力资源开发的国际化。通过企业人力资源开发平台的国际化可以选择企业急需的人才和顶级人才、提供供求资讯；而企业的人力资源开发信息及发展动态也可向全球发布、同时收集最新的人力资源信息提供给人力资源开发部门参考，最终实现降低人力资源开发成本，提高工作效率，提升竞争力的目的。

企业人力资源开发，困难与机遇并存，希望与失望俱生。重要的是我们要对人力资源开发的未来充满希望，紧紧抓住难得的历史机遇，迎难而上，实践科学发展观，在统筹规划的前提下，充分利用内外部资源，运用科学的方法，积极稳妥地将企业人力资源开发推进到一个新的层次，在继承、整合现有人力资源的前提下更上一层楼，迅速步入整体人力资源开发的发展阶段。

思考题

1. 现代人力资源管理有哪些时代特征？
2. 试分析影响人力资源规划的因素。
3. 试设计人力资源规划的程序。
4. 怎样规范人员招聘录用的程序和人员培训制度？
5. 绩效评估的基本类型和方法各有哪些？

6. 请就企业薪酬制度设计的程序和方法提出改进建议。

7. 为什么要重视人力资源的开发？企业怎样才能实现对人力资源积极、合理有序的开发？

第十一章　领导职能

【目的和要求】

学完本章，应达到的要求：

1. 正确理解领导者与管理者各自不同的性质、职责和作用。
2. 梳理并认识领导者的类型。
3. 学习和了解领导行为理论、权变的领导理论的基本内容和差异。
4. 领会领导集体的作用，熟悉建设领导班子的原则、领导集体的科学结构。
5. 能联系实际对现有的领导素质、风格、工作作风进行评判。

第一节　领导的内涵（领导的性质和职责、作用）

一、领导的内涵

（一）“领导”的含义

领导（leader）一词来自英文，有领袖、领导者之意，亦有率领、引导的意思，还可特指一种活动、一种行为。

领导是指在组织内具有影响力的个人或集体，制定组织目标并通过动员、说服和命令等手段，让大家接受目标并积极主动相互协作共同实现其目标的行为和过程。

可以从以下方面去理解“领导”的含义和本质：

①领导这一社会现象产生于组织内部。

②从“职权”上讲，领导就是具有权力、责任、服务三者的统一属性的个人或集团。

③从“功能”上说，领导的要素是领导者、被领导者、环境。

④领导的根本任务是确定组织目标和让下属接受目标并努力实现这个目标。

⑤领导是领导者与被领导者之间的互动过程，领导的本质是影响力。

⑥领导的手段有软硬两个方面，前者往往更能体现领导的本质和艺术。

（二）领导的基本要素

1. 环境

环境是指领导过程中所处的自然、社会和意识形态等方面不以人们的意志为转移的客观条件和各种影响、制约因素。客观环境对领导效能的发挥有重大影响，它在很大程度上左右着领导活动的方向、内容、规模和运作方式，规定和改变着领导体制、思维方式、领导方法、技术手段以及影响着领导系统的存在与发展。没有宽松的环境，再好的领导者也难以充分施展其才能。“环境”的内涵十分丰富、复杂，有政治的、经济的、技术的、社会心理的等。环境又是在不断变化的，例如，政治、经济体制的改革就是要创造良好的环境，以便领导者带领被领导者去认识世界和改造世界。因此，领导者要做好领导工作，就必须认识环境，利用环境，改善内部环境，适应外部环境，使组织增强对外部和环境的应变能力。

2. 领导者

把领导作为一个活动过程来考察，领导不等于领导者。领导者在领导活动过程中处于主导地位，是影响这一过程的关键因素。领导者就是实施领导行为的人，即在社会共同活动中组织、带领、引导被领导者为实现一定目标而努力的个人或集团。可见，领导者是当权者、决策者、指挥者，他们以其责任感、号召力和自己的行为方式和领导形式，激发和引导追随者萌发积极的行为动机和价值观。组织目标能否实现，达到的程度如何，领导者是关键，因此，一个优秀的领导者必须具备优良的素质和能力，接受过专门的严格训练，经过一定的实际工作锻炼，能够按照领导活动的客观规律办事。一个优秀的领导群体，必须是一个有凝聚力、协调自如、坚强奋发、能够充分发挥系统功能、结构合理的领导核心。它必须配备素质优良、智力互补、年龄结构合理的成员，形成灵活沟通、步调一致，具有较强的应变能力、自适应能力和决策能力的整体，以确保领导活动的顺利开展。

3. 权力

这是领导者的基本标志。它包括权力和权威。“权力”是支配人和事件的力量，是一种带有强制性的“支配力”。权力是多方面的，例如，用人权、奖惩权、决策权、指挥权、监督权、管理权、检查权等。权力是法定的，与职位成正比。任何一个领导者，或是由上级领导机关任命，或是由本单位群众选举，或通过投标和招聘的方式任职，一旦担任某一领导职务，就意味着具有与这一职务相应的法定权力。人们传统的观念是服从高一级权力的支配，职位高的对职位低的有支配力。这些支配力主要表现在奖励、惩罚、晋升等。“权威”是指领导者在群众中的威信、威望，是一种非强制性的“影响力”。“权威”是领导者的人品、知识、能力以及与被领导者之间的感情的体现。领导者在“水平”上尽力拉大同群众的距离，领导者意志坚强、品德高尚，比群众站得高、看得远，知识渊博，才能“众望所归”。领导者在“感情”上尽力缩小与群众的距离，注意感情投入，增强感情上的融洽度，减少感情摩擦和碰撞，才能增强自己在群众中的威望度和信任度。领导者的威信提高了，才能保证领导权力的实施和领导效能的提高。这样，下属、群众就会拥戴，就会真心诚意地服从领导。领导通过为下属、群众服务，使下属、群众更加努力工作，做出更好的成绩，从而达到更好地为社会、组织服务的最终目的。

总之，从“职权”上说，所谓领导，就是具有权力、责任、服务三者的统一属性的个人或集团。此处，责任意味着要对自己的言行所带来的任何一种可能负责，责任也意味着务必采取积极主动的措施去影响事情的结果。这里的服务就是身体力行，真正服务于被领导者，多为下属着想，把权力行使在求真实务上，为下属做实事、少作秀、少折腾，以赢得下属的爱戴，让他们同领导者共荣辱、共进退，齐心协力为组织赢得更大的发展。而权力、责任、服务三者统一的基础是服务。顺应时代发展的要求，领导者应当从单纯的权力型领导向服务型领导转变。

4. 被领导者

被领导者是指作为领导对象的下属和群众。他们既是领导的对象，又是领导的基础。没有被领导者，也就无所谓领导。虽然领导者是关键，但被领导者的状况（期望、需要、动机、能力）也是影响领导效能的重要因素。被领导者同领导者一样依其德、识、才、学的差异，可谓形形色色，通常有以下几类：

其一，人格高尚、身心端正。这类被领导者洁身自爱，做到不被上司、同仁猜疑的地步；他们少有私心、不生妄念，能获得上司的信任；同时由于能力较强，不畏权贵，往往能够为所欲为，顺利完成工作。

其二，唯顺则从，竭忠尽力。这类被领导者有自己的理想，择木而栖，得到机会的时候，竭尽全力去施展自己的抱负；没有机会或遇到不贤明的上司，难以施展自己的抱负也不强求辞职而去。可谓是“有道则现，无道则隐”。

其三，尽忠职守，恪尽己力。这类被领导者安分守己，以在组织的安定中求进步为努力的目标，忠于职守、恪尽己力，安心把分内工作做好。随着晋升的阶梯，逐渐施展个人的理想。

其四，逢迎献媚，一味顺从。这类被领导者唯求宠悦，逢迎拍马，极力讨好上司。因为一味顺从，极力讨好，常常博得上司的欢心，却也是增加上司过失和帮助上司做错事情的主要因素，迟早会危害上司，进而危害组织，是组织中的害群之马。

正因为如此，力求成功的领导者，你必须清楚地了解你的下属，将合适的人安排在合适的岗位，方可取得较好的领导效果，顺利达成组织目标。这就要求领导者注意三点：一是要以动态的眼光认识和了解你的下属；二是重视培养和提高下属的素质；三是要科学地调动下属的积极性、主动性和创造性。

二、领导的性质与作用

（一）领导的性质

领导活动是人类社会普遍存在的现象。领导活动体现了一种人与人之间的关系，即领导者与被领导者之间的关系。为了深刻地了解领导的本质，就需要全面地分析领导的基本属性。事物的本质是通过事物的属性表现出来的。所谓属性就是一事物和其他事物发生联系时体现出来的性质。

从领导的产生和发展来看，领导活动具有两重基本属性：自然属性和社会属性。

人们在共同的生产劳动中，为了生存与大自然进行斗争，必须协调一致。有社会分工协作，就需要有领导者来带领、引导、指挥和协调大家的活动。这种带领、引导、指挥和协调的属性，就是领导的自然属性。所以，领导活动的自然属性是由社会共同劳动过程这一性质所产生的。

但是，领导活动不仅具有自然同性，而且具有社会属性。在人类社会的诸多活动如经济活动、政治活动、军事活动、科技活动中，要有一个驾驭其上的特殊活动予以干预，把这些活动组织、指挥、协调起来，这就是领导活动的社会属性。人类社会的任何活动，都要靠领导活动去启动和统率，没有领导活动，其他活动都不复存在。

（二）领导的作用

领导的作用，取决于对领导的含义的理解。领导作为组织的核心，起着凝聚群众并带领、引导和鼓舞他们为实现组织目标而奋斗的作用。具体体现在组织指挥作用、沟通协调作用和激励作用三个方面。

1. 组织指挥作用

人类的活动是社会性的，组织是人类社会活动普遍的形式。无论是经济、政治、教育、文化娱乐和体育活动，都要通过严密的组织才能进行。领导和被领导是对立的统一，有领导就必须有被领导的存在，即领导只有在两个人以上的群体中才得以存在。组织是领导活动的载体，领导的活动是通过组织来实现的，没有组织，领导活动也就自然不存在。所以，任何领导活动，总是在一定的组织结构内进行活动的。

领导以其强大的影响力和凝聚力，有把大家组织起来形成一个整体的作用，并通过在组织内部确立组织目标，建立不同层次的等级结构，规定不同层次的职权范围来构造组织的运行机制。领导者就是通过组织内的权力等级层次、职务及责任的确立，人员的专业化分工，各种规章制度的规定以及信息沟通关系，纵向和横向的协调关系的设计安排等，来建立自己的指挥系统和协调系统的。领导者带领人们通过战略规划、组织实施、指挥监督、沟通协调，奔向预定的目标。在这一系列的过程中，领导者要头脑清醒、胸怀全局、高瞻远瞩地领导组织成员认清所处的环境和形势，指明活动的目标和达到目标的路径。

领导的组织指挥作用具体体现在以下几个方面：

①建立科学、有效的运行机制和管理系统。

②根据组织内部、外部条件的需要与可能，制定出符合组织实际情况的战略目标和重大决策。

③合理地配置和运用人、财、物、信息等有形资源和无形资源，以实现组织目标。

2. 沟通协调作用

此处主要是发挥领导总揽全局、运筹帷幄的主导作用。多元化的社会需要借助沟通来达成共识，需要协调来取得一致。沟通协调就是要解决下属层次和环节的矛盾，强化自律，协调整个组织的统一，维持正常的内部秩序和提升组织的亲和力；对外交流，处理与相关组织的关系，以减少矛盾、调解冲突、疏通渠道，争取良好的外部环境。

3. 激励作用

激励就是领导者以胆略和智慧鼓舞士气，激发、引导、保持下属的行为，运用物质和精神刺激调动下属的积极性和创造性，化解矛盾、排除障碍去实现组织的目标。领导是对人、对事业的统御，事在人为，所以它主要是对人的思想和行为的激励和指导，使人们自觉地服从和追随；为组织成员潜能的发挥提供保障、提供平台，为他们的职业生涯拓展空间，使其忠诚于组织和事业，与组织同呼吸、共命运，坚定信念，献身使命，任何时候任何情况下都坚决听从指挥，践行全心全意为组织效力的宗旨，积极奉献、爱岗敬业、严守组织纪律、弘扬集体主义精神、提高素质、全面发展、争创一流、建功立业。无数事实表明，一个组织的领导是否善于激励，对组织目标的实现关系极大，目标再好，如果领导者不善于发挥激励的积极作用，也只能使其流于形式。

第二节 领导理论

什么样的人才适合当领导？领导者个人有什么特征？怎样的特质才是领导者成功的保证？作为独立个体而言，成功的领导者的独到之处有哪些？由于领导者在现代化社会与组织中扮演着重要的角色，社会角色的不同对领导者和管理者的领导能力也有着不同的要求，所以对领导主体和领导行为的研究一直是领导学研究的重点。

长期以来，人们一直试图通过调查研究寻找成功的领导者所具备的带有共性的个人特质，相关的研究成果很多。领导理论依照发展过程一般分为：特质理论（trait theory）、行为理论（behavioral theory）、权变理论（contingency theory）。

一、领导特质理论

（一）早期的领导特质理论

早期的领导理论研究大多着重于找出杰出领导者所具有的某些共同的特性或品质上，称为特质理论（或品质理论）。领导特质理论认为，领导行为的有效性主要取决于领导者内在的品质，具备了某些品质就能成为好的领导者，而且这些品质是先天就有的，只有先天具有这些品质的人，对其后天的培养才是有效的。

例如，美国管理学家埃德温·吉赛利（Edwin E. Ghiselli）提出了八种个性特征和五种激励特征。他在其《管理者探索》中研究得出的八种个性特征为：才智、首创精神、督察能力、自信心、决断力、适应性、性别、成熟程度。五种激励特征为：对工作稳定的需求、对金钱奖励的需求、对指挥别人的权力的需求、对自我实现的需求、对事业成就的需求。1969 年美国心理学家吉普（J. R. Gibb）的研究认为天才领导者应该具有七种特质：外表英俊潇洒，有魅力；善言辞；智力过人；具有自信心；心理健康；善于控制和支配他人；性格外向，灵活敏感。斯托格狄尔（R. M. Stogdill）等人认为，领导者的先天品质应是：有良心、可靠、勇敢、责任心强、有胆略、力求革新进步、直率、自律、良好的人际关系、有理想、风度优雅、身体健壮、智力过人、有组织力、有判断力。

（二）近代的领导特质理论

20 世纪 70 年代以后，一些心理学家认为，传统领导特质理论强调遗传、天赋的片面观点显然不对，但有效的领导者确实必须具备一定的品质。同时，领导者的个性特征和品质不是生而有之，而是在实践中逐步形成和累积起来的，并且可以通过培养和训练获得。此外，在实际工作中，选择领导者需要有明确的标准；培训和使用领导者要有明确的方向和内容；考核领导者也应有严格的指标。因此，领导是一个动态的过程。

例如，美国心理学家鲍莫尔（W. J. Baumol）认为，企业家应具备的十个条件如下：

①合作精神：能赢得人们的合作，愿意与其他人一起工作，对人不是压服，而是感服和说服；

②决策才能：依据事实而非想象来进行决策，有高瞻远瞩的能力；

③组织能力：善于组织人力、物力和财力；

④精于授权：能抓住大事，把小事分给部属去完成；

⑤善于应变：权宜通达、机动进取而不抱残守缺、墨守成规；

⑥勇于负责：对上下级以及整个社会抱有高度的责任心；

⑦勇于求新：对新事物、新环境、新观念有敏锐的接受能力；

⑧敢担风险：要敢于承担改变企业现状时遇到的风险，并有创造新局面的雄心

和信心；

⑨尊重他人：重视和采纳别人的合理化意见；

⑩品德超人：在品德上为社会和企业员工所敬仰。

日本企业界要求领导者应具备十项品德和十项能力，十项品德如下：

①使命感：无论遇到什么困难，都要有完成任务的坚强信念。

②信赖感：同事之间、上下级之间保持良好的关系，互相信任与支持。

③诚实：上下级之间和同事之间交往时，要有真心实意，以诚相待。

④忍耐：具有高度的忍耐力，不能随意在下属面前发脾气。

⑤热情：对工作认真负责，对同事与下级热情体贴。

⑥责任感：对工作敢负责任。

⑦积极性：对任何工作都要主动，以主人翁的态度去完成。

⑧进取心：能在事业上积极上进，不满足现状。

⑨公平：对人对事都要秉公处理，不徇私情。

⑩勇气：有向困难挑战的勇气。

十项能力是：思维决策能力、规划能力、判断能力、创造能力、洞察能力、劝说能力、对人的理解能力、解决问题的能力、培养下级的能力、调动下级的积极性的能力。

斯托格狄尔（R. M. Stogdill）把领导特质归纳为以下六大类：

①身体特征：包括身高、体重、外貌、年龄等；

②社会背景特征：社会地位、学历、经历、社会关系等；

③智力特征：包括知识、智商、判断力、分析力、果断性、口才等；

④个性特征：包括自信、热情、独立性、外向、机警、见解独到、正直、情绪均衡稳定、不随波逐流、作风民主等；

⑤与工作有关的特征：包括责任感、首创性、毅力、事业心、成就感、工作主动性、愿承担责任等；

⑥社会特征：包括善交际、愿与人合作、老练、良好的声誉、积极参加各种活动等。

（三）对特质理论的评价

①并非所有成功的领导者都具备上述特质理论所描述的品质，而且许多非领导者可能具备上述的大部分甚至全部品质。

②没有一种品质是所有领导者所共有的。因此，领导特质理论无法指出哪些素质是领导者必需的，而且也无法对各种品质的相对重要性作出评价。

③各种领导特质理论所显示的结果相当不一致，这或许是因为领导特质理论忽略了被领导者和环境的作用。事实上，一个领导者能否发挥作用，会随被领导者的不同而不同，也会随环境的改变而改变。

以上特质理论对领导者的特质进行的研究，在这个时期并没有把具有某些特质的领导命名为某种类型，后来出现了新特质理论。新特质理论中较有影响的是领袖魅力理论（House，1976），美国政治社会学家詹姆斯·麦格雷戈·伯恩斯的变革型领导理论（Bass，1985）、华盛顿大学 Marshall Sashkin 教授提出的愿景型领导理论等，这些形成了后来领导风格理论的研究。

二、领导行为理论

20 世纪 40 年代起，随着行为科学的兴起，领导理论研究的重点开始从领导者应具备哪些特质转向领导者应当如何行为，即探索领导的作用是怎样通过领导者的特定行为表现出来的，这就形成了领导行为理论。领导行为理论认为，领导是群体中的一种现象，它必然涉及领导者与其下属之间的相互关系，这就要求人们不仅要考察领导者的个人特性，且必须着重考察领导者的行为对其下属成员的影响，找出领导行为中的哪些因素在影响着下属的行为和群体的工作成效。

与领导特质理论不同，领导行为理论试图用领导者做什么来解释领导现象和领导效能，并主张评判领导者好坏的标准应是其外在的领导行为，而不是其内在的素质条件。由于领导的有效性取决于领导者所实际表现出的领导行为，这样人们就可以通过学习和培训而成为有效的领导者。

不同的人在领导行为的表现上会有很大的不同，而领导方式、风格或作风就是对不同类型的领导行为形态的概括。领导风格的差异，不仅是因为领导者的特质存在着不同，而且是因为他们对权力运用的方式及对任务和人员之间的关系有不同的理解、态度和实践。不同的领导者以及同一个领导者在不同的时期和场合，都可能表现出不同的领导风格。那么究竟有哪些领导方式更为人们所认可呢？从 20 世纪下半叶开始的领导行为研究，就着眼于对领导者的具体领导方式或风格进行分类和评判。

但不同的研究者对领导行为有不同的分类标准，而且对哪一种领导方式更好也持有不同的主张，主要分为两大类：一类是侧重于对领导者权力运用的领导方式进行研究，主要包括坦南鲍姆等的领导方式的连续统一体理论、勒温（P. Levin）的“领导方式理论”和利克特等的“支持关系理论”；另一类是侧重于对领导者的态度和行为倾向的领导方式进行分析，主要包括“四分图理论”和“管理方格理论”。

（一）领导方式的连续统一体理论

1958 年，美国管理学家罗伯特·坦南鲍姆（Robert Tannenbaum）和沃伦·H. 施密特（Warren H. Schmidt）在《哈佛商业评论》上发表了《怎样选择一种领导模式》一文，提出了领导方式的连续统一体理论。他们认为，领导方式并不存在一种固定的理想模式，在领导者与下属的关系中，究竟应当给予下属多少参与决策的机会，是采取专制的命令更好一些，还是采取民主的参与更好一些，取决于多种因素，因而要采取随机相宜的态度。

在专制独裁型和民主参与型两种极端的领导方式中间，存在着许多过渡型的领导方式，这些不同的领导方式构成一个连续的统一体，从左到右领导者行使越来越少的职权，而下属人员得到越来越多的自主权。图11-1列出了七种典型的领导方式。

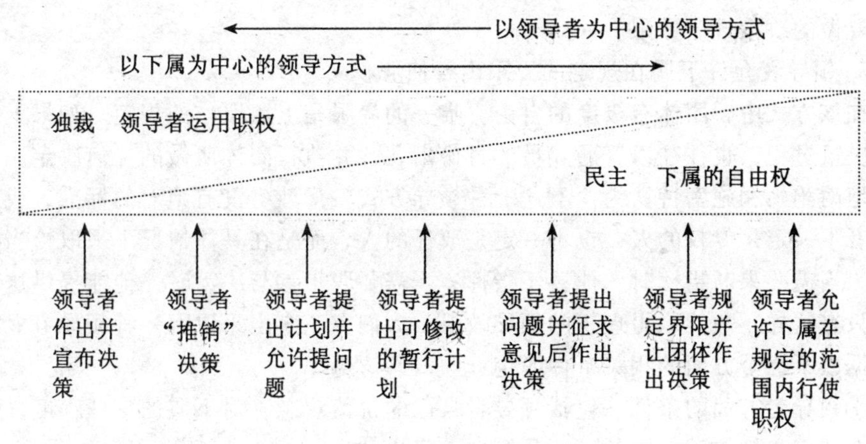

图11-1 领导方式连续统一体理论

1. 领导者作出并宣布决策

在该方式中，上级确认一个问题，考虑各种可供选择的解决方法，从中选择一个，然后向下属宣布，以便执行。他可能考虑，也可能不考虑下属对他的决策的想法。不给下属参与决策的机会，下级只有服从决定的义务。

2. 领导者“推销”决策

在该方式中，领导者承担确认问题和作出决定的责任，但他不是简单地宣布这个决策，而是说服下属接受他的决策。这样做是表明他意识到下属中存在着某些反对意见，他企图通过阐明这种决策给下属带来利益以消除这种反对。

3. 领导者提出计划并允许提出问题

在此方式中，领导者作出了决策，并期望下属接受这个决策，但他向下属提供一个有关他的想法和意图的详细说明，并允许提出问题。这样，他的下属可以更好地了解他的意图和计划。

4. 领导者提出可以修改的暂定计划

在此方式中，允许下属对决策发挥某些影响作用。确认问题和决策的主动权仍操纵在领导者手中。他先对问题进行考虑，并提出一个计划，但只是暂定的计划，然后把这个计划交给有关人员征求意见。

5. 领导者提出问题并征求建议后作出决策

在这一方式中，虽然确认问题和进行决策仍由领导者来进行，但下属有建议权。下属可以在领导者提出问题后，提出各种解决问题的方案，领导者在多种方案中选择满意者。此举是为了充分利用下属的知识和经验。

6. 领导者决定界限并让团体作出决策

在此方式中，领导者把决策权交给团体。此前，他必须解释需要解决的问题，并给要做的决策规定界限。

7. 领导者允许下属在规定的界限内行使职权

在该方式中，团体有极度的自由，唯一的界限是上级所作的规定。如果上级参加了决策过程，也往往以普通成员的身份出现，并执行团体所做的任何决定。

坦南鲍姆和施密特认为，上述七种领导方式孰优孰劣没有绝对的标准，成功的领导者不一定是专权的人，也不一定是放任的人，而是在具体情况下采取恰当行动的人。当需要果断指挥时，他善于指挥；当需要职工参与决策时，他能提供这种可能。只有这样，才能取得理想的领导效果。人们究竟应当采取哪一种领导方式，主要根据以下三个方面的相关条件而定：

①领导者方面的条件。包括领导者自己的价值观念，对下属的信任程度，他的领导个性，是倾向于专制的，还是倾向于民主的。

②下属方面的条件。包括下属人员独立性的需要程度，是否愿意承担责任，对有关问题的关心程度，对不确定情况的安全感，对组织目标是否理解，在参与决策方面的知识、经验、能力等。

③组织环境方面的条件。包括组织的价值标准和传统，组织的规模，集体的协作经验，决策问题的性质及其紧迫程度等。

实践中也有人批评这个模式只是描述性的，对实际工作没有很大的帮助。

（二）领导方式理论

勒温是率先就领导者工作作风的类型以及不同的工作作风对职工的影响进行研究的学者。他以权力定位为基本变量，在实验研究的基础上，把领导者的行为方式分为专制式、民主式和放任式三种基本类型。

（1）专制式，亦称专权式或独裁式

这类领导者是由个人独自作出决策，然后命令下属予以执行，并要求下属不容置疑地遵从其命令。

专制式领导行为的主要特点是：①个人独断专行，很少考虑他人的意见，组织的各种决策完全由领导者独自作出；②领导者预先安排所要从事的工作的内容、程序和方法，下级只能服从；③除了工作命令外，从不把更多的信息告诉下级，下级没有任何参与决策的机会，只能奉命行事；④主要靠行政命令、纪律约束、训斥惩罚来维护领导者的权威，很少或只有偶尔的奖励；⑤领导者与下级保持着相当的心理距离。

(2) 民主式

此类领导风格的领导者在采取行动或作出决策之前会主动听取下级意见，鼓励下属讨论和决定组织活动的方针，制定组织达到的目标和步骤，领导者在讨论中以普通一员的身份发表建议，供大家讨论选择，待大家意见基本一致时，概括几条让大家表决，对下属的奖与罚都充分地征求大家的意见，力求公道客观。

民主式领导行为的主要特征是：①领导者在作出决策之前通常都要同下属磋商，得不到下属的一致同意不会擅自采取行动；②分配工作时，尽量照顾到组织中每个成员的能力、兴趣和爱好；③对下属工作的安排并不具体，个人有相当大的工作自由，有较多的选择性和灵活性；④主要运用个人的威信，而不是靠职位权力和命令使人服从；⑤领导者积极参加团体活动，与下级无任何心理上的距离。

(3) 放任式

放任式领导者的主要特点是极少运用其权力影响下属，对下属的工作不管理、不评价、不参与，只有下属主动提出要求时，才提供有限的信息，从而给下属以高度的独立性，以致达到放任自流和下属行为根本不受约束的程度。专制式、民主式和放任式三种领导行为的主要特点如表 11-1 所示。

表 11-1 专制式、民主式和放任式三种领导行为的主要特点

	专制式	民主式	放任式
决策	一切由领导者一人决定	一切决策由群体讨论决定，领导者给予激励、协助	完全由个人、群体决定，领导者不参与
群体对活动的了解	领导者指示工作内容与方法，员工无法了解群体活动的最终目标	员工一开始就了解工作程序与最终目标	领导者提供工作上需要的各种材料，当员工来咨询时给予回复，但不做具体指示
分工与同伴的选择	由领导者决定后通知员工	分工由群体决定，工作的同伴由员工自己选择	领导者完全不干预
工作参与、工作评价的态度	除示范外，领导者完全不参与群体活动，凭自己的好恶评价员工的工作绩效	领导者与员工一起工作，但避免干涉、指挥，领导者依据客观事实评价员工的工作成果	除成员要求外，领导者不主动提供工作上的意见，对员工的工作成果也不做任何评价

勒温根据实验得出的结论是：以上三种领导方式各有优劣，放任式的领导方式工作效率最低，质量也差，人与人之间的关系一团和气，只能达到组织成员的社交目标，但完不成工作目标；专制式的领导方式虽然通过严格管理能够达到既定的工作目标，但工作质量不如民主式的领导方式，组织成员没有责任感，情绪消极，士气低落，人与人之间比较冷漠，组员对领导者有很大的依赖性，缺乏独创性；民主式的领导方式使组织内关系和谐，团结氛围浓烈，大家工作积极主动，完成任务的效率高、质量好、富有创造性，组织成员之间关系融洽。

勒温认为，在实际工作中，三种极端的工作作风并不常见，大多数领导人采纳的工作作风往往是处于两种极端类型之间的混合型，如图 11-2 中的实线箭头所示。

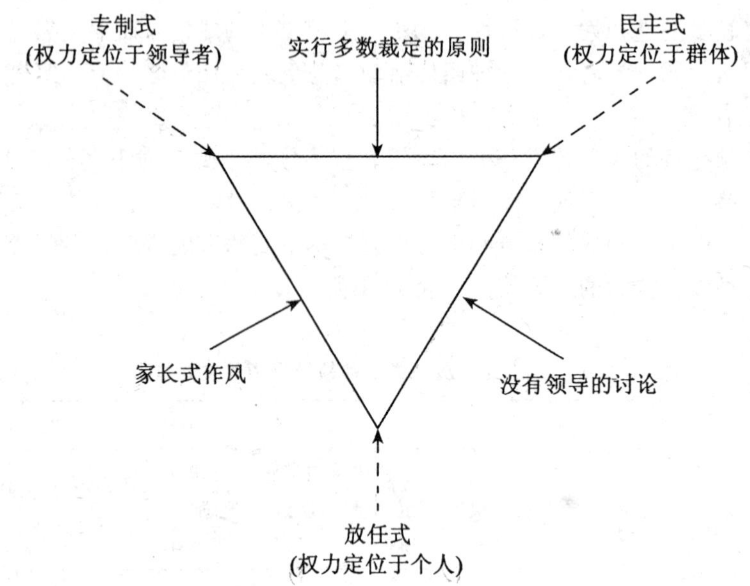

图 11-2　勒温提出的三种领导者的行为方式

（三）支持关系理论

美国密执安大学社会调查研究中心教授伦西斯·利克特（Rensis Likert）和他的团队从 1947 年开始，通过对大量企业的调查访问和长期试验研究，提出了领导行为的理想类型和与此相关的三种基本概念。这些研究成果体现在利克特的《管理的新模式》（1961）和《人群组织：管理和价值》（1967）两部著作中，他们的研究成果人们又称为“密执安研究”。在《人群组织：管理和价值》一书中，利克特提出了描述领导类型的八个方面的特征。

这些特征包括：领导过程、激励过程、交流沟通过程、相互作用过程、决策过程、目标设置过程、控制过程、绩效目标，并根据上述八个方面的特征，归纳出以下四种类型的领导方式：

1. 专制权威式（exploitative authoritative）

这种领导方式的特征是：权力集中于最上层，下属人员没有任何发言权。上级对下属人员没有信心、缺乏信任，解决问题时根本不听取他们的意见。上级经常以威胁、恐吓、惩罚以及偶尔的奖赏来激发下属人员的工作意识，因而下属人员对组织目标没有责任感。组织内部极少沟通，只有自上而下的单向信息流，信息易受歪曲，因而上级对下属人员的情况既不了解，也不理解。人们通常怀有恐惧的心理，因而在这类组织中几乎不存在相互作用和协作。一切决策都由领导者单独作出，不采纳下属人员的意见，下属人员根本不能参与决策。组织的一切目标都作为命令下达，人们表面上接受，背地里对抗。控制职能集中于上层领导。机构中如果存在非正式组织，它通常对正式组织的目标持反对态度。

2. 温和权威式（benevolent authoritative）

这种领导方式的特点是：领导者仍然是专制的，但采取了家长制的恩赐式领导方式。权力控制在最上层，也象征性授予中下层部分权力。领导人对下属有主仆之间的那种信赖关系，采取较谦和的态度，在解决问题时偶尔也能听取下属人员的意见。运用奖励和有形、无形的惩罚等手段调动下属人员的积极性，因而下属人员对组织目标几乎没有责任感。组织内部较少沟通，并且大体上多属自上而下单向的信息流，上级只接受自己想听到的情报，对下属人员有一定的了解。组织内部成员之间少有交往，纵有交往也多是在上司屈尊、下属心有畏惧和戒备的情况下进行的，因而极少有相互协作的关系。上层领导决定方针政策，下层组织只能在既定的范围内进行有限的决策，一般员工都不参与决策，但有时能听取他们的某些意见。组织目标作为命令下达，下属人员有时能陈述自己的意见，因而他们虽然表面上接受，背地里却常有抗拒的表现。大部分控制职能集中于上层组织，少部分授予下层组织。机构中虽然存在着非正式组织，但它们通常都充当着正式组织作秀的工具。

3. 民主协商式（consultative）

这种领导方式的特征是：领导者对下属人员有相当程度的信任，但重要问题的决定权仍掌握在自己手中。在工作问题上，上下级之间能自由地对话，并能采纳下属的意见。运用奖励、偶尔也运用惩罚手段调动下属人员的工作积极性。大部分组织成员、尤其是上层人员对组织目标具有责任感。组织内部有适度的沟通，信息流是双向的，上级虽然也只接受自己想听到的情报，但对与此相反的情报也都慎重地传递，因而他们对下属人员的问题有相当的了解。组织内部有适度的交往，并且是在比较信任的情况下进行的，因而形成适度的协作关系。总方针和一般性决策集中于上层组织，下层组织只能对某些特殊问题参与决策，上下之间常有工作上的协商，但一般员工通常不参与决策。组织目标和实施计划都是在同下属人员协商后才作为命令下达的，因而能为下属人员接受，但在背地里下属人员也时有对抗表现。

控制职能适度下放，以使上下都能承担责任。机构中的非正式组织对正式组织的目标一般采取支持的态度，但有时也会表现出轻微的对抗。

4. 民主参与式（Participative）

这种领导方式的特点是：在一切问题上，上级对下属人员都能完全信任，上下之间对工作问题可以自由地交换意见，上级尽力听取和采纳下属人员的意见。领导者向下属提出具有挑战性的目标，并对他们能够达到目标表示出信心，在诸如制定目标与评价目标所取得的进展方面，让群众参与其事并给予物质奖赏，因而绩效目标是高标准的，组织的各类成员对组织目标都具有责任感，并采取积极的行动促其实现。在组织内保持着良好的沟通，情报能得到正确的传递，上级对下属人员的问题非常了解和理解。组织内部的交往是建立在相互信赖的基础上且广泛而又密切，因而形成紧密的协作关系。控制职能广泛分散，渗透到组织的各个角落。全部参与者都关心有关信息，并实行自我控制，有时下层的控制甚至比上层更为严格。机构中的非正式组织同正式组织结为一体，因而形成所有的社会力量共同致力于组织目标实现的局面。

根据利克特等的研究，只有民主参与式的领导才能实现真正有效的领导，才能正确地为组织设定目标和有效地达到目标。生产率高的企业大多采取民主参与式的领导方式，生产率低的企业则大多采取专制权威式的领导方式。

利克特主张，采取专制权威式的领导方式的企业应向民主参与式的领导方式转变。在民主参与式领导中应体现三个基本概念：运用支持关系原则、集体决策和树立高标准的工作目标。他指出，领导者的职责在于实现整个组织的有效协作，因此必须重视组织成员之间的相互作用，要使每个成员都能在组织的人际关系中真实地感受到尊重和支持，上下级之间形成相互信任、相互支持的关系，真心实意地让员工参与决策，鼓励员工树立高标准的工作目标，并使组织目标与员工个人的需要、利益有机地结合起来，以充分调动他们的积极性、发挥他们的智慧和潜力，保证决策得到迅速的贯彻实施，共同努力实现组织的目标。以利克特为首的“支持关系理论”又称为“密执安研究”。

（四）领导四分图理论

1945 年美国俄亥俄州立大学的工商企业研究所在罗尔夫·M. 斯托格狄尔（R·M. Stogdill）和卡罗·H. 沙特尔（Carroll L. Shartle）两位教授的领导下，开创了领导行为的研究。他们首先提出了 1800 项标志领导行为特征的因素，然后经过反复筛选、归纳，最后概括为“关心人（关怀）”和“抓工作组织（定规）”两大主要因素。

所谓“关怀”是指领导者对其下属所给予的尊重、信任以及互相理解的程度。它从高度关怀到低度关怀，中间可以有无数不同程度的关怀。所谓“定规”是指领导者对于下属的地位、角色与工作方式，是否都定有规章或工作程序，其内容包括设计组织结构，明确职责、权力，确定工作目标和要求，制定工作程序、方法和规章制度，给下属成员分配任务等，它也可有高度的定规和低度的定规。

该项研究说明，这两个因素不是互相排斥的，只有二者结合起来，才能实现有效的领导。一个领导者的行为在每一种维度中可以出现很大的变化。领导者在每种维度中的位置，通过对两种维度的问卷调查测度。据此，领导者可以分为四种基本类型，即高关怀—高定规、高关怀—低定规、低关怀—高定规和低关怀—低定规，如图 11-3 所示。

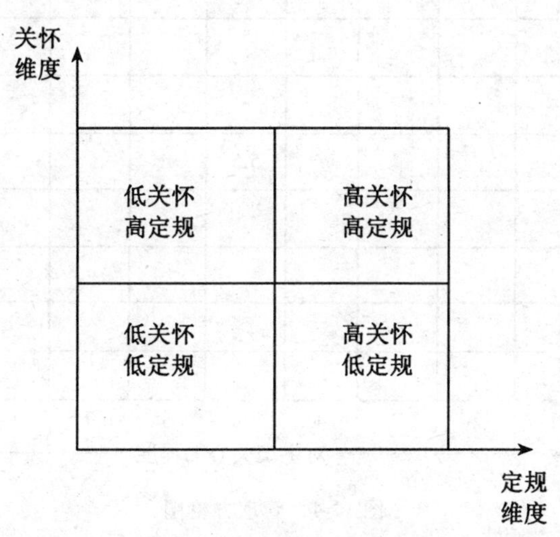

图 11-3　领导行为四分图

俄亥俄州立大学的这项研究发现，在两个维度方面皆高的领导者，一般更能使下属达到高绩效和高满意度。不过高关怀—高定规型风格并不总是产生积极效果；而其他三种维度组合类型的领导者行为，普遍与较多的缺勤、事故、抱怨以及离职有关系。其他发现还有，领导者的直接上级给领导者的绩效评估等级，与高关怀性负相关。

（五）管理方格理论

密执安大学和俄亥俄州立大学的研究结果发表以后，引起了对理想的领导方式的广泛讨论。一般的看法是，理想的领导方式既要是绩效型又要是关怀型的。对这种理想的领导方式加以综合的重要成果，是美国得克萨斯大学教授罗伯特 · R. 布莱克（Robert R. Blake）和简 · S. 穆顿（Jane S. Mouton）提出的关于培养领导方式的管理方格理论。这一理论充分概括了上述两项研究所提炼的员工导向和生产导向维度。在这种领导方式理论中，首先把管理人员按他们的绩效导向行为（称为对生产的关心）和维护导向行为（称为对人的关心）进行评估，给出等级分值。

然后以此为基础，把分值标注在两个维度的坐标界面上，并在这两个维度的坐标轴上分别划出9个等级，1代表关心程度最小，5代表中等的或平均的关心程度，9代表关心程度最大，从而生成81种不同的领导类型。他们列出了五种典型的领导方式，如图11-4所示。

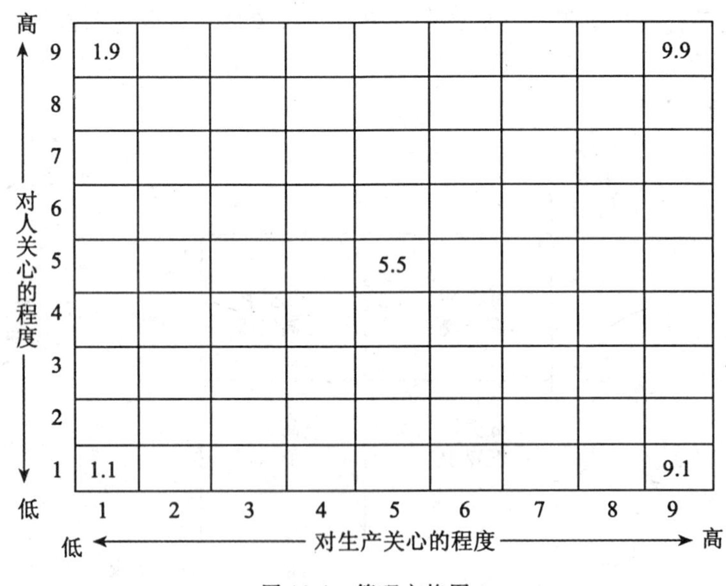

图11-4 管理方格图

①（1.1）为贫乏型，领导者对职工和生产都极不关心，效果最差。

②（1.9）为乡村俱乐部型，领导者只注重搞好人际关系，增进同事和下级对自己的良好感情，营造和谐的组织气氛，而不怎么关心任务和效率。

③（9.1）为任务型，领导者只关心生产，不关心人。注重有效地组织和安排生产，将个人因素的干扰减少到最低程度，靠行使职权来使人们服从，集中精力于提高工作效率。

④（9.9）为团队型，领导者对生产和人都极为关心，努力协调各项活动，生产任务完成得好，职工关系协调，士气旺盛，职工个人目标与企业目标相结合，形成一种团结协作的管理方式。它重视目标，力求通过大家参与、介入、承担义务和解决矛盾来取得高产量、高质量的成果。

⑤（5.5）为中庸之道型，领导者对人和生产都有适度的关心，保持完成任务和满足职工需要之间的平衡，倾向于维持现状。

到底哪一种领导方式最佳呢？布莱克和穆顿组织了许多研讨会，绝大部分参加者认为（9.9）型最佳，但也有不少人认为（9.1）型最佳，还有人认为（5.5）型最佳。后来布莱克和穆顿指出，哪种领导方式最佳要看实际工作情况，最有效的领导方式不是一成不变的，要依情况而定。

他们认为，（9.9）型的领导方式是最佳的领导方式，并提出，原则上达不到（9.9）等级的管理人员，要接受如何成为一个（9.9）型领导者的培训。

20世纪60年代，管理者方格培训受到美国工商界的普遍推崇。因为，该理论提供了一个衡量管理者所处领导形态的模式，它提出的对人的关心与对生产的关心应当结合的观点，在现实工作中具有重要的指导意义。尽管现实中的领导者不一定都能够达到对生产与对人的同等的高强度的关心，但在一定程度上使两者结合起来，这不仅是必要的，也是可能的。管理方格理论对于培养有效的管理者是一种有用的工具，它使管理者较清楚地认识到自己的领导方式，并指出改进的方向。

但后来，这一理论逐渐受到批评。有观点认为，布莱克和穆顿的研究仅仅讨论一种直观且是最佳的领导方式，而并未对如何培养管理者提供答案，只是为领导方式的概念化提供了框架。另外，他们所主张的（9.9）型领导方式只能说是一种理论上的理想模式，现实中要达到这样一种理想状态并不容易，也没有实质性证据支持在所有情况下，（9.9）型领导方式都是最有效的方式。例如，在不同的社会、经济、文化和政治背景中，管理者领导方式的优劣，并不是简单地通过中性或平衡的管理方格图分布就能够陈述的。这说明，领导方式的行为理论并不是对某种领导方式的最佳选择，领导方式的研究应是多角度的。

三、领导权变理论

领导权变理论是研究与领导行为有关的情境因素对领导效力的潜在影响。该理论认为，不存在万能的、固定不变的有效领导类型，应当根据情境因素的不同而采取不同的领导方式，方为有效，所以又被称为领导情境理论。它是在领导特质理论和行为理论的基础上发展起来的，其中有影响的是：费德勒模型、赫塞—布兰查德情境理论、领导者参与模型及路径—目标理论。

领导权变理论的主要贡献如下：

其一，权变理论揭示了领导现象的复杂性。领导是一个较为复杂的社会现象，是一种动态的群体过程或社会关系。领导者与被领导者的相互影响是领导过程的本质。在领导过程中，领导者是发生影响作用的主体，被领导者是被影响的客体。没有被影响的客体，发生影响作用的主体也就失去了存在的依据，若忽略对被领导者的研究，便难以了解领导现象的全貌。权变理论研究把领导者个人特质、领导者行为及领导环境相互联系起来，从而创造了一套比较完善的领导理论体系。

其二，权变理论为人们提供了一套有效的领导方法。权变理论以领导者个人特质、领导者行为及领导环境的相互影响来解释领导现象，否认有任何固定不变、普遍适用的领导方式的存在，认为任何领导方式在与环境作适当的搭配的情况下，都可能成为最有效能的领导方式，因此它没有提出有关最佳领导方式的主张，而推崇领导方式与情境相匹配的模式。

其三，权变理论更切合实际领导者的需要。权变理论提倡一切以时间、地点、条件为转移，对具体问题进行具体分析，这就在很大程度上拉近了领导理论与领导工作实际的距离，满足了领导者对领导理论的需要，使它在领导理论与领导实践之间成功地架起了一座桥梁。

（一）费德勒模型

美国当代著名心理学家和管理学家弗雷德·E. 费德勒（Fred E. Fiedler），1965 年发表于《哈佛商业评论》的《让工作适应管理者》一文提出了权变领导模式，该文比较完整地展示了领导权变理论的基本思想。

费德勒的领导权变理论是比较有代表性的一种权变理论。该理论认为不存在一种“普遍适用”的领导方式，领导工作强烈地受到领导者所处的客观环境的影响。或者说，领导和领导者是某种既定环境的产物，可用下式表示：

$$S=f(L, F, E)$$

式中，S 代表领导方式，L 代表领导者的特征，F 代表追随者的特征，E 代表环境。即领导方式是领导者的特征、追随者的特征和环境的函数。

领导者的特征主要指领导者的个人品质、价值观和工作经历；追随者的特征主要指追随者的个人品质、工作能力、价值观等；环境主要指工作特征、组织特征、社会状况、文化影响、心理因素等。这里环境要素中的工作是具有创造性或是简单重复，组织的规章制度是比较严密还是宽松，社会时尚是倾向于追随服从还是推崇个人能力等，都会对领导方式产生强烈的影响。

费德勒用一种有争议的量表——LPC（least preferred coworker）测量领导风格。这一方法要求领导根据 16 项指标（两端分别是一对积极和消极的形容词）描述他最不情愿与之共事的人（LPC）。由 16 组对应的形容词构成的问卷如下：

快乐 —— 8 7 6 5 4 3 2 1 ——不快乐
友善 —— 8 7 6 5 4 3 2 1 ——不友善
拒绝 —— 1 2 3 4 5 6 7 8 ——接纳
有益 —— 8 7 6 5 4 3 2 1 ——无益
不热情—— 1 2 3 4 5 6 7 8 ——热情
紧张 —— 1 2 3 4 5 6 7 8 ——轻松
疏远 —— 1 2 3 4 5 6 7 8 ——亲密
冷漠 —— 1 2 3 4 5 6 7 8 ——热心
合作 —— 8 7 6 5 4 3 2 1 ——不合作
助人 —— 8 7 6 5 4 3 2 1 ——敌意
无聊 —— 1 2 3 4 5 6 7 8 ——有趣

好争 —— 1 2 3 4 5 6 7 8 ——融洽
自信 —— 8 7 6 5 4 3 2 1 ——犹豫
高效 —— 8 7 6 5 4 3 2 1 ——低效
郁闷 —— 1 2 3 4 5 6 7 8 ——开朗
开放 —— 8 7 6 5 4 3 2 1 ——防备

作答者要先回想一下与自己共过事的所有同事，并找出一个最不喜欢的同事，在16组形容词中按1~8个等级对他进行评估，并将16个问题的得分相加后取平均值。如果以相对积极、善意的词汇描述最不喜欢的同事，则作答者很乐于与同事形成良好的人际关系，就是关系取向型，即得分在4.1~5.7（高LPC型）。相反，如果对最不喜欢的同事的看法很消极、怀有敌意，则说明作答者可能更关注生产，就称为任务取向型，即得分在1.2~2.2（低LPC型）。在实际操作中没有出现5.7以上的高分，因为所评价的对象是最不喜欢的同事。也有一小部分处于两者之间，很难勾勒。

领导的情境模型的基本假定是在不同的情境需要不同的领导行为。根据费德勒的观点影响领导效果好坏的情境因素有以下3个方面：

1. 领导者与被领导者的关系

这是指下属乐于追随其领导人的程度。如果下级对上级越尊重，并且乐于追随，则上下级关系越好，领导环境也越好；反之，则越差。

2. 工作任务的结构

这是指任务的明确程度和部下对这些任务的负责程度。如果这些任务越明确，而且部下责任心越强，表明领导环境就好，否则就差。

3. 领导者所处职位的固有权力

这是指领导者所处的职位具有的权威和权力的大小，或者说领导的法定权、强制权、奖励权的大小。权力越大，群体成员遵从指导的程度越高，领导的环境也就越好，反之，则越差。

由于上述三种情境都有“有利”和“不利”两种状态，所以，共可组成8种情境因素，见表11-2。

费德勒的研究认为：领导情境决定了领导的方式。在情境较好的1、2、3和环境较差的7、8的情况下，采用低LPC型的领导方式，即任务取向型的领导方式比较有效。在情境中等的4、5和6的情况下，采用高LPC型的领导方式比较有效，即关系取向型的领导方式比较有效。即低LPC型的领导者在非常有利的情境和非常不利的情境下工作得更好；而高LPC型的领导者则在中度有利的情境中干得更好。

对低LPC型领导来说，比较重视工作任务的完成。如果环境较差，他会首先保证完成任务；当环境较好时，任务能够完成，这时他的目标将是搞好人际关系。对高LPC型领导来说，比较重视人际关系。如果环境较差，他会首先将人际关系放在首位，如果环境较好时，人际关系也比较融洽，这时他将追求完成工作任务。

表 11-2 **费德勒归纳的8种情境因素及费德勒模型的试验结果**

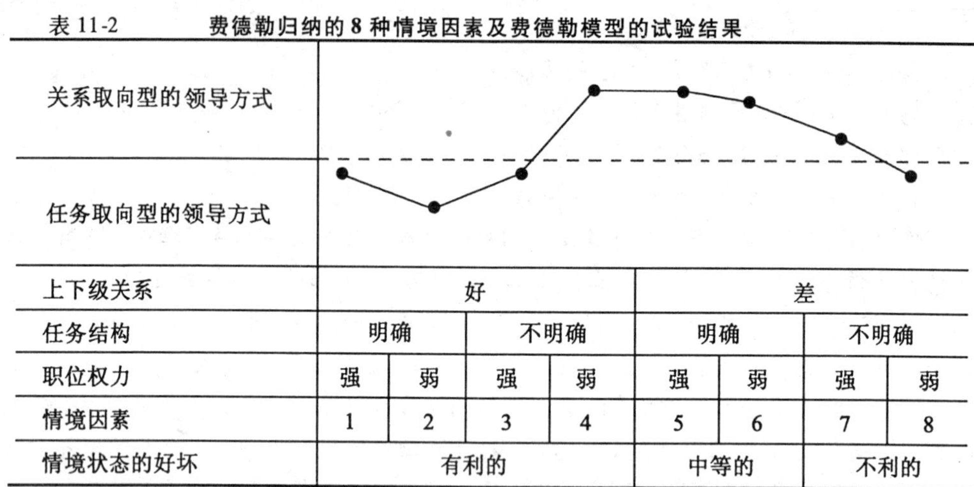

上下级关系	好				差			
任务结构	明确		不明确		明确		不明确	
职位权力	强	弱	强	弱	强	弱	强	弱
情境因素	1	2	3	4	5	6	7	8
情境状态的好坏	有利的				中等的		不利的	

（二）赫塞—布兰查德情境理论

美国管理学者保罗·赫塞和肯·布兰查德提出了情境理论，他们认为，成功的领导者要根据下属的成熟度来选择恰当的领导方式。由于被领导者是否接受领导者最终影响领导的效果，因此，研究领导者的有效形式必须重视被领导者的成熟度。

所谓成熟度，指的是个体能够并愿意完成某项具体任务的程度。下属的成熟度由心理成熟度和工作成熟度两个方面构成。心理成熟度指个体做某事的意愿和动机，工作成熟度是指个体的知识和技能。心理成熟度和工作成熟度均高的人不需要太多的外部刺激，有强烈的工作意愿，拥有完成工作任务足够的技能。心理成熟度与工作成熟度均低的人，情况则恰好相反。

赫塞与布兰查德将下属的成熟度由低到高分为以下四类：

M1：这些人既缺乏工作的热情，又不具备完成工作任务所需的技能，他们既不能胜任工作，又不能被信任。

M2：这些人有较高的工作热情，愿意从事必要的工作任务，但目前缺乏完成工作所需要具备的技能。

M3：这些人具备完成工作所需要的技能，但缺乏工作热情，不愿意承担领导所交予的任务。

M4：这些人既具有高度的工作热情，愿意承担工作任务，又具有完成工作所需要的知识和技能。

关于这四种成熟度，要根据实际情况来判断。比如，一个对工作并无兴趣的新员工，他的工作动机只是为了换取生存条件。作为新手，缺乏必要的训练和技能，在心理上也没有做好工作的兴趣与动机，他就处在成熟度 M1 的水平上。而一个对工作有兴趣的新员工，在技能和训练上虽然不足，但却有做好工作的意愿和信心，他则处在成熟度 M2 的水平上。一个升职无望的老油条，由于多年磨炼，工作知识和技能无可挑剔，但没有做好工作的动力和愿望，漫不经心，他就处在成熟度 M3 的水平上。而一个经验丰富、技术精湛，而且渴望着大显身手的工作骨干，能力、意愿和信心齐备，他则处在成熟度 M4 的水平上。对于这四种不同的员工，领导行为显然是不能一样的。情境理论的重点，在于与员工状况相吻合，所以，进行员工成熟度的判断，是这一模式的关键。

必须注意，判断员工的成熟度的依据是"表现"而不是"潜质"。表现来自于行为，不是言论和思想。赫塞特别强调对"表现"一词的理解，即根据被领导者的行为来判定其成熟度时，所依据的是"表现"出来的能力和意愿，而不是潜力或者口头上的"踌躇满志"。

赫塞和布兰查德同时将领导方式分为任务行为和关系行为两种维度，且将每种维度按"高"与"低"进行了细化，构成一个关于领导风格的二维模型。示意图 11-5 中的 X 轴显示的是任务行为，由低到高；Y 轴显示的是关系行为，也是由低到高。通过高低组合，可以把领导方式简化为以下四种模式：第一种是低关系、高任务（S1）；第二种是高关系、高任务（S2）；第三种是高关系、低任务（S3）；第四种是低关系、低任务（S4）。

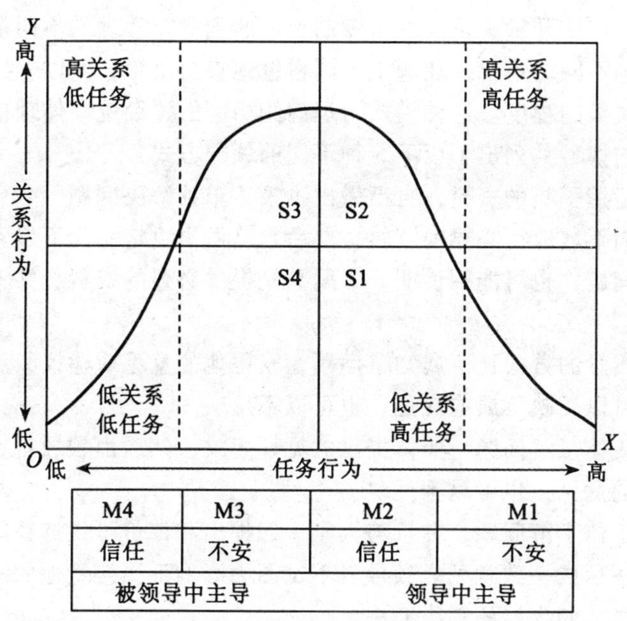

M4	M3	M2	M1
信任	不安	信任	不安
被领导中主导		领导中主导	

图 11-5　情境领导模型

赫塞他们认为，不同的情境对应不同的领导方式。领导方式只能在某种情境下最有效，而不可能在任何情境下都最有效。他们把下属的四种不同的成熟度水平与四种领导方式联系起来，以帮助领导者选择高效的行为模式。

S1：指导型领导（低关系、高任务），领导者界定工作任务和角色，通过发号施令，明确告知下属完成任务的详细规则与程序，重视任务的完成情况，不过多地考虑下属的满意度。其对应的是 M1 型的下属。

S2：推销型领导（高关系、高任务），领导者的指导行为与支持行为并重，既关注员工的满意度，保持并提高员工的工作热情，又在指导和支持的过程中锻炼下属的能力，提高他们的工作技能。其对应的是 M2 型的下属。

S3：参与型领导（高关系、低任务），领导者与下属共同决策，领导者的主要角色是提供便利条件和沟通，从而提高下属的工作满意度，培养下属的工作热情。其对应的是 M3 型的下属。

S4：授权型领导（低关系、低任务），领导者给下属充分的自由，提供不多的指导与支持行为，确信下属能够依靠自己的能力明确任务的目标并出色地完成任务。其对应的是 M4 型的下属。

（三）领导者参与模型（Leader-participation model）

领导者参与模型是弗鲁姆（Vroom）和耶顿（P. W. Yetton）在 1973 年所写的《领导和决策》中提出的。这种理论认为，根本没有对所有情况均适用的、唯一正确的领导方式，应该开发一系列的从专制独裁的到参与管理的不同领导方式。有效的领导者应根据不同的情况，让职工不同程度地参与决策，所以领导方式主要决定于让下属参加决策的程度。这种模式与坦南鲍姆等的连续统一体理论相似。

领导者参与模型共列出了以下 5 种不同的领导方式：

①领导者运用手头的资料，自己做出决策，单独解决问题。

②领导者向下属取得必要的资料，然后自己做出决定。向下属索要资料时，可能向下属说明问题，也可能不说明。下属只是提供必要的资料，并不提供或评价解决问题的方案。

③以个别接触的方式让下属知道问题，获得他的意见或建议，然后由领导者做出决策。决策可以反映下属的意见，也可以不反映。

④让下属集体了解问题，集体提出意见、建议，然后由领导者做出决策。决策可以反映下属的意见，也可以不反映。

⑤让下属集体了解问题，并且与大家一起提出和评价可供选择的方案，努力就解决问题的方法达成一致意见。领导者不试图去影响下属接受他的解决办法，并愿意接受和试验员工们支持的解决办法。

弗鲁姆和耶顿认为，上述 5 种领导方式哪一种最为合适，取决于以下 7 种情境因素：

①信息因素。有足够的信息做出高质量的决策吗？

②目标因素。下属知道这种解决办法要达到的组织目标吗?

③非结构性因素。问题明确吗?

④接受性因素。下属接受解决办法与否，对有效地贯彻执行决策有重大关系吗?

⑤冲突因素。在准备选用的方案中，下属之间可能发生冲突吗?

⑥合理因素。存在能使某一解决办法更合理的质量要求吗?

⑦接受最优因素。如果你自己单独做出决策，下属肯定会接受吗?

其中前3种情境因素是决策质量情境因素，后4种是决策可接受原则，依据这些因素领导者就能发现最迅速和最能接受的选择领导方式的方法。

(四) 路径—目标理论

路径—目标理论是加拿大多伦多大学的罗伯特·豪斯（Robert House）教授于20世纪70年代开发的一种领导权变理论。该理论在吸收了激励的期望理论和领导四分图理论的研究成果的基础上，提出只有下属认为有可能获得所想要的东西时，才愿意付出努力；只有当下属感知到何种奖励是源于他的哪种特定行为时，才知道应该怎么做（即路径）；作为上级只有在了解下属的情况和需要时，才能确定合适的领导方法和途径。

路径—目标理论提出了两个有助于确定最有效的领导方式的变量。这两个变量是下属的个性（控制点、经验和知觉能力）和环境因素（任务结构、正式权力系统和工作群体）。豪斯认为，下属喜欢和接收何种领导方式与其个性有一定联系，下属对自身能力的评价也会影响他们对领导方式的偏好，而环境因素同样影响职工对领导方式的偏好。

豪斯设计了以下四种领导方式:

①指导型。领导让下属知道，领导对他们的期望是什么以及他们完成工作的时间安排，并对如何完成任务给予具体指导，这种领导类型与俄亥俄州立大学的定规维度相似。

②支持型。领导十分友善，表现出对下属需要的关怀，这与俄亥俄州立大学的关怀维度相似。

③参与型。领导与下属共同磋商，并在决策之前充分考虑他们的建议。

④成就导向型。领导设定富有挑战性的目标，并期望下属发挥出自己的最佳水平。

因此，环境因素和下属的个性决定着领导方式的选择。

①下属是外控型的，或者任务不明确、压力过大，或者组织内部存在实质性的冲突，在这些类型的情境中，指导型领导更为适合。

②组织中的正式权力关系明确，官僚化程度高，或者下属从事的任务的结构化程度高，在这些类型的情境中，支持型领导会取得更好的效果。

③参与型领导会使内控型的下属取得较高的满意度。

④对于知觉能力强或者经验丰富的下属，参与型和成就导向型的领导能够取得较好的成绩。

路径—目标理论不但说明了领导方式如何适应领导的具体情境的问题，而且把领导方式的选择与对下属的激励作了有机的结合，如图 11-6 所示。

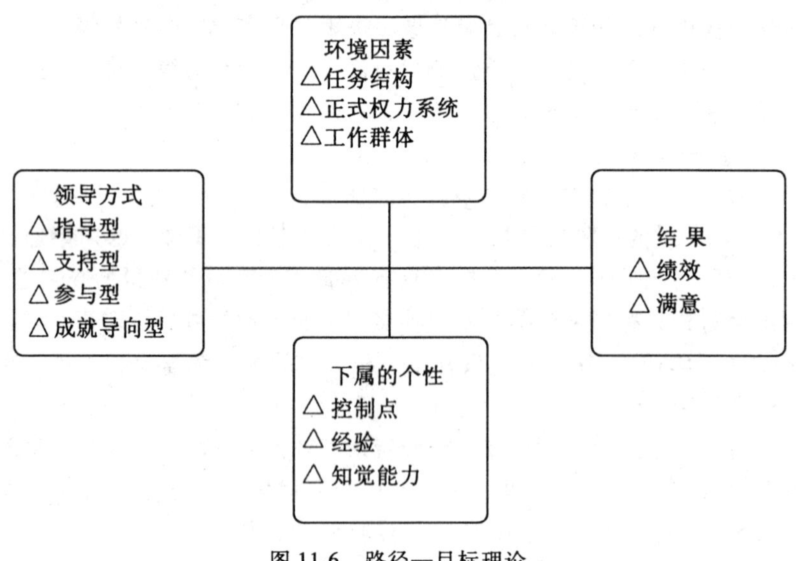

图 11-6　路径—目标理论

第三节　领导集体

一、领导集体的含义与作用

领导集体、领导班子和领导团队都是具有相同含义的概念，是指为了达到特定目标由若干领导成员所组成的具有多种功能的组织体。各个地区、部门、系统、单位都有这种不同层次的领导集体。

领导集体是管理的指挥部。它是否坚强有力，对管理的优劣、事业的成功与否关系重大。领导班子的重要作用主要表现在以下几个方面：

1. 领导班子是管理活动的组织者、指挥者和服务者

任何领导班子都是一定责任的承担者。它们在不同的岗位、不同的层次中担负着管理的组织、指挥、监督和协调的责任。领导班子又是一定权力的体现者。为了更好地担负起进行组织、指挥和服务的职能，领导班子都具有一定的权力。一是法

定权，即有关机构正式授予的法定地位和相应权力，如决策权、用人权、指挥权、监督权等。二是奖惩权，这是法定权的具体体现。领导班子在自己职权范围内借助奖惩来扬善抑恶。通过这些权力的正确运用，使其指挥更加有力。领导班子的根本宗旨是服务于组织，服务于基层，所以它又是服务者。

2. 领导班子的行为影响着其管理活动的性质

在一定的企业制度下，领导班子的行为影响着局部管理活动的性质，甚至导致局部管理活动的质变。管理的根本性质是服务于组织效率，领导班子的权力只是为组织服务的工具和手段，这是企业制度对领导班子的根本要求。如果领导班子忘记了这一点就容易产生官僚主义和以权谋私等各种不正之风。

3. 领导班子是管理活动成败的决定性因素

影响管理活动成败的因素是很多的，如被管理者、客观环境、管理体制、管理方法和艺术、领导作风和水平等，但影响管理活动成败的决定性因素还是领导班子。一个单位、一个部门，不论其下属多么精明能干，如果领导班子四分五裂，就很难搞好管理工作。与此相反，如果领导班子坚强有力，即使是一个“烂摊子”，也能拨乱反正，开创工作的新局面。

二、建设领导班子的原则

1. 适应形势的原则

现代管理是一个动态的过程，整个管理活动都要随着组织的政治、经济、文化、科学的发展而变化。要根据管理的任务、特点和发展趋势，对领导班子不断提出新要求，不断调整班子的结构，不断提高班子成员的素质，使其适应形势的变化。

2. 互补的原则

这一原则要求把具有各种不同的知识、专业、智能、性格、年龄的成员搭配起来，互相补充，取长补短，以形成较大的“聚集力”和“向心力”，更好地发挥整体的功能。满足管理活动对领导班子知识、智能等方面的需要，以进行有效的领导。

3. 职以能授权的原则

所谓职以能授权是指按照每一个领导干部所具有的能力安排相应的领导职位。在组建、调整领导班子时，要根据该领导班子所在的层次和地位的需要，安排具有相应能级的人选。

4. 精干的原则

一个领导班子，要用最少的人办最多的事，形成精干紧凑的运转系统。领导班子一定要少而精，不需要的、滥竽充数的人员，一定不要进入领导班子。

三、领导集体的结构

所谓领导集体的结构是指领导成员的排列组合。领导集体的结构不同，就会有不同的性质和功能。

目前，领导集体的结构，主要有以下几种形式：

（一）性格特征结构

“金无足赤，人无完人”，每一个领导干部都不是尽善尽美的，在性格上也不能要求他们都是一致的，而是各有自己的特征。

1. 意志型

这种性格特征的领导干部具有明确的行动目的，在追求既定目标时，坚定果断，持久顽强，不怕困难，不怕挫折。他们在环境比较艰苦的单位工作会出色地完成任务。但这种性格特征的领导干部一般比较主观、固执、倔强。

2. 情绪型

其显著特点是热情，但不够冷静，平易近人，也易冲动，举止受情绪影响较大，但适应性强，自尊心强，可是自信心差。

3. 理智型

这种领导的典型表现是冷静，善思、不易动感情，思想深刻，能独立分析问题，理智地权衡轻重、利弊，善于支配和控制自己的行动。这种领导干部的深刻思想不易被了解。

4. 外倾型

这种类型的领导开朗、乐观、情绪外露，心直口快，兴趣广泛，能言善辩，能深入群众。这种性格特征的领导，易于将思考不成熟的问题外露，会造成不必要的误解。

5. 内倾型

其表现为沉静、稳重的内心活动，感情不易外露，不轻易表态。这种性格特征的干部接触群众不广泛，群众对其敬而远之。

6. 顺从型

这种领导干部顺应性强，容易接受上级和同事们的意见，但不善于思考问题，原则性差，缺少主见，性格温和，当老好人，一般群众关系较好。

7. 独立型

这种领导干部遇事果断、坚决，能大胆拍板，有魄力，具有较强的工作能力，但固执己见，容易犯主观主义。

8. 开放型

这种性格特征的干部，思想开阔、敏锐、创新意识强，能开拓工作的新局面，进行创造性的工作。

以上仅大体上概括了领导干部的性格特征，在组建领导集体时，要坚持互补的原则，将具有不同性格特征的领导干部进行科学的搭配。

（二）知识结构

做好管理工作需要具有掌握各种现代科学文化知识的人才，现代的领导者，需要依靠科学知识进行管理，因此，领导集体的知识结构必须科学化，这就要求做到以下几点：

1. 领导集体的知识结构要居于较高的层次

这是因为整个社会在前进，组织成员的知识水平在提高。领导者如果没有更高的知识水平，就很难让下属信服，很难行使领导职能。因此，我们说，领导集体具有较高的知识结构是实行有效领导的基础。

2. 领导集体的知识结构要具有多层次、多因素

领导集体各个成员的分工不同，所分管工作的性质也不同，因此所需的知识也就不同。所以在组建和调整领导集体时，要争取尽可能多样性的专门人才进入领导班子，尽力避免领导集体中都是同一种类型的专门人才。

（三）智能结构

智能是指人们运用知识的能力。其主要的构成因素有学习研究能力、分析判断能力、思维和创造能力、决策指挥能力、组织与协调能力、表达和沟通能力等。在一个领导班子中需要具有各种智能的人，并且按比例进行科学的配备。一般来说，一个理想的领导班子既要有头脑清醒、深谋远虑的思想家，又需要有魄力、有胆识、能运筹帷幄的组织者，还要有办事果敢利落的实干家和能言善辩、擅长辞令的外交家，不能清一色地一个类型。只有这样，才能形成最优的能力结构，在企业管理中充分发挥作用。

（四）年龄结构

在年龄结构上总的要求是年轻化，形成梯形结构。年轻化是保持领导结构具有青春活力的重要因素，必须认真对待。正确理解领导班子的年轻化应该包括以下内容：第一，中青年干部要看德。第二，要看才，要看智能水平。第三，领导班子年轻化，是指平均年龄。第四，年轻化并非就是青年化，不是说领导班子中成员的年龄越小越好，而是指一个领导集体中应有一个合理的老、中、青比例，有一个与管理层次相适应的平均年龄界限。既要防止领导老化，又要保证领导的继承性，而且在不同的管理阶层中，对年龄的要求，对年轻化的程度，应有所不同。一般情况越是基层领导干部越应年轻些，而在高层，领导干部的年龄则可大些，但也要注意尽可能扩大中青年的比例。第五，梯形结构是领导集体年龄结构的又一基本要求。以中青年为主体的老、中、青组成的领导班子，不仅有利于现行工作的开展，而且可以避免领导集体的同步老化，使事业继往开来，后继有人，使领导集体的建设符合自然规律的要求。

四、领导作风

领导作风如何，要从三个方面来把握：一是思想作风，二是组织原则，三是工作作风。好的领导作风，必须符合组织的长远战略思想、组织原则和工作方法。这三者既有区别，又有联系，它们相辅相成、相互促进。因此对它们必须全面把握，不可或缺。

（一）思想作风

思想作风主要包括思想意识，道德品质和作风。它是领导干部的基本素质，是做好领导工作的基础和条件。锤炼思想作风方面可从以下几个方面着手：

①具有先进的思想和世界观以及强烈的开拓创新意识。

②有奉献精神和积极的服务意识。

③坚持实事求是的思想路线和作风。

④有高尚的道德品质。大公无私，克己奉公，积极努力，任劳任怨，埋头苦干，光明磊落，毫不隐瞒自己的观点，坚持真理，改正错误，不文过饰非，不贪功诿过。

⑤模范地遵守国家的法律法令和纪律以及民主集中制的原则。

⑥有良好的工作作风和生活作风。

（二）组织原则

组织原则是组织在达到目标的过程中，其运行所依据的原则和程序。

领导者必须坚持：积极效忠于组织目标；权力和责任相统一；职位和工作规范明确；民主集中制；从群众中来、到群众中去；集体领导与个人分工负责制；少数服从多数；下级服从上级；顾全大局的组织原则。

（三）工作作风

关于工作作风涉及哪些内容，有很多时候一些人把本属于思想作风的内容纳入其中是欠妥的，我们认为二者是存在着一定的差异的。工作作风是对待工作的态度和所表现出的行为。

1. 维护团结，增强协作配合意识

团结才能产生伟大的力量。强调团结，就是要求领导干部秉持团结协作的好作风，从我做起，从小事情做起；就是要认真贯彻民主集中制原则，坚持重大问题集体讨论决定，不搞一言堂、独裁专断、唯我独尊；凡属集体讨论决定的事项，坚决做到议而有决，决而有行，行而有果，要靠事业增强凝聚力，靠团结形成坚强的战斗集体；就是要待人诚恳热情，富有友爱同情之心，乐于助人，不搞本位主义、部门保护主义，尊重和关心他人，经常开展表扬批评，促进团结，共同进步。

2. 胸怀坦荡，豁达大度的气质

就是说老实话，办老实事，做老实人，不说谎，不骗人；待人做事忠诚老实，绝不能欺骗上级、同事和下级；有了成绩不夸大，有了缺点、错误不掩饰隐瞒；养成实事求是的作风。

3. 敢作敢为，激流勇进的气魄

勇敢就是不畏艰难困苦、不怕挫折、勇于承担风险，具有坚忍不拔的毅力和不达目的决不罢休的精神；勇敢就是敢想、敢说、敢做，勇于革新创造；勇敢就是为了组织的利益，敢于同困难作斗争，对待工作、学习和生活中的困难，要努力战胜它；要勇于批评和自我批评，对待自己身上存在的缺点和错误要下决心克服和改正。

4. 与时俱进、积极的开拓创新意识

主要要求领导者思想活跃，有魄力，不墨守成规、因循守旧。要有钻研精神和机智灵活的创造精神；爱动脑筋，在工作、学习和生活中，遇事爱问个为什么，寻根究底，勇于探索；不唯唯诺诺，也不马马虎虎；热情积极，性格开朗，朝气蓬勃，对工作、学习、生活充满信心和力量；工作主动、不等（红头文件）、不靠（上级拍板）、不要（待遇）、不得过且过。

5. 求真务实，身体力行

就是不搞形式主义，重实际、务实事、求实效。深入调查研究，简化办事程序，帮助基层和群众解决实际困难，提高工作效率；反对官僚主义和衙门作风，不以权谋私、杜绝长官意识；不夸夸其谈、华而不实、报喜不报忧；不讲空话、假话、大话、套话、怪话、粗话；不做表面文章，追求“轰动效应”；淡泊名利，力戒浮躁心态，不急功近利，好大喜功；要多从宏观上思考问题，多从微观上解决难题；要身体力行、埋头苦干，发扬特别能吃苦、特别能战斗、特别能耐劳的精神；直面困难和矛盾，劈开荆棘、踏平坎坷，以务实的作风推进各项工作；对于关系全局的大事、难事，必须身先士卒，率先垂范，确保把实事办实、好事办好。

第四节　领导者的素质

一、领导者的素质的含义

素质是指事物本来的性质。素质以人的生理和心理实际作基础，以其自然属性为基本前提且外延极广的概念。广义的素质是指人的禀赋、性格、气质、胸怀、风度、兴趣、好恶、毅力、能力等。狭义的素质是指人的先天的解剖的生理特点，主要是感觉器官和神经系统方面的特征。此处所讨论的素质特指个人的才智、能力和内在涵养，即才干和道德力量。根据目前的研究，人的素质主要包括：政治素质、思想素质、道德素质、业务素质、审美素质、技能素质、身体素质、心理素质。它们可归结为生理素质和心理素质两个方面。生理素质是指人的先天的解剖生理特点，主要是感觉器官和神经系统方面的特点。因而，生理素质只是一个人的心理发展的生理条件，但它不决定人的心理内容和发展水平。心理素质是指一个人心理状态的外在表现。一个人的心理素质是在先天素质的基础上，经过后天的环境与教育的影响而逐步形成的。生理素质虽然对心理素质有制约作用，但不起决定性的作用。起决定作用的是社会实践，是人们所处的社会的具体条件。心理素质包括人的认识能力、情绪和情感品质、意志品质、气质和性格等个性品质的多个方面。

领导科学研究的领导者的素质指的是在一定环境下的领导实施能力，它是领导者在先天的禀赋基础上通过后天学习和实践获得的德、识、才、学、体的总和，是区别于他人的内在的规定性。领导者的素质是个人从事领导工作应具备的内在素质和基础。

二、现代领导者应具备的素质

领导者应该具备什么样的素质是一个见仁见智的问题，存在着不同的认识和评价标准。20 世纪 70 年代美国哈佛大学约翰·科特教授对领导者的素质进行了研究，他在对多家企业的经理进行调查之后认为一个领导者应该具备以下 6 个方面的素质：

①行业知识和企业知识。行业知识主要包括：市场情况、竞争情况、产品情况和技术情况。企业知识主要包括领导者是谁、他们成功的主要原因是什么、公司的文化渊源、公司的历史和现在的制度。

②在公司和行业中拥有人际关系。这个人际关系首先要广泛，在企业活动涉及的各个领域拥有广泛的人际关系，越广越好。同时，必须是稳定的，不是短期的而是长期的，不是一次性的而是可以反复合作的。

③信誉和工作记录。一个好的领导者必须有良好的职业信誉，有良好的工作记录。所以在探讨职业经理人的从业风险时，投资家会说，我把资金交给职业经理人，那么他干得不好我的投资就没有了，所以我担的风险很大。而从理论和实践上着眼，职业经理人所担的风险其实更大，因为作为投资家，这笔投资失败了他还可以去进行其他的投资，在这里损失了，在别处可以找回来。但作为职业经理人，如果他把这个公司做垮了，这项事业做失败了，那么他的信誉就会受影响，这个失败的记录将永远无法抹去，这对他以后的事业和人生发展都会产生不良影响，所以投资商是拿着自己财产中的一部分来冒可逆的风险，而职业经理人是拿着自己的职业生涯和自己的人生发展来做赌注。

④基本的技能。包括：社会技能、概念技能和专业技能。概念技能主要指分析判断全局的能力和进行战略规划的能力，要求有敏捷的思路、强大的抽象思维能力做支撑。

⑤正确的个人价值观。该价值观最基本的两条如下：一是要有积极的行为准

则；二是要保持客观公正的评价态度。

⑥积极的进取精神。具体来讲就是建立在自信基础上的成就和权力动机，并且保持充沛的精力，能够全身心地投入工作。

考虑到现代管理日益复杂化的客观实际，我们认为要做好领导工作，现代领导应具备如下基本素质：头脑冷静、豁达大度、善于鼓励、擅长辞令、处事公正、赏罚分明。

①有自知之明。知自己所长、所短。根据扬长避短的原则，决定自己做什么，不做什么，决不能做自己的能力所不及的事。

②有不断创新的进取心。唯有创新，唯有及时抓住群众感觉到而还没有意识到（或没有明确意识到）的东西，你才能带领群众前进。墨守成规，因循守旧难以成为好领导。

③有决断魄力。不及时作出正确的抉择，在急剧变化和剧烈竞争的现实面前就会贻误时机。"一看、二站、三通过"包含永远落后的风险。既要敢于"迎难而上"，又要勇于"急流勇退"。

④要有宽容精神。下属没有不满，领导就没有改进。兼听则明，偏信则暗，不要随意整人，错整一人，"恐整病"就会在单位内蔓延。众怒难犯，最后，必失去领导的权威。

⑤要诚实、正派。要笃诚待人，弄虚作假，喜好欺骗，结果会众叛亲离；要消除个人好恶地待人、待事。

思考题

1. 试阐述领导的性质和职责。
2. 领导行为理论给了我们什么启示？
3. 为什么人们钟情于权变的领导理论？
4. 试分析集体领导的利与弊。
5. 建设领导班子应该坚持哪些原则？
6. 现代领导者应具备哪些素质并提倡什么样的工作作风？

第十二章 激励理论

【目的和要求】

学完本章，应达到的要求：

1. 了解激励的一般过程与模式。

2. 理解并掌握内容型激励理论、过程型激励理论，深刻理解和认识各种关于人性假设的理论对管理的启示。

3. 掌握构建激励机制应遵循的原则和基本的激励方法。

激发人们的工作热情，去积极地实现组织的目标是领导职能的基本任务，是领导工作的重要方面。有效的激励能使人的潜力得到最大限度的发挥，而对管理者来说，所面临的最大挑战就是如何激发员工实现高水平的绩效。因此，激励机制是现代组织制度的核心内容之一，是确立组织核心竞争力的基石，是现代管理的精髓。

第一节 激励概述

一、激励的概念

激励一词，《辞海》解释为“激发使振作”，即激发人的动机，诱导人的行为，使其产生一种内在的动力，朝着所期望的目标努力的过程。在管理学中，激励是指激发、鼓励、调动人的热情和积极性。从诱因和强化的观点看，激励是将外部适当的刺激转化为内心的动力，从而增强或减弱人的意志和行为。从心理学的角度看，激励是指人的动机系统被激发后，处于一种活跃的状态，对行为有着强大的内驱力，促使人们为期望的目标而努力。

美国管理学家贝雷尔森（Berelson）和斯坦尼尔（Steiner）指出：“一切内心要争取的条件、希望、愿望、动力等都构成了对人的激励，它是人类活动的一种内心状态。”所以激励也是一种精神力量或状态，它对人的行为产生激发、推动、加强的作用，并且指导和引导行为指向目标。

我们认为，激励就是运用某些外部诱因激发人的动机，使人有一股内在的动力，朝着所期望的目标前进的心理过程。激励使人始终维持在一个兴奋的状态中。

激励的水平越高，完成任务的努力程度和满意感也越强，所取得的工作效能也越高。反之，激励水平低，缺乏完成组织目标的动机，工作效率也就越低。

该定义包括激励的四个关键因素：诱因、激发、动机和期望的目标。一般认为，一切内心要争取的条件、欲望、需要都可构成对人激励的诱因；在不同的条件和时空环境下各种诱因的激发强度是不一样的；内在动力持续的时间长度总是与激发强度正相关；行为表现及期望的目标实现的程度是测定激励效果的基本标准和考虑新一轮激励的依据。因此，在设计或分析一项激励机制时，需要从目标方向、努力程度和持续时间等方面考察其激励水平。

二、激励的过程（激励模式）

激励的基本组成因素是需要、激发驱动、动机和目标导向的行为。为了揭示激励产生的过程，这里需要明确以下一些概念。

1. 需要

在心理学中，需要是指特定的结果具有吸引力的某种心理状态。即需要是人们对某种目标的渴求和欲望，它既包括基本的需要，如生理需要和安全需要，也包含各种高层次的需要，如发展和享受需要。人们的需要多种多样，且不同的人对需要所要求的程度也各不相同。需要是人们产生激励行为的前提。

2. 动机

需要是个性动力的源泉，其具体表现形式就是动机。当一个人感觉到某种需要，且该需要处于未被满足的状态时，主体就会处于一种紧张状态，从而在身体内部产生一种内在的驱动力，也就是动机。

动机的心理学定义为动机是直接推动个体活动以达到一定目的的内在动力和主观原因，是引发和维持个体活动的心理状态。动机是诱发人们按照预先的要求进行活动的念头，它使人们心甘情愿地付出自己的努力。

动机的表现形式有很多种：从表现的程度差异上分为兴趣、意图、愿望、信念和理想等；从表现的可信度差异上分为真实动机和伪装动机；从物质方面可分为物质性动机和非物质性动机。

（1）物质性动机

工资、奖金、各种福利、养老计划、员工持股计划、带薪假期等，都属于物质性动机。这些动机能够吸引有竞争力的员工，减少人员的流动，提高组织的士气和绩效。

（2）非物质性动机

非物质性动机能够为员工提供个人发展和取得成就的机会，亦被称为个人动机。研究表明，这种动机对员工的工作绩效能够产生显著的影响。例如，升迁的机会、工作中的挑战性和成就感等都是非物质性动机。

3. 激励模式

激励的组成因素，在激励的过程中表现为一种有规律性的模式，这就是激励模式。

人的行为是由动机决定的，而动机则是由需要引起的。当人们产生某种需要而未能满足时，就会引起人的欲望——想满足这种需要，它促使人处在一种不安和紧张的状态之中，从而成为做某件事的内在驱动力。心理学上把这种驱动力称做动机。动机产生以后，人们就会寻找、选择能够满足需要的目标和途径，而一旦策略确定，就会进行满足需要的活动，产生一定的行为。如果目标能够达到，则会感到满足，并使紧张的心理状态得到松弛。活动的结果如果未能使需要得到满足，人们就会采取新的行为，或重新努力，或降低目标要求，或变更目标从事别的活动。如果活动的结果使作为活动的原动力的需要得到满足，则人们往往会被自己的成功所鼓舞，新的需要会随之出现，紧张也接踵而来，从而使该过程重复再现。人类对美好生活的永恒追求就是一个很好的例子。因此，从需要的产生到目标的实现，人的行为是一个周而复始、不断进行、不断升华的循环过程，如图 12-1 所示。

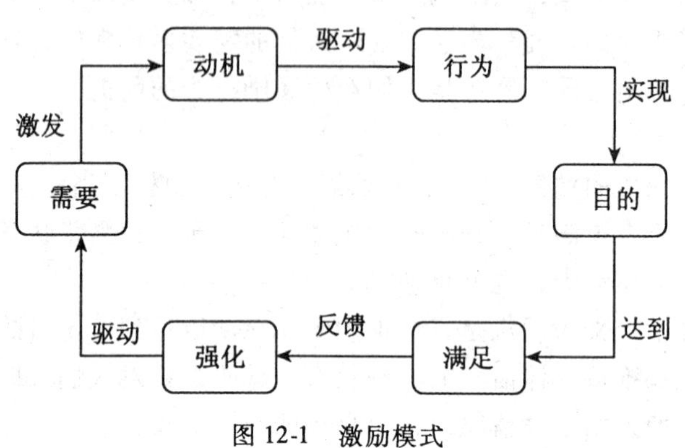

图 12-1　激励模式

三、激励的作用

激励对人的行为具有驱动和导向作用，激励在管理中的作用主要表现在以下几个方面：

1. 激励可以充分调动员工的工作积极性和激发其潜在能力

慷慨的红利及奖金，是众多公司吸引员工积极投入和乐于寻找有挑战性的工作的法宝。著名心理学家罗森塔在美国很多小学都做了这样一个试验：在对一些孩子做过智力测试后，对几个平时成绩很差的孩子说他们是智力超群的小天才，并通过老师反复地以此鼓励他们。于是这几个孩子对自己有了信心，并开始努力学习，一个学期后都获得了突出的成绩。但实际上，这几个孩子只是罗森塔故意从成绩排名倒数的孩子中挑选出来的，并非真正的天才。同一个试验在不同的学校都得出了类似的结果，心理学家把这种现象称为罗森塔效应。

罗森塔效应说明：当人得到持久的深厚的期望后，会因受到激励而增强自信心，并依靠这种心灵的力量逐渐获得成功。可见，一个人平常的工作能力水平与激发后可以达到的工作能力水平之间存在着较大差距，而激励是发掘这部分潜力的重要途径。

2. 激励有助于增强组织的凝聚力，促进组织内部各组成部分的协调统一

组织是由员工个体、工作群体组成的有机整体。为保证组织的正常协调运转，除用严密的组织结构和严格的规章制度加以规范外，还需要用激励方法，满足员工多方面的需要，鼓舞员工士气，协调人际关系，增强组织的向心力和凝聚力，促进组织的发展。

3. 激励有利于组织吸引人才

有效的激励制度不仅可以充分调动组织内现有的人力资源，而且还有助于吸引组织外的人才流向组织内部。这是因为人们都希望自己的需要得到充分满足，才能得到充分发挥。

4. 激励有助于将员工的个人目标导向实现组织目标的轨道

例如，不少企业实施分红入股与员工认股权的激励制度，使员工分享企业经营的成果，是帮助员工获得财产的具体方式之一。借股权或盈余的分配，来提高员工对企业的认同感与向心力，降低员工的流动率。

第二节　激励理论

关于工作激励的理论大体分为两大类：内容型激励理论和过程型激励理论。内容型激励理论主要集中于分析个体的多种需要，认为管理者的任务是创设一种积极满足各种个体需要的工作环境。内容型激励理论用以帮助解释为什么会出现不良的工作态度、行为和绩效，并认为奖励的价值在于满足所激发的需求。内容型激励理论主要有需要层次理论、生存、相互关系、成长理论、成就需要理论和双因素理论。过程型激励理论则围绕人的激励过程及其对工作行为的决定性影响，特别注重解释需要、奖励和行为之间的关系和相互作用问题。过程型激励理论包括期望理论、公平理论、强化理论以及期望模式。

一、内容型激励理论

（一）马斯洛的需要层次理论

1. 五个需要层次

美国心理学家马斯洛（A. H. Maslow，1908—1970）试图建立一个模型，来描述健康的人性是如何建立和发展起来的以及在行为的激励方面又是如何表现的。在1943年出版的《人的动机理论》一书中，他提出了需要层次理论。该理论有两个基本论点。其一，人是有需要的动物，其需要取决于他已经得到了什么，还缺少什么，只有尚未满足的需要能够影响其行为。换言之，已经得到满足的需要不能起激励作用。其二，人的需要都有轻重层次，某一层次的需要得到满足后，另一层次的需要才出现。

马斯洛认为，在特定的时刻，人的一切需要如果都未能得到满足，那么满足最主要的需要就比满足其他需要更迫切。只有排在前面的那些需要得到了满足，才能产生更高一级的需要。而且只有当前面的需要得到充分的满足后，后面的需要才显示出其激励作用。

他把人的需要归纳为五个层次，由低到高依次为生理需要、安全需要、社交需要、尊重需要和自我实现需要，如图12-2所示。

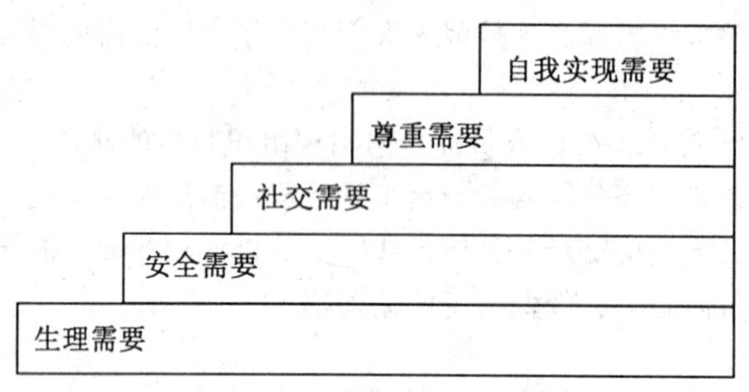

图12-2 马斯洛需要层次理论

①生理需要。生理需要是维持人类自身生存的基本需要，是人类最原始、最基本的需要。如衣、食、住、行、性的需要。在一切需要中，生理需要是最基本、最优先的，当一个人什么也没有时，首先要求满足的就是生理需要。

②安全需要。安全需要是指对人身安全、就业保障、工作和生活的环境安全、经济保障等的需求。当一个人生活或工作在惊恐和不安之中时，其积极性是很难调动起来的。

③社交需要。社交需要是指人希望获得友谊和爱情及归属的需要，希望得到别人的关心和爱护，希望成为社会的一员，在他所处的群体中占有一个位置，否则就会郁郁寡欢。

④尊重需要。尊重需要是指希望自己保持自尊和自重，并获得别人的尊敬，得到别人的高度评价。这种需要可分为两类：一类是那种要求力量、成就、信心、自由和独立的愿望；另一类是要求名誉和威信（别人对自己的尊敬和尊重）、表扬、

注意、重视和赞赏的愿望。每一个人都有一定的自尊心，这种需要得到满足，就会使人感到自信、有价值、有力量、有能力并适于生存；若得不到满足，就会产生自卑、软弱无能感，从而导致情绪沮丧，失去自信心。

⑤自我实现需要。这是最高层次的需要，是指最大限度地发挥个人的潜能，施展自己的才华，实现个人抱负。正如马斯洛在他的著作中所说的，如果一个人想要得到最大的快乐，那么一个音乐家必须创作音乐、画家必须绘画、诗人必须赋诗。也就是说，一个人能够做什么，他就必须要做什么，这样才能最终感到愉快。当人的其他需要得到基本满足以后，就会产生自我实现的需要，它会产生巨大的动力，使人尽可能地努力实现自己的愿望。

2. 马斯洛需要层次理论的基本观点

①人的需要是有层次的。五种需要又可分为两个大的层次。其中生理需要、安全需要和社交需要是第一层次的需要，是生存层次的需要，是人类的本能需要；而尊重需要和自我实现需要则是高一层次的需要，是发展层次的需要。

②五种需要按照层次逐次递进。人们受到五种需要的激励，而这五种需要是有序排列的，即生理需要是人最基本、最优先的需要，自我实现是最高层次的需要。一般来说，人们首先追求满足较低层次的需要，只有在低层次的需要满足以后，才会进一步追求较高层次的需要。所以，人的需要是呈阶梯状上升的。

③人在特定时期存在特定的主导（优势）需要。在一定的时空和条件下，人存在多种需要，其中人最渴望得到而又未得到的需要是主导需要，它对人的行为起决定作用。只有满足主导需要，才能起到最大的激励作用。当原有的主导需要得到满足后，它便不再是行为的积极推动力，于是其他需要开始发生作用，出现新的主导需要。人在不同的时期、发展阶段，其需要结构不同，但总有一种需要发挥主导作用，这是管理者运用激励职能务必需要重点关注的问题之一。

④任何一种需要都不会因为人们追求更高层次的需要而消失，高层次需要的发展和持续仍然依赖于低层次需要的满足，只是人们的行为受到了需要的升级程度的影响。

⑤五种需要的等级顺序并不是固定不变的，存在着等级倒置现象。对一般人而言，五种基本需要就是按照从低到高的等级排列的，但这种排列等级并不是刻板的，也并非是对所有人都绝对适用的，有些人的愿望可能永远保持着僵化或低下的状态，只谋求低层次的需要而不再追求高层次的需要；有些创造性极强的人可能在满足少量的低层次的需要后就谋求高层次的需要，而有些富有理想和高尚价值观的人可以为了理想和信仰而不顾自己的低层次的基本需要，甚至愿意以生命为代价。一般来说，人的各种需要的出现通常取决于本人的职业、年龄、性格、受教育程度、经历、社会背景等。

⑥各种需要相对满足的程度不同。实际上，绝大多数人的需要只有部分得到满

足，同时也有部分得不到满足，而且随着需要层次的升高，满足的难度相对增大，满足的程度逐渐减小。

3. 对马斯洛的需要层次理论的评论和应用

马斯洛的需要层次理论，对揭示人类复杂的需要的普遍规律性作出了贡献，且具有直观、易于理解、相对较合理等特点。但该理论也存在着一些不足之处。有人认为该理论过分强调了人的生理属性，且只注意了一个人的各种需要之间存在的纵向联系，而忽视了横向联系，即同一时间内一个人往往存在多种需要，这些需要相互矛盾，导致动机的斗争；也有人认为该理论带有一定的机械主义色彩，人的需要是复杂的，往往不能机械地、绝对地按层次进行划分，也并不一定严格地按上述各个层次逐级去满足；还有的人认为，需要层次理论关于满足的含义不够明确，一种需要得到满足后很难预测哪种需要会成为下一个必须满足的需要等。尽管如此，该理论仍不失为一种重要的激励理论，对管理工作具有以下重要的指导作用。

①了解员工的需要层次。通过分析员工所处的需要层次，针对其主导需要来采取管理措施，能够提高激励的效果。例如，当员工处于生理需要阶段时，可通过提高工资、改善劳动和生活条件来激励员工；当员工处于社交需要阶段时，可通过建立和谐、友好的工作环境来使员工得到满足；当员工处于自我实现需要阶段时，可通过设定富于挑战性的工作，给予更多的自主性和灵活性，来满足员工的需要。

②了解员工的需要差异。即使在同一需要层次上，不同的员工，因为其职业、年龄、个性和家庭背景等存在差异，其需要也各有特点。而且，随着社会和经济环境的发展变化，人们的需要也在发生变化。因此，管理者的激励方法应结合员工的具体需要而灵活地调整。

(二) 阿尔德弗的生存、相互关系、成长理论 (ERG 理论)

ERG 理论是由美国耶鲁大学组织行为学教授克莱顿·阿尔德弗（Clayton Alderfer）通过大量的调查研究，于20世纪70年代初提出的一种需要理论。该理论对马斯洛的需要层次理论进行了重组与修正，使之与实证研究的结果更为一致。该理论把人的需要归结为生存需要（Existence Needs）、相互关系需要（Relatedness Needs）以及成长需要（Growth Needs），简称为“ERG 理论”。

1. ERG 理论的内容

①生存的需要是人最基本的需要，包含人的一切生理上的物质需要，人的衣食住行、报酬、工作环境等基本条件都包括在此种需要当中。需要层次理论中的生理需要和安全需要都包含在该项中。

②相互关系的需要是指人际关系（社会交往）方面的需要，包括安全感、归属感、友情、受人尊重等方面的需要，它们与需要层次理论中的社会需要和自尊需要是相对应的。这种需要是在与其他需要相互作用的过程中得到满足的。

③成长的需要是指个人谋求成长的内在愿望，包括需要层次理论中的自尊需要

的内在部分和自我实现需要所包含的内容。

2. ERG 理论与需要层次理论的异同

阿尔德弗的 ERG 理论和马斯洛的需要层次理论既有相似之处，又有不同之处。其相似之处如表 12-1 所示。

表 12-1 **ERG 理论与需要层次理论的相似之处**

<table>
<tr><th>需要层次理论</th><th>ERG 理论</th></tr>
<tr><td>生理需要</td><td rowspan="3">生存需要</td></tr>
<tr><td>安全（对物的）需要</td></tr>
<tr><td>安全（对人的）需要</td></tr>
<tr><td>社交需要</td><td rowspan="2">相互关系需要</td></tr>
<tr><td>尊重（受之于他人的）需要</td></tr>
<tr><td>尊重（自己确认的）需要</td><td rowspan="2">成长需要</td></tr>
<tr><td>自我实现需要</td></tr>
</table>

阿尔德弗的 ERG 理论与马斯洛需要层次理论的不同之处如下：

①马斯洛认为人们会由于较低层次的需要得到满足而上升到更高层次的需要，即“满足—前进”的逻辑。阿尔德弗则认为，与这种“满足—前进”逻辑并存的还有“受挫—倒退”逻辑，即当较高层次的需要受到挫折时，需要的重点就可能退到较低的层次，如图 12-3 所示。

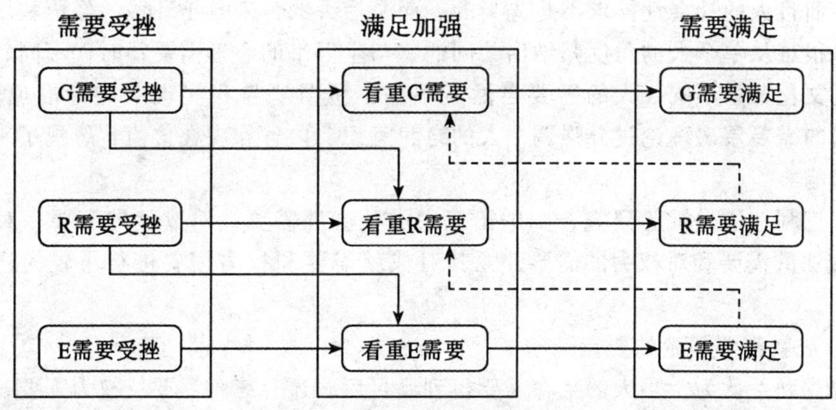

图 12-3 ERG 需要模型

②马斯洛的需要层次是一种刚性的阶梯式上升结构，即认为较低层次的需要必须在较高层次的需要满足之前得到充分的满足，二者具有不可逆性。ERG 理论并不认为各类需要层次是刚性结构。例如，人们即使在生存需要没有满足的情况下，也会表现出舍己为人的行为，这就是一种对相互关系的需要。此外，即使一个人的生存和相互关系需要尚未得到完全满足，他仍然可以为成长的需要工作，而且这三种需要可以同时起作用。

③阿尔德弗认为，人在同一时间可能有一个或多个需要同时被激活。如果较高层次需要的满足受到抑制的话，那么人们对较低层次的需要的渴望会变得更加强烈。例如，如果人们得到社会尊重、实现个人发展的需要不能得到满足，则有可能会增加对于工资、工作条件或物质享受的需要。这比马斯洛认为的一个人一次只会有一种主导需要的观点更符合实际。因此，相比之下，ERG 理论与我们关于个体差异的日常观察更一致，更加灵活。

需要指出的是，阿尔德弗对人的需要的研究，并没有超出马斯洛的需要层次理论的范畴，只是马斯洛的需要层次理论揭示的是带有普遍意义的一般规律，而阿尔德弗的观点更侧重于带有特殊性的个体差异，二者对实际工作都具有一定的指导意义。

（三）麦克利兰的成就需要理论

美国著名心理学教授戴维·麦克利兰（David C. McClelland），在 1955 年对马斯洛的需要层次理论的普遍性提出了挑战，对该理论的核心概念“自我实现”有无充足的根据也表示怀疑。

经过 20 多年的研究，他在其代表作《渴求成就》（1966）和《权力的两面性》（1970）两篇论文中阐述了他的观点：人类的许多需要都不是生理性的，而是社会性的，而且人的社会性需求不是先天的，而是后天的，来自于环境、经历和培养教育等。很难从单个人的角度归纳出共同的、与生俱来的心理需要；时代不同、社会不同、文化背景不同，人的需要自然就不同，所谓“自我实现”的标准也不同。马斯洛的需要层次理论过分强调个人的自我意识、内省和内在价值，忽视了来自社会的影响。

麦克利兰通过试验研究，归纳出三大类社会性需要：对成就的需要、对（社会）交往的需要和对权力的需要，尤其对成就需要和权力需要进行了较为详细的论述。

1. 成就需要理论的要点

麦克利兰认为，当人的生存需要得到满足后，还有三种需要：权力需要、交往需要和成就需要，其中成就需要最为重要。

①权力需要。具有较高权力欲望的人，从施加影响和控制他人的过程中得到极大的满足感，热衷于追求领导者的地位。对于高权力需要者来说，他们更关心的是

自己在组织中的威信和影响力，而不是工作绩效。

②交往需要。交往需要是指，人们对于良好人际关系、真挚情感和友谊的追求，并能够从社会交往中得到快乐和满足。在工作中，高交往需要的人希望在平静、和谐的组织而不是竞争激烈的组织中工作。

③成就需要。具有高成就需要的人，对工作的胜任感和成功有强烈的需求，经常思考个人职业生涯的发展规划。

2. 成就需要强烈者的性格特征

麦克利兰认为，具有强烈成就需要的人往往具有以下三种性格特征：

①谨慎地设定挑战性的目标。他们对成功有强烈的需要，但同时也担心失败，倾向于设定与自己能力相当的、难度适中的目标，对风险采取一种现实主义的态度。因为，如果目标过低，伴随着成功的是较少的成就满足感；而目标过高，则风险很大，成功的机会过于渺茫，会使自己难以体会到成功的喜悦。

②喜欢通过自己的努力解决问题，不依赖偶然的机遇坐享成功。高成就需要的人，重视的是个人成就而不是成功或报酬本身。他们喜欢独自解决问题，一有时间就考虑如何把事情做得更好些，在工作中相信自己的能力，敢于作出决断，愿意承担责任。希望通过自己的努力获得成功，这样才会有成就感。

③希望尽快得到工作绩效的反馈。他们对工作的结果非常关注，希望立即得到信息反馈，因此他们不愿意从事成果要很长时间以后才见分晓的工作。

麦克利兰指出，人的成就需要是可通过后天培养而得到加强的，成就需要可以创造出富有创业精神的人物，他们会促进社会经济的发展，因此全社会都应当认识到这一问题的重要性，鼓励人们努力建功立业，取得成就。

3. 权力需要强烈者的性格特征

成就需要和权力需要都会使人们有杰出的表现，但二者依然是有区别的。

人们对权力需要的基本特点是希望影响他人，希望控制向下、向上的信息渠道，以便施加影响、掌握权力。他们对政治感兴趣，而不像高成就需要的人那样关心改进自己的工作。

权力具有两面性，即社会化权力和个人化权力，前者的出发点在于为他人着想，后者则以实现个人统治为核心。

社会化的权力，主要特征是通过深切了解群众的需要和愿望，帮助群体确定共同的目标和意志，并主动提供达到目标的途径，让其成员感到自己是强者，有能力实现目标，把被领导者当做动力而不是工具。社会化的权力，能最大限度地调动被领导者的积极性，有益于整个社会。

个人化的权力，其主要特征是“统治—服从”的关系，征服、侵犯他人，把被领导者看做工具而不是动力。并认为作为工具的人只能被动地遵守命令，这种统治只能给领导者带来肤浅的满足。

高成就需要的人当中，很少产生率领众人前进的领导者，原因非常简单：成就需要强烈的人习惯于独自解决问题，无需他人。一个高成就需要的人，未必能领导企业取得成就，因为经理的责任是激励众人取得成功，而不是只顾自己的工作成就。激发他人的成就感需要有完全不同的动机和技巧。如果说成就需要对应着创业精神，那么权力需要就对应着各种领导，因为领导者的首要任务是影响别人，对权力的需要显然是他们的主要性格特征之一。

4. 成就需要理论在管理中的应用

麦克利兰通过对英国等工业发达国家的大量研究，得出以下结论：组织中拥有越多的高成就需要者，组织就发展得越快；而且高成就需要者可以通过后天的教育获得。这对管理工作有以下几点启示：

①提供能够发挥个人能力的工作环境。

②尽可能为高成就需要的人提供具有挑战性的工作环境，且对其工作成果及时反馈。

③注意培养员工的成就需要。

④由于成就需要可以后天培养，因此组织应当为员工创造良好的工作环境，培养员工的成就需要。

⑤高成就需要的人未必会成为优秀的管理者。

由于高成就需要者的注意力主要放在工作本身上，而不是如何去影响他人的工作，因此，优秀的管理者应当是高权力需要和低成就需要的人。

虽然麦克利兰的成就需要理论中存在许多不足之处，但是，该理论是对马斯洛需要层次理论的重要发展和补充，对指导组织的激励工作，更具有现实的意义。

（四）赫茨伯格的双因素理论

双因素理论是美国著名心理学家弗雷德里克·赫茨伯格（Frederick Herzberg）等人于20世纪50年代后期提出来的。当时，赫茨伯格在匹兹堡地区对11家企业的200名工程师和会计师进行了大规模的访谈和调查。基于员工的工作态度在很大程度上决定了工作的绩效，因此他设计了许多问题，试图了解员工希望在工作中得到什么。访谈和调查围绕以下两个主题进行：在工作中，哪些事情是让他们感到满意的，并估计这种积极情绪持续多长时间；哪些事情是让他们感到不满意的，并估计这种消极情绪持续多长时间。赫茨伯格以对这些问题的回答为材料，研究哪些事情使人们在工作中得到快乐和满足，哪些事情造成不愉快和不满足。

赫茨伯格通过分析调查，发现某些因素总是与工作满意相关，与不满意的关联度很低；而另一些因素则总是与工作不满意相关，与满意的关联度很低。使职工感到满意的都是属于工作本身或工作内容方面的；使职工感到不满意的，都是属于工作环境或工作关系方面的。他把前者叫做激励因素，后者叫做保健因素。

1. 保健因素

调查中发现，使员工感到不满意的往往是公司的政策与管理方式、上级监督、工资、人际关系和工作条件等五种因素，这些是属于工作环境和工作条件方面的因素。这类因素不具备或强度太低，容易导致员工不满意，但即使充分具备、强度很高也很难使员工感到满意，因此赫茨伯格将这类因素称为“保健因素”，也称做“维持因素”。

保健因素类似于卫生保健对身体健康所起的作用：保健从人的环境中消除有害于健康的事物，它虽然不能直接提高健康水平，但是确有预防疾病的效果；它不是治疗性的，而是预防性的。当这些因素恶化到人们可以接受的水平以下时，就会使人们产生对工作的不满意。但是，当人们认为这些因素很好时，它只是消除了不满意，并不会导致积极的态度，这就形成了某种既不是满意又不是不满意的中性状态。

2. 激励因素

赫茨伯格把能带来积极态度、满意和激励作用的因素叫做“激励因素”。这是那些能满足个人自我实现需要的因素，包括：成就、赏识、挑战性的工作、增加的工作责任以及成长和发展的机会。这些大多是属于工作本身和工作内容方面的因素。这类因素具备后，可使员工感到满意，但员工感到不满意时却很少是因为缺少这些因素，因为只有这些因素才能激发起人们在工作中的积极性、创造性，产生使员工满意的积极效果。

3. 保健因素和激励因素之间的关系

保健因素之所以能导致人们的不满意，是因为人们具有避免不满意的需要；激励因素之所以能导致人们的满意，是因为人们具有成长和自我实现的需要。但这两类性质不同的因素，是彼此独立的。

赫茨伯格提出，满意的对立面不是不满意，而是没有满意；不满意的对立面也不是满意，而是没有不满意。保健因素是否具备、强度如何，对应着员工“没有不满意”和“不满意”，因为保健因素本身的特性，决定了它无法给人以成长的感觉，因此它不能使员工对工作产生积极的满意感；激励因素是否具备、强度如何，对应着员工“满意”和“没有满意”，因为人的心理成长取决于成就，而取得成就就要工作，激励因素代表了工作因素，所以它是成长所必需的，它提供的心理激励，促使每个人努力去满足自我实现的需要。满意与不满意的原因对比如表 12-2 所示。

4. 双因素理论在实践中的应用

双因素理论为管理者的激励工作提供了新的视角和观点，并在实际工作中得到了广泛的应用。赫茨伯格的调查发现，由保健因素引起的不满占 69%，而激励因素只占 31%；当保健因素被充分满足后，所能发挥的激励作用只占 19%，而激励因素得到满足后，能发挥的激励作用高达 81%。因此，该理论对管理工作有如下指导意义：

表 12-2 满意与不满意的原因对比

不满意的原因	满意的原因
保健因素（环境） 公司政策与管理方式 上级监督、人际关系 薪金、安全、保障 工作条件 个人生活 地位	激励因素（工作本身） 挑战性的工作 增加的工作责任 工作成就 成长和发展的机会
这些因素改善了，只能消除职工的不满，但不能使职工变得非常满意，也不能激发他们工作的积极性	这类因素具备后，可使员工感到满意，但员工感到不满时却很少是因为缺少这些因素；这类因素的改善，能够激励职工的积极性和热情，从而提高生产率

（1）工作本身对员工的激励

基于激励因素大多与工作本身相关，而激励因素在激励中占有绝对重要的地位，因此必须注意从工作本身挖掘和发展激励因素，调动员工的工作积极性。

（2）保健因素和激励因素之间的关系

保健因素和激励因素没有绝对的划分标准。在不同的经济和社会条件下，两者的分类很可能不同。例如，在发达地区“保健”特征很明显的工资、奖金，在欠发达地区则能够起到很好的激励效果，因此应被划为“激励因素”。

5. 对赫茨伯格双因素理论的评论

该理论与马斯洛的需要层次理论有相通之处，其保健因素相当于生理、安全、社会交往等低层次的需要，激励因素相当于尊重、自我实现等高层次的需要。

一些西方行为科学家对赫茨伯格的双因素理论的正确性表示怀疑，认为被调查对象的代表性不够全面，事实上，不同职业和不同阶层的人，对激励因素和保健因素的反应是各不相同的。实践表明，高度的工作满足不一定就产生高度的激励。不少行为科学家认为，不论是有关工作环境的因素或工作内容的因素，都可能产生激励作用，而不仅是使职工感到满意，这取决于环境和职工心理方面的许多条件。

然而，双因素理论促使管理人员注意工作内容方面的因素的重要性，特别是它们同工作丰富化和工作满意的关系，是富有积极意义的。赫茨伯格告诉我们，满足各种需要所引起的激励深度和效果是不一样的。物质需求的满足是必要的，没有它会导致不满意，但是即使获得满足，它的作用往往也是很有限的、不能持久的。要调动人的积极性，不仅要注意物质利益和工作条件等外部因素，更重要的是要注意对人进行精神鼓励，给予表扬和认可，注意给人以成长和发展的机会。

二、过程型激励理论

（一）弗鲁姆的期望理论

期望理论又称做“效价—手段—期望理论”，是由美国耶鲁大学著名心理学教授维克托·弗鲁姆（Victor H. Vroom）在其对工作激励问题的研究中提出的。1964年弗鲁姆在他的《工作与激励》一书中首先提出了比较完备的期望理论，成为这一领域的主要理论之一。

弗鲁姆认为，一种激励因素（或目标），其激励作用的大小，受到个人对从组织中所取得的报酬（或诱因）的价值判断以及对取得该报酬可能性的预期双重因素的影响，前者称为目标效价，后者称为期望值（期望概率），可用下式表示：

激励力（M）= 目标效价（V）×期望概率（E）

其中：

激励力（M）指调动一个人的积极性，激发出人的潜力的强度。

目标效价（V）指达到目标对于满足个人需要的价值的大小，其取值范围可由-1到+1。目标对个人越是重要，目标效价值就越接近于1；目标对个人无关紧要、是无所谓的事，目标效价值就接近于0；个人很不希望发生而要尽力避免的结果，其目标效价值就接近于-1。

期望值（E）指个人对行动会导致某一预期目标的概率的估计，其取值范围由0到1。

怎样使激发力量达到最好值，弗鲁姆提出了以下个人的期望模式：

个人努力——→个人成绩（绩效）——→组织奖励（报酬）——→个人需要

该期望模式需要兼顾以下三个方面的心理过程。

1. 个人努力和绩效的关系

这两者的关系取决于个体对目标的期望值。期望值又取决于目标是否合适个人的认识、态度、信仰等个性倾向，个人的社会地位以及别人对他的期望等社会因素，即由目标本身和个人的主客观条件决定。

2. 绩效与组织奖励的关系

人们总是期望在达到预期成绩后，能够得到适当的组织奖励，如奖金、晋升、提级、表扬等。组织的目标，如果没有相应的有效的物质和精神奖励来强化，时间一长，积极性就会消失。

3. 组织奖励和个人需要的关系

组织奖励要适合各种人的不同需要，要考虑效价。要采取多种形式的组织奖励，满足各种需要，最大限度地挖掘人的潜力，最有效地提高工作效率。

弗鲁姆的期望理论揭示出对人的行为的激励，实际上是一种很复杂的过程。管理者在向员工下达任务时，必须考虑工作本身的挑战性，使其效价能产生重要的刺激作用。同时，也要考虑任务的合理性，使人们通过努力可以完成以及员工在取得绩效之后奖励又能及时得以兑现，这样才能使激励与绩效之间形成良性循环。

（二）亚当斯的公平理论

公平理论又称为社会比较理论，是美国心理学家、北卡罗来纳大学教授斯塔西·亚当斯（John Stacey Adams）于1956年提出的，其目的是研究个人所作的贡献与所得报酬之间如何平衡的社会比较问题，研究报酬的公平性对人们工作积极性的影响。

1. 亚当斯公平理论的基本内容

（1）公平是激励的动力

公平理论认为，人能否受到激励，不仅取决于他们得到了什么，而且要根据他们所得与他人所得是否公平而定，即每个人都会自觉不自觉地不仅关心自己所得报酬的绝对量，而且关心自己所得报酬的相对量。

这种理论的心理学依据，就是人的知觉对于人的动机的影响很大。一个人不仅关心自己的所得所失本身，而且还关心与别人所得所失的关系。他们是以相对付出和相对报酬来衡量自己的得失的。当得失比例和他人相比大致相当时，就心理平静，认为公平合理，心情舒畅。而比别人高，则兴奋，有一种受宠的激励，但有时过高会带来心虚，使不安全感激增。当低于别人时，往往产生不安全感，心理不平静，甚至满腹怨气，工作不努力、消极怠工。因此分配的合理性是激发人在组织中工作动机的因素和动力。

（2）公平理论的模式

公平理论的模式用公式表示为：

$$\frac{O_A}{I_A}=\frac{O_B}{I_B}$$

上式中，O（Outcome）代表报酬，包括物质方面和精神方面的所得。如工资、奖金、提升、赏识、受人尊敬等。

I（Input）表示投入，如工作的数量和质量、技术水平、努力程度、能力、精力、时间等。

A 代表当事人。

B 代表参照对象。参照对象可以是自己的同事、同行、邻居、亲朋好友（一般是与自己状况相当的人）等，也可能是自己的过去。

与他人的比较称为社会比较或横向比较，与自己的过去相比较叫做纵向比较。

横向比较的结果有以下三种情况：

如果$\frac{O_A}{I_A}=\frac{O_B}{I_B}$，当事人会觉得报酬是公平的，他可能会因此而保持工作的积极性和努力程度。

如果$\frac{O_A}{I_A}\leqslant\frac{O_B}{I_B}$，这时当事人就会感到不公平，此时他可能会要求增加报酬，或自动地减少投入以便达到心理上的平衡。

如果$\frac{O_A}{I_A}\geqslant\frac{O_B}{I_B}$，说明当事人得到了过高的报酬或投入较少。在这种情况下，一般来讲当事人不会要求减少报酬，而有可能会自觉地增加投入量。但过一段时间后他就会因重新过高地估计自己的投入而对高报酬心安理得，于是其投入又会恢复到原先的水平。还有另外一种情形，当事人开始可能心里一阵暗自高兴，但高兴之余，又会担心这种不公平会影响工作伙伴对自己的评价，从而影响自己在正式组织或非正式组织中的人际关系，因此会在以后的工作中谨慎小心，这同样不利于调动其积极性。

纵向比较的结果也有以下三种情况：

如果$\frac{O_A}{I_A}=\frac{O_B}{I_B}$，当事人就会认为基本公平，积极性和努力程度可能会保持不变。

如果$\frac{O_A}{I_A}\leqslant\frac{O_B}{I_B}$，当事人会感到不公平，其工作积极性会下降（减少投入），除非给他增加报酬。

如果$\frac{O_A}{I_A}\geqslant\frac{O_B}{I_B}$，一般来讲当事人不会觉得所获报酬过高，因为他可能会认为自己的能力和经验有了进一步的提高，其工作积极性不会因此而提高多少。

总之，当事人会采取多种方法来减小和消除与参照对象比较的差异，使之相等。

一般情况下，人们多使用横向（社会）比较。

（3）不公平的心理行为

当人们感到不公平时，就会产生苦恼，紧张不安，导致行为动机下降，工作效率下降，甚至出现逆反行为。个体为了消除不安，一般会采取以下一些行为措施：通过自我解释达到自我安慰；造成一种公平的假象，以消除不安；更换对比对象，以获得主观的公平；采取一定行为，改变自己或他人的得失状况；发泄怨气，制造矛盾；暂时忍耐或逃避。

2. 公平理论对管理的启示

首先，影响激励效果的不仅有报酬的绝对值，还有报酬相对值。其次，激励时应力求公平，使等式在客观上成立，尽管有主观判断的误差，也不致造成严重的不公平感。需要指出的是，公平与否的判定受个人的知识、修养的影响，即使外界氛围也是要通过个人的世界观、价值观的改变才能够起作用。最后，在激励过程中应注意对被激励者的公平心理的引导，使其树立正确的公平观。因为人们总是倾向于高估自己的投入，而低估自己所得的报酬，对别人的投入和所得报酬的估计则与此相反。因此，管理者应更多地注意实际工作绩效与报酬之间的合理性，帮助当事人正确认识自己与别人的投入和报酬，要认识到绝对的公平是不存在的，不要盲目攀比。

尽管公平理论的基本观点是普遍存在的，但在实际运用中较难把握。

（三）斯金纳的强化理论

强化理论是美国的心理学家和行为科学家斯金纳、赫西、布兰查德等人提出的一种理论。斯金纳在心理学的学术观点上属于极端的行为主义者，其目标在于预测和控制人的行为，而并不考虑人的内部心理过程和状态。

1. 强化理论的基本原理

斯金纳通过试验研究得出结论，认为人的行为可分为以下三类：

①本能行为，即人生来就有的行为；

②反应性行为，即环境作用于人而引起的反应；

③操作性行为，即人为了达到一定目的而作用于环境的行为。

斯金纳还提出了“操作条件反射”理论，认为人或动物为了达到某种目的会采取一定的行为作用于环境。当这种行为的后果对他有利时，这种行为就会在以后重复出现，这种状况即称做强化刺激，能增强这种行为发生的频率的刺激物称做强化物；当行为后果不利时，这种行为就会减弱或消失。人们可以用这种正强化或负强化的办法来影响行为的后果，从而修正其行为，这就是强化理论。

这种操作性行为会随着强化刺激的增强而增强，也会随着强化刺激的减弱而减弱。这样，人们就可以通过控制强化物来控制行为，从而引起行为的改变。由于这一理论的中心思想在于通过强化刺激来改变人们的行为方向，故又称做行为改变理论。

2. 斯金纳提出的四种行为改造方式

①正强化。这是指通过给予被强化者适当报酬的方式，借以肯定某种行为，使其重复此种行为。报酬的内容可以多种多样，如增加薪金、提升职位、对其工作成果的承认和赞赏等。

②负强化。这是指预先告知人们某种不符合要求的行为可能引起的不良后果，以使人们采取符合要求的行为或回避不符合要求的行为，从而避免或消除不良后果。通过这种强化方式能从反面促使人们重复符合要求的行为，达到与正强化同样的目的。

③自然消退。这是指对某种行为取消正强化，不采取任何奖励措施，以表示对

该种行为的某种程度的否定。人的操作性行为都是有目的性的，一种行为如果长期得不到正强化，个人的目的实现不了，就会逐渐自然消退。

④惩罚。这是指以某种强制性和威胁性的后果来表示对某种行为的否定，借以消除此种行为重复发生的可能性。惩罚的方式也是多种多样的，如批评、降职、降薪、解雇等。

3. 强化理论在管理工作中的运用

在管理工作中运用强化理论时需要把握以下要点：

①明确强化的目的或目标并分阶段设立目标。对于人的激励，首先要设立一个明确的、鼓舞人心而又切实可行的目标，只有目标明确而具体时，才能进行衡量和采取适当的强化措施。同时，还要将目标进行分解，分成许多小目标，完成每个小目标都及时给予强化，这样不仅有利于目标的实现，而且还可以通过不断的激励以增强其信心。倘若目标一次定得太高，会使人感到不易达到或者说能够达到的希望很小，这就很难充分调动人们为达到目标而做出努力的积极性。

②选准强化物。每个人的需要不同，因而对同一种强化物的反应也各不相同。这就要求具体分析强化对象的情况，针对他们的不同需要，采用不同的强化措施。可以说，选准强化物是使组织目标同个人目标统一起来，以实现强化预期要求的中心环节。

③及时反馈。为了实现强化的目的，必须通过反馈的作用，使被强化者及时了解自己的行为后果，并及时兑现相应的报酬或惩罚，使有利于组织的行为及时得到肯定，促使其重复；而不利于组织的行为能及时得到制止。

④尽量运用正强化的方式，避免运用惩罚的方式。斯金纳发现："惩罚不能简单地改变一个人按原来的想法采取行为的念头，至多只能教会他们如何避免惩罚。"事实上，过多地运用惩罚往往会造成被惩罚者心理上的创伤，引起对抗情绪，乃至采取欺骗、隐瞒等手段来逃避惩罚。

但是，惩罚又是一种必要的行为改造方式。为了尽可能地避免惩罚所引起的消极作用，应把惩罚同正强化结合起来。在执行惩罚时，应使被惩罚者了解受到惩罚的原因和改正的办法，而当其一旦有所改正时，即应给予正强化，使其符合要求的行为得到巩固。

（四）波特和劳勒的期望模式

美国行为科学家爱德华·劳勒（E. E. Lawler）和莱曼·波特（L. W. Porter）于 1968 年在他们合著的《管理态度与工作绩效》一书中，提出了一种综合的激励模式的激励理论，如图 12-4 所示。

该模式包括四个变量：努力程度、工作绩效、激励和满足。

1. 努力程度

努力程度一方面取决于个人对报酬价值的主观评价（效价），另一方面还取决

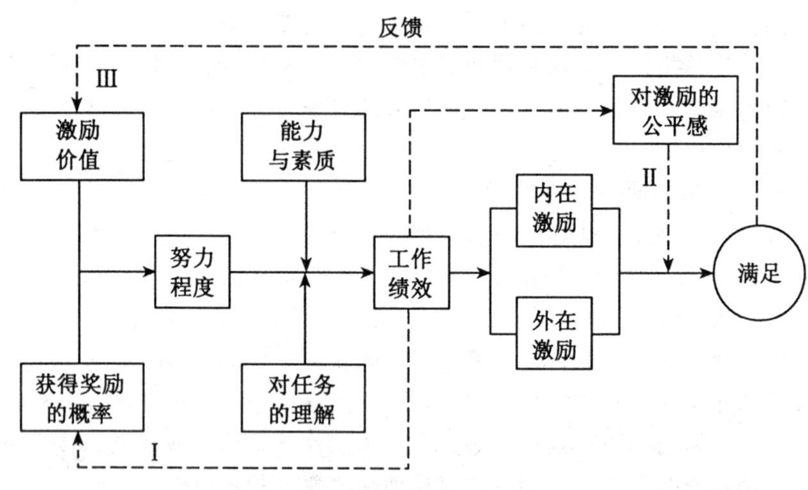

图 12-4 劳勒和波特的激励模式

于个人对可能获得的报酬的期望概率（期望值）。

2. 工作绩效

工作绩效主要依赖于个人的努力程度，同时还取决于个人的工作能力、对所承担的角色的理解即个人对在某项工作中应发挥的作用的认识以及所处环境的限制。如果是由于个人的努力取得了预期的工作成果，通过信息反馈，就会提高其对此项目标的期望概率，进而提高此项目标对个人的激励（虚线Ⅰ）。

3. 激励

激励分为内在激励和外在激励两种，前者指工作本身产生的激励，如尊重、自我实现等需要的满足，后者指工作之外的如工资、工作条件、职业的保障等方面的需要的满足。

4. 满足

满足是个人的一种内在的认知状态，表明个人在实现了预期的目标和激励后所得到的满意感觉。

内在激励、外在激励与个人对激励的公平感（虚线Ⅱ）结合在一起，影响着个人的满足，其中公平感又受个人对工作成果自我评价的影响。同时，一个人最后得到的满意程度又将影响以后的价值判断。当个人从实现目标和激励中得到了满足时，就会使其对此项目标所得的激励的评价提高（虚线Ⅲ），进而又会提高此项目标对个人的激励，使其对此项目标更加努力。

这种模式告诉我们，一个人在作出成绩后，会得到两类报酬。一类是外在报酬，包括工资、地位、提升、安全感等。外在报酬往往满足的是一些低层次的需要。一个人的成绩，特别是非定量化的成绩往往难以精确衡量，而工资、地位、提升等报酬的取得也包含多种因素，不完全取决于个人成绩。另一类是内在报酬。即一个人由于工作成绩良好而给予自己的报酬，如感到对社会作出了贡献，对自我存在的意义及能力的肯定等。它对应的是一些高层次的需要的满足，而且与工作成绩是直接相关的。一个人往往把自己所得到的报酬同自己认为应该得到的报酬相比较，如果他认为相符合，他就会感到满足，并激励他以后更好地努力，如果他认为自己得到的报酬低于“所理解的公正报酬”，那么，即使事实上他得到的报酬并不少，他也会感到不满足，甚至失落，从而影响他以后的努力。

波特和劳勒的期望模式对管理者的启示如下：

第一，不要以为设置了激励目标，采取了激励手段，就一定能获得所需的行动和努力，并使员工满意。形成激励→努力→绩效→奖励→满足并从满足中回馈努力这样的良性循环，取决于奖励内容、奖惩制度、组织分工、目标导向行动的设置、管理水平、考核的公正性、领导作风及个人心理期望着多种综合性因素。

第二，管理者应该采取一定的方法来了解员工对报酬效价的评价，对不同的员工采取不同的报酬发放形式，并且根据员工报酬效价的改变而变动报酬的内容，做到有的放矢。

第三，管理者应该针对员工的实际情况对员工所应达到的绩效确定大致的衡量标准。

第四，管理者应该把自己希望得到的绩效水平与员工所得到的报酬结合起来，以最大限度地让激励作用得以发挥。

第五，管理者要善于从全局的观点来引导员工的行为，对期望的行为与组织中其他因素的冲突问题及时进行了解和解决，以便产生较高的激励作用。

波特和劳勒的期望模式综合了个体的外部刺激、内部条件、行为表现和行为后果的相互作用等各种因素，把整个激励过程从激励的激起、绩效的达成、激励的获得一直到满足的实现，表述得比较完备，将前述期望理论与公平理论有机地结合起来，使其更加具体而系统化。

第三节 人性理论

人性观以及对人性方面的基本认识，决定着一个人追求的目标、为实现目标所可能采取的行为。现代管理几乎都基于一定的理念或人性的假设，如果我们不注重、不引入基本的理念或假设，只期望借助一些技术手段或工具便认为可以建立一个现代意义上的管理体系，那么这样的管理体系往往是流于形式的，无法产生其应有的效果。

人的行为总基于一定的理念或对一些基本事物的假设或原则，如果我们不审视或不调适我们的理念、不改变我们的习惯性行为，仅凭一些工具或手段也是不可能建立一套有效的管理体系的，即使建立了在实际应用中也不可能收到很好的效果。

如今，随着人们受教育程度的提高和生活水平特别是生活质量的提高，劳动者的追求更加广泛和多样化，劳动不再是一种单纯的谋生手段，越来越多的劳动者把工作看成是实现人生价值的需要，在工作中寻求人生意义。这就要求管理者要不仅满足他们的物质需求，而且应设法满足他们精神方面的要求，提高他们的满意程度，以调动他们的积极性。因此，人性观历来是管理学中的一个重要课题。

所谓人性指人之本性，指人所具有的正常的感情和理性，亦指人在做决策时都会遵循的某些固有的理念和原则，这些理念和原则并不由决策主体有意控制，而是一种本性的释放。

人性有共性即通性，也有个性即各个人所具有的不同的本性，这里的讨论着重于人的共性。人的共性有对生存的需求，对自由的向往，对平等的渴望，对尊重的期盼，对财富的追求，对自身发展和成就的憧憬和展望等主要内容。

人性有多重维度。古往今来论人性者，无非“性善”与“性恶”的对峙。孟子言性善，荀子说性恶，而现代学术界论人性，也多以善恶言说。

立论的角度不同，思维方式各异，得出的结论自然也不一样。在人性论上，可谓见仁见智。关于人性假设的理论颇多，有经济人、经验人、理性人、社会人、自我实现人、管理人、复杂人、道德人、变革人、目标人、文化人、知识人、学习人、创新人、理性生态人等假设。其中最有影响的是以下四种假设，如表 12-3 所示。

一、“经济人”假设

英国古典政治经济学的创始人之一亚当·斯密，在其名著《国富论》（1776）中提出了利己主义的人性观，他把资本主义社会看成是一个人们相互交换的联合体，认为交换是“人类的本性”，而人们交换的动机都是利己主义的，因此利己主义是“人类的本性”。作为管理者的资本家，其本性都是追求最大利润的，而作为被管理者的工人，其本性都是追求最高工资的。

斯密上述对于人类本性的分析，对西方早期的管理理论产生了广泛而深远的影响，很长一个时期被奉为管理上的一项基本指南。

后来，美国行为科学家道格拉斯·麦格雷戈（Douglas M. McGregor）于 1957 年在其《企业中的人性面》一文中提出了著名的“X—Y 理论”，对当时西方社会对人性的两种主要认识进行了分析研究，其中的“X 理论”就代表了“经济人”的人性假设。

“X 理论”的主要观点如下：

一般人都生性懒惰，尽可能地逃避工作。

表 12-3 **四种人性假设理论**

经济人假设	社会人假设	自我实现人假设	复杂人假设
早期传统的认识	初期人际关系论	后期人际关系论	20 世纪六七十年代
认为人是以一种合乎理性的、精打细算的方式行事，人的行为是由经济因素推动和激发的，个人在组织中处于被动、受控制的地位	认为人是受社会需要所激励的，集体伙伴的社会力量比上级主管的控制力量更加重要	认为人是自我激励、自我指导和自我控制的，人们要求提高和发展自己，期望获取个人的成功	体现权变思想的人性观，认为人是千差万别的，不同的人以及人在不同的场合，会表现出不同的动机和需要
管理者激励下属的主要手段是“胡萝卜加大棒”	领导者应该关心体贴下属，通过培养组织成员的归属感来调动人的积极性	企业应当把人当做宝贵的资源来看待，通过提供富有挑战性的工作来使人的个性不断成熟并体验到工作的内在激励	管理者对人进行激励的措施和领导方式也应该力图灵活多样，因人、因问题、因环境而异

一般人都缺乏雄心壮志，不愿承担责任，宁愿被人领导。

一般人都天生以自我为中心，对组织需要漠不关心。

一般人都天生反对变革，安于现状。

一般人都不怎么机灵，缺乏理智，易于受到欺骗和煽动。

在人际关系运动开始以前，X 理论被广泛接受，所以管理者对下属的管理方式往往处在两个极端：一个是“严厉、强硬的”管理方法，包括强迫和胁迫（通常采用隐蔽的方式），严密的监督和控制；另一个是“温和、软弱的”管理方法，包括宽容、顺从下属的要求，以求相安无事。

事实证明，管理方法不论是强硬的还是软弱的，都不能取得理想的效果。采用强硬的管理方法，会导致各种反抗行为，如限制产量、敌对情绪、怠工、组织工会等；采用软弱的管理方法，则常常导致放弃管理，对工作绩效漠不关心等。人们进而采用“胡萝卜加大棒”的方法，但随着人们对更高层次的需要的强烈追求，“胡萝卜”已不能激发起人们的行为动机。“经济人”假设存在的社会基础已经发生了根本性变化。

二、“社会人”假设

“社会人”的人性假设是由梅奥通过霍桑试验提出来的。他认为，人是“社会人”，影响人的生产积极性的因素，除了物质、金钱外，还有社会和心理的因素，包括人们对归属、交往和友谊的追求。人们在工作中形成的社会关系，对工人的士气起着重大的影响，而工人的士气又直接影响着生产效率的高低。因此，作为管理者不能只把目光局限在完成任务上，而应当注意对工人的关心、体贴、爱护和尊重，改变对工人的态度和监督方式；管理者不应只注意计划、组织和控制等，而应更重视职工间的人际关系，建立起相互了解、团结融洽的人际关系和友好的感情，重视非正式组织的存在，鼓励上下级之间的意见沟通，以消除不满和争端；在奖惩方面，提倡实行集体的奖励制度，而不主张实行个人的奖励制度。

“社会人”假设的提出，无疑是对人性认识的一大进步。但我们应该看到，它仍将人性看做消极的、被动的，没有看到人性的能动性和创造性，没有把人看做有价值观念、有思想、有修养的人。

三、“自我实现人”假设

“自我实现人”的人性假设，是以马斯洛的“需要层次理论”和阿吉瑞斯（Chris Argyris）的“不成熟—成熟理论”为基础的。

美国哈佛大学教授克里斯·阿吉瑞斯，对人的个性与组织的关系问题做过较多的研究，于 1957 年出版了《个性与组织：系统与个人之间的冲突》一书，提出了一种新的人性假设理论——“不成熟—成熟”理论，又称为“人性成熟”理论或“个性与组织”理论。

阿吉瑞斯认为，人是一个发展着的有机体，因而健康的个性都具有成长的倾向，这种个性成长的倾向包含多方面的内容，并且如同婴儿成长为成人一样，是一个从不成熟到成熟（即从被动到主动、从依赖到独立、从有限的行为方式到多样复杂的行为方式、从肤浅短暂且经常变化的兴趣到浓厚且持久专一的兴趣、从目光短浅到有长远打算、从服从附属的地位到追求平等优越的地位、从缺乏自觉到自觉自制）的连续发展过程。随着个性的成长，个人的自我世界扩大了，这就是自我形成的过程和自我实现的过程。一个人在这个发展过程中所处的位置，标志着他的个性的成熟程度，也体现出他的自我实现的程度。

但是，由于传统组织在专业化分工、等级制度、统一指挥、管理幅度等方面的严格控制、呆板规定，使组织成员处于不成熟状态，致使其自我实现的要求得不到满足，引发了种种消极后果。因此，阿吉瑞斯主张，必须改善组织设计，为组织的每个成员创造更多的成功机会，实现组织目标与个人目标的统一。

麦格雷戈在此基础上，提出了“Y 理论”，他认为人的本性并非像传统的“X 理论”认为的那样，而需要一种新的理论做指导，这就是“自我实现人”的人性假设，其主要内容如下：

①人们并非天生就厌恶工作，人们在工作中的体力和脑力的消耗，就像游戏或

休息一样自然，工作对人来说是一种满足。

②在适当的条件下，人们不但接受，而且能主动地承担职责。

③如果提供适当的机会，人们就能将个人目标与组织目标统一起来。个人的自我实现的要求和组织目标的要求之间并不是对立、矛盾的。

④人们并非天生就对组织的要求采取消极或抵制的态度，人们愿意也能够通过自我管理和自我控制来完成自己认同的组织目标。严格的控制和处罚，并不是使人们努力达到组织目标的唯一手段，它甚至妨碍了个人的发展和成熟。

⑤大多数人都具有较高的解决组织问题的想象力和创造性，但在现代工业社会条件下，人们的智慧潜力只得到了部分的发挥。

麦格雷戈提出的“Y 理论”，要求管理者改变自己的管理方式和对员工的态度，应当相信人是可以信赖的，是能够自我管理的。组织应当创造一种环境条件，不断发掘员工的潜力，激励员工自觉发挥他们的积极性和创造性，在完成组织目标的同时也实现自己的个人目标，做到个人目标与组织目标的统一。

“Y 理论”在实践中，提出了很多的具体管理方法，如授权、工作扩大化和丰富化、目标管理等，都收到了一定的成效。

“自我实现人”假设理论在“人有社会的和心理的需要”的认识的基础之上，进一步确认了人性的主动性和创造性，使人在生产中的地位得到了提高，使人类的尊严和价值得到了维护。但是我们也要认识到它的片面性和局限性。用辩证唯物主义的观点来看，人是很复杂的，不是每个人都会追求“自我实现”，也不是每个人都把充分发挥自己的潜能，充分展现自己的才干作为最大的满足。是否追求自我实现使自己趋于完美，取决于个体后天所受到的全部社会环境的影响。

四、“复杂人”假设

对于马斯洛、阿吉瑞斯、麦格雷戈等人主张的人性假设，西方有些管理学家也提出了不同的看法。例如，有些管理学家认为，他们把工作中的满足作为人们唯一的生活乐趣，而忽略了人们的经济动机。实际上，对人的本性是不能一概而论的，有的人适合于 X 理论，有的人则适合于 Y 理论。因此一些管理学家指出，人的内心世界是复杂多变的，要因人而异，简单地把人性划归一种类型是不现实的。

美国心理学家约翰·莫尔斯（J. J. Morse）和杰伊·洛希（J. W. Lorsch）应用 X 理论和 Y 理论分别在两个工厂和两个研究所进行试验，结果是在工厂里，采用 X 理论能取得较好的效果；而在研究所里，运用 Y 理论进行管理效果较好。这说明，X 理论不见得一无是处，毫无用武之地；Y 理论也不见得一切都好，可以到处应用。

根据这一结果的分析研究，莫尔斯和洛希提出了“复杂人”的人性假设，即所谓的“超 Y 理论”或权变理论。他认为，人的需要是复杂的，既不是纯粹的

“经济人”，又不是纯粹的“社会人”或“自我实现人”。这种复杂性的主要表现如下：

人的需要是多种多样的，需要随着人自身发展和社会条件的变化而变化，并且不同的人有不同的需要结构；人在同一时期有不同的需要和动机，各动机之间发生交互作用，形成一个复杂的动机模式。有的人追求低层次的需要，有的人追求高层次的需要；有的人要求参与决策，愿意承担更大的责任；有的人则宁愿接受正规的组织结构及其规章制度的约束，而不愿意参与决策和承担责任。而且，各个需要层次之间又是相互作用的，例如：金钱意味着地位，地位又意味着尊重的需要得到满足，因而人们便认为，金钱的满足也是地位、尊重等需要的满足。

人的很多需要不是生来就有的，而是在后天的环境的影响下形成的。由于人的工作和生活环境总是不断变化的，因而人们已有的需要结构受环境的影响，也会不断变化。可以说，人在一定时期的需要结构是已有的需要结构与环境条件相结合的产物。

人对不同的组织或组织的不同部门会有不同的需要。例如，有的人在正式组织里满足物质利益的需要，而在非正式组织里满足人际关系方面的需要。

一个人在组织中是否感到满足、乐于奉献，关键在于该组织的状况是否同他的需要结构相一致。如果两者是一致的，就能使他在该组织中得到需要的满足，他便会为该组织效力。否则，就不会效力。因此，组织状况对人的工作态度、积极性影响很大。

基于每个人的需要和能力各不相同，因而他们对一定的管理方式就会产生不同的反应。也就是说，不存在一种符合任何人、任何环境的万能的管理方式，运用管理方式只能因人、因地、因时制宜。

较之之前的管理中的人性假设，“复杂人”人性假设理论并没有取得突破性进展，它只是认识到以前的理论的不足之处，对之进行调和与完善，并突出了客观条件对人的动机的重要影响作用。但由于它过于强调人的差异性，从而在某种程度上忽视了人的共性。

五、人性假设理论对管理的启示

1. 以人为本，顺应人性，尊重人格

人性管理是一种全新的管理模式，以人为本，顺应人性，尊重人格，员工不是在制度的约束下被迫工作，而是自觉自愿地遵守制度并愉快地工作，通过管理文化的构建，创造一种和谐、友善的工作氛围，使企业真正成为一个密切协作的团体，管理行为真正实现管理与被管理的高度重合，企业成为自我组织、自我调节、有序高效的有机整体，个人理性与组织理性高度一致。

2. 正视差异，管理方式必须灵活，富有弹性管理者必须具体了解不同员工之间在需要和能力方面存在的差异，并按照不同人的不同情况，采取相应的管理方式。保证管理方式同组织目标、工作性质和职工的个人条件相适应，以使每个员工都能获得胜任感。管理方式越是能达到这种适应，员工的胜任感就越强，工作效率也就越高。

3. 现实中并不存在某种绝对的人性假设

各级管理者都应该认识到人的复杂性，人性是一个多维体。这是因为人的生命现象很复杂，生命有多少奥秘、潜能，人性就有多少可塑、可变、可生成的方向；人类生活有多少层面，人性就有多少维度，现实生活的不断复杂化，人性的维度也在不断增加；新增的人性维度又不断充实着人性，重塑着人性，使人性变得越来越难以理解了。所以，试图用某种绝对的人性假设来判断周围的人与事，就不免显得有些幼稚了。

第四节 激励机制

激励的方法多种多样，如目标激励、民主激励、信息激励、竞赛激励、竞争激励、表率激励、用人激励、授权激励、信任激励、物质激励、精神激励、尊重激励、赏识激励、关怀激励、感情激励、压力激励、宣泄激励、惩罚激励等。如何选择和用好这些方法，这涉及激励机制的构建。

机制是指组织或系统的构造和动作原理，亦是关于组织结构及各部分之间发生物质、能量和信息的交换的连锁变化的过程。机制有透过现象分析和把握本质的深刻含义。激励机制是通过一套规范的、相对稳定的、可操作的、可考核的制度体系、经济杠杆和利益导向来表达激励主、客体之间相互作用的方式。可见激励机制所要达到的目的就是诱导和鼓励激励对象能实现激励主体所希望的行为，抑制偏离激励主体的目标的行为。

作为组织的激励机制一旦形成，它就会内在地作用于组织系统本身，使组织机能处于一定的状态，成为激励员工的决定性因素，并进一步影响组织的生存和发展。

一、构建激励机制应遵循的原则

根据激励理论和人们的不同动机，建立有效的激励机制需要坚持以下原则：

1. 目标结合原则

在激励机制中，设置目标是一个关键环节。目标设置必须同时体现组织目标和员工需要，应避免二者之间的冲突。

2. 物质激励和精神激励相结合原则

物质激励是基础，精神激励是根本。在两者结合的基础上，逐步过渡到以精神激励为主。

3. 引导性原则

外在激励措施只有转化为被激励者的自觉意愿，才能取得激励效果。因此，引导性原则是激励过程的内在要求。

4. 合理性原则

激励的合理性原则包括两层含义：其一，激励的措施要适度，应根据所要实现的目标本身的价值大小确定适当的激励量。激励量过大，容易产生“耐药性”，激励量过小，引不起被激励者的“兴趣”。其二，奖惩务必公平，有失公平，不但起不到激励的作用，还有可能适得其反，这是尽人皆知的常识。

5. 明确性原则

激励的明确性原则包括三层含义：其一是明确，激励的目的是需要做什么和必须怎么做。其二是公开，特别是分配奖金等大量员工关注的问题时，更为重要。其三是直观，实施物质奖励和精神奖励时都需要直观地表达它们的指标。直观性与激励影响的心理效应成正比。

6. 时效性原则

要把握激励的时机，“言必信、行必果”和“雨后送伞”的效果是不一样的。现代心理学研究表明，及时激励的有效率可达到80%，而迟延激励的有效率仅为7%。激励越及时，越有利于将人们的激情推向高潮，使其创造力连续有效地发挥出来。

7. 正激励与负激励相结合，以正激励为主的原则

所谓正激励就是对员工的符合组织目标的期望行为进行奖励。所谓负激励就是对员工违背组织目的的非期望行为进行惩罚。正负激励都是必要而有效的，不仅作用于当事人，而且会间接地影响周围的其他人。这里提倡“恩威并重、奖罚分明”，但要注意多用正激励，慎用负激励。因为，正向的激励机制通过善用资源赢得绩效，逆向的激励机制则不光是组织业绩的损失，更是对员工的心灵的摧残。

8. 按需激励原则

激励的起点是满足员工的需要，但员工的需要因人而异、因时而异，并且只有满足最迫切的需要（主导需要）的措施，其效价才高，其激励强度才大。因此，深入地进行调查研究，不断了解员工需要层次和需要结构的变化趋势，才能使激励有的放矢。

二、激励机制的构建

激励机制就是如何解决对人的激励和约束的问题。激励机制既是一定目标得以执行和落实的基础，也是现实社会中千变万化的现象得以发生的根据。

科学的激励机制的标志是：导向明确、措施系统、政策稳定、运作便捷。

根据激励理论和人的不同动机，可从以下几个方面着手建立激励机制。

1. 明确组织的核心价值观是激励机制设计的原始依据

组织必须建立自己明确且统一的价值观和企业文化，并把它作为行为决策的指针。

2. 员工整体的合理需要是制定激励机制的基础

激励的成因在于人们需要的存在，这些需要是一组动态的要素。基于组织各层面员工的合理要求的激励机制才能调动所有员工的积极性；在彰显公平，力求民主化和公开化的前提下，员工整体合理需要的极大满足将会提高员工的满意度，是激励机制设计的重点。

3. 个人能级与工作匹配是激励机制的前提

激励的一项重要职能是为企业中的每一个岗位找到有能力胜任的员工，因此，在对企业员工进行有关晋升、授权等精神激励时，首先要考虑的是他本人是否有这个能力。

4. 建立多层次、多跑道的激励机制

激励是一个系统化的过程。单一方面的激励不能从根本上解决员工对企业的认同感，不能起到持久地提高员工积极性的作用，根据企业发展的特点制定多跑道、多层次的激励机制，对于提升企业竞争力有着重要意义。建构多层次、多跑道的立体激励机制以实现激励、认同、尊重等，为员工提供了全方位的激励。

5. 充分考虑员工的个体差异，实施有差别的激励机制

企业如果力图使激励方式达到最大效果，在激励机制的制定过程中就要特别关照到个体差异这一现象。力求对影响人的积极性的各种因素进行深入分析，依据不同的情况制定不同的制度，采取灵活多样的激励手段，逐步推行能够让员工自己选择的激励制度。

6. 奖惩并举

激励机制与约束机制二者相辅相成、不可偏废，有奖也要有惩，否则就不可能形成激励与约束相容的机制。同时防范激励机制中对一部分员工的工作积极性起抑制和削弱作用的消极成分。

7. 保持制度的相对稳定性

随着人的需要在获得满足的过程中不断变化和升级，组织的激励机制应结合这些变化作相应调整，但必须保持相对稳定。否则，会因改变人们的需要或动机而打击员工的积极性，人们做社会比较或历史比较时也容易有不公正感。社会是一个惯性很大的系统，重大政策变革多采用渐进的决策过程，社会激励体系通过不断学习、实验、反馈和调整而完善，减小了公众心理等方面的阻力，使政策保持一定程度的延续性，也有利于避免因决策失误所产生的持久后果。

8. 激励方式的不断完善、创新和与时俱进

员工的需求和偏好是会随着内外环境的变化而发生变化的，处于不同的发展阶段的企业的激励机制也不是一成不变的，在必要的情况下一定要适时做出相应的调整，不断地分析、尝试、调整、修正，逐步完善。切不可一种制度从一而终。

三、常用的激励方法

（一）需要激励

从需要着手探求激励是符合心理规律的有效途径，也是最通行、最实用的激励方法。需要意味着人们希望完成与自身能力相称的工作，使自身的潜在能力能够发挥出来。一方面，奖勤罚懒，奖优罚劣，使干得好的人与干得差的人收入拉开档次，用物质刺激使人充分发挥自己的能力；另一方面要用高尚的精神塑造人、激励人。需要的满足因个体在组织中所做的工作、年龄以及文化背景等因素的不同而有所差异。所以，针对不同的对象与其不同的需要进行激励以及有目的地引导他们的需要是这一激励方式的关键。

（二）目标激励法

目标是组织对个体的一种心理引力。所谓目标激励，就是确定适当的目标，诱发人的动机和行为，以达到调动人的积极性的目的。积极、适度、清晰的目标作为一种诱因，具有引发、导向和激励的作用。不断启发一个人对高目标的追求，可以激发其奋发向上的内在动力。当员工为达到某个目标而工作时，他就会有较强的方向感，进而对责、权、利有清醒的认识。因而一旦引发需要（即工作意愿），他们就会产生实现目标的强烈动机。这就是激励员工的源泉。

使用目标激励的方法，要正确处理大目标与小目标，个体目标与组织目标，理想与现实的关系。在目标考核和评价上，要按照德、勤、能、绩的标准对人才进行全面综合的考察，定性、定量、定级，做到“刚性”规范，奖罚分明。

目标激励，尤其是那些包含物质奖励的目标激励，在人们经过努力后仍未能达标的情况下，往往成为不道德行为的诱因。人们在冲刺的跑道上距离目标越近，发生道德风险的可能性就越大。

（三）授权激励

授权是指赋予员工完成工作的权力、方法和信息，并培养其有效完成工作的自信。在工作中，其实每个人都想实现自我价值，授权激励就是对员工的一种认可和信任。授权作为一种激励方法，能够促进员工对自身价值的发掘和认同，有助于满足员工对成就和自我实现等高层次的需要。授权激励最重要的是要将权力授给能够胜任工作的人，否则不仅达不到激励的效果，反而会损害员工的积极性。

授权激励要有“有胆识虎龙，无私辨良才”的胆识，求才，用才，惜才，育才；给龙以深水，而非浅潭，给虎以深山，而非逼入平地，使“虎龙”各尽其能，各展其技，这才能齐聚四海贤士，广纳八方英才。对于经过实践检验确属“贤良”

之士，要及时地授权、给任务、压担子，引入竞争机制，形成“优秀者有成就感，平庸者有压力感，不称职者有危机感”的积极向上的局面。

（四）信任激励

一个社会的运行必须以人与人的基本信任做润滑剂，不然，社会就无法正常有序地运转。信任是加速人体自信力爆发的催化剂，自信比努力更为重要。信任激励是一种基本的激励方式。干群之间、上下级之间的相互理解和信任是一种强大的精神力量，它有助于单位中人与人之间的和谐共振，有助于单位团队精神和凝聚力的形成。

领导干部对群众的信任体现在相信群众、依靠群众、发扬群众的主人翁精神上；对下属的信任则体现在平等待人、尊重下属的劳动、职权和意见上，这种信任体现在“用人不疑，疑人不用”上，而且还表现在放手使用上。只有在信任基础之上的放手使用，才能最大限度地发挥人才的主观能动性和创造性。

（五）情感激励

情感是人们情绪和感情的反映。情感是影响人们行为最直接的因素之一。情感激励既不是以物质利益为诱导，也不是以精神理想为刺激，而是指管理者与被管理者之间以感情联系为手段的激励方式。管理者和被管理者的人际关系既有规章制度和社会规范的成分，更有情感成分。人的情感具有两重性；积极的情感可以提高人的活力；消极的情感可以削弱人的活力。“士为知己者死，女为悦己者容”，“感人心者，莫过于情”。领导者的一句问候，一番安慰有时可能成为激励下属行为的动力。因此，现代领导者不仅要注意以理服人，更要强调以情感人。要舍得情感投资，重视与下属的人际沟通，变单向的工作往来为全方位的立体式往来，在广泛的信息交流中树立新的领导行为模式。让下属在没有心理压力的交往中得到大量有价值的思想信息，交流思想感情，从而增进了解和信任，并真诚地帮助每一位下属，使团体内部产生一种相互信任、相互关心、相互体谅、相互支持、互敬互爱、团结融洽的和谐氛围。

（六）信心激励

有时候下属可能对自己缺乏信心，不能清楚地认识和评价自己，尤其是对自己的能力，往往不清楚自己的优势和劣势以及实现目标的可能性有多大。因此，下属需要外界尤其是自己信赖的、尊重的、敬佩的人的鼓励，而来自上级的鼓励则更加可贵，它意味着上级会给自己提供成功的机会和必要的帮助，这无疑会激发下属的需要和激励下属努力进取。因此领导者应努力帮助下属树立“人人都能成才”的信心，让下属看到希望，扬起理想的风帆。下属有了信念、动力和良好的心态，就能激发出巨大的创造力。正可谓：“只要精神不滑坡，办法总比困难多。”

（七）认可与赏识激励

认可，就是指对工作表现优秀或取得成绩的员工给予经济奖励之外的肯定。认可是一种形式多样、极富弹性、效果独特的激励方式。赏识是比表扬、赞美更进一步的精神鼓励，是任何物质奖励都无法可比的。赏识激励是激励的最高层次，是领导激励优势的集中体现。社会心理学原理表明，社会的群体成员都有一种归属心理，希望能得到领导的承认和赏识，成为群体中不可缺少的一员。认可与赏识激励能较好地满足这种精神需要。

威廉·詹姆士说："人性的第一原则是渴望得到赞赏。"领导者应做到会赏识激励下属。当下属有进步时，他最需要得到的是认可；当下属获得成功时，他最渴望的是赞赏。只要这样做，赏识激励就能产生预期效果。有时领导者一句让人刻骨铭心的赏识的话，可能会让下属铭记一生，影响终身。对那些有才干、有抱负的下属来说，给予物质奖励，还不如给他一个发挥其才能的机会，使其有所作为。因此，领导要知人善任，对有才干的下属，应为其实现自我价值创造尽可能好的条件。对下属的智力贡献，如建议等，也要及时地给予肯定的评价。领导者的肯定性评价就是一种赏识，可以满足下属的精神需要，强化其团队意识。

思考题

1. 试分析激励的过程。
2. 内容型激励理论包括哪几种？各有什么特点？
3. 过程型激励理论包括哪几种？各有什么特点？
4. 人性理论有哪些基本假设？
5. 构建激励机制应遵循哪些原则？
6. 常用的激励方法各有何特色？

第十三章 管理沟通

【目的和要求】

学完本章，应达到的要求：

1. 理解各沟通要素的作用，认识管理沟通的必要性。
2. 掌握管理沟通网络的基本形式。
3. 了解管理沟通过程中的障碍，能对沟通障碍进行有效疏导。
4. 了解和洞悉冲突的原因与冲突发生的过程。
5. 掌握冲突管理的各种策略运用的条件。

美国沃尔玛公司总裁萨姆·沃尔顿曾说过："如果你要将沃尔玛管理体制浓缩成一种思想的话，那可能就是沟通。因为它是我们成功的真正关键之一。"

沟通的管理意义是显而易见的。如同激励员工的每一个因素都必须与沟通结合起来一样，企业发展的整个过程也必须依靠沟通。没有沟通管理者的领导就难以发挥积极作用，没有顺畅的沟通，企业就谈不上机敏的应变。

第一节 沟通的概述

一、沟通的概念及其要素

沟通是人类社会交往的基本行为过程，人们具体沟通的方式、形式多种多样。然而对于什么是沟通，存在着很多不同的解释。我们认为，沟通就是指将某些信息传递给客体或对象，以取得客体作出相应反应的效果的过程。

沟通包含以下三个方面的含义：

1. 沟通是一种双方信息交换的互动行为过程

沟通的信息包括思想、观点、情况、知识、意见、兴趣或情感等内容。

2. 沟通的实质是为了达成共识

沟通就是让双方一起面对现实，面对共同的问题。通过沟通既影响别人又调整自己的态度和行为。

3. 沟通过程主要是通过语言和非语言行为来完成的

沟通渠道、方式和技巧是沟通过程取得成效的关键环节。

一个完整的沟通过程，通常包括四个方面的要素，如图 13-1 所示。

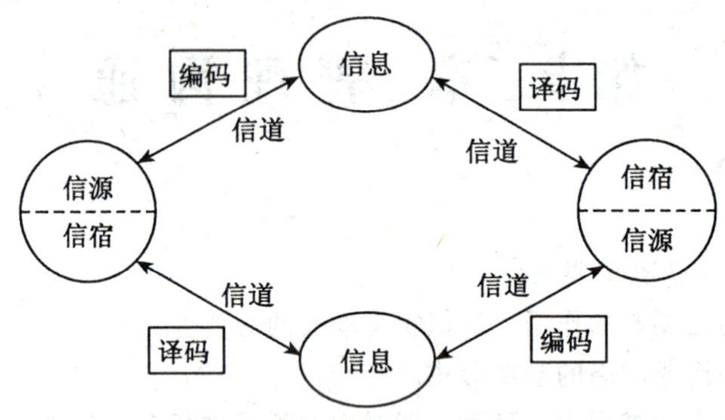

图 13-1 沟通过程及其要素

1. 信源，又称为信息沟通的发送者

在一个沟通过程中，总有一方是信息的主动发送者。

2. 信息，即沟通的内容

作为沟通内容的信息，既包括书面的，也包括口头的。

3. 信宿，即沟通过程中处于被动地接收信息的一方

在沟通的过程中，信息的发送者与信息接收者的身份会不断改变，特别是在双方的沟通中，无论哪一方，都既要充当信息发送者，又要充当信息的接收者。

4. 信道，即信息沟通的渠道

不同的沟通渠道的沟通效率是不一样的。对于一个组织来说，不仅要建立完整的沟通渠道，而且还要使沟通渠道保持畅通无阻的良好状态。

二、沟通的特点

1. 理解是沟通的基础

沟通作为信息交流的活动，需要建立在对信息理解的基础之上，互不理解，无法沟通。而理解又必然会受人的价值取向、文化背景、情趣爱好等心理活动的影响。人们在进行信息交流的时候，都会自觉不自觉地受到这些心理因素的支配，这些心理因素会对沟通效果产生直接的影响。心理因素首先会影响信息发送者发送信息时所选用的语言、表达方式及沟通形式，心理因素也会影响信息接收者对信息的理解。同样一句话，在不同人的口中，在不同的场合，以不同方式和不同的语调说出来，会代表不同的信息；与此相对应的是，同样一句话，不同的人听起来，会做不同的理解。

2. 沟通是一个感情培养与交流的过程

沟通不仅是信息的传递过程，且伴随着思想、感情的交流。良好的沟通，不仅可以使信息在双方之间得到准确、及时、完整的传递，且有利于人与人之间进行思想、感情交流，增进了解，建立良好的人际关系。可见，沟通不只是简单的、机械式的语言传递，而是带有丰富感情色彩的人际交流。这对一个组织来说具有十分重要的意义。所以组织内部在建立沟通网络，选择沟通方式时，应充分注意沟通对感情交流，人际关系所起的作用。

3. 沟通主要以语言为载体

在人与人的交流中，语言是最基本的工具。不过，这里的语言包括书面语言、口头语言，体语等语言形式。选择什么样的语言形式进行沟通，对沟通效果有着直接的影响。

三、管理沟通的必要性

管理沟通是为了达到管理的目的或目标所采取的沟通行为与过程。管理工作的各项职能计划、组织、领导与控制都靠信息沟通发挥作用。因此，沟通贯穿于管理过程的始终，沟通是管理的真谛。沟通是管理者开展工作的重要手段，良好的沟通是组织内部协调一致的重要基础，是组织贯彻、落实、完成其目标的必要条件。在一个组织中，管理沟通有如下作用：

1. 管理沟通是组织与利益相关者之间建立信任的桥梁

沟通可以提供充分而确实的材料，是正确决策的前提和基础。任何组织在其生产经营活动中都要与自己的利益相关者发生各种各样的关系。组织在重大决策时必须了解他们的需要、态度和关心的事宜，而这首先需要通过沟通才能达成共识，达成意见的统一。保持与他们经常性的沟通，以便获得他们的信任和更多的支持。

2. 管理沟通是改善人际关系，建立良好工作环境的基本手段

维系良好的人际关系，大家彼此尊重，和睦相处是人们追求的一种工作环境，而这种环境的建立和维持同样离不开沟通的作用。因为，沟通可以增进了解，增强感情，化解矛盾，消除隔阂，减少误会，沟通能让人心情舒畅，相互信任，形成令人感觉轻松的工作环境。因而，沟通是在组织成员之间，特别是领导者和被领导者之间建立良好的人际关系的关键。

3. 管理沟通是转变员工态度和行为的重要方式

理解是接受和行动的前提。组织的一切决策只有为员工所真正理解，才可能被接受和得到切实的落实。没有良好的沟通，是无法把组织的目标转变成组织内每一个成员的具体行动的。沟通涉及获取信息或提供信息，或对他人施加影响，以便理解对方的旨意并愿意根据对方的愿望行事。有了良好的沟通，就可以获得更多的合作，办起事来就畅行无阻。许多矛盾都是由沟通不当或缺少沟通而引起的，结果会

不可避免地导致更多误解或冲突。所以，沟通是组织成员统一思想和行动的工具。

4. 管理沟通是组织协调各方面活动，实现科学管理的手段

要达到科学管理，管理者必须了解组织内部的信息，即管理对象的各个方面或部门在管理过程中的活动特点及各种信息、情报和资料。通过这些信息，管理者可以了解员工的需求、士气、态度与意见，了解各部门之间的关系和工作效果，借此进行有效控制，指挥整个组织的活动，协调各环节的关系。

由此可见，管理中应重视内外部信息的交流沟通，从而为生产经营活动创造良好的内部环境，使企业更好地适应外部环境的变化。

四、管理沟通的类别

管理沟通的范围一般涉及组织内部和组织外部两个基本方面，包括班子成员之间的沟通、相关部门之间的沟通、职工之间的沟通等。沟通的内容则包括以信息传递为主要目的的信息沟通；以交流思想认识、观念为主要目的的观点沟通；以增进信任、友好为目标的情感沟通。结合管理沟通的基本方式可以有如表 13-1 所示的分类。

表 13-1 **沟通的分类**

分类标准	分 类
按在组织系统中的沟通形式分类	1. 正式沟通 2. 非正式沟通
按沟通中信息流动的方向分类	1. 上向沟通 2. 下向沟通 3. 横向平行沟通
按沟通所使用的语言方式分类	1. 口头沟通 2. 书面沟通 3. 书面口头混合沟通
按沟通过程中信息发送者与信息接收者的地位是否变化分类	1. 单向沟通 2. 双向沟通
按照沟通使用的工具分类	1. 运用传统手段的沟通 2. 运用现代沟通工具的沟通

（一）按在组织系统中的沟通形式分类

1. 正式沟通

正式沟通一般指在组织系统内，依据组织明文规定的原则进行的信息传递与交

流。正式沟通是组织内部信息传递的主要方式。大量的信息都是通过正式沟通进行传递的。

正式沟通的优点：沟通效果好，比较严肃，约束力强，易于保密，沟通信息量大，可以使信息沟通保持权威性。重要的消息和文件的传达，一般都采取这种方式。

缺点：因为依靠组织系统层层传递，所以很刻板，沟通速度慢，存在着信息失真或扭曲的可能。

2. 非正式沟通

非正式沟通指在正式沟通网络之外进行的信息沟通。非正式沟通是正式沟通不可缺少的补充，也是一个正式组织中不可能消除的沟通方式。

非正式沟通的特点是：传递信息的速度快，形式不拘一格，并能提供一些正式沟通所不能传递的内幕消息；缺点是传递的信息容易失真；传递越广，失真的可能性就越大，容易在组织内引起矛盾；非正式沟通的控制也较困难。

（二）按沟通中信息流动的方向分类

1. 上向沟通

上向沟通主要是下属依照规定向上级进行的信息传递。如各种报告、汇报等。上向沟通是领导了解实际情况的重要手段，是掌握决策执行情况的重要途径。所以，积极鼓励上向沟通，注意上向沟通的信息的真实性、全面性，防止报喜不报忧是做好上向沟通活动的重点。

对于管理者来说，掌握上向沟通的技能，做好上向沟通，既可以争取上级对自己工作的支持，又可以让上级了解自己，为组织创造有利的发展条件。一般来说，上向沟通往往比较困难，因为在上向沟通中，信息的接收者处于支配地位，而信息的发送者却居于被支配的地位，信息发送者往往会由于信心不足而影响沟通的效果。所以，有意识地提高自己上向沟通的能力，对每一个管理者都尤为重要。

由于当事人的利害关系，沟通的信息发生与事实不符或压缩的情形是上向沟通容易出现的问题。

2. 下向沟通

下向沟通指上级向下级进行的信息传递。如企业管理者将计划、决策、制度规范等向下级传达。下向沟通是组织中一种重要的沟通方式。通过下向沟通可以使下级明确组织的计划、任务、政策、方针、程序和步骤。领导者必须做好下向沟通工作，让这些信息尽人皆知，使员工享有知情权。

下向沟通容易出现的问题是传递的信息发生歪曲、遗失，过程缓慢。

3. 横向平行沟通

横向平行沟通指正式组织中同层次的不同业务部门之间的信息沟通。横向平行沟通是在分工的基础上产生的，是协作的前提。做好横向平行沟通工作，在规模较大，层次较多的组织中尤为重要，它有利于及时协调各部门之间的工作步调，减少矛盾。

（三）按沟通所使用的语言方式分类

1. 口头沟通

口头沟通指采用口头语言进行的沟通。

其优点是：沟通过程中，信息发送者与信息接收者当面接触，反馈及时，有亲切感，且可以运用一定的手势、表情和语气、语调等增强沟通的效果，使信息接收者能更好地理解、接受所沟通的信息。

口头沟通存在的不足之处：一是沟通范围有限；二是沟通过程受时间限制，沟通完成后缺乏反复性，另外对信息传递者的口头表达能力要求比较高。

2. 书面沟通

书面沟通指采用书面文字形式进行的沟通，如各种文件、报告。

书面沟通的优点是：严肃、准确，具有权威性，不易被歪曲；信息接收者可反复阅读以增强理解，信息传递者对其传递的信息所采用的语言可以仔细琢磨，以便用最好的方式表达出来。

书面沟通存在的主要不足是：应变性较差，多适应于单向沟通。

需要反复强调，内容量大，涉及面广的信息，多采用书面沟通的方式。

3. 书面口头混合沟通

这是指在沟通过程中，既有书面信息，同时又以口头沟通的方式加以阐述、强调，以便信息接收者加强理解。如一些重要会议中，报告人的报告既以书面形式印发给与会者，报告人又作口头报告，同时还召开有报告人参加的座谈会，以加强信息沟通。

这种方式兼顾了口头沟通与书面沟通的优点。其不足之处是沟通费用较高，只有一些特别重要的信息，才采用这种沟通方式。

（四）按沟通过程中信息发送者与信息接收者的地位是否变化分类

1. 单向沟通

单向沟通指信息的发送者与信息接收者的地位不改变的沟通。在这种沟通中，不存在信息反馈，其优点是：信息发送者不会受到信息接收者的询问，能保护发送者的尊严，信息沟通通常比较有秩序，速度较快。其不足之处是：信息接收者不能进行信息反馈，没有理解的信息只能是囫囵吞枣地强制接受。这样，容易降低沟通效果，严重时可能产生对抗心理。只有在比较特殊，特别是时间紧迫，不允许采用双向沟通时才采取单向沟通。

2. 双向沟通

双向沟通指在沟通过程中信息的传递者与信息接收者经常换位的沟通。沟通中由于存在着信息反馈，双方都可以及时知道对方所传递的信息、理解的程度与态度，有助于加强协商和讨论。但双向沟通一般费时较多，速度较慢，易受干扰，信息发送者的心理压力较大。当时间允许时，为保证信息传递的准确性和沟通的效果，尽量采取双向沟通的方式是一种明智的选择。

（五）按照沟通使用的工具分类

1. 运用传统手段的沟通

这是指运用诸如口头交谈会等传统方式进行的沟通。

2. 运用现代沟通工具的沟通

这是指运用现代的信息网络（包括闭路电视系统、电子媒体等）进行的沟通。这种现代沟通工具在当代社会沟通中的运用越来越普遍。它的优点是速度快、传递面广，可以在同一时间将信息传递给多人，信息的储存也比较容易，成本低。

第二节　管理沟通网络建设

一、沟通的四个阶段

在信息沟通中，沟通的基本程序为信息的发送者将要发送的信息转化为相应的符号，然后经一定的沟通渠道传送信息，信息的接收者在接到信息之后，对信息进行理解，并按接收到的信息采取行动，其中包括发出反馈。信息沟通的过程如图13-2所示。

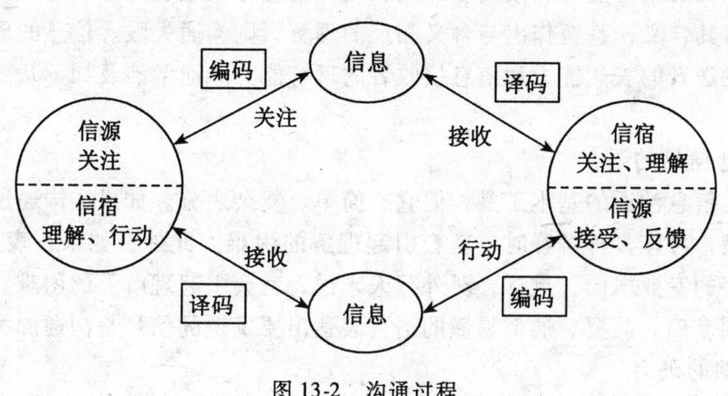

图13-2　沟通过程

由图13-2可知，信息沟通的程度可分为四个阶段：

（一）关注

关注指沟通对象对沟通内容引起关心。在沟通过程中，信息发送者必须注意信息接收者是否关注自己所发送的信息，如果不关注的话，就应采取措施。研究发现，决定人们对信息发送者发送的信息是否关心的因素主要有以下四个：

1. 信息本身

不同的信息所引起人们关注的程度是不同的，与自己的利益关系越是密切的信息就越容易引起人们的关注和兴趣。

2. 沟通中信息接收者所接收到的信息量

当信息接收者在一定的时间内接收到的信息量超载，必然有一部分信息会被信息接收者忽略，影响沟通的效果。在信息量超载的情况下，先接收到的信息一般较易为信息接收者所关注，而后发送的信息就容易被忽略。为了使发送的信息不被忽略，重要的信息一般应单独发送，或者优先发送，以便引起信息接收者的关注。

3. 人们在正式组织中所处的位置

在正式组织中，上级发送的信息由于其影响力就比较容易引起下级接收者的关注，而下级向上级发送的信息，就容易被忽略。有调查发现，下级在与上级进行沟通的过程中往往有信心不足的现象存在；下级将问题和盘托出可能会引出麻烦，所以下级喜欢报喜不报忧，用好听的信息引起上级的关注。

4. 人们在非正式的沟通网络中所处的位置

非正式的沟通网络是相对于正式沟通网络而言的。每个组织中都存在着弥补正式的沟通网络不足的非正式的沟通网络。在非正式的沟通网络中居于核心地位的员工在沟通过程中所发送的信息常能引起较多的关注。

（二）理解

沟通过程的关键是信息接受者对接收到的信息作出正确的理解。如果信息接收者不能理解其含义，甚至作出与含义相反的理解，则沟通失败。信息的理解主要取决于信息发送者的表达能力和信息接收者的理解能力。通常涉及如下几个主要方面的内容：

1. 表达信息的语义

语言是信息沟通的基本工具，但它有简单、复杂之分。如果在沟通过程中，语言表达模糊，可作多种解释时，就会引起理解的困难。此外，如果在表达信息时，使用了过多的专业术语，这样，对外行人来说，就会引起理解上的困难。

尽量用准确、简要、通俗易懂的语言表达出要发送的信息是沟通的关键之一。

2. 反馈的机会

如果信息接收者对接收到的信息不甚理解，但能及时地提出疑问，请信息发送者给予解释，就有利于信息接收者对接收到的信息作出准确、深刻的理解。如果信息接收者没有反馈的机会，就会给理解带来障碍。如果接收者对上级的命令没有理解就加以执行的话，则会增加执行失误的风险。所以，尽可能地给予信息接收者反馈的机会，及时了解信息接收者对信息的理解状况，帮助信息接收者较好地理解信息、接受信息是十分必要的。

3. 信息发送者与信息接收者之间的关系

在沟通过程中，如果信息发送者与信息接收者之间关系甚笃，在心理因素的作用下信息接收者往往容易正确理解信息发送者发送的信息。特别对一些容易引起联想、歧义的语言，易作出较准确的判断与理解。

（三）接收

沟通的目的是使信息的接收者能够接受信息，并依照信息的要求作出行动。因此，人们在理解了信息发送者所发送的信息之后要么接受，要么拒绝。在沟通过程中，信息发送者应预先估计信息可能被接收者拒绝的情况，并采取一切措施，加以预防，以使发送的信息能够被接受。

信息发送者发送的信息能否被接受，主要受下列因素影响：

1. 信息本身的真实性

当人们怀疑某种信息的真实性时，就不会接受这一信息。因此，在信息的沟通过程中，特别是在多层次的信息传递过程中要注意防止信息失真，导致信息不被接受。

2. 信息发送者与接收者之间的关系

信息可能被主动地接受，也可能被强制性地接受，上级向下级发送的信息，由于权力的强制性作用，所以，一般不易被拒绝。而下级向上级发送的信息，就比较容易为上级所拒绝。同样，关系好的同事之间发送的信息，比较容易接受，而关系不好的同事之间发送的信息，就容易被拒绝。

3. 噪声的影响

这里的噪声是指在信息传递过程中的干扰因素，如外界环境的影响、语言、接收者的理解力等都是噪声，噪声可能在沟通过程中的任何环节上造成信息的失真。

（四）行动和反馈

沟通的最终目的是对信息接收者产生影响，促使其行动。当信息被接受之后一般会产生影响，促使信息接收者采取行动，一般信息接收者的行动受下列因素影响：

1. 信息接收者的行为能力

如果一个人缺乏按要求行功的能力，即使他接受信息发送者发送的信息，也难以产生信息发送者所预期的行动。因此，在信息发送之前，信息发送者就必须考虑信息接收者的行为能力，不能勉为其难。

2. 信息的保持性

信息能否产生影响，与信息的作用时间有着密切的联系。而信息的作用时间，又与信息接收者是否记住了信息（信息的保持性）相联系。

如果某项信息反复作用，其影响就可大大加强，从而促进行动。如商品广告播放的时间越长，对用户购买的影响就越大。

因此在每一次的沟通过程中都应该进行反馈，通过反馈把信息返回给发送者，以核实信息是否被理解和接受。

二、管理沟通网络的基本形式

沟通渠道的结构形式称为沟通网络。不同的沟通网络具有不同的沟通效果。沟通网络的基本形式有：链式、轮型、Y 型、环型和全通道式等。其结构形态如图 13-3 所示。

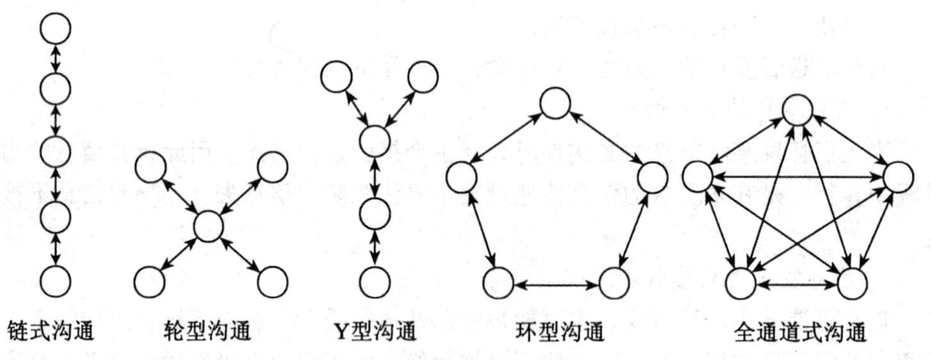

图 13-3 管理沟通网络的基本形式

1. 链式沟通

链式沟通属于控制型结构，在组织系统中相当于纵向沟通网络。它是分层领导体制下，最高领导者与最低执行者之间进行信息沟通的一种概括模式。网络中每个人处在不同的层次中，上下信息传递的速度慢，信息载荷量较小，信息在中间被过滤的可能性较大，容易产生信息失真，信息传递者所接收的信息差异大。但由于结构严谨，链式沟通形式比较规范，在传统组织结构中应用较多。

2. 轮型沟通

轮型沟通也称主管中心控制型，该种沟通网络中，只有一名成员是信息的汇集发布中心，相当于一个主管领导直接管理几个部门的权威控制系统。这种沟通形式集中程度高，信息传递快，信息不容易被过滤，主管者具有权威性，但要接收较大的信息载荷量。由于沟通渠道少，组织成员满意程度低，士气往往受到较大的影响，工作缺乏弹性。

3. Y 型沟通

Y 型沟通又称秘书中心控制型，它是在链式沟通网络的基础上发展起来的，其效率特征与链式沟通网络基本相同。这种沟通网络相当于企业主管、秘书和下级人员之间的关系。秘书是信息收集和传递中心，对上接受主管的领导，这种网络形式能减轻企业主要领导者的负担，解决问题的速度较快。如果与下级的沟通呈正 Y 型时，就容易产生多头领导，使下级人员同时面对两个上级的指令，以至在行动中陷入左右为难的困境。因此，平均满意度与士气较低，容易影响工作效率。

倒 Y 型沟通网络则是一种十分正常的沟通方式。

4. 环型沟通

环型沟通又称工作小组型沟通，该沟通网络中，成员之间依次以平等的地位相互联络，不能明确谁是主管，组织集中化程度低。由于沟通渠道少，信息传递较慢，中间也可能发生信息过滤。但成员之间的相互满意度和士气较高。

5. 全通道式沟通

全通道式沟通是一个完全开放式的沟通网络，沟通渠道多，成员之间没有权力、地位的区别，合作气氛浓厚，成员满意度和士气均高。全通道式沟通与环型沟通的相同之处在于，网络中主管人员不明确，集中化程度低，不利于产生权威，一般不适用于正式组织中的信息传递。

除此以外，在非正式组织中，还存在着一种“葡萄藤”式的沟通形式，沟通随处延伸，无确定的方向和固定的形式，即传播“小道消息”的一种渠道与方式。

由此可知，不存在一种绝对完美无缺的沟通网络。在不同的组织中，要根据组织性质、信息内容、成员特征，综合采用多种沟通网络。

三、管理沟通过程中的障碍

在沟通过程中，常会出现一些影响沟通效果的障碍，使沟通难以达到预期的目的，严重时甚至可能使沟通过程中断。因此，认识沟通障碍，防止沟通障碍，排除沟通障碍，就显得十分必要。

沟通障碍在沟通的信息发送者、传递渠道和信息接收者三要素之中都可能存在。

（一）信息发送者的障碍

1. 信息发送者的角色障碍

管理者作为管理活动的主要执行者与参与者，其角色在组织沟通中占据主导地位。一般认为，管理者的观念和行为不当是组织沟通中的最大障碍，他们对组织沟通的影响远远超过了组织中的其他因素。管理者在与下属的沟通过程中若以家长或权威者的形象出现，以自我为中心而不是从对方和全局的立场出发看问题，在与下级的交流过程中表现得主观、武断就无法形成真正的平等沟通，不懂得尊重、理解、关心下级，这样的沟通是很难获得实质性效果的。

信任障碍也是一种角色障碍。一方面，当下级觉得把坏消息报告给上级对自己无益时，就会隐瞒这些消息或把不利信息过滤掉，报喜不报忧、夸大成绩、缩小缺点等。另一方面，如果上级在沟通时漫不经心，或自高自大，这些都会损坏下级对上级的信任。

2. 语言表达障碍

这是信息发送者表达能力不足产生的障碍。语言是信息的载体，准确地选择语言是实现沟通目标的必要前提。准确的语言选择包括使用对方易懂的语言，表达要明确，条理要清楚，不能模棱两可；语言要精练，针对性要强；当采用书面沟通形式时，使用正确的语法，选用最恰当的词句，字迹应清晰，图表要简明。由此可见，影响信息发送者表达能力的因素，除了自身的语言文字水平之外，还有工作责任心等非文字方面的因素。所以信息发送者若要消除表达障碍，必须努力提高自己的语言表达能力。同时在发送信息时，应具有高度的责任心。

3. 语义上的障碍

这主要指因对语义的不同理解而引起的障碍。沟通语言的结构可能导致对事情本质的错误描述，信息中如果包含多义词，往往会导致误解。对于信息发送者来说，不能仅从自己的角度来选择语言，更重要的是要从信息接收者的立场来考虑用词、用语，这样才能保证发送的信息能够被完全正确的理解。

4. 传递形式障碍

这是指传递形式不协调产生的障碍。信息发送者在发送信息时，形式要适当，如语言符号和体语应保持一致。例如，领导在批评下级的错误时，态度严肃，就可能使下级认识到错误的严重性。正式、重大的事件信息用很平常的方式发送，就可能使人怀疑信息的真实性。所以，在沟通中，信息沟通的形式应与沟通的内容相一致，消除因内容和形式不一致带来的障碍。

5. 社会环境与知识局限产生的障碍

若信息发送者与信息接收者在知识水平上相差太大，在信息发送者看来是很简单的内容，而信息接收者却由于知识水平太低理解不了，双方没有“共同的经验区”，信息接收者不能正确理解信息发送者的信息，则沟通就会出现障碍。譬如，同一领域的科学家之间运用大量专业术语、数学公式、各种符号进行沟通，既简便又实用，但如果用这种方式同缺乏相应知识和经验的外行沟通，肯定会失败。

（二）信息传递渠道中的障碍

1. 信息传递手段的障碍

沟通的成功与否，与其说在于交流沟通的内容，不如说在于交流沟通的方式。在现代信息沟通中，越来越多的新兴信息传递手段的使用，大大提高了沟通效率。同时，一旦这些手段发生故障就会影响沟通。如开大会时，广播的物理噪音过大，就会影响报告的效果。在信息沟通中，要尽可能地选择高效率的沟通工具。

2. 传递层次、环节过多，引发的信息损耗障碍

信息在传递过程中，同其他的物体运动一样，会发生损耗。这种信息传递过程中的信息损耗现象被称为信息过滤。如果组织机构过于庞杂，信息从发送者那里发

出，到达接收者那里所经过的环节过多，这不仅会影响信息传递的及时性，而且会使过滤现象更严重，使到达最终接收者那里的信息大打折扣，甚至被歪曲、曲解、篡改。所以，在沟通过程中，沟通的层次和环节应尽可能少，以防信息被过多地过滤。

（三）信息接收者的障碍

1. 知觉的选择性和情趣不相容对信息的“过滤”

接收者在接收到信息之后，倾向于根据自己的观点、价值观、情趣、意见和背景来解释信息并对其进行过滤和取舍，过滤掉不对胃口的信息，而不对它做客观的解释和理解。这样就会在不经意中产生知觉的选择性，造成沟通障碍。

2. 理解能力的障碍

当一个人分不清实际的信息材料和自己的观点、感觉、情绪等的界限时，就会发生曲解。在发送者面对一个信息接收者的情况下，这种理解能力的障碍可以通过发送者与接收者的共同努力来消除。但如果是在一个发送者面对多个接收者的情况下，其中一些接收者对信息不理解的障碍，就主要靠接收者自己提高理解能力来消除障碍。

3. 信息量超载的障碍

接收者在收到过量的超载信息时，必然有一部分信息会被忽略，因此，信息并非是越多越好，重要的是要有用的、优质的信息。这对信息发送者来说要给予重视。

（四）其他沟通障碍

1. 空间距离因素

主管与下级之间的空间距离减少了他们面对面的沟通机会，会导致误解或不能理解所传递的信息，还会使得主管和下级之间的误解不易澄清。

2. 沟通环境障碍

沟通环境障碍可以说是沟通过程中的小噪声。清除沟通过程中的小噪声是提高沟通效果的重要途径。

3. 对信息内容不完整的渲染

有些信息有两部分内容，外显的意义和潜在的含义，在某些情况下，信息的外显意义被渲染得过分吸引人，从而导致潜在的含义被忽视或丢失。

4. 个人的态度、情绪也是造成信息沟通失败和障碍的原因

沟通中的偏见、猜疑、威胁和恐惧，妨碍沟通。主管的态度过分严厉会使沟通氛围紧张，亦不会有好的沟通效果。

四、沟通障碍的疏导

为了降低沟通障碍，提高管理沟通的效率，在沟通中可考虑以下基本措施：

1. 沟通要有明确的目的

主管人员必须清楚，做这个沟通的目的是什么？要下级人员理解什么？确定了沟通的目标，沟通就容易规划了。

2. 认真作好沟通的各种准备

沟通双方必须具备沟通的理论知识、概念、操作性技艺。主要包括沟通的含义、沟通的种类、沟通网络、沟通可利用的各种媒介、一些最新的研究成果、最新的观念等，并有能力把这些沟通原理运用到实践中去。此外，在沟通之前，要做必要的调查研究，收集充分的资料和数据，对每次沟通要解决什么问题，达到什么目的，不仅自己心中要有数，也要设身处地地为信息的接收者着想，使他们也能清晰地理解。

3. 沟通的内容要确切

信息的发布者应当努力提高自身的文字和语言表达能力，沟通的内容要有针对性，语义确切，条理清楚，观点明确，避免使用模棱两可的语言，否则容易造成接收者理解上的失误和偏差。对所发表的意见、观点要深思熟虑，不可朝令夕改，不能用空话、套话、废话、大话、官话、假话、黑话对信息接收者敷衍搪塞。若处理不好，常常会引起接收者的逆反心理，形成沟通中不应有的壁垒和障碍。

4. 沟通要有诚意，取得对方的信任并建立起感情

创造一个相互信任的沟通环境。这里提倡以客体为导向的沟通思维，也就是换位思考，即无论何时、何地、何种环境、采取何种方式进行沟通，都设身处地地站在沟通对象的立场上去考虑问题，以“对方需要什么”作为思考的起点，不仅有助于问题的解决，而且能强化良好的人际关系。

5. 提倡平行沟通，促进横向交流与合作

一般来说，以主管系统划分的部门垂直联系和沟通较多，行业间、部门间、组织间的横向交流较少，这样容易形成信息的阻塞和本位主义倾向。加强平行沟通，促进各个部门之间相互了解，有助于培养整体观念和合作精神，有助于克服本位主义倾向。

6. 拓宽沟通渠道

提倡直接沟通、双向沟通和口头沟通，保证信息的畅通无阻和完整性。

7. 设计固定的沟通渠道，形成经常性的沟通制度

沟通不仅仅是一种临时性的技巧和方法，而应该是一种组织制度，要获得有效的沟通效果必须有制度性的措施。推行上下级定期沟通的机制，定期讨论各种大家关注的问题，定期就重大问题或“热点”问题进行必要的沟通。经常性的沟通制度，可以增强员工的向心力和凝聚力，使员工把企业当成自己的家并热心参与企业的一切事务，由于员工们的主人翁意识增强了，心情舒畅了，工作效率自然也会提高。

8. 注意运用沟通的方法和技巧

管理沟通的方法多种多样，常见的沟通方法有：发布指示、召开会议、个别交谈、建立信息沟通网络、使用非正式的沟通方式等。在选择沟通的方法时应随沟通的内容和对象而定。沟通的形式也要尽量使用接收者喜闻乐见的方式，必要时可运用音乐、戏剧、小品等形式，寓教于乐，达到让下属接受信息的目的。

此外，现代科学技术的进步以及广播、电视与现代通信技术的发展，为管理沟通创造了良好的外部条件和物质基础。在沟通过程中，应该充分利用这些条件，提高沟通效果。

第三节 冲突管理

现代管理科学对冲突的研究源于20世纪60年代，巴纳德和西蒙都认为组织冲突长期存在于企业内部。J. Klly，H. Assael 认为，组织中存在冲突对促进目标显露有积极作用。之后对组织冲突产生的原因及处理的研究开始获得进展，学者们发现了压制冲突的传统管理思维和方法的不合理性。Louis R. Pondy 认为，压制冲突的组织剥夺了自我调节和稳定成长的功能。60年代后，组织管理和行为理论的研究都把冲突管理作为一项重要内容加以关注。

冲突指的是人们由于某种差异而引起的意见、抵触、矛盾、对立、争执或争斗，使彼此间关系紧张的状态。人与人之间由于利益、观点的不同，掌握的信息或对事件的理解都可能存在差异，有差异就可能引起冲突。显然，沟通不足可以导致冲突。冲突的形式可以从温和、微妙的抵触到激烈的争吵、甚至可能上升为诉诸武力。

一、冲突的原因与冲突的发展过程

（一）冲突的原因

冲突的原因大体可归为以下三类：

1. 沟通差异

文化和历史背景不同、语言障碍、误解以及沟通过程中环境的影响，都可能造成人们之间意见不一致。沟通不良是导致冲突的重要原因，但不是主要的。

2. 结构差异

管理中的冲突，绝大多数是由组织结构的差异引起的。由于组织内部的分工将组织分割成不同的层次、部门、单位及岗位，组织越庞大、复杂，组织分工越细密，组织整合就越困难。由于信息不对称和利益的不一致，各个部门为了自身的利益或荣誉，组织内部发生垂直或水平方向的冲突几乎不可避免。

3. 个体差异

人的社会背景、教育程度、阅历、修养，塑造了每个人不同的性格、价值观和作风。人们之间这种个体差异所带来的合作和沟通的困难往往也容易导致某些冲突的发生。

由于沟通差异、结构差异和个体差异的客观存在，冲突也就不可避免地存在于一切组织中，因此管理冲突是非常必要的。

（二）冲突的发展过程

冲突是一个动态的过程。这种过程肇始于一方感觉到另一方对自己关心的事情产生消极影响或将要产生消极影响。K. W. Thomas 把冲突的发展过程归纳为冲突的觉知期、情感反应期、冲突认知期和冲突白热化期四个阶段（1991）。更多的人倾向把冲突的发展过程分为下列五个阶段，如图 13-4 所示。

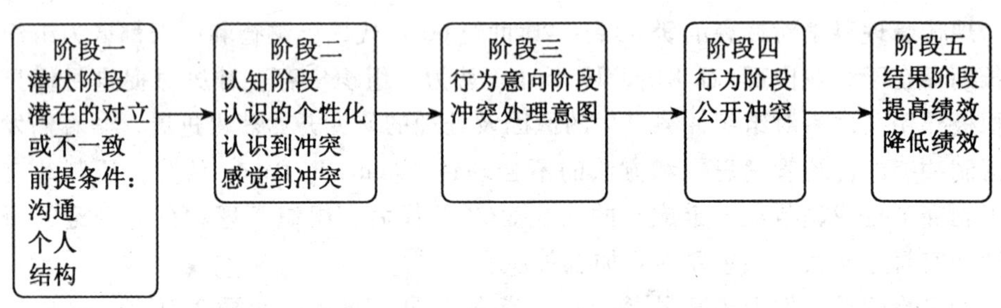

图 13-4 冲突的发展过程

1. 潜伏阶段

首先是存在可能产生冲突的条件，这些条件称为冲突源。当这些条件具备时，冲突过程就开始了。冲突源通常涉及三类问题：沟通、结构和个人因素。冲突源并不必一定导致冲突，但它们是冲突产生的必要条件。

2. 认知阶段

一方或双方已经体验到紧张或焦虑，此时冲突已经明朗化了。在这一过程中，双方将决定冲突是什么性质，这一点很重要，因为定义冲突的方式极大地影响到冲突的可能解决办法。

认识到冲突并不意味着它就显性化了，换句话说，A 可能认识到 B 与 A 之间意见十分不一致，但这并不一定会让 A 感到紧张或焦虑，也因而不一定会影响到 A 对 B 的感情。而在情感上的冲突中，当个体有了情感上的投入时，双方都会体验到焦虑、紧张、挫折或敌对。

3. 行为意向阶段

行为意向介于一个人的认知、情感和外显行为之间，它指的是从事某种特定行为的决策。为什么要把行为意向作为独立阶段划分出来呢？因为人们只有判断出一个人的行为意向之后，才可能知道他会作出什么行为。很多冲突之所以不断升级，其重要的一点就在于一方对另一方进行了错误归因。另外，行为意向与行为之间也存在着很多不同，因此一个人的行为并不能准确反映他的行为意向。

4. 行为阶段

行为阶段包括冲突双方进行的说明、活动和态度，即冲突表面化，表现为行为已开始阻止对方实现目标。大多数人在考虑冲突情境时，倾向于强调行为阶段，为什么？因为在这一阶段中冲突是明显可见的，冲突已到了非解决不可的地步。冲突行为是公开地试图实现冲突双方各自的愿望。但这些行为带有刺激的性质，这种刺激常常与愿望无关。由于判断错误或缺乏经验，有时外显的行为会偏离原本的意图。

5. 结果阶段

冲突双方之间的行为和反应相互作用导致了最后结果。冲突作为一种动力是可以提高群体的工作绩效的。很难想象一种公开的或激烈的敌对情境能提高群体的工作绩效。但是，有大量事实使我们预期，较低或中等水平上的冲突是有可能提高群体的工作绩效的。

二、冲突观念的变迁

长期以来，对组织冲突的看法，存在如下三种观点：

第一种观点认为所有的冲突都是不良的、消极的，它常常作为暴乱、破坏、非理性的同义词。在这里，冲突是有害无益的，冲突表明组织内部的机能失调，组织应该避免冲突。这是冲突的传统观点。

第二种观点认为对于所有群体和组织来说，冲突都是与生俱来的，是不可避免的。冲突不一定导致对组织的危害，甚至可能有利于促进组织的发展。这一观点主张接纳冲突，使冲突的存在合理化。这就是冲突的人际关系观点，在20世纪40年代末至70年代中叶，这一观点一度处于统治地位。

第三种观点认为冲突对于组织的有效运作是必要的，即冲突是组织保持活力的一种手段，使组织保持创新的激发状态。这是冲突的相互作用观点。

从相互作用观点可以看出，认为冲突都是好的或都是坏的的看法显然并不恰当也不够成熟。冲突是好是坏取决于冲突的类型，也就是有必要对功能正常和功能失调的冲突进行区分。如果冲突能提高决策的质量，激发革新与创造，调动群体、成员的兴趣与好奇，提供公开问题、解除紧张的渠道，培养自我评估和变革的环境，那么这种冲突支持群体的目标，就具有建设性，属功能正常的冲突；倘若冲突带来了沟通的迟钝，组织凝聚力的降低，组织成员间的明争暗斗成为首位问题，而组织目标降为次位问题，那么这种冲突就阻碍了群体的工作绩效，在极端的情况下会威胁组织的生存，具有破坏性而属于功能失调的冲突。遗憾的是，如何区别功能正常和功能失调的冲突，二者之间的分界并不清楚，因为，没有一种冲突水平对所有条件都合适或都不合适。

20 世纪 90 年代，随着学习型组织的建立，越来越多的组织提倡适当冲突。冲突管理也在企业管理中发挥着重要的作用。

三、冲突管理策略

冲突管理一般包括两个方面。一是管理者要设法消除冲突产生的负面效应，二是要求管理者激发冲突，利用和扩大冲突对组织产生的正面效应。因此，化解冲突，争取合作是冲突管理策略的重点。本着这一精神，考虑冲突管理策略时必须注意以下几点：

①谨慎选择所要处理的冲突。

②仔细研究冲突双方的代表人物。

③深入了解冲突的根源。

④妥善选择冲突处理的办法。

冲突处理策略的模型有多种，在众多冲突处理策略的模型中，以托马斯（1976）提出的“五策略模型”的影响最为广泛。托马斯在满足自身利益和满足他人利益的两个维度上，来确定个体究竟采用哪一种冲突处理策略（见图 13-5）。其中，要满足自己利益的愿望依赖于追求个人目标的武断或不武断的程度，想满足他人利益的愿望取决于合作或不合作的程度。从而形成适用于不同的场合及冲突的五种基本策略：回避、迁就、强制、妥协、合作。

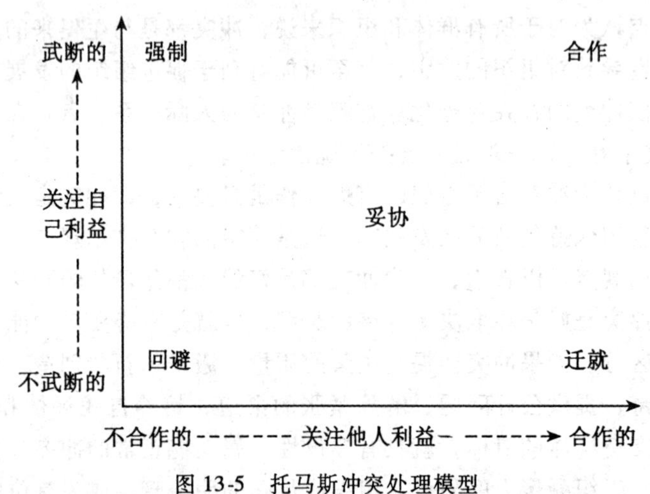

图 13-5 托马斯冲突处理模型

当冲突无关紧要或双方极为激动时，可采用回避的方法；在认为维持和谐关系十分重要时，可采用迁就策略；当事情重大或情况紧急时，可采用强制策略；若冲突双方势均力敌、争执不下时，可采用权宜之计，实现妥协；一旦事件十分重大，双方一时不可能妥协，可采用坐下来谈判的方式，寻找和争取求同存异，实现双赢的解决方案。

思考题

1. 当代管理为什么特别强调要加强管理沟通？
2. 试阐述沟通过程的四个阶段。
3. 管理沟通网络的基本形式各有何特点？
4. 管理沟通过程中常见的障碍有哪些？
5. 面对沟通障碍应该如何积极疏导？
6. 简析冲突的原因与冲突过程。
7. 当代人们的冲突观念发生了哪些新的变化？

第十四章　控 制 理 论

【目的和要求】

学完本章，应达到的要求：

1. 熟悉管理控制系统及其要素。
2. 学会灵活运用实现有效控制的原则。
3. 了解管理控制各种类型的特征。
4. 领会管理控制原理的要点，熟悉控制的程序。
5. 掌握预算控制方法和非预算控制方法。

自从1948年美国数学家、生物学家、通信工程师诺伯特·维纳（Norbert Wiener）发表了著名的《控制论——关于在动物和机器中控制和通信的科学》的文章以来，控制论的思想和方法已经渗透到了几乎所有的自然科学和社会科学的领域。在现代管理工作中，控制已经被公认为是最基本的管理职能，各级管理者包括基层管理者都必须承担这一重要职责。

第一节　控制职能概述

一、控制的含义

维纳把控制论看做一门研究机器、生命和社会中控制和通信的一般规律的科学，更具体地说，是研究动态系统在变化的环境下如何保持平衡状态或稳定状态的科学。在控制论中，“控制”的定义是：为了改善某个或某些受控对象的功能或发展，需要获得并使用信息，以这种信息为基础而选出的、加于该对象上的作用，就叫做控制。

管理控制是指管理者为了保证实际工作与计划的要求相一致，按照既定的标准，对组织的各项工作进行检查、监督和调节的活动。

这一定义可以从下面几层含义进行理解：

1. 控制是管理过程的一个阶段

它将组织的活动维持在允许的限度内，它的标准来自人们的期望，这些期望可以通过目标、指标、计划、程序或规章制度的形式表达。控制职能是使系统以一种比较可靠的、可信的、经济的方式进行运转。从实质上讲，控制必须同检查、核对或验证联系起来，这样才有可能使控制根据计划过程事先确定的标准来衡量实际的工作。

2. 控制包括发现问题、分析问题、解决问题的整个过程

组织开展业务活动，由于受外部环境、内部条件的变化和人的认识问题、解决问题的能力的限制，实际执行结果与预定目标完全一致的情况是不多的。因此，对管理者来讲，重要的不是工作有无偏差，而是能否及时发现偏差，或通过对工作的深入了解，预测到潜在的偏差。发现偏差，才能找出造成偏差的原因、环节和责任者，采取针对性措施，纠正偏差。

3. 控制职能的完成需要一个科学的程序

实现控制需要三个基本步骤：建立控制的标准；将实际绩效同标准进行比较；纠正偏差。没有标准就不可能有衡量绩效的依据；没有比较就无法知道绩效的好坏；不规定纠正偏差的措施，整个控制过程就会成为毫无意义的活动。

4. 控制要有成效

控制要有成效必须具备以下要素：第一，控制系统必须具有可衡量性和可控制性，人们可以据此来了解标准；第二，有衡量这种特性的方法；第三，有用来比较实际结果和计划结果并评价两者之间差别的方法；第四，有一种调控系统，以保证必要时调整已知的标准。

5. 控制的根本目的，在于保证组织活动过程和实际结果与计划目标及计划内容相一致，最终保证组织目标的实现

在现代管理工作中，控制活动作为管理的基本职能之一承担着两大任务：其一，是要维持现状，即在变化的内外环境中，通过控制工作，随时将计划的执行结果与标准进行比较，若发现有超过计划容许的范围的偏差时，则及时地采取必要的纠正措施，以防止偏差继续发展或再度发生，使系统的活动趋于相对稳定，实现组织的既定目标。其二，是要打破现状。在某些情况下，变化的内外环境会对组织提出新的要求。主管人员对现状不满，要改革、创新、开拓新局面。这时候，就势必打破现状，即纠正或修改已定的计划，确定新的目标和管理控制标准，使之更先进、合理。

二、管理控制系统及其要素

对管理控制系统和控制要素的熟悉和研究是实现有效控制的基础，控制人员务必由此开始其工作。

①控制环境，指一个组织进行管理控制所面临的环境，包括组织外部环境和内部环境。不考虑控制环境就不可能实施有效的内部控制。

②控制变量，指影响一个组织目标的关键因素和风险因素。组织目标能否顺利实现主要在于对风险因素、价值驱动因素等影响组织目标的关键因素的控制。因此，要搞好内部管理控制，找出关键因素，特别是风险因素是至关重要的。

③控制标准，指对一个组织进行管理控制的依据或准绳。控制标准规定了组织应该怎么做。控制标准是组织控制目标的分解。从控制对象划分，控制标准可分为投入控制标准、过程控制标准和结果控制标准。从控制依据划分，控制标准可分为预算控制标准、行业控制标准、历史控制标准等。控制标准的科学程度将直接影响管理控制的成效。

④信息计量，指对组织中的各项活动的信息进行计量与记录。信息计量反映了组织正在做什么。信息计量的相关性、可靠性是管理控制对信息计量最基本的质量要求。管理控制中的信息计量的相关性主要体现在与控制标准相关的方面上。管理控制中的信息计量的可靠性体现在对组织活动的真实反映上。

⑤执行评估，指对一个组织的活动状况进行评定与估计。执行评估的过程实际上是将信息计量与控制标准进行比较、分析的过程。因此，执行评估的状况既决定于控制标准和信息计量的质量，又决定了纠正偏差的效果。

⑥纠正偏差，指对评估过程中发现的实际执行情况与控制标准之间的差异进行及时矫正或纠正。控制的本质在于纠正偏差，这是保证控制标准和管理控制目标实现的关键，也是决定管理控制质量的根本要素。

⑦沟通交流，指上述管理控制要素之间的信息的及时传递或交流。这是管理控制的基础与保证。不明确控制环境和控制变量，就无法确定控制标准；没有控制标准与信息计量的沟通，就无法执行评估和纠正偏差。因此，没有各要素之间信息的及时交流与沟通，就没有有效的管理控制系统。

⑧监督控制，指对执行管理控制过程的质量进行监督。管理控制者本身也需要被控制或监督，这是一个完善的控制系统的必备要素。如果对控制水平的高低没有监督与评价，或者说控制好坏对控制者都一样，势必影响管理控制的水平与效果。

上述八个要素构成了完善的管理控制系统，缺少任何一个要素都将影响管理控制的质量。

三、控制的作用

管理控制在管理活动中的重要作用是显而易见的，其作用体现在以下三个方面：

1. 管理控制是完成计划的重要保证

计划与控制是组织活动中不可或缺的两个紧密联系的重要环节。计划离不开控制，只有有效地控制，计划的实现才有切实的保证，目标才能变成现实。反之，计划又是控制的标准，计划越全面，越明确，控制的作用和效果就越大。脱离了计划，控制就失去了方向和标准，同时也失去了控制的意义。由此可见，控制是计划实现的重要保证。

2. 管理控制是实现组织目标的根本措施

管理控制是以计划为标准和依据的，但管理控制的最高宗旨是实现组织的目标。在计划和执行的过程中会出现一些难以预料的情况，造成实际工作与计划不符的偏差。在这些偏差中，有些是工作偏差，应服从计划加以调整，有些是计划偏差，则应服从实际情况加以纠正。管理控制所承担的调整和纠正这两种偏差的作用不仅保证了计划的实现，而且又是对计划的完善和补充，从根本上保证了组织目标的实现。

3. 管理控制是改进管理工作的有效手段

各管理职能之间从逻辑关系上看，有一个先后继起的关系，即先计划，继而组织，然后领导、决策，最后控制；从各管理职能的作用看，计划是前提，组织是保证，领导、决策是关键，控制是手段。然而，现实的管理过程中，控制穿插于各管理职能之间，存在于管理活动的全过程中。一旦计划付诸实施，控制就开始衡量和揭示计划的执行是否偏向走样，计划的进度是否准时，组织保证是否到位，人员配备是否合理，领导方式是否恰当，纠正措施是否得力等问题。控制职能存在于管理活动的全过程中，它不仅可以维持其他职能的正常活动，而且在必要的时候还承担着改造其他管理职能的作用。因此，管理控制是促进和推动工作方法和内容不断进步的有效手段。

四、实现有效控制的原则

（一）目的性原则

任何管理控制的目的必须明确，否则就使控制失去了存在的条件，且无法确定控制的标准。控制的基本目的通常有二：其一，使组织的实际工作按预定的计划进行并取得预期成果；其二，使组织的活动有所创新、有所前进，以达到一个新的高度。

（二）客观性原则

控制应该客观，这是对控制工作的基本要求。控制活动是通过人来实现的，难免受到主观因素的影响，使控制过程难以真正做到实事求是，这势必使控制变样、跑调，使控制本身失去控制，从而失去控制的意义。保证控制客观性的最有效的办法就是控制标准的制定、实际业绩的评估、差异的比较及控制措施的选择应力求客观、精准、合理和适度。控制不准确，情况不明，措施不适当，就会造成工作混乱。在纠正一种偏差的同时还要防止造成另一种偏差的出现，不使工作进程受到影响。

（三）灵活性原则

任何控制的进行务必要从实际情况出发，因为控制的形态是因控制对象的活动性质与必要性的不同而变化的，控制系统应该具有足够的灵活性以适应各种不同的变化，某种行之有效的控制手段、方法和措施，在另一种情况下未必行得通。因此，从实际情况的需要和可能出发，灵活制定相适应的控制方针，采用适宜的控制手段不仅必要，而且是必需的。

（四）可操作性原则

一个不容易理解和难以操作的控制系统是没有价值的。控制的可操作性原则具有两方面含义：一是控制必须使纠偏措施明确化，即必须明确缺陷发生的场所、环节，责任所在和所应采取的纠正手段与措施等。二是措施必须是可以投入实际运作的，能为控制者所理解和操作。控制不能只是在理论分析的基础上的结论。

（五）及时性原则

控制的及时性原则体现在及时发现偏差和及时纠正偏差两个方面。再好的信息，如果过时了就毫无用处，而且可能会造成不可弥补的损失。时滞现象是反馈控制的一个难以克服的困难。虽然从检查实施结果、再将结果同标准比较到找出偏差，可能不会花费很长的时间，但分析偏差产生的原因，并提出纠正偏差的具体办法也许旷日持久，当真正采取这些办法去纠正偏差时，已经时过境迁，实际情况可能有了很大变化，控制就难以发挥应有的效应。解决这一问题的较积极的办法是采取预防性控制措施。一个真正有效的控制系统应该能预测未来，提前对可能出现的偏差作出预估，预先采取措施，调整计划，而不是等问题真的出现了再去解决。

（六）全局性原则

一些管理者在进行控制工作时，往往从本部门的利益出发，只求能正确实现自己局部的目标而忽视了组织目标的实现。因此，在进行控制工作时，不能没有全局观点，要从整体利益出发来实施控制，将各个局部的目标协调一致。

（七）重点性原则

控制不能没有重点。平均使用力量，眉毛胡子一把抓，往往得不偿失。因此，对组织有战略性影响的因素、环节、活动、作业和事件应进行重点控制。另外，控制的重点还应放在容易出现偏差的地方，或者放在偏差造成的危害很大的地方。只有这样才能做到有所为，有所不为，有取有舍，突出重点地位，以利于在资源上确保所需。

（八）经济性原则

控制需要投入人力、物力、财力，从经济角度着眼，控制形态的选择必须将所需要的费用与所能产生的效果予以比较，选择最为经济的一种予以实施。考虑控制的经济性，一是要实行有选择的控制。全面周到无微不至的控制不仅是不必要的也是不可能的，应尽可能有重点、精心地选择必要的控制点；二是要努力降低控制过程中的各项耗费，改进控制方法和手段，提高控制的效率和效果。

第二节 管理控制的类型

为了更好地利用控制职能，人们把控制划分为不同的类型，常见的分类如表14-1所示。按控制信息的性质可分为反馈控制、现场控制和前馈控制；按控制来源可分为正式组织控制、群体控制和自我控制；按控制所采用的手段可分为直接控制和间接控制；按控制活动的性质可以分为预防性控制和更正性控制；按控制点的位置可分为事先控制、同期控制和事后控制；按照管理控制标准值的选择，可分为程序控制、追踪控制、自适应控制和最优控制。需要指出的是，上述各种分类方法并不是孤立的，有些会有交叉，有时一个控制可能同时属于几种控制类型。例如，企业招聘员工时要进行面试，这既属于预防性控制，又属于事先控制。下面重点介绍前三种分类方式下的控制类型。

表14-1 **控制的不同分类**

划分视角	分类
按控制信息的性质划分	1. 反馈控制 2. 现场控制 3. 前馈控制
按控制的来源划分	1. 正式组织控制 2. 群体控制 3. 自我控制
按控制所采用的手段划分	1. 间接控制 2. 直接控制
按控制活动的性质划分	1. 预防性控制 2. 更正性控制
按控制点的位置划分	1. 事先控制 2. 同期控制 3. 事后控制
按照管理控制标准值的选择	1. 程序控制 2. 追踪控制 3. 自适应控制 4. 最优控制

一、按控制信息的性质划分

信息是控制当中的重要因素。管理中的控制信息可以来自系统的输出结果，也可以来自过程当中，或者来自系统的输入及主要扰动量的变化，我们把第一种称为反馈控制；第二种称为现场控制；第三种称为前馈控制。

1. 反馈控制

反馈控制是指将系统的输出信息返送到输入端，与输入信息进行比较，并利用二者的偏差进行控制的过程。反馈控制其实是用过去的情况来指导现在和将来。在控制系统中，如果返回的信息的作用是抵消输入信息，称为负反馈，负反馈可使系统趋于稳定；若其作用是增强输入信息，则称为正反馈，正反馈可使信号得到加强。反馈不仅是管理系统，也是自然界和人类社会中普遍存在的一种现象。如人体的温度调节系统、空调的温度控制系统、集贸市场上的农副产品供应的数量与价格、无线电信号的放大等，都体现了反馈的原理。反馈控制是管理控制工作的主要方式，是最常用的控制类型。

反馈控制具有许多优点。首先它为管理者提供了关于计划执行的效果究竟如何的真实信息。如果反馈显示标准与现实之间只有很小的偏差，说明计划的目的达到了；如果偏差很大，管理者就应该利用这一信息及时采取纠正措施，也可以参考这一信息使新计划制订得更有效。此外，反馈控制可以增强员工的积极性。因为人们希望获得评价他们绩效的信息，而反馈正好提供了这样的信息。

反馈控制的主要缺点是时滞问题，即从发现偏差到采取更正措施之间可能有时间延迟现象，在进行更正的时候，实际情况可能已经有了很大变化，而且往往是损失已经造成了。时滞现象对系统的危害极大，它可以使系统的输出剧烈波动和不稳定，导致系统的状况继续恶化甚至崩溃。因此反馈控制与亡羊补牢类似。但是在许多情况下，反馈控制是唯一可用的控制手段。

2. 现场控制

这是一种发生在计划执行的过程之中的控制，管理者可以在发生重大损失之前及时纠正问题。它是一种主要为基层管理者所采用的控制方法，一般都在现场进行，做到偏差即时发现、即时了解、即时解决。

现场控制主要包括这样一些内容：向下级指示恰当的工作方法和工作过程；监督下级的工作以保证计划目标的实现；发现不符合标准的偏差时，立即采取措施纠正。现场控制的关键就是做到控制的及时性。因此必须有赖于信息的及时获得，多种控制方案的事前准备以及事情发生后的镇静和果断。因而也显示出现场控制的难度。现场控制是控制工作的基础，一个管理者的管理水平和领导能力的高低常常会通过这种工作表现出来。

3. 前馈控制

前馈控制，就是观察那些作用于系统的各种可以测量的输入量和主要扰动量，分析它们对系统输出的影响关系，在这些可测量的输入量和主要扰动量的不利影响产生以前就采取纠正措施，以避免它们的不利影响。前馈控制的最大优点是克服了时滞现象，在实际问题发生之前就采取管理行动，可以减小系统的损失，防患于未然，大大改善了控制系统的性能，因此也是管理者最渴望采取的控制类型。

前馈控制需要对系统输出的未来变化趋势进行预测，并要分析可能对系统产生影响的主要扰动量。这会给管理工作带来很大困难。而且前馈控制系统一般比较复杂，一个可以操作的前馈控制系统一般应满足以下必要条件：

① 要对计划和控制系统做认真的分析，识别重要的输入变量。

② 为该系统建立一个前馈控制的模型。

③ 经常对模型进行检查，以便了解所确定的输入变量及其相互关系是否仍能反映现实情况。

④ 定期收集输入数据并将其输入系统。

⑤定期评定实际输入数据与计划输入数据的差异，并评估这种差异对预期结果的影响。

⑥ 必须有切实的措施保证，使问题能得到解决。

二、按控制的来源划分

按照控制来源可以把控制分为三种类型，即正式组织控制、群体控制和自我控制。

1. 正式组织控制

正式组织控制是通过管理者设计和建立起来的机构或规定来进行控制。例如，组织可以通过规划指导组织成员的活动，通过预算来控制消费，通过审计来检查各部门是否按照规定进行活动，对违反规定或操作规程者给予处理等，这些都是正式组织控制的范畴。正式组织控制相对于群体控制和自我控制而言具有更多的刚性和强制性。正式组织控制的内容通常包括如下几个方面：

①实施标准化。即制定统一的规章、制度，制定出标准的工作程序以及生产作业计划等。

②保护组织的财产不受侵犯。这包括审计作业程序以及责任的划分，设备的使用记录等。

③质量标准化。主要采取的措施有对职工进行培训、工作检查、质量控制以及激励政策。

④防止滥用权力。这可以通过制定明确的权责制度、工作说明、指导性政策、规则以及严格的财务制度来完成。

⑤对员工的工作进行指导和考核。这可以通过评价系统、产品报告、废品消

耗、对员工工作进行直接观察和指导等方式来完成。

2. 群体控制

群体控制是由非正式组织发展和维持的，是基于成员之间不成文的价值观念和行为准则进行的控制。非正式组织尽管没有明文规定的行为规范，但是组织中的成员都十分清楚这些规范的内容，都知道如果自己遵守这些规范，就会得到其他成员的认可，从而强化自己在非正式组织中的地位；如果违反这些行为规范就会遭到惩罚，这种惩罚可能是遭受排挤、讽刺、甚至被驱逐出该组织。群体控制在某种程度上左右着员工的行为，处理得好有利于实现组织目标，如果处理得不好将会给组织带来很大的危害。

3. 自我控制

自我控制是指个人有意识地去按某一规范进行活动。自我控制能力取决于个人本身的素质。例如，一个员工不愿把企业的东西据为己有，可能是因为他具有诚实廉洁的品质，而不单单是怕被抓住受惩罚。具有良好修养的人一般具有较强的自我控制能力，顾全大局的人比看重个人局部利益的人具有较强的自我控制能力，具有较高层次需求的人比具有较低层次需求的人具有较强的自我控制能力。

正式组织控制、群体控制和自我控制有时是相互一致的，有时又是相互抵触的。这取决于组织对其成员的教育和吸引力，取决于组织文化。有效的管理控制系统应该综合利用这三种控制类型，并使它们尽可能和谐，防止它们互相冲突。

三、按控制所采用的手段划分

按照所采用的手段可以把控制划分为直接控制和间接控制两种类型。

1. 直接控制

直接控制理论认为，计划实施的结果取决于执行计划的人，管理者及其下属的素质越高，就越不需要间接控制。因此，直接控制着眼于培养更好的管理人员，提高他们的素质，使他们能熟练地应用管理的概念、技术和原理，能以系统的观点来看待管理问题，从而防止出现因管理不善而造成的不良后果。

进行直接控制有以下优点：

第一，由于直接控制比较重视人的素质，因而能对管理人员的优缺点有比较全面的了解，在对个人委派任务时能有较大的准确性；同时，为使管理人员合格，对他们经常进行评价，并进行专门的培训，能消除他们在工作中暴露出的缺点及不足。

第二，直接控制可以及时采取纠正措施并使其更加有效。它鼓励用自我控制的方法进行控制。由于在对人员进行评价的过程中会暴露出工作中存在的缺点，因此会促使管理人员更加努力地担负起职责并自觉地纠正错误。

第三，由于提高了管理人员的素质，减少了偏差的发生，可以减轻损失，节约开支。

第四，直接控制可以获得较好的心理效果。管理者的素质提高后，其自信心和威信也会得到提高，下级也会更加支持他们的工作，这有利于整体目标的顺利实现。

然而，采用直接控制方法是有条件的。管理人员必须对管理的原理、方法、职能以及管理的哲理有充分的理解。管理人员应该通过进修、实际经验的积累、上级的精心指导等途径使自己的素质得到提高。

2. 间接控制

间接控制是以这样一些事实为依据的：即人们常常会犯错误，或常常没有觉察到那些将要出现的问题，因而未能及时采取适当的纠正或预防措施。因此间接控制着眼于发现工作中出现的偏差，分析其产生的原因，并追究管理者个人的责任使之改进未来的工作。

在工作中，管理人员往往是根据计划和标准，对比或考核实际的结果，研究造成偏差的原因和责任，然后才去纠正。实际上，在工作中产生偏差的原因是很多的。比如，有时是制定的标准不正确，可对标准做合理的修订；或者存在未知的不可控的因素，如未来社会的发展状况、自然灾害等，因此而造成的失误是难免的；还有一种原因，就是管理人员缺乏知识、经验和判断力等，在这种情况下可运用间接控制来纠正。同时，间接控制还可以帮助管理人员总结并吸取经验教训，丰富他们的知识、经验和判断力，提高其管理水平。

但是，间接控制存在许多缺点。最明显的是，间接控制是在出现了偏差，造成损失之后才采取措施，因此其花费的代价比较大。

另外，间接控制是建立在以下五个假设的基础之上的：工作绩效是可以计量的；人们对工作有责任感；追查偏差出现的原因所需要的时间是有保证的；出现的偏差可以及时发现；有关部门和人员将会采取纠正措施。然而这些假设在实际当中有时却不能成立。比如，工作绩效的大小和责任感的高低有时是难以精确计量或准确评价的，且二者之间可能关系不大或根本无关；有时管理人员可能不愿意花费时间去调查分析偏差出现的原因；有的偏差并不能预先估计或及时发现；有时发现了偏差并查明了原因，可管理者或推卸责任或固执己见，而不去及时采取措施等。因此，间接控制尚存在一些局限性，还不是普遍有效的控制方法。

第三节　管理控制的原理和程序

一、管理控制的原理

要使管理控制工作发挥应有的作用，在建立管理控制系统或进行控制活动时应遵循以下几个原理：

1. 防患于未然的原理

防患于未然的原理是指控制工作的重点应当着眼于未来、着眼于防范，而不是只有当出现了偏差才进行控制。由于在整个控制系统中存在着时滞，所以一个控制系统越是以前馈而不是以简单的信息反馈为基础，则管理人员越是能够有效地预防偏差或及时采取措施纠正偏差。也就是说，控制应该是前向的，这才是理想的状态。这条原理在实践中往往有一定的难度。主要原因是对管理工作水平要求较高，要设计一套科学而又严谨的预警机制，否则，不太容易实现前馈控制方法。另外，管理人员一般习惯于依赖历史数据，也是原因之一。但时滞问题促使我们要投入更大的精力来从事面向未来的控制，这是一件很有意义的事情。

2. 体现计划的原理

体现计划的原理是指计划越明确、完备和综合化，则控制越能用来反映这类计划，控制也越能有效地为管理者的需要服务。每一项计划或工作都各有其特点，所以为实现每一项计划或工作所设计的控制系统和所进行的控制工作，尽管基本过程是相似的，但在确定用什么标准、控制哪些关键点、收集什么信息、采用何种方法评定绩效、由谁来控制和采取纠正措施等方面，都必须按不同计划的特殊要求和具体情况来设计。因为控制的任务是保证计划能按预期的目的得到执行，所以一个控制系统就不能在没有计划的情况下设计，而且设计还要反映计划的要求。

3. 组织适宜性原理

组织适宜性原理是指一个组织的结构如果是明确而完善的，则控制就能很好地反映出组织结构中哪个部门或人员应对所采取的措施承担责任，也就能及时地纠正偏差。因为计划是由人来执行的，所以一旦出现偏差就必须由相应的管理者来负责，而这些管理者的职责正是通过组织机构而被授权的。因此，控制对组织结构的要求是：其一，要能在组织中将反映实际工作状态的信息迅速地上传下达，保证联络渠道的畅通；其二，要做到责权分明，使组织结构中的各部门和个人都知道发生偏差的责任和采取纠正措施的责任应由谁来承担，并切实担负起自己的责任。

4. 关键点控制的原理

关键点控制的原理是指控制工作要突出重点，管理者选择计划的关键点来作为控制的标准以使控制更为有效。因为人的精力、组织的资源是有限的，控制需要考虑其经济性，所以管理者没有必要考察计划执行的每个细节，他们只需注意那些对计划的执行起到举足轻重的作用的关键性问题或因素，并能够以此来掌握任何一个偏离了计划的重要偏差，而不必事事留意。选择关键控制点的能力是管理工作的一种艺术，有效控制在很大程度上取决于这种能力。目前，已经存在一些有效的方法，能帮助管理人员在控制工作中选择关键点。例如，计划评审技术和关键路径法就是在有多种平行作业的复杂管理活动网络中寻找关键活动和关键路线的有效方法。

5. 例外原理

例外原理是指管理人员把控制一般事物的权限下放给下级管理人员，自己只保留对例外事项的监督控制权。例如把控制的注意力集中在那些特别好或特别坏的情况上。这一原理要注意与关键点控制原理的区别。关键点控制原理强调的是控制应当重视一些关键的部位，而例外原理强调的是必须留意在这些关键点上偏差的规模。如果把两者很好地结合起来就可以使控制工作既有好的效果，又有高的效率。

6. 措施配套原理

措施配套原理是指脱离计划的已知偏差，只有通过适当的计划工作、组织工作、人事工作和领导工作得到了纠正，才能证明控制有效。如果控制工作不辅之以配套的措施，则管理工作就只是管理部门人力与时间的浪费而已。如果发现已经或将要出现的偏差，就要提出纠正措施；或者重新制订计划，使计划的执行纳入正轨。

二、控制的程序

控制工作中无论是针对哪一控制对象或采用何种控制技术，其控制系统的基本程序大体上是相同的。控制的基本过程一般包括三个步骤：一是确定标准；二是衡量绩效；三是采取措施。将其拓展于管理控制的程序则是：确定控制的对象，制定控制标准，衡量绩效，差异分析，纠正偏差，如表 14-2 所示。

表 14-2　　管理控制的程序及内容

	确定控制的对象	制定控制标准	衡量绩效	差异分析	纠正偏差	备注
部门 1 项目 1 项目 2 ……						
部门 2 项目 1 项目 2 ……						
部门 3 项目 1 项目 2 ……						

（一）确定控制的对象

控制什么？为什么要对其进行控制？这是管理控制首先必须明确的问题。

任何一项控制都有具体对象。这些对象可以是人、物以及组织机制，也可以是其他信息资料等，数量可以是一个，几个，也可以是成千上万个。但是，控制对象的确定不是随意的。首先，它取决于控制的性质，由控制的性质决定为什么作为控制的对象。其次，无论什么样的控制，都必须保证通过对它进行控制能够得到预期的结果。再次，确定控制对象应考虑其现实性和可能性，即根据控制者所具备的条件控制者能否驾驭控制对象。最后，确定控制对象时还应考虑控制效率和效益，尽可能在比较短的时间内，以比较少的投入取得较大的控制成果。

（二）制定控制标准

标准是一种作为规范而建立起来的测量标尺或尺度。标准是从计划方案中确定的并给管理者一个信号，使其不必过问计划执行过程中的每一个具体步骤，就可以了解工作的进展情况。无论是作为独立的控制标准，还是作为数量标准的补充成分，标准在实践中的作用是不可忽视的。

控制标准是控制目标的表现形式，是测定实际工作绩效的依据。对照控制标准，管理人员可以对工作绩效的优劣作出判断。标准是多种多样的，好的标准就是可考核的目标。一般而言，考察最后成果是否达到计划的要求往往是最好的评定尺度，因而可以作为控制的最佳标准。这些目标标准和其他标准一样，既可以用实物数量来表示，也可以用价值形式来表示，甚至也可以用可考核的定性形式或者其他任何能清楚地反映工作成绩的方式来表示。控制标准能在控制过程中发挥关键的作用。实践表明，控制标准需要满足如下的基本要求：

1. 简明性

标准的量值、单位、可允许的偏差范围要有明确说明，对标准的表述要通俗易懂，便于理解和把握。

2. 适用性

控制标准的建立必须考虑到工作人员的实际情况，标准不能过高也不能过低，要让绝大多数员工经过努力后方可达到，保持一种挑战性和可达性的平衡。合理、恰当的标准水平有助于保证控制系统的有效性，促进实际工作能力不断提高；反之，则可能使控制系统流于形式，难以收到预想的效果。

3. 公正性

建立的标准应尽可能地体现协调一致、公平合理的原则。制定出来的各项控制标准既不相互冲突，又对每个组织成员一视同仁，没有特殊化。

4. 可行性

即标准要便于对实际工作绩效的衡量、比较、考核和评价；当出现偏差时，能找到相应的责任部门。

5. 一致性

所建立的标准既要在一段时期内保持不变，又要具有一定的弹性，能对环境的变化有一定的适应性，特殊情况能够例外处理。

制定控制标准最为简便的方法是，把计划过程中形成的可考核的目标直接作为控制标准。但在现实中，往往需要通过一些科学的方法将某一计划目标分解为一系列具体可操作的控制标准。

制定控制标准常用的方法有以下三种：

①统计计算法。即根据组织的历史数据或者类比同行业组织的平均或先进水平，运用统计学方法来确定组织各方面工作的标准。采用这种方法确定的标准由于有历史资料做依据，因此具有较高的可靠性和准确性，简便易行，且易于为组织成员所接受。不过，统计标准受历史数据水平和准确性的限制以及立足于根据历史推断未来的前提，所以其应用也有一定的局限性。为了克服其局限性，通常还需要考虑行业的水平，并研究竞争对手的经验。

②经验估计法。对于新近从事的或者缺乏统计资料的工作，可以由管理人员或对该项工作熟悉的人员凭借经验、判断和评估来为之建立标准，称为经验标准。显然，采用这种方法来建立控制标准时，带有较大的主观性。因此，利用这种方法建立控制标准时，要注意充分了解情况、广泛收集意见，尽量利用各方面管理人员的知识和经验，并经科学地综合，制定出一个相对先进合理的标准。

③技术方法。它是根据事物的内在联系，采用科学的测量和计算方法，并经过科学分析确定的标准，称为技术标准。技术标准准确性高，具有较强的稳定性。所以，在组织中一般都采用标准文件的形式把它制度化，如产品质量标准、材料消耗定额、工时定额等。通常国家或国际机构会制定相关的产品质量标准。

由于控制的对象不同，控制标准的类型很多，管理控制中所用的标准主要有以下五种。

①时间标准。主要是反映工作时间进度的各种标准，如完工日期、时间定额等。

②成本标准。主要是反映各种工作与活动所支出的费用的标准，如产品成本、质量成本等。

③数量标准。主要是从量的方面规定工作和活动所应达到的水平和完成的时间等。

④质量标准。主要是从定性的角度规定工作的范围、水平及质的要求。

⑤行为标准。主要是对职工规定的行为准则。

组织究竟要以何种方法制定何类控制标准，这取决于自己的技术水平和市场竞争要求以及所需衡量的绩效及其影响因素的领域和性质。任何一项具体工作的衡量标准都应该本着有利于组织目标实现的总要求来加以制定。

(三) 衡量绩效

衡量绩效是对计划执行的现状和阶段性结果进行如实地反映和客观地评价。它是进行差异分析的前提，是了解某些部门和环节的绩效的实际水平和及时发现那些已经发生或预期将要发生的偏差的关键。衡量绩效，应掌握以下几方面的要求：①通过日常现场调查、汇报、统计和分析，比较全面确切地了解和反映实际的工作业绩。②定期进行衡量。这要成为一项经常性的工作，定期而持续地进行。③要有制度保证，要建立报告制度、报表制度和总结制度，保证系统检查工作的顺利进行和取得良好的效果。④抓住重点，对于需要加强控制的关键环节，应重点检查，使控制更有针对性。

（四）差异分析

差异分析是将实际绩效与控制标准进行对比分析，及时发现脱离控制标准的偏差。差异分析是提出控制措施的基础。在正常情况下，实际业绩与控制标准之间存在若干差异在所难免，但当差异存在并有偏离标准的倾向时，要及时深入分析研究，找出原因和问题的症结。

受控系统的活动差异主要有两种：一是顺差，即工作绩效优于控制标准。出现顺差表明被控对象取得良好绩效，应及时总结经验，肯定工作实绩。但顺差太多也应引起注意，应对原控制目标或标准加以检查，看其是否合理，是否需要重新修订和提高。二是逆差，即工作绩效劣于控制标准。出现逆差表明被控对象的绩效不好，必须迅速准确地查明原因，为纠正偏差提供措施和信息。在控制过程中，进行差异分析的基本要求有：①冷静客观，全面公正，使分析的准确性不受影响。②抓住重点和关键，做到事半功倍。③主观和客观并举，使原因与责任明晰。④实事求是，不轻易匆忙地下结论。经过差异分析后，提出和采取有效、得力及针对性强的纠偏措施。

（五）纠正偏差

纠正偏差是根据差异分析的结果采取一定的措施和手段，纠正实际执行过程中出现的偏差。及时纠正偏离标准和计划的误差，是保证执行工作按原计划标准进行的一个重要环节。没有纠正偏差的环节，控制过程只能成为监察过程，而起不到控制的作用。

纠正偏差的一般步骤如下：

1. 明确偏差的性质和产生偏差的原因

这是以差异分析为基础的一项前期性工作。

2. 根据不同的偏差、不同的原因采取不同的措施

如果是由于未能严格按计划要求行事而造成偏差，可提出修改工作方法的措施；如果是由于计划本身不周所造成的偏差，则可修改计划目标或修改控制目标。同时要考虑设计预警机制、预防措施，以防止类似的问题再次出现。

3. 确定实施纠正偏差的措施的负责部门和贯彻执行的方法步骤

纠正偏差的措施不仅会对执行过程带来影响，也会影响计划的改变和组织的调

整，因此，在执行中应指定专门机构和专门人员负责。

4. 按照纠正偏差的方案中确定的纠正偏差的措施，逐项贯彻执行，并在执行过程中及时加以监督检查

纠正偏差的措施实施后，还必须检查其是否达到预期目的。

控制过程经过锁定控制对象、确定控制标准、衡量绩效、进行差异分析、采取纠正偏差的措施五个阶段，形成了一个完整的反馈系统和控制循环。在执行过程中反复进行，为实现组织的目标，发挥着重要的控制保障作用。

控制活动与其他管理职能交错重叠，可以与其他管理职能相互为用。管理者可以运用改变航道的原理重新制订计划或调整目标来纠正偏差；可以运用组织职能的重组、重构及重新委派职务或进一步明确职责来纠正偏差；可以通过科学地选拔和培训人员或重新配备人员来纠正偏差；也可以通过改善领导方式、方法或运用更富积极意义的激励政策来纠正偏差。

第四节 控制的方法

管理控制的手段和方法种类繁多。有传统的控制方法，例如亲自观察、预算控制和非预算控制；有现代控制方法，例如计划评审法。有些方法适用于局部控制，例如程序控制方法；有些方法更适于综合控制，例如损益控制法。有单一的控制手段，也有综合性的控制工具。值得注意的是，许多计划方法同时也是控制方法。

一、预算控制方法

在管理控制中使用最广泛的一种控制方法就是预算控制。预算控制最清楚地表明了计划与控制的紧密联系。

（一）预算的概念与控制作用

所谓预算，就是用数字、特别是用财务数字的形式来描述组织未来的活动计划。预算亦称做是“数字化”或“货币化”的计划，它通过财务形式把计划分解落实到组织的各层次和各部门中去，使主管人员能清楚地了解哪些资金由谁来使用、计划将涉及哪些部门和人员、多少费用、多少收入以及实物的投入量和产出量等。管理者以此为基础进行人员的委派和任务的分配，协调和指挥组织的活动，并在适当的时间将组织的活动结果和预算进行比较，若发生偏差应及时采取纠正措施，以保证组织能在预算的限度内完成计划。同时，预算可使组织的成员明确自己及本部门的任务和权责，更好地发挥作用。

预算的控制作用体现在以下两个方面：

1. 编制预算实际上就是拟定控制标准

由于预算是以数量化的方式来表明管理工作的标准，从而本身就具有可考核

性，因而有利于根据标准来评定工作绩效，找出偏差，并采取纠正措施，消除偏差。无疑，编制预算能使确定目标和拟定标准的计划得到改进。

2. 预算的最大价值还在于它对改进协调和控制的贡献

当组织的各个职能部门都编制了预算时，就为协调组织的活动提供了基础。同时，由于对预期结果的偏离将更容易被查明和评定，预算也为控制中的纠正措施奠定了基础。所以，预算可以导致更好的计划和协调，并为控制提供基础，这正是编制预算的基本目的。

（二）预算的种类

预算在形式上是一整套预计的财务报表和其他附表。对于不同的组织而言，其预算会各不相同，即使同一个组织内部的不同部门，也会有各种各样的预算。按照不同的内容，归纳起来，预算可分为以下几种基本类型：

1. 收支预算

收支预算又称营业预算，是指组织在预算期内以货币单位表示的收入和经营费用支出的计划预算。其中收入预算应考虑到可能的各方面的收入。但最基本的收入还是销售收入或财政拨款。由于组织的收入预算是组织支出预算和盈利预算的基础，所以应尽可能准确地估计各项收入的数量和时间。各组织费用支出项目往往比组织收入项目多且杂，如企业的经营费用预算科目可能像会计科目表中的费用分类一样多，如材料费、管理费、水电费、人工费、差旅费、招待费等。在编制支出预算时，各种可能产生的费用开支均应尽可能地充分考虑，并适当安排一些不可预见的费用，以应付一些额外的开支。

2. 投资预算

投资预算又称资本支出预算，是对企业的固定资产的购置、扩建、改造、更新等，在可行性研究的基础上编制的预算。它具体反映在何时进行投资、投资多少、资金从何处取得、何时可获得收益、每年的现金净流量为多少、需要多少时间回收全部投资等。由于投资的资金来源往往是任何企业的限定因素之一，而对厂房和设备等固定资产的投资又往往需要很长时间才能回收，因此，投资预算应当力求和组织的战略以及长期计划结合起来考虑。

3. 财务预算

财务预算是一种对预算期的最后一天（通常是会计年度的结尾时间）的财务状况的预测，是由组织中各种预算综合而成的，亦称“总预算”。财务预算包括预计的资产负债表和资产损益表。资产负债表预测资产、债务和权益，表达了组织财产的具体情况；资产损益表预计收入、支出及利润，表达了组织的经营状况和成果。财务预算中还需附有编制预算所必需的有关数据和资料以及可能会出现的情况分析。总预算的编制要以组织目标和计划为依据。

4. 现金预算

现金是指现实的、可随时使用的资金。组织中有些用货币量表示的资金，实际上处于实物形态并不能自由使用；也有些资金只是挂在账上，而在实际上并没有到手，这些资金均非现金，它们虽然也是组织的资产，但不能像现金那样可以自由使用。拥有一定的现金以偿付到期的债务是组织生存的首要条件。现金预算，就是要估算计划期可能提供的现金和所需要的现金，以求得平衡。它是以收入和支出预算中的基本数据为基础编制的。现金预算可用来衡量实际的现金使用情况，显示可用的超额现金量以及具此来编制剩余资金的营利性投资计划。从某种意义上来说，这种预算是组织中最重要的一种控制。

5. 负债预算

负债经营是组织保持财务收支平衡的重要措施，包括向银行贷款、社会集资、发行股票等。负债预算要考虑一定时期的资产、债务和资本账户的状况，预计筹资方式、途径和数量以及还款时间、方式和能力，防止“资不抵债”是负债预算的重要任务。负债预算通过各部门和各项目的分预算汇总在一起，表明如果组织的各种业务活动达到预先规定的标准，在财务期末组织资产负债会呈何种状况。另外，通过将本期预算与上期实际发生的资产负债情况进行对比，还可发现组织的财务状况可能会发生哪些不利变化，从而指导事前控制。由于其他各种预算都是资产负债表项目变化的资料依据，所以，此表也就验证了所有其他预算的准确性。

6. 实物量预算

实物量预算又称非货币预算，是指以实物量预算来作为货币量收支预算的补充和认证。由于以货币量表示的收支预算会受商品价格波动的影响，因而常常会造成收支预算与实物量投入产出的计划时间不一致，所以许多预算用实物单位表示，比用货币单位表示更有意义。普遍运用实物单位的预算有：直接工时数、台时数、原材料的数量、体积、重量、生产地占用的面积和生产量等。此外，用工时或工作日来编制所需要的劳动力预算也是很普遍的。

（三）预算的不足与改进

尽管预算是一种普遍使用的、行之有效的计划和控制方法，但它也存在着以下一些不足之处：

（1）容易导致控制过细。某些预算控制计划过于烦琐，详细地列出细枝末节，以至束缚了管理者所必需的自由，产生预算工作过细过死的倾向。

（2）容易导致本位主义。有些管理者只把注意力集中在怎样使自己部门的经营费用不超过预算上，而忘记了自己的首要职责是实现组织的目标。因而，部门的预算目标有时会取代组织目标。

（3）容易导致效能低下。预算通常是在上年度成果的基础上按比例增减来编制的，所以许多管理者也常常以过去所花的费用作为今天预算的依据；同时他们知道自己的申请多半是要被削减的，因此预算的申请数总要大于它的实际需要数。

（4）缺乏灵活性。这也许是预算最大的缺陷。因为实际情况常常会不同于预算，情况的发展变化可以使一个刚编出来的预算很快过时。若这时管理者还受预算约束的话，那么预算的有效性就会减弱或者消失，甚至会有碍于组织目标的实现。

为了克服预算存在的不足，增加预算的灵活性，使预算在控制中更加有效，通常有以下对策：

（1）采用可变、灵活的预算方案。即随着业务量（生产量或销售量）的变化而做出不同的安排，其编制依据是对费用项目进行分析，以此来确定各个费用项目应怎样随着业务量的变化而变化。这种预算主要适合于在费用预算中的应用。

（2）编制可选择的和补充的预算。这种预算是按预测的各种不同情况，编制上、中、下三种不同经营水平的预算，以便管理者可根据本部门的经营情况，灵活选择使用其中的一种。

（3）通过追加预算的办法来增加预算的弹性。即在中期或长期计划的基础上，通过预测该月业务量来编制每月的补充计划，这样可使每个管理者有权在基本预算的基础上，安排生产进程和所要使用的资金。

（4）采用“零基预算”的方法。

（四）预算的编制

在编制预算之前，应首先建立一套预算制度。通过规章制度的建立，为预算的制定和执行提供保障；同时，选择出预算的类型，确定预算的期限、分类等。在此基础上，可以参考下述步骤进行预算的编制：

①上层管理者将可能列入预算或影响预算的计划和决策提交预算委员会。预算委员会在综合考虑各种因素后，估计或确定未来某一时期内的业务量。根据预测的业务量、价格与成本及该时期的利润编制预算。

②预算负责人向各部门管理者提出有关预算的建议并提供必要的资料。

③各部门管理者根据企业的计划和拥有的资料，编制出本部门的预算，并由他们相互协调可能发生的矛盾。

④企业预算负责人将各部门的预算汇总整理成总预算，并预拟资产负债表及损益表计算书，以表示组织未来预算期限中的财务状况。最后将预算草案交预算委员会和上层管理者核查批准。

预算批准后，在实施过程中，必须经常检查和分析执行情况，必要时可修改预算，使之能适应组织发展的需要。

（五）有效预算控制的要求

如果要使预算控制很好地发挥作用，那么，管理者必须明确：预算仅仅是管理的手段，而不能代替管理工作；预算具有局限性，而且必须切合每项工作。另外，预算不仅仅是财务人员和总会计师的管理手段，而且也是所有管理者的管理手段。有效的预算控制必须注意以下几个方面：

一是高层管理部门的支持。要使预算的编制和管理有效果，就必须得到高层管理部门的全力支持。一方面，要给下属编制预算提供在时间、空间、信息及资料等方面的方便条件。另一方面，如果组织的高层管理部门积极地支持预算的编制工作，并将预算建立在牢固的计划基础之上，要求各分支机构和各部门编制和维护他们各自的预算，并积极地参与预算审查，那么，预算就会促使整个组织的管理工作完善起来。

二是确定各种合理的标准。提出和制定各种可用的标准，并且能够按照这种标准把各项计划和工作转换为对人工、经营费用、资本支出、厂房场地和其他资源的需要量，这是预算编制的关键。许多预算就是因为缺乏这类标准而失效的。一些管理者在审批下属的预算计划时之所以犹豫不决，就是因为担心下属供审查的预算申请额度缺乏合理的依据。如果管理者有了合理的标准和适用的换算系数就能审查这些预算申请，并提出是否批准这些预算申请的依据，而不至于没有把握地盲目削减预算。

三是及时掌握信息。如果要使预算控制发挥作用，管理者需要获得按照预算所完成的实际业绩和预测业绩的信息。这种信息必须及时向管理者表明工作的进展情况，应当尽可能地避免因信息迟缓导致偏离预算的情况发生。

（六）零基预算

传统的预算编制将前一时期的预算水平作为下一时期预算编制的影响因素加以考虑。例如，在上一时期预算额的基础上增减一定的数额即为下一期的预算额。传统预算的方法考虑了时间因素的连续性，但不能反映下期各项活动的真实需要。可能造成某些活动资金紧张同时另一些活动资金闲置的情况。鉴于传统预算的这种缺陷，美国得克萨斯仪器公司的彼德·菲尔于1970年提出了“零基预算”的方法。该方法一经提出，就由于它在预算制定方面的优越性，很快为许多组织采纳。

零基预算的基本思想是：在每个预算年度开始时，把所有还在继续开展的活动都视为是从零开始的，预算也就以零为基础。

由预算人员以从头开始的思想为指导，根据各项活动的实际需要，重新安排各项活动及各个部门的资源分配和收支。按照零基预算的方法，预算人员编制一项活动的预算时主要考虑以下四个方面的问题：

其一，组织的目标是什么，预算要达到的目标又是什么？

其二，这项活动有没有必要，不开展行不行？如果必须开展，那么开展这项活动能取得什么样的效果？

其三，开展这项活动的可选方案有哪些，目前执行的方案是不是最好的？

其四，这项活动需要多少资金，资金获取途径有哪些，按目前的方案使用是否合理？

与传统的预算管理相比较，零基预算的优点是预算编制的依据科学，按照具体情况考虑预算大小，有利于资金分配和节约支出，缺点是预算编制的工作量大，费用较高。

零基预算与其说是一种预算编制办法，倒不如说是一种预算控制思想更为准确。因为它的核心是要求预算工作人员不要盲目接受过去的预算支出的结构和规模，一切都应按变化后的实际情况重新予以考虑。

1. 建立预算目标体系

审查预算前，主持这一工作的主管人员首先应明确组织的目标，并将长期目标、中期目标、近期目标划分清楚，将可量化的目标量化，建立起一套完整且明确的目标体系。

2. 逐项审查预算

以一切活动都是从零开始的思想为指导来审查每一个预算项目。凡是在下一年度继续进行的活动或续建的项目，负责人都要提交详细的计划执行情况报告；凡是新增加的项目都要提交可行性分析报告；所有要继续进行的活动都必须向专门的审查机构证明其活动确有继续开展的必要；所有申请预算的项目和部门都必须提交下一年度的计划，说明各项开支要达到的目标和能够取得的效益。

3. 排定各项目、各部门的优先顺序

在确定了需要开展的项目的范围之后，由预算部门对所有的项目按照重要程度进行排序，列出重点优先项目，非重点一般项目。如果资金有限，要优先保证重点优先项目的预算。

4. 编制预算

由预算编制人员根据审查的最终结果对预算资金进行分配，形成具体的预算。

在采用零基预算进行管理控制的过程中必须注意以下重要问题：

① 零基预算的思想应贯彻到每一个预算部门、项目负责人和编制人员的思想中。只有每一个有关人员理解了零基预算的精神，掌握了零基预算的方法，支持零基预算，零基预算才能发挥其自身优势。

② 零基预算的主持者必能把握各项活动的最终目标。只有主持者明确了最终目标是什么，才能以此为衡量指标判断哪些活动是必需的，哪些是可进行可不进行的，哪些是可以取消的；哪些是要优先保证的重点项目，哪些是必须兼顾的一般项目，才能正确合理地配置资源。

③ 摆脱旧有思想的束缚，发扬创新精神。从零开始本身就要求能摆脱旧有思想的束缚，以创新精神为指导开展零基预算工作。实行零基预算，无论是负责人还是一般工作人员，都必须勇于创新，那种既能够提高效益又能够降低成本的最优方案并不存在于现行的方案中，只有依靠创新才能产生。

④ 形式主义是零基预算在实行过程中另一个需要注意的问题。名义上从零开始，实际上一切依旧，新瓶装旧酒。对此，主要领导人必须有高度的警惕性，最后

审批预算的主要领导人要亲自主持并参加项目的评价过程，真正使那些过去一直在进行却不能提高效益或效益极低的活动能够停下来，而将资金用于能创造最高效益的项目和活动上去。这项工作需要权威，也需要艺术，还需要能力。它往往会使一些领导人望而却步。但若想真正发挥零基预算的优越性，就必须面对困难，努力克服困难。

二、非预算控制方法

社会的发展和科学技术的进步，使控制的技术和方法也得到了极大的丰富和发展。

（一）会计控制方法

会计控制是管理控制中的一个综合性的控制方法，具有从价值角度进行综合性管理的特点。它同组织中的各个部门、各项活动都有着紧密的联系，并渗透到组织活动的全过程。

会计控制主要包括控制的目标、主要内容和主要措施等三个方面。

1. 确定控制目标和主要内容

在一个组织中，会计控制的主要目标和内容是资金的控制，主要包括以下内容：

①资金收支计划。主要是按年、季、月编制货币资金收支计划，规定收支项目和收支总额，作为组织资金平衡和调度的依据。

②收入控制。主要是保证所有收入的资金来源清楚、数额无误、账账相符、账物相符、及时入账。

③支出控制。资金的支出必须有合法的凭证，有严密的授权，有完备的签字批准和支付手续。

④库存数控制。定期或不定期地进行盘点核对，对库存资金要指定专人盘点核对。

2. 采取适当的控制措施

①建立控制机构。要根据组织的具体情况设置必要的管理机构，使会计记录和资料合法、完整和准确。

②明确的职责分工。组织中的各级管理者，只能按照所授予的权限和规定的标准办事。既不能超越权限，也不能推卸责任。采取这些措施后，可以在组织的各类经济业务发生时就加以控制。

③实行内部防错制度。内部防错制度是在资金、凭证的转移传递过程中，建立防错手续，防止错误和弊端的发生，保证资金的安全和凭证的正确传递。

④建立会计稽核制度。会计稽核的目的，是通过对财务成本计划和财务收支的审查以及对会计凭证和账表的复核，及时发现会计中存在的问题，以便及时采取纠

正措施。

⑤业务处理程序制度化。这项控制措施是把企业中与财务及会计有关的重要业务，按照会计核算和控制的要求，制定标准的处理程序，以防止财产物资的浪费和损失，使组织内部各部门之间在处理各项经济业务时，都有条不紊，协调配合，相互制约，提高效率。

（二）审计

审计是一种常用的控制方法，财务审计、业务审计与管理审计是审计控制的主要内容。所谓财务审计是以财务活动为中心内容，以检查并核实账目、凭证，财物、债务以及结算关系等客观事物为手段，以判断财务报表中所列出的综合的会计事项是否正确无误，报表本身是否可以信赖为目的的控制方法。通过财务审计还可以判明财务活动是否符合财经政策和法令。业务审计是内部财务审计的扩展，其审计的范围包括财务、生产、市场、人事等方面。这种审计可以由本组织聘请外部独立的咨询机构和专家来进行。

管理审计是业务审计的进一步发展，是对组织的各项职能以及战略目标所进行的全面审计，审计范围包括：审计结构、计划方法、预算和资源分配、管理决策、科研与开发、市场、内部控制、管理信息系统等。管理审计的目的是要明确组织的优势和劣势，全面改善组织的管理工作。

审计有外部财务审计和内部财务审计之分，外部财务审计是由非本组织成员的外部专门审计机构和审计人员，如国家审计部门、公共审计师事务所对本组织的财务程序和财务往来进行有目的的综合检查审核。现在许多国家都规定，企业的年度财务报告必须经过持有有关合格证书的会计师的审查并签署意见，说明企业所提交的财务报告是否遵守国家所颁发的有关会计制度。严格地说，这种审计已不是管理控制职能所指的控制了，因为它不是企业内部的一种管理活动。

内部财务审计是由本组织系统内部的财务人员负责随时开展的财务审计活动。其目的与外部财务审计的目的相同，即保证组织系统的财务报表能准确、真实地反映组织的财务状况。

为保证审计的有效性，审计工作须遵守以下公认的原则：

① 政策原则，即审计工作必须符合国家的方针政策。

② 独立原则，审计监督部门应能独立行使职权，不受任何干涉。

③ 客观原则，审计一定要实事求是地进行，客观地做出评价和结论。

④ 公正原则，审计工作必须站在客观的角度上，不偏不倚，公正地进行判断。

⑤ 群众原则，审计工作要走群众路线，依靠群众才能解决许多困难问题。

⑥ 经常性原则，审计工作应经常化、制度化。

（三）盈亏平衡分析

盈亏平衡分析就是根据销售量、成本和利润三者之间的相互依赖关系，对企业的损益平衡点和盈利情况的变化进行分析的一种方法，又称“量、本、利”分析。它是一种广泛应用的控制方法和计划方法。作为一个组织要实现盈亏平衡，即无利润也无亏损，必须卖出多少单位的产品？一个管理者也许想知道要实现他的利润目标至少要卖出多少单位的产品，或者想知道现有的产品是应当继续卖下去，还是应从组织的产品结构中去掉。

1. 盈亏平衡分析的假设条件

盈亏平衡分析法同其他科学方法一样，并非在任何情况下都可随意套用，而是有一定的使用前提的。进行盈亏平衡分析时，一般是基于以下几个假设条件。

① 假设企业在一定时期（通常指计划期）其生产能力是相对稳定的，固定资产及管理人员基本稳定不变，因此企业固定总成本（费用）不变。

②假定单位产品中的变动成本是一个常数，可变总成本（费用）随企业产量的增减成正比例增减。

③假定企业严格以销定产，且市场销售条件良好，所有产品都能销出。

④假定产品销售价格不因市场竞争和供求变化而发生波动，单位产品售价不变，因此销售收入与销量成正比。

上述四点假设与企业在一定时期和一定外部环境下的生产经营实际情况基本相符，因而是可行的。

2. 盈亏平衡分析的基本原理

盈亏平衡分析的基本原理是以产量（销量）为基准，将成本进行分类，并与销售收入一起进行统筹分析，从而确定出不同决策产量的盈亏区域或盈亏数额。

产品成本的构成中，按照费用的支出同产量或销售量之间的关系，可分解为固定成本与变动成本（也称不变费用和可变费用）。

固定成本是指在一定的产（销）量范围内，它的费用总额不随产量或销售量的变化而变化的相对固定的成本。如管理人员的工资、办公费、固定资产折旧（按产量规定折旧的除外，例如保险金和财产税等。一定的生产规模内，它的支付总额是固定不变的。

变动成本指在一定的技术组织条件下，它的总额随产量的变化而成正比例变化的成本，如原料及主要材料，工艺用动力和燃料，人工成本和能源成本，产品包装费等。从总额来说，它随产量增减而增减。变动成本是与销售量成正比例变化的成本。

固定成本与变动成本的划分是相对的。有些成本项目的支付总额也随产量的变化而变化，但变化很慢，称为半固定成本，如维修费。有些则变动较快，但不是完全按正比例增减，称为半变动成本，如仓库管理费中的部分费用。这两种成本也常称为混合成本。为了便于分析，常把半固定成本当做固定成本处理，半变动成本当做变动成本处理。

固定成本和变动成本与目前在会计上所用的成本项目的划分是不完全一致的。为了进行量本利分析，需要将现行成本项目进行具体分析，才能确定哪些属于固定成本，哪些属于变动成本。

根据盈亏平衡原理有下列公式：

产品总成本=固定成本 + 变动成本

因此，产品总成本应随产量变化而成正比例变化。产品销售收入是随销量变化成正比例变化的。以上各项成本、收入之间的关系可用图 14-1 表示。

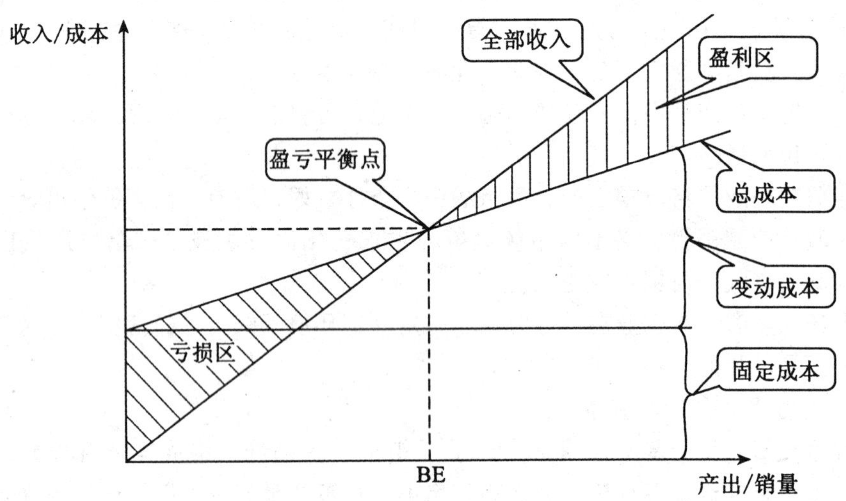

图 14-1 盈亏平衡示意图

当一个组织的全部销售收入刚好等于它的全部成本时，该组织即达到了盈亏平衡。而全部成本包括两部分，固定部分和变动部分。

盈亏平衡点（BE）的计算如下

总收入=销售量 × 单价

总成本=固定成本 + 单位变动成本 ×销售量

当利润为零时（盈亏平衡，E=0），即有：

总收入=总成本

假设：

P 为单位产品的售价；V 为单位产品的变动成本；F 为全部固定成本；Q 为销售量。则有如下公式：

$$Q \times P = F + (V \times Q) \tag{14-1}$$

$$Q \times P - (V \times Q) = F$$

$$Q \times (P - V) = F$$

$$Q=\frac{F}{P-V}，即 \text{BE}=\frac{F}{P-V} \tag{14-2}$$

设利润为 E^*

则
$$Q^*=\frac{F+E^*}{P-V} \tag{14-3}$$

以上几个公式表明：

①如果单位销售价格超过单位变动成本，当销售量达到一定水平时，全部销售收入将等于全部成本；

②单位销售价格与单位变动成本之差乘以盈亏平衡点的销售量，便等于固定成本。

③固定成本和变动成本的变化对盈亏平衡点的销售量的影响是同方向的，而销售价格的变化对盈亏平衡点的销售量的影响是反方向的，这与理论分析的结论是一致的。

④在预测实现目标利润的销售量时，只要将计划达到的目标利润（记作 E^*）代入公式（14-3），就可得出实现目标利润的销售量（Q^*）。

⑤在损益分析中，盈亏平衡点是一个最主要的分析指标和控制指标。所以，可以通过分析构成固定成本和变动成本的成本因素的变动对盈亏平衡点的影响来进行成本控制。

⑥判断企业的经营安全率。企业的经营状况可以用企业的经营安全率指标进行粗略的判断。经营安全率是指企业的经营规模（一般是以销售量来表示）超过损益平衡点的程度。经营安全率的计算公式如下：

$$经营安全率=安全边际率=\frac{现有或计划销售额-盈亏平衡的销售额}{现有或计划销售额}，即：$$

$$经营安全率=\frac{Q-Q_0}{Q}$$

对于企业的经营安全状况，一般分 5 级进行分析判断，如表 14-3 所示。通常认为经营安全率大于 0.3 表示安全；0.1 以下表示危险，应发出警告。

表 14-3　**经营安全率与经营安全状况**

经营安全率	0.3 以上	0.25 ~ 0.5	0.15 ~ 0.25	0.1 ~ 0.15	0.1 以下
经营安全状况	安全	较安全	不太好	要警惕	危险

（四）人力资源控制方法

管理应以人为中心，控制工作亦不例外，抓住了人这一控制中心环节，其他问题往往迎刃而解。强化人力资源方面的控制，具体涉及以下两个方面的控制问题。

1. 人员构成与比率的控制

企业使用的劳动力不仅取决于其数量的多少，更取决于其合理科学的比率构成。要合理地利用人才就需要进行人员构成方面的控制。如管理人员、技术人员与职工的比例构成，后勤服务人员与生产工人的比例构成，正式职工与临时工的比例构成以及企业人员的技术等级、学历层次、年龄、性别比例等构成。

人员流动率和旷工缺勤率等是否维持在合理的水平上，也是人事管理控制的重要内容。人员流动反映了企业劳动力结构的调整，合理流动有利于企业有效的人力资源开发，但是，人员流动率如果太高，会影响职工队伍的稳定和增加培训费用，但如果人员长期不调动，也会使组织缺少新的活力，因此流动率需要控制在一定的限度内。

2. 人力资源控制的主要内容

人力资源控制的内容通常包括：人力资源规划、岗位分析和工作设计、招聘与配置、培训与开发、绩效管理与控制、薪酬福利管理与控制以及劳动关系的管理与控制。

工作绩效考核，就是对照工作岗位职责说明书和工作任务，对员工的业务能力、工作表现及工作态度等进行评价，并给予量化处理的过程。

（五）现场控制

现场控制是一种最古老、最直接的控制方法，它的基本作用就是在于获得第一手的信息。作业层（基层）的主管人员通过深入现场，可以判断出产量、质量的完成情况以及设备运转情况和劳动纪律的执行情况等。职能部门的主管人员通过深入现场，可以了解到相关规定是否得到了认真的贯彻，生产计划是否按预定进度执行，劳动保护等规章制度是否得到了严格遵守以及在生产过程中存在哪些偏差和隐患等。而上层主管人员通过深入现场，可以了解到组织的方针、目标和政策是否深入人心，可以发现职能部门的情况报告是否属实以及员工的合理化建议是否得到认真执行，还可以从与员工的交谈中了解他们的情绪和士气等。所以这些，都是主管人员最需要的，但却是正式报告中见不到的第一手信息。

然而，现场控制的优点还不仅仅在于能掌握第一手信息，它还能够使组织的管理人员保持和不断更新自己对组织的感觉，使他们感觉到事物是否进展得顺利以及组织系统是否运转得正常。深入现场还能够使上层主管人员发现人才，并从下属的建议中获得启发和灵感。此外，亲临现场本身就有一种激励下级的作用，它使得下属感到上级在关心着他们。所以，坚持经常深入现场，有利于创造一种良好的组织气氛。

当然，主管人员也必须注意深入现场可能引起的消极作用。例如，也存在着这样的可能，即下属可能对上司深入现场产生误解，将其看做对他们工作的一种干涉和不信任，或者是看做不能充分授权的一种表现。这需要引起管理控制人员的注意。

（六）报告

报告是管理人员依据控制标准对企业控制的设计和执行的有效性进行评估后，将结果提供给管理当局进行控制决策的文件。通过报告全面、系统地阐述计划的进展情况、存在的问题及原因、已经采取了哪些措施、收到了什么效果、预计可能出现的问题等信息来提请和敦促管理当局对计划的实施有全面的了解和掌控。

一般对控制报告的基本要求是：适时；突出重点；指出例外情况；尽量简明扼要。运用报告进行控制的效果，取决于主管人员对报告的要求。管理实践表明，由于经营活动规模的日益扩大，管理的日益复杂，主管人员的精力和时间是有限的，从而，定期的情况报告就越发显得重要。

美国通用电气公司建立了一套行之有效的报告制度。这套报告制度对我们很有借鉴意义。报告的主要内容包括以下八个方面：

1. 客户的鉴定意见以及上次会议以来外部的新情况

这方面报告的作用在于使上级主管人员判断情况的复杂程度和严重程度，以便决定他是否要介入以及介入的程度。

2. 进度情况

这方面报告的内容应将工作的实际进度与计划进度进行比较，说明工作的进展情况。通常，拟定工作的进度计划可以采用"计划评审技术"。对于上层主管人员来说，他所关心的是处于关键环节上的关键工作的完成情况，因为关键工作若不能按时完成，那么整个工作就有可能误期。

3. 费用情况

报告的内容应说明费用开支的情况。同样，要说明费用情况，必须将其与费用开支计划进行比较，并回答实际的费用开支为什么超出了原定计划以及按此趋势估算的总费用开支（或超支）情况，以便上级主管人员采取措施。

4. 技术工作情况

技术工作情况是表明工作的质量和技术性能的完成情况和目前达到的水平。其中很重要的问题是说明设计更改情况，要说明设计更改的理由和方案以及这是提出的要求还是我们自己做出的决定。

5. 当前的关键问题

报告者需要检查各方面的工作情况，并从所存在的问题中挑出三个最关键的问题。他不仅要指出问题所在，还须说明对整个计划的影响，列出准备采取的行动，指定解决问题的负责人以及规定解决问题的期限，并说明最需要上级领导帮助解决的问题。

6. 预计的关键问题

报告的内容应指出预计的关键问题。同样也需要详细说明问题，指出其影响，准备采取的行动，指定负责人和解决问题的时间。预计的关键问题对上层主管人员来说特别重要，这不仅是为他们制定长期决策提供选择，也是因为他们往往认为下属容易陷入日常问题而对未来漠不关心。

7. 其他情况

报告的内容应提供与计划有关的其他情况。例如：组织及客户的特别重要情况；上月（或季、年）的工作绩效与下月的主要工作任务等。

8. 组织方面的情况

报告的内容应向上层领导提交名单，名单上的人员可能会去找这位领导，这位领导也需要知道他们的姓名。同时还要审查整个计划的组织工作，包括内部的研制开发队伍以及其他有关的机构、部门。

（七）其他控制方法

除上述介绍的几种控制方法外，常用的控制方法还有多种，如目标管理、进度表、甘特图、网络计划技术、全面质量控制、生产控制等。

总之，控制的方法是多种多样的，在具体的实际控制中，要根据被控制对象的性质特点以控制者本身的经验和习惯选择合适的控制方法。

思考题

1. 请描述管理控制系统及其要素。
2. 实现有效控制需要坚持哪些原则？
3. 简述控制在管理活动中的作用。
4. 管理控制有哪些基本类型？各种类型有什么特点？
5. 试阐述管理控制的原理。
6. 管理控制程序包含哪些重要步骤？
7. 预算控制方法、非预算控制方法各有什么优劣？

参考文献

[1]［美］彼德·F. 德鲁克. 管理——任务、责任、实践. 北京：中国社会科学出版社，1986.

[2]［美］斯蒂芬·P. 罗宾斯. 管理学. 第9版. 北京：中国人民大学出版社，2008.

[3]［美］加雷思·琼斯，珍妮弗·乔治. 当代管理学. 第3版. 北京：人民邮电出版社，2008.

[4]［美］弗雷德·鲁森斯. 组织行为学. 第9版. 北京：人民邮电出版社，2003.

[5]［美］斯蒂芬·P. 罗宾斯. 组织行为学. 第12版. 北京：中国人民大学出版社，2008.

[6]［美］汤姆森·斯迪克兰德. 战略管理　概念与案例. 第10版. 北京：北京大学出版社，2000.

[7]［英］格里·约翰逊，凯万·斯科尔斯. 战略管理. 第6版. 北京：人民邮电出版社，2004

[8]［美］迈克尔·波特. 完全竞争战略. 北京：中国纺织出版社，2003.

[9]［美］迈克尔·波特. 国家竞争优势. 北京：华夏出版社，2002.

[10] 夏禹龙，刘吉，冯之浚，张念椿. 科学学基础. 北京：科学出版社，1983.

[11] 郭咸刚. 西方管理思想史. 北京：经济管理出版社，2002.

[12] 芮明杰主编. 管理学—现代的观点. 第2版. 上海：上海人民出版社，2005.

[13] 周三多，陈传明，鲁明泓. 管理学原理与方法. 第4版. 上海：复旦大学出版社，2005.

[14] 席酉民. 经济管理基础. 第2版. 北京：高等教育出版社，2007.

[15] 刘英骥，邹昭晞. 世界著名经济学管理学理论百家评解. 上下册. 北京：企业管理出版社，2003.

[16] 吴勤堂，黄兰萍. 企业管理学. 武汉：武汉大学出版社，2009.

[17]［德］赫尔穆特·施马伦. 企业道理学. 北京：中信出版社，2004.

[18] [美] 菲利浦 · R. 哈里斯，罗伯特 · T. 莫兰 . 跨文化管理教程 . 第 5 版. 北京：新华出版社，2002.

[19] [美] 彼得 · 圣吉 . 第五项修炼——学习型组织的艺术与实务 . 上海：上海三联书店，1998.

[20] [美] 加里 · 哈梅尔，C . K. 普拉哈拉德 . 竞争大未来 . 北京：昆仑出版社，1998.

[21] [美] W. 钱 · 金（韩），勒妮 · 莫博涅 . 蓝海战略：超越产业竞争，开创全新市场 . 北京：商务印书馆，2005.

[22] [美] 克里斯 · 安德森 . 长尾理论 . 乔江涛，译 . 北京：中信出版社，2006.

图书在版编目(CIP)数据

管理学/吴勤堂,吴义编著.—武汉:武汉大学出版社,2010.6
管理学通用教材
ISBN 978-7-307-07604-4

Ⅰ.管…　Ⅱ.①吴…　②吴…　Ⅲ.管理学—高等学校—教材
Ⅳ.C93

中国版本图书馆 CIP 数据核字(2010)第 019336 号

责任编辑:陈　红　　责任校对:刘　欣　　版式设计:詹锦玲

出版发行:**武汉大学出版社**　(430072　武昌　珞珈山)
(电子邮件:cbs22@whu.edu.cn　网址:www.wdp.com.cn)
印刷:武汉中科兴业印务有限公司
开本:720×1000　1/16　印张:26.5　字数:528 千字　插页:1
版次:2010 年 6 月第 1 版　　2010 年 6 月第 1 次印刷
ISBN 978-7-307-07604-4/C·254　　定价:30.00 元